让中小微企业
插上腾飞的翅膀

刘清春　著

中国商业出版社

图书在版编目（CIP）数据

让中小微企业插上腾飞的翅膀 / 刘清春著 . -- 北京 : 中国商业出版社 , 2021.1

ISBN 978-7-5208-1333-4

Ⅰ . ①让… Ⅱ . ①刘… Ⅲ . ①中小企业 - 企业发展 - 研究 - 中国 Ⅳ . ① F279.243

中国版本图书馆 CIP 数据核字 (2020) 第 221772 号

责任编辑：武文胜

中国商业出版社出版发行

010-63180647　www.c-cbook.com

（100053　北京广安门内报国寺 1 号）

新华书店经销

北京虎彩印艺股份有限公司

★　★　★　★　★

787×1092 毫米　1/16　26 印张　400 千字

2021 年 1 月第 1 版　2021 年 1 月第 1 次印刷

定价：98.00 元

★　★　★　★

（如有印刷质量问题可更换）

企业家精神

刘清春

那三十六色彩凝结的耀眼灯光
伴随着荒芜跋涉者从地狱走向天堂
把突然崛起又随即倾倒的轨迹照亮
十字路口的春风已经开始彷徨

蔚蓝的大海正记录美妙的远航
漩涡连着的漩涡敲打着前行的希望
内心召唤进行的千万次高空中撒网
风吹又雨打后早已是遍体鳞伤

那三十六线条绘就的璀璨梦想
让五千年的厚重在极地登山中流淌
助亿万人的执着从夸父追日里奏响
相信未来的歌谣化为雄鸡欢唱

忘我的征程中价值在不断升昂
无论倒下还是挺立永远是国家栋梁
布德施仁的善举诠释盛名已传四方
艰辛万苦早变为甜食每日品尝

新时代当家人清道夫和工作狂
创新冒险合作敬业诚信编织的洋装
让华夏风报国心复兴梦掀起实业浪
宽厚的胸膛已成生产力的故乡

前 言

foreword

企业活，就业旺，经济兴，国家强。中小微企业是中国改革开放四十多年的重要参与者、见证者、记录者、受益者，见证了中国经济的发展、转型、崛起和繁荣。对中小微企业的评价，习近平总书记 2018 年在广东考察时曾形象地说：“中小微企业能办大事。”中小微企业是财税增收的稳定器，贡献了 50% 以上的国家税收；是经济增长的压舱石，贡献了国内生产总值的 60%；是最具活力的企业群体，贡献了 75% 以上的创新成果；是社会就业的主渠道，提供了 85% 以上的就业岗位；是数量最大的企业群体，占到企业总量的 99% 以上。从当前来看，中小微企业更是巨大的“就业容纳器”，事关中国经济的韧性、活力与繁荣；从长远来看，通过支持中小微企业发展，鼓励“大众创业、万众创新”，对于推动中国经济转型升级、加快发展具有重要意义，全力以赴支持中小微企业发展已经日趋成为党和政府的工作“新常态”，成为各级各地各界的关注“新常态”。

市场是最公平也是最残酷的竞技场，作为这个竞技场最具潜力和最活跃的“运动员”，相同的成功标准、统一的分数线、清晰的成长指数、科学的科技创新指数等，将指引各类中小微企业同场竞技、各展风采，在各领域绽放出美艳的花朵。时间是最公平也是最宝贵的“资本”，对于每一个创业者来说，一天都只有 24 小时。随着全面从严治党、全面依法治国、全面深化改革的持续推进，社会环境日益公正，法治环境日益严谨，营商环境日益优化，创意、创新、创业环境日益增强，中小微企业已经逐渐告别“乱世出英雄”的野蛮生长期，加快进入“优生更优育”的发展新时代。

作为中小微企业的领航者，中小微企业家是“梦想家”“实践者”“创新者”“多面手”，是充满活力、改革创新、奋发进取、矢志成功的群体；是积极向上、敢于担当、乐于团结、勤于打拼的群体；他们可能是毅然回国创业的海归精英，可能是继承父业的民企二代，也可能是白手起家敢闯敢干的草根青年;他们之中不乏人们所说的“实业英雄”“创新奇才”“电商达人”……任何一个创业者，在成就梦想的道路上都会被赋予新时代的时代色彩。这些在不同领域里奔跑打拼的创业身影，正在成为推动经济发展和社会进步的新生力量。对比今天和改革开放初期的创业，外部环境以及自主创业的需求、动力、观念都已经发生了巨大改变。总体来看，20 世纪的创业以“需求型”为创业特征，以改善物质条件为主要动力，各地各级各界对中小微企业家普遍持有一定历史成见；今天的创业变成以“机会型”为创业特征，以创造新的社会价值为主要动力，广大创业者为广大人民群众提供了越来越丰富的“幸福产品”，各地各级各界的历史成见逐渐消失，取而代之的是普遍认可。

互联网的普及、云计算的应用、大数据的集成、人工智能的推广等，给中小微企业发展带来了越来越多的机会公平性、均等性、即时性、效益性，让广大中小微企业在获取商机、政策信息、发展资金、创新资源等方面的环境得到全面改善；创业者受教育程度的大幅提升，创业者结构的持续优化，支持政策的切实透明，各类平台的几何数增长等，给中小微企业发展带来了越来越好的成长优化指数、景气指数、创新指数、发展指数，让广大中小微企业比以往任何时候都更有进取心、打拼劲、壮大行。尤其是供给侧结构性改革的纵深推进，中国经济的转型升级，国内内循环决策的落实推进，全球产业链的持续延展，为中小微企业发展壮大不断释放空间，催生新业态、新模式、新产业，中小微企业已经走进加速发展的春天，转型发展的春天，高质量发展的春天。

目录

第一章
chapter one

了解些经济学原理对助力中小微企业腾飞很有帮助

正确的理论是方向、是旗帜、是原则，对实践必将产生积极的促进作用。无论是助力中小微企业腾飞的集体或个人，还是中小微企业的业主和员工，都是市场经济的“弄潮儿”。在市场经济大潮中，无论是潮涨还是潮落，始终围绕着一些规律在变化，这规律就是我们常说的经济学原理。只有了解掌握了经济学的一些基本原理，才能耳聪目明，始终围绕助力中小微企业腾飞发展问题、研究问题、解决问题；才能强身健体，当好助力中小微企业腾飞的行家里手、参谋助手、执行能手；才能实在成事，推动个转企、小升规、规改股、股上市，让每家中小微企业插上腾飞的翅膀，不断驶向广阔的蓝海。

我们每个人时时处处都面临着均衡取舍

“天下没有免费的午餐”。这句家喻户晓的话，最为直观地解说着为什么每个人都面临着均衡取舍的问题，即为了得到我们喜爱的东西，我们通常不得不放弃另一件我们喜爱的东西。从学生作出如何分配时间这个决策来看，我们的学生可以决定把所有的时间都用于学习经济学；可以决定把所有的时间都用于学习心理学；也可以决定把时间平均分配在学习这两门学科上。当我们的学生决定把某一小时专门用来学习一门课时，他就必须放弃本来可以学习另一门课的一小时。从父母作出如何使用自己的已有存款这个决策来看，我们的父母可以决定把现有存款用于购买食物、衣服或是全家度假，可以决定把现有存款用于购买住房、写字楼、店面等，也可以决定用现有存款送自己的孩子去上好的私立学校，但现有存款是有限的，我们的父母如果决定把现有存款用于购买衣服，那么就不可能又把现有存款用于购买住房。我们经常会遇到“大炮与黄油”之间的取舍。任何一个社会都拥有一定量的资源，并用于生产各种物品，但资源的量是一定的，所能生产的各种物品的量也是有限的，多生产某种物品就要少生产其他物品。为了简单起见，假设社会中只生产大炮与黄油这两种物品，那么，多生产大炮就要少生产黄油，多生产黄油就要少生产大炮，“二者不可兼得”。

任何东西的成本就是为了得到它而放弃的东西

人们之间都面临着选择关系，所以，在做决策时人们就要对可供选择的方案的成本和收益进行比较。在做是否上大学的决策时，我们知道上大学的收益是能使自己知识丰富且可能一生都拥有更好的工作机会。但成本是什么呢？并不是住房和伙食的钱，因为即使你离开了学校，你也需要有睡觉的地方，也要吃东西。只有在大学的住宿和伙食比其他地方贵时，贵的这一部分才是上大学的成本。实际上，大学的住宿与伙食费可能还低于你自己生活时所支付的房租与食物费用。在这种情况下，住宿与伙食费的节省是上大学的收益。真正上大学最大的成本就是你的时间。当你把一年的时间用于听课、读书和写文章时，你就不能把这段时间用于工作。对大多数学生而言，为上学而放弃的工资是他们受教育的最大单项成本。在现代社会里，人工成本与企业收入的选择关系比较典型，人工成本提高了，在产品价格没有提高、产品数量没有提升的情况下，企业的收入就少了，所以较多企业在人工成本不断提高的情况下，选择建设智能工厂，用机器代替人工作。

只有边际收益大于边际成本时我们才能开始行动

唐僧要去西天取经，这是计划，我们也可以理解为目标，这点不变，要调整的可能是如何去；走哪条路去；遇到打不过的妖怪是绕行还是搬救兵。你要到草原看风景，除计划不变外，到哪个草原；走哪条路线；乘坐什么交通工具；哪天出发；都可以算作边际变动。航空公司可以通过考虑边际量而增加利润。假设一架飞机即将起飞时仍有 10 个空位，在登机口等退票的乘客愿意支付 300 美元买一张票；航空公司应该卖给他票吗？当然应该。如果飞机有空位，多增加一位乘客的成本是微乎其微的。虽然一位乘客飞行的平均成本是 500 美元，但边际成本仅仅是这位额外的乘客将消费的几十美元钱的空中快餐或是饮用品的成本而已。一家新建的制帽企业的老总，正在考虑要不要招聘一名制帽工人，他算了一笔账，一个工人月工资3000元，每月可以做 120 顶帽子,120 顶帽子能卖到 7200 元钱，那这个工人每天给工厂带来的收益是 140 元。工厂每月的房租是 3000 元，招聘一名员工的成本也是 3000 元（员工工资），再加上其他成本 600 元（水、电、气、油、交通、设备磨损等），每月总成本是6600元，平均到每天就是220元成本。那这位老总就会想，220 元的成本大于 140 元的收益，看来招聘一个制帽工人不划算。其实这么算是不对的，虽然每天的平均成本是 220 元，但是边际成本，也就是这名工人的工资每天其实是 100 元，而他带给你的边际收益却是每天 140 元，边际收益大于边际成本，所以这位老总应该去招聘一名工人。如果市场上对帽子反响很好，供不应求，那么老总就会再招聘新工人，虽然老总会多付出一些成本，但是这些工人也会带给老板更多的边际收益。反过来说，如果工人们生产了 100 万顶帽子，都积压在仓库里卖不动，没办法给工厂换来收益，那老总也不会去增加边际成本。就是说，一个单位的一件东西边际收益大，那人们都愿意对其投资；如果拥有的这件东西太多，又会降低这件东西的边际收益，就如房子一样，如果每个人都拥有几十套房子，那房子的边际收益会很低，也就没有炒房的人了。

我们每个人每个集体都会对激励作出反应

当成本或利益变动时，人们的行为也会发生改变，即人们普遍会对激励作出反应。当苹果的价格上升时，人们就会决定多吃梨少吃苹果，因为购买苹果的成本高了；同时，苹果园主决定雇佣更多工人并多摘些苹果，因为出售苹果的利益也高了。对汽油征税，就会鼓励人们开小型、节油型的汽车，还会鼓励人们坐公共汽车，而不是自己开车，并鼓励人们在离自己住得近的地方工作；如果税收足够高时，人们就会开始驾驶电动汽车。当决策者未能考虑到他们的政策如何影响激励时，他们就会以他们意想不到的效果结束。今天所有的汽车都有安全带，但 50 年前并不是这样。20 世纪 60 年代后期，拉尔夫·纳德尔的著作《任何速度都不安全》引起公众对汽车安全的关注。美国国会的反应是通过立法要求汽车公司生产包括安全带在内的各种安全设备，安全带成为所有新汽车的标准设备。安全带的法律如何影响汽车安全呢？直接的影响是显而易见的——当一个人系上安全带时，重大车祸发生时存活的概率提高了。但是，这并不是事情的结束，因为这项法律还通过改变激励而影响了行为，经济学家研究的许多激励要比汽车安全法的激励更为直接。没有人对汽油税高的欧洲比汽油税低的美国开车的人少感到惊讶。然而，正如安全带的例子所说明的，政策有时也会有事先并不明显的影响。在分析任何一种政策时，我们不仅应该考虑直接影响，而且还应该考虑通过激励发生的间接影响。如果政策改变了激励，那就会使人们改变自己的行为。

贸易使我们个人、集体或区域的经济状况变好

人们为什么选择在物品与劳务上依靠其他人？这种选择如何改善了人们的生活？我们先来看一种最简单的经济活动。假设世界上有两种物品——牛肉与土豆，也只有两个人——牧牛人和种土豆的农民，他们每人都既喜欢吃牛肉，又喜欢吃土豆。如果牧牛人只能生产牛肉，而农民只能生产土豆，那么，贸易的好处是最明显的。在一个方案中，牧牛人和农民可能选择“老死不相往来”，但在吃了几个月烤牛肉、煮牛肉、炸牛肉和烧牛肉之后，牧牛人肯定觉得自己并不怎么惬意；同样，一直吃土豆泥、炸土豆、烤土豆和用贝壳烘土豆的农民肯定也有同感。如果采取另一个方案，牛肉和土豆之间展开贸易，这时每个人都可以有汉堡包和炸薯条了。为了分析贸易的好处，经济学家提出了“比较优势”的概念，即生产一种物品机会成本较少的生产者具有比较优势。如迈克尔·乔丹是一名优秀的运动员，但是，他很可能在其他活动中也出类拔萃，即假设乔丹修剪自己的草坪比其他任何人都快，但是仅仅因为他能迅速地修剪草坪，就意味着他应该自己修剪草坪吗？为了回答这个问题，我们可以引入机会成本和比较优势的概念。比如说，乔丹用2小时能修剪完草坪。在同样的2小时里，他可以拍一部运动鞋的电视商业广告赚到1万美元；与他相比，住在乔丹隔壁的小姑娘杰尼弗要用4小时才能修剪完乔丹家的草坪，在这同样的4小时中，她可以在麦当劳工作并赚到20美元。在这个例子中，乔丹在修剪草坪上有绝对优势，因为他可以用更少的时间干完这个活，但杰尼弗在修剪草坪上有比较优势，因为她的机会成本低。但是，如果乔丹和杰尼弗之间展开贸易，对双方就更有好处。乔丹不应该修剪草坪，而应该去拍商业广告片，他应该雇用杰尼弗来修剪草坪。显然，只要乔丹支付给杰尼弗的钱大于20美元而低于1万美元，双方的状况都会更好。国际贸易的好处也是显而易见的，当一个国家或地区允许贸易并成为一种物品的出口者时，该物品的国内或区域内生产者状况变好，而该物品的国内消费者状况会变坏，只要赢家的收益超过了输家的损失，贸易就增加了该国的经济福利。而当一个国家或地区允许贸易并成为一种物品的进口者时，该物品的国内消费者状况变好，而该物品的国内生产者状况会变坏，只要赢

家的收益超过了输家的损失，贸易同样增加了该国的经济福利，因为贸易的好处是依据比较优势，而不是绝对优势。即使一国或一地区在生产每一种物品上都比另一国或一地区强，这个国家或地区仍然能从与别国或别的地区的贸易中获益。贸易可以使每个人状况更好。了解这个基本的经济学原理，对我们作出正确的经济决策是非常有益的，谁也不见得什么都做，把有些业务外包出去，把有些产品购买进来；人与人之间、企业与企业之间、地区与地区之间、国家与国家之间，甚至于地球人和神秘的外星人之间，都可以多开展些贸易以增加经济福利。

市场经济一直被公认为是组织经济活动的好方式

对于每个人而言，市场是个再熟悉不过的地方。商店、集市、商场、批发部、交易所、电商平台等，都与人们的生活有着密切的关系。当一个人进入超市买东西时，他就进入了一个市场。从某种程度上说，经济学就是伴随着市场的发展而发展起来的。全世界有如此多的人口，应该怎么来组织全人类的经济活动呢？比如由谁来生产什么产品？由谁来提供什么服务？以什么样的形式来生产？又由谁来消费这些产品和服务？在解决这个问题的时候，我们都会发现，其实社会已经存在两种方式：一种叫市场经济模式，另一种叫计划经济模式。市场经济模式是指没有整体的决策者，每个人或公司只决定自己如何消费和生产，社会自发形成的一种经济组织形式；计划经济模式是由政府来决定如何生产和分配，对个人或公司采取计划定量。在对比这两种形式的时候，我们会发现，市场经济模式已经被历史证明，其能更好地维护经济体的稳定和效率。为什么市场经济模式可以成功？想象一下，如果没有市场，我们的生活将会怎样，我们该如何获得我们想要的东西，比如食物、衣服、日常生活用品等。有人可能会问："我天天去市场，包括菜市场、服装市场等，但我不大明白为什么是市场，而不是其他什么类似的方式来组织经济活动，市场它到底好在哪里？"市场提供了一种机制，使得人们相互进行交易，无论是企业还是个人，价格和利益的激励引导着他们各自的选择。市场调节就好比一只“无形的手”，而价格就是无形的手用来指引经济活动的工具。如某个市场上的白菜卖两元一斤，而萝卜只卖五角一斤，那么农民们就会纷纷决定要种更多的白菜，原来用来种萝卜的地也改来种白菜了。三个月后大量的白菜流入了市场，而萝卜却无人供应了。过量的白菜供给导致其价格一下狂跌到了两角钱一斤，而萝卜却因为供给不足大幅涨价。这下子农民便会想，再种白菜不但已经无利可图，甚至有可能亏本，而种萝卜可以带来更多的收入，于是农民们开始拔了白菜改种萝卜，当有大量的萝卜涌入市场的时候，他们也会遇到像种白菜一样的市场结果。如此反复，市场上便会出现供需趋于平衡的状态。表面上看，上面的故事只是农民在萝卜与白菜中的选择，而事实上，这就是一种市场调节，即亚当·斯密提出的“无形的手”。正是因为有了这只“无形的手”，让市场经济模式有了核心优势——竞争机制，竞争机制带来了“优胜劣汰”，不断驱使人人更加努力，进而提高整个社会的效率，创造更多的财富。

正确的政府行为是可以改善市场调控结果的

我们都知道，只有产权得到保障，市场才能运行。如果一个农民预见到他的谷物会被偷走，他就不会种庄稼；除非假设顾客在离开前会付费，否则餐馆就不会提供服务。我们都是依靠政府提供的警察和法庭来保护我们对自己生产出来的东西的权利。尽管市场经济模式是组织经济活动的一种好方法，但也有一些重要的例外。经济学家用“市场失灵”这个术语来指市场本身不能有效配置资源的情况。“市场失灵”是指市场本身有时不能有效配置资源的情况，即外部性。外部性是一个人的行为对旁观者福利的影响。例如，外部成本的典型例子是污染。“市场失灵”的另一个可能原因是市场势力，市场势力是指一个人（或一小群人）不适当地影响市场价格的能力。例如，假设镇里的每个人都需要水，但只有一口井，这口井的所有者并不受残酷竞争的限制，而正常情况下，“看不见的手”便以这种竞争来制约个人的私利。在存在外部性或市场势力的情况下，设计良好的公共政策可以提高经济效率。“看不见的手”便确保公平地分配经济成果。市场经济模式根据人们生产其他人愿意买的东西的能力来给予报酬。世界上最优秀的篮球运动员赚的钱比世界上最优秀的棋手赚的钱多，只是因为人们愿意为看篮球比赛比看象棋比赛付更多的钱。“看不见的手”不能保证每个人都有充足的食品、体面的衣服和充分的医疗。许多公共政策，例如所得税和福利制度的目标就是要实现更平等的经济福利分配。我们说政府有时可以改善市场结果并不意味着它总能这样。公共政策并不是天使制定的，而是由极不完善的政治程序制定的。有时所设计的政策只是为了有利于政治上有权势的人；有时政策由动机良好但信息不充分的领导人制定。

任何国家的生活水平都取决于其生产商品的效率

通过电视和网络的新闻报道，人们经常会将不同国家之间的居民生活水平进行对比。有的国家，居民生活富裕、安定，而有的国家，居民的生活则还处于艰辛与贫穷之中。尽管每一个国家都有富人和穷人，但一进行整体比较，还是能够看出一些国家生活水平之间的差异。比如，一些欧洲国家和一些非洲国家之间，其贫富差距是显而易见的。那么，一个国家的生活水平，说到底，究竟是由什么决定的呢？是生产率。生产率，是用来表示产出与投入比率的术语，即相同数量的投入生产了更多的产出，则表示生产率增长了，相反，如果相同数量的投入所带来的产出下降了，则表示生产率下降了。对于劳动者而言，其劳动生产率水平可以用单位时间内所生产的产品的数量来表示，也可以用生产单位产品所耗费的劳动时间来表示。单位时间内生产的产品数量越多，劳动生产率就越高，反之，则越低；生产单位产品所需要的劳动时间越少，劳动生产率就越高，反之，则越低。在《鲁宾孙漂流记》，如果克鲁索能够在固定的时间段里捕到更多的鱼，那么他的生活水平就会提高。这对于一个国家也是一样，一个国家只有在相同的时间里能生产更多的物品与劳务，它的成员才能享受更高的生活水平和质量。不同水平的生产率，又是由哪些因素决定的呢？具体来说，是五个方面：**一是**劳动者的平均熟练程度，劳动者的平均熟练程度越高，劳动生产率就越高，它包括劳动实际操作技术以及劳动者接受新技术的能力；**二是**科学技术的发展水平，科学技术发展得越快，在生产中运用得越广泛，劳动生产率也就越高；**三是**生产过程的组织和管理，主要包括劳动者的分工协作，以及工艺和经济管理方式；**四是**生产资料的规模和效率，主要包括劳动工具的使用效率，原材料和动力燃料等的利用程度；**五是**自然条件，主要包括与生产有关的地质状态、资源分布、气候条件等。在考虑生产率的提高时，需要特别注意的是，生产率的提高，一定要在诸要素的共同作用下才能实现，而不能仅仅偏重其中一项。如，IT 技术，IT 技术的运用对于社会生产有着相当大的甚至是变革性的推动作用。但是，只有当商业实践、竞争以及制度发生更大的变化并与 IT 结合后，这种作用才会发生。20 世纪 90 年代，美国经济自 1991 年 3 月起持续增长112个月，创造了第二次世界大战后经济史上的奇迹。1996 年 12 月 30 日，美国《商业周刊》率先提出了“新经济”的概念，认为其主要动力是信息技术革命和经济全球化浪潮。但是在这之前的 20 世纪 80 年代，人们对于 IT 技术对经济的促进，是持怀疑态度的。特别是 1987 年获诺贝尔奖的经济学家罗伯特·索洛提出了生产率悖论：“到处都可以看到计算机时代，只有生产率统计除外。”在他看来，信息技术革命似乎只是在投入上轰轰烈烈，在产出绩效上并不显著。另两位美国经济学家欧莱纳和西彻尔在 2000 年 2 月的报告中表示，计算机在 1990 年代早期“只作出了相对较小的贡献”,“但是，这种贡献在 1990 年代的后 5 年里突然一下就提升了”。据麦肯锡公司对 20 世纪 90 年代 10 年间生产率增长情况的研究发现，在生产率增长的行业中，尽管 IT 技术的应用起到了不小的作用，但是“竞争的不断加剧”才是“最关键的催化剂”。换言之，商业竞争机制的改进，才使得 IT 技术发挥了更大的作用。

政府发行了过多的货币时物价肯定会上涨

纸币本身是没有价值的，是因为有国家信用赋予了其作为一般等价物的功能，才开始有价值。如果一国的中央银行发行的纸币超过了其实际价值量，纸币价值就要贬值，物价就要上涨（金本位执行时，国家银行储备了多少金子，就发行多少纸币，以避免随意印发）。村里有 1000 个人，每个人手里有 100元钱，那么整个村子一共有10万元钱的总财产，而对应村子里的产品10万件，那么产品的单价是 1 元钱。而最近村子里经济不景气，村长就多印了 20 万元发给村里的人，村里的货币量面值总和就有了 30 万元，而产品的数量确实固定的，所以商品就涨价了，涨到了 3 元钱，一碗粥也从 1 元钱涨到了 3 元钱，这就是为什么通货膨胀会导致物价上涨的原因。1935 年，民国政府发行法币，这是一种纸币。抗战前夕，法币发行总额不过 14 亿余元，到日本投降前夕，法币发行额已达 5 千亿元，到 1947 年 4 月，发行额又增至 16 万亿元以上，1948 年，法币发行额竟达到 660 万亿元以上，等于抗日战争前的 47 万倍，物价上涨了 3492 万倍，法币已经彻底崩溃。1921 年 1 月，德国一份日报价格为 0.3 马克，不到两年之后的 1922 年 11 月，一份同样的报纸价格为 7000 万马克。虽然美国从未经历过接近于德国 20 世纪 20 年代的情况，但通货膨胀有时也成为一个经济问题。是什么引起了通货膨胀？是货币量的增长。

社会都面临着通货膨胀与失业之间的短期选择关系

在今天，对于老百姓的生活而言，有两件事很值得关心：一是物价会有什么变化；二是孩子毕业了，能不能找到一个好工作。这两个问题以经济学的眼光来看，第一个与通货膨胀有着一定的关系，而第二个则属于失业范畴。其实，在经济学上，通货膨胀和失业这两个问题之间，有着密切的关系。而最先对此作出研究的，是新西兰经济学家威廉·菲利普斯，他于 1958 年在《1861~1957 年英国失业和货币工资变动率之间的关系》一文中最先提出了著名的“菲利普斯曲线”。菲利普斯曲线是用来表示失业与通货膨胀之间交替关系的曲线。它表明失业与通货膨胀之间存在一种交替关系，一般来说，通货膨胀率高时，失业率低；相反，通货膨胀率低时，失业率高。最初，菲利普斯曲线表示失业率与货币工资率之间的交替关系，后来，一些经济学家对此进行了大量的理论解释，尤其是萨缪尔森和索洛将原来的菲利普斯曲线发展成为用来表示失业率与通货膨胀率之间交替关系的曲线，使菲利普斯曲线获得了广泛的应用。尤其是在西方国家，在讨论民众生活的好坏时，有一个“痛苦指数”的概念，它等于通货膨胀率加上失业率。“痛苦指数”越高，则意味着经济越困难，人民生活越痛苦。如果与“痛苦指数”有关的两项指标都上升，则称为“最坏的痛苦指数”。就美国的历史看，严重的失业问题和通货膨胀问题，曾经使许多风云人物惜别政坛。1976 年,“痛苦指数”为 13.5%，导致当时的美国总统福特在竞选连任中惨遭失败；1980 年，“痛苦指数”为 19.4%，使卡特在竞选连任中名落孙山;1984 年,“痛苦指数”为 10% 左右，结果里根在竞选连任中轻易取胜。为此，甚至有“里根经济学”一称，即指里根在大选年中，采用限制通货膨胀、使失业率不断下降的政策。虽然从经济学家的眼光看，其长期效果尚待考证，但由于在大选年里，“痛苦指数”保持在了最佳状态，从而有效地为里根赢得了广大选民的好感，使其赢得了总统竞选。正是由于通货膨胀率和失业率对于经济和政治都有着很强的影响力，经济学家们历来都很重视对它们的研究。随着研究的深入，菲利普斯曲线也产生了三种表达方式：**第一种表达方式，**可称为“失业—工资”菲利普斯曲线，其表明在一轮短期的经济周期里，在经济呈现上升趋势时，失业率下降，货币工资变化率上升；反之，在经济呈现下降趋势时，失业率上升，货币工资变化率下降。**第二种表达方式，**可称为“失业—物价”菲利普斯曲线，其表明在一轮短期的经济周期中，当经济呈现上升趋势时，失业率下降，物价上涨率上升；当经济呈现下降时，失业率上升，物价上涨率下降。**第三种表达方式，**其表明失业率与货币工资变化率之间的反向对应关系、失业率与物价上涨率之间的反向对应关系、经济增长率与物价上涨率之间的同向对应关系。

市场主体会在适当时候得到其最合适的配对

所谓稳定，指的是不存在这样两个市场主体，他们都更中意于彼此，胜过他们当前的另一半。稳定匹配的核心思想是实现一种稳定状态，在这种状态下，在匹配完结时不再存在这样两个市场主体，它们都更中意于他人，胜过它们当前的另一半匹配对象。在现实中，我们熟悉的 8 分钟相亲、学校和学生匹配等例子就是基于稳定市场匹配理论的思想发展而来的。其中双边匹配模型和延迟接受算法是稳定匹配理论的两块重要基石。双边匹配模型是指，很多市场及社会制度的主要功能就是让其中的主体能和另一个主体相匹配，例如学生和学校、职员和公司、适婚男女之间等。这种市场匹配主要分为“单边市场匹配”和“双边市场匹配”。其中“单边市场匹配”指市场中仅存在一个集合，集合中的个体根据各自的偏好相互匹配。然而，单边市场匹配中的“室友”现象会导致匹配的不稳定。当假设存在四个“室友”{1,2,3,4}，其中 1 最偏好 2,2 最偏好 3,3 最偏好 1，且他们把 4 都列为最不偏好者。在这种情况下，任何两两分组都无法实现稳定，因为和 4 分在一起的人会结束当前匹配去和已经匹配的人再次匹配，且这次新的匹配将会成功，使得市场一直无法实现稳定。“双边匹配模型”最早由 Gale 和 Shapley 从研究学生申请学校模型和婚姻稳定问题而提出。所谓的“双边市场”是指存在这样一个市场，市场中有两类个体集合，第一类集合中的个体只能和第二类集合中的个体相匹配。他们证明了在这样一个双边市场中，只要个体的偏好具有完备性及可传递性，以及市场足够的自由，能允许个体进行任何潜在可能的匹配。那么市场中总是存在稳定匹配吗？同样以 4 个室友为例，假设任意 2 个人睡上铺，2 个人睡下铺，现在要求只有睡不同铺的人相互匹配，此时就形成了双边市场匹配模型。同时，Gale 和 Shapley 指出市场匹配稳定时满足以下两个条件：（1）市场中不存在来自不同类的两个个体在偏好上可以实现相互匹配，但没有匹配的情况；（2）已经配对成功的个体不会尝试结束当前的配对，并试图与来自另一类且已匹配成功的个体进行匹配。“双边匹配模型”存在稳定匹配这一特性，使得其在理论和实践上都得到了广泛的关注，其中一个重要的运用就是劳动力市场的匹配。Shapley 和 Shubik（1972）利用数学模型抽象了一个充斥着不可分割商品的双边市场，市场中的每一位参与者既是商品的需求者，也是商品的供给者。他们发现在这更为一般化的市场中匹配稳定的性质依旧很稳健。Roth 最早对双边匹配模型在解决实践问题中的应用进行了研究，他意识到 Shapley 有关稳定市场匹配的理论和计算可让市场的运作方式变得更清晰。

让我们一起来分析珠宝为何总是摆在商场的一楼?

渔翁在河边钓鱼，对于钓上来的鱼，其只是把小鱼留下，把大鱼全放了。当旁人问:“好不容易钓上来的大鱼，怎么都给放了，这不是浪费时间吗？”渔翁的回答是:“我家里只有一口小锅，煮不下大鱼，所以把钓上来的大鱼放了，仅仅留下小鱼！”

这个故事很短，但诠释了经济学中“需求弹性”的核心要义。“需求弹性”这个概念是由近代著名的经济学家、英国剑桥学派的创始人阿尔弗雷德·马歇尔提出的。其是指需求会对价格有不同程度的反应，随着价格的变化而变化。价格升高，人们对该商品的需要就会减少；而价格降低，人们的需求则会增加。

消费欲望与消费行为通常情况下是不一致的。人的消费欲望是无止境的，但人的欲望是要受到消费能力的限制。这被经济学家称为“需求”。不仅如此，一个人对某种商品的“需求”，也并非是一成不变的，因为人的需求本身也是有“弹性”的。不同商品的“弹性”是不一样的，大多数商品价格越高，需求量越低。其中，有些商品受价格变化影响大，被称作“弹性大”的商品，它们多半是一些在生活中可有可无的奢侈品；还有些商品不管价格如何变化，需求量的变化很小，它们多为生活中必不可少的必需品，被称为“弹性低”或者“刚性需求”。

如果我们去各个商场逛上一圈，就会发现几乎每一个商场的第一层都是各种化妆品、珠宝首饰专柜，二楼往上才是女装、男装、家居用品、食品等。这是商场有意为之的吗？答案是肯定的。商场这样安排是有它的目的的，这跟上面谈到的“需求弹性”有很大关系。通常来说，商场一层的商品，例如昂贵的化妆品和珠宝首饰，都是需求弹性很大的商品。这样的商品对于广大消费者来说是可买可不买的奢饰品。所以对于这些需求弹性大的商品，商家一定都会放在商场最显眼、方便购买的地方。而对于电视机、电冰箱等家电专柜来说，一般都会被安排在很高的楼层，这是因为电器类的商品都是属于需求弹性很小的商品。消费者对于此类商品需求的迫切程度相对较低，因此对于这样的商品，消费者是不会经常买的，所以当然没必要把这样的商品放在顾客方便的地方。

还有，你知道为什么在超市门口会放口香糖吗？这也是因为相对于其他食品而言口香糖的需求弹性较大。顾客在结账时往往可以随手拿上两包，这样一来，就会在无形中增大口香糖的销售量。而如果不放在这个位置，顾客就会因为不方便而放弃购买，这当然会缩小口香糖的销售量。试想下，如果超市门口摆的都是酱油盐的话，它的销量一定不会比摆在货架上高出多少。买的人始终会买，不买的人始终不买。所以，商场一楼最好的位置都要留给需求弹性大的那些商品。

让我们一起来分析你真的买到了便宜货吗?

在商场里，谢女士试的鞋子是某知名品牌的一双标价899元的及踝短靴，专柜销售员指着促销牌说“满300元减120元”，只要多加1元钱，这双鞋子就可以用6折的价格买到。想想因为1元钱而损失掉的120元钱，显然谢女士心有不甘。“要么你再看看其他的鞋子，可以累加啊！”谢女士接受了销售员的提议。20分钟之后，她相继选中了另外两双鞋子。

在这个柜台看鞋子的女士们会在选好一双鞋子后迅速分成这样两类：一类是不停掀开每一只鞋子的鞋底，只看价钱，然后掏出手机翻出计算功能，不停计算；另一类则是选中三四双试好之后逐一比较价格再进行累加，谢女士属于后一类。很不幸，她选中的两双鞋子一双仍然是899元，另一双是595元。无论怎样累加，她都无法实现多付1元钱的梦想。

当我们走在大街小巷时，经常会见着“大放血”“大甩卖”“狂甩”等标牌，“买一送一”“买五送二”等广告也随处可见。很多商场还会以店庆的名义，纷纷推出“满 200 元减 130 元”“满 200 元减 150 元”，甚至“满 200 元减 160 元”等促销活动。如此不顾成本的疯狂促销真的是让利消费者吗？我们要知道，“利润”两个字在所有商家眼里都是最有诱惑力的字眼。商家之所以出卖商品，目的只有一个，就是获得利润。

所以，作为消费者，我们有充分的理由相信，商家绝不会慈悲到乐意做赔本生意。我们不妨来看看这背后的猫腻。

通常商家的促销方式有三种：**一是**买 100 元减 30 元。直接减去现金，让很多消费者都会误以为就是打折，其实差别很大。首先，多数商品价钱都是以 9 结尾，这就意味着减掉的钱永远少于你预期的；其次，一旦不够减钱的数额，你就会在商场内找寻价格适合的商品去“补”，无形中增加了你的二次消费的概率。**二是**买 200 元返 200 元;返券有 AB 券之分。其实就是“低买高送”，一般对消费者都有不同程度的优惠。A 券是指返出的券可直接视同现金使用,B 券是指券部分须贴现金使用。满 200 元返 200 元看似捡了大便宜，其实要想用返的券买商品是件很浪费时间的事。**三是**全场 3 折起。这个广告语看起来貌似没有什么杀伤力，但其实它却是一个“微笑刺客”。有的商场会号称“全场 3 折起”，你就会一厢情愿以为那里很实惠，但实际上去了你才发现，你喜欢的牌子，你需要的东西，还有一些漂亮“新品”，居然只有一点点折扣，甚至不参加活动。

我们都知道，任何一种产品都是有生产成本的。因此，只有商品销售的最低价格比生产该商品所需的成本高一些，商家才能够赚取利润。事实上，商家在平时的商品销售中，商品的价格要比实际成本高很多。只要将价格下调一些，消费者就会以为自己真的可以买到便宜货了。这样一来，消费者自然会趋之若骛，商品自然就会很容易卖出去，而且销量会更大。这就是所谓打折现象的真相。

让我们一起来研究购物卡里面究竟有哪些玄机？

刘女士到离家不远的国光超市购物。当她刚走到超市入口时，一个 20 岁左右的小伙子向她走了过来，脸上带着职业性的微笑。她并不知道接下来要发生什么，便停了下来。

小伙子凑到她身边，问她说：“小姐，请问您买购物卡吗？您买东西付款时，就可以刷我的卡，我给您打 9 折。怎么样？”刘女士一听，心里顿时犯起了嘀咕，怎么会有这样的好事？就在这时，她发现不远处，也有人手里拿着购物卡在跟顾客说着什么，这让她隐约感到有些不妥，于是把头摇得像拨浪鼓似的，快步走开了。

事后，刘女士跟朋友说起了这件事，朋友告诉她，这些人都没有工作，是专门靠这个赚钱的，他们有一个统一的外号叫“黄牛”，这些人每天都可以赚很多钱。朋友说，像这样的人现在有很多，基本上所有的商场、超市附近都有他们出没。而且在网上，也到处有购物卡折现的帖子和广告。

说起购物卡，你肯定不会陌生。如今的购物卡种类繁多，可以说，由于这些购物卡的出现，人们的生活开始变得更加方便。买东西的时候，可以不用带着大把的现金到街上去，这样一来可以避免丢失，同时在跟卖家进行交易时，也更方便、更快捷。

但是你知道吗？就是这种给消费者带来了诸多方便的购物卡，现在已经成了很多人赚钱、牟利的工具。

如今，给员工们发放购物卡已经成了很多公司和单位提高福利待遇的方式之一。有了购物卡，就可以不带现金到商场购物，这当然是令所有人都十分开心的事情。而伴随着购物卡的风行，收卡的“黄牛”也开始见缝插针，成批成批地诞生了。

以一张 300 元的购物卡为例，“黄牛”们通常会以 8 折的价钱收购，然后再按 9.5 折给顾客刷卡，这样的话，一张 300 元的购物卡“黄牛”可以赚 45 元左右。对于这些“黄牛”来说，一天赚 400 元到 500 元绝不是什么难事，而一个月下来，他们起码可以赚到 10000 元。

同时，在各大商场和超市，到处都可以见到办理购物卡的海报。为了给办卡客户提供方便，很多商场和超市甚至把办卡柜台外移到了顾客出入口处。从早到晚，这些柜台前都挤满了办卡的消费者。但你可能不知道，购物卡的背后还隐藏着很多秘密：**一是**发行购物卡，可以让很多商家的销售额扩大；**二是**可以帮助购卡单位解决部分税收问题。现在很多单位之所以会集中购买购物卡，原因是商家能为他们提供发票，这样一来企业购买购物卡给员工发放福利所需的资金，就可以摊入费用支出以冲抵部分利润，而企业向国家上缴的所得税就会减少。以一般纳税人 25% 的纳税比例算，如果从当月 400 万元的利润中拿出 40 万元用于购买购物卡，那么纳税额就可以由原来的 100 万元变为 90 万元，整整减少了 10 万元。

对商家而言，这相当于得到了一笔无息贷款。以一家年发行 10 亿元购物卡的商家为例，短期消费客户如果占到 50%，商家就可以获得 5 亿元的存量现金，减去其中 1% ~ 2% 的返利，存入银行后，可获得 6% ~ 8% 的协议贷款利息。同时，因为过期、损毁、零头放弃等各种原因，每年有大约 5% 的卡内残值，一年就有 10% 以上的纯利润。这也就是说，每年发行 10 亿元购物卡的商家，一年至少可以赚到 1 亿元的利润。

专业发卡公司发行的卡使用范围很广，一张卡可以在不同的商场、饭馆、健身房、美容院等多处商家进行消费。专业发卡公司从中可以得到商家给予的 3% 佣金，而购买购物卡需要支付现金或支票，第三方发行机构在发放购物卡的过程中就可以快速形成现金流，而消费者拿到购物卡后不可能一次性就把卡内的金额全部消费掉，而这个时间差产生的资金对发卡公司而言就发挥了重要的融资作用。

让我们一起来分析“洛阳纸贵”现象背后的秘密

西晋时期的著名文学家左思曾经写了《三都赋》。因《三都赋》文采斐然，刚一问世便立刻引起了世人的关注和追捧。一时间，社会上竟然兴起了一股传抄《三都赋》的热潮。随着《三都赋》被广泛传抄，洛阳城里的纸张也成了当时最畅销的东西。由于买的人太多，使得洛阳城里的纸张竟然供不应求了。纸张供不应求，就使得原本十分便宜的纸张一夜之间价格就暴涨了起来，甚至比原来整整高出了两倍，这就是成语“洛阳纸贵”的由来。可令人奇怪的是，虽然纸张的价格高得离谱，洛阳的纸张还是被人们抢购一空了。

我们不禁会问，为什么会出现这样的情况呢？原因其实很简单。由于洛阳的百姓都纷纷传抄《三都赋》，所以对纸张的需求量大大增加，最终使得洛阳的纸张出现了供给跟不上需求的状况，这样一来，纸张的价格自然也就上涨了。“洛阳纸贵”这个成语里边其实包含了两个经济学的基本概念，即：供给和需求。

供给和需求是两个互相联系的概念。在价值规律和市场经济的作用下，供给和需求通常会呈现出以下三种关系：**一是**当商品供需平衡时，市场上商品的价格是趋于正常的，对于现实中的市场经济来说，这种理想的状态几乎是不存在的；**二是**当商品供大于求时，市场上的商品由于数量增多，价格就会出现下降；**三是**当商品供不应求时，市场上的商品由于数量减少，价格就会出现上涨。

有时，供需的变化会受到市场环境变化的影响。2020年的新冠肺炎疫情，相信大家至今都是心有余悸。在新冠肺炎疫情的阴云笼罩下，全国各地都开始争相抢购口罩等物品，从而导致这些东西出现了供不应求的情况，价格也就随之高涨起来，原来几角钱一个的口罩卖到八九元钱一个。

无论何时，供给和需求的作用都是通过价格来反映的。需求扩大，供给不足，价格上涨；需求缩小，供给过量，价格下降。因此，对于广大消费者来说，在商品供大于求的时候去购买商品才是最划算的。

另外，把需求和供给的范围扩展到社会的宏观层面上，就产生了社会总需求和社会总供给。社会总供给是指一定时期内，可以提供给社会的商品和劳务总量，它包括国内的商品和劳务总值和进口的商品和劳务总值。社会总需求是指一定时期内，通过各种渠道形成的对产品和劳务的购买力，包括国内支付力和国外支付力。当社会总供给与总需求达到平衡时，整个国民经济的生产、分配、流通、消费等领域也会达到一种相对平衡的比例关系。

社会总供给和总需求反映的是社会的总体供需状况，而日常生活中某种商品的供需状况，会以其市场价格形象地反映出来。

让我们一起来用活用好“二八定律”

小钟在一家知名铝材公司当销售员。刚开始做销售的时候，他的销售成绩很不理想。他每天辛辛苦苦，跑来跑去，结果一个月下来，挣的钱很少，小钟为此十分忧虑，总是闷闷不乐。

有一天，小钟下班后路过一个书屋。喜欢看书的他便走了进去。他在营销学的书架前停了下来，然后拿起书来翻看。就在这时，他发现了一本专门介绍犹太人经商历史的畅销书。小钟怀着好奇打开了书，“二八定律”就这样走进了他的视野。小钟仔细地看着、研究着，不禁欣喜若狂。他拿出自己的销售图表，然后按照“二八定律”开始仔细研究自己的销售情况。结果他发现自己每个月 80% 的收益只来自 20% 的客户，可他在每一个客户身上所花的时间是一样的，他顿时就明白了自己业绩不好的原因。

找到原因之后，小钟便立刻行动起来。他把自己那些最不活跃的客户转让给了其他销售人员，而自己则把精力集中到最有希望的客户上来。又一个月过去了，小钟果然取得了很好的业绩。如此良好的业绩，让小钟很快就成了区域销售中心里的红人。几年之后，小钟决定自己创业。经过几年的努力，小钟创办了属于自己的公司，现在已经是规模以上企业。

“二八定律”是 20 世纪初意大利经济学家维尔弗雷多·帕累托提出的。帕累托指出：一般来说，在任何特定群体中，重要的因子只占少数，而不重要的因子却占多数。所以要想控制全局，就要控制那少数的重要因子。

在我们的日常生活中，“二八定律”是很常见的一种经济现象。例如，在企业里，通常情况下，20% 的产品带来的利润占该企业总利润的约 80%。而对于很多家用电器来说，通常 80% 的磨损会出现在 20% 的位置上。违背了“二八定律”，可能会受到很严厉的惩罚。

铱星公司是一个高科技公司，它所推出的铱星电话是当时世界上技术最先进的产品之一。当时很多人都对这个公司充满了信心，认为这个公司将来一定可以成为行业的龙头老大。然而，出乎所有人意料的是，这款高科技的电子产品仅仅投入运营两年，公司就被迫宣布倒闭了。这到底是为什么呢？经调查发现，公司倒闭除了在运营方面出现了一些失误外，最致命的原因是该公司当时制定的“覆盖全球”的战略。

这是一个野心勃勃的计划。因为海洋、高山、丘陵、沙漠等这些人迹罕至的地方占了地球总面积的 80%，也就是说，要想实现这个计划，就必须将这些地域纳入全球的通信网络之中。事实上，铱星公司也确实这样做了。

公司为此发射了大量卫星，除此之外，为维护其运转，公司还花费了数额巨大的费用。可是，最终的结果却是令人失望的。因为这些地方所能产生的利润十分微小，甚至可以忽略不计。更可怕的是，这些成本最终都是由另外那 20% 地区的用户来负担的，这就使得铱星的电话价格过高，从而失去了和普通移动电话竞争的优势。

懂得了“二八定律”，我们就可以在工作和生活中对此加以充分利用。对于一个企业来说，顾客中的约 20% 占有营业额的 80% 左右，而他们就是所谓的“贵客”。既然这样，如何抓住这些“贵客”，就是一个企业经营的诀窍所在。同理，如果某公司发现约 20% 的产品带来了约 80% 的利润，那么该公司就应该集中精力来做好这 20% 的高利润产品。

让我们一起来感受复利所带来的强大力量

亚当是一位精明勤奋的国王，在他的统治之下，他的国家十分富足，百姓安居乐业。但其有一个嗜好，就是酷爱围棋，随着他年龄的增长，他的棋艺日益精湛，已经没人能够赢得了他。其陷入了“孤独求败”的境地。

为了找到能够和他一较高下的人，他向全国下了一道诏书，诏书中写道：国王欢迎棋艺高超者入宫与国王下棋，获胜者可以提各种要求，国王都会答应。在诏书发出去三天后，一个 40 岁左右的中年人进宫了。亚当高兴极了，于是两人就开始下棋。

这个中年人棋艺略胜亚当一筹，亚当输了。于是亚当问道：“你是胜利者，请问你有什么要求吗？我可以满足你。”这个中年人说：“敬爱的国王，请您在棋盘上放上麦子，棋盘的第一个格子中放上一粒麦子，第二个格子中放进前一个格子数量两倍的麦子，以后的每一个格子中都放上前一个格子中的麦子数量的两倍，一直将棋盘的格子摆满，我就要这些麦子。”

亚当一听，顿时哈哈大笑起来。因为这个中年人的要求实在是出乎他的意料。亚当本以为他会要黄金珠宝，没想到竟然会要不值钱的麦子，于是二话没说就答应了。可是，亚当很快就发现，即使将国库里所有的麦子都给他，也不够他要的百分之一。

这是为什么呢？因为，虽然中年人最初的要求很低，可是经过很多次的翻倍，麦子的数量已经从一粒变成了一个无法统计的庞大数字。

你知道为什么会发生这么大的变化吗？其实这就是复利的作用。那么什么是复利呢？复利，简单地说就是利滚利。它是指每年的收益还可以产生收益，具体是将整个借贷期限分割为若干段，前一段按本金计算出的利息要加入到本金中，形成增大了的本金，作为下一段计算利息的本金基数，直到每一段的利息都计算出来，加总之后，就得出整个借贷期内的利息。

复利是与单利相对应的一个经济概念。单利的计算不把利息计入本金；而复利却恰恰相反，它的利息要并入本金中重复计息。所以，复利的报酬通常是异常惊人的。如果你拿10万元去买年报酬率20%的股票，大约3年半的时间，你当初的10万元就会变成20万元。

如果你想进行投资的话，不妨试试这种投资模式。假设你拿出1万元进行投资，每年可以赚15%，那么，如果这样连续投资20年的话，到最后，你当初的一万元就变成了163665元。而要是连续投资30年，资本总额就会变成662117元。试想，如果连续投资40年，你最好的收益会是多少呢？恐怕很难算出来吧。这也就是说，如果一个25岁的年轻人，投资1万元，每年赢利15%，到他65岁时，他就能获得200多万元的回报。

这种由复利所带来的财富的增长，被称为“复利效应”。一次，爱因斯坦的一个朋友到他家做客，两人边喝咖啡边聊天。朋友问爱因斯坦：“你说宇宙最强大的力量是什么？”爱因斯坦想了想，答道：“是复利！”确实是这样，在累积财富的宇宙当中，复利的确是一股强大的力量。假设我们存1美分，利率为100%，也就是第一天1美分钱、第二天2美分钱、第三天4美分钱，连续累积一个月，最后是多少钱？1万美元？100万美元？1000万美元？你可以这样算下去：1×2=2（美分），2×2=4（美分），4×2=8（美分），8×2=16（美分），16×2=32（美分）……1美分钱经过每天加倍，在31天之后，你将得到 2147 万美元。只靠 1 美分，一个月后就可以累积到 2147 万美元！这下你知道爱因斯坦为什么会这样说了吧？

著名的罗斯柴尔德金融帝国创立人梅尔曾经说过：“复利是世界上的第八大奇迹。”相信，如果你懂得了复利的好处，并在投资过程中加以利用的话，你也有机会成为一个名副其实的富翁。

第二章

chapter two

助力中小微企业腾飞需要清楚中小微企业的特征

企业是通过整合土地、劳动力、资本、技术等生产要素，向市场提供产品或服务而获得盈利，自主经营、自负盈亏、独立核算的经济组织。其中，中小微企业是全球数量最为庞大的企业群体，在各国经济社会发展中扮演着越来越重要的角色。2017 年，联合国决定将每年的 6 月 27 日定为“中小微企业日”，以加深人们对于中小微企业在促进可持续发展方面所作贡献的认识。目前，中小微企业是全球大多数经济体的支柱，据来自国际中小微企业理事会的数据显示，全球正式与非正式的中小微企业占企业总数的 90%，提供的就业岗位占所有就业岗位数的 60%~70%，且创造了 50% 的 GDP。在中国，中小微企业贡献了全国 50% 的税收、60% 的 GDP、70% 的技术创新成果、80% 的就业和 90% 的企业数量，完成了全国 65% 的发明专利，开发了 75% 的新产品。中小微企业已成为中国经济和社会发展的生力军，是扩大就业、改善民生、促进创业创新的重要力量，在稳增长、促改革、调结构、惠民生、防风险中发挥着重要作用。中小微企业如此重要，各地各级各界普遍全力支持、全力帮扶、持续助力、求见实效。要助力中小微企业腾飞，首先需要搞清楚，究竟什么叫中小微企业？从全球看，中小微企业在概念上没有确切的定义，只是因为其规模相对于大型企业而言较小，因此得名。每个国家对于中小微企业的划分都会因为其经济发展水平和人文环境的不同而有所区别，即使是同一国家也会因为不同区域的发展进程快慢，对中小微企业界定的标准略作调整。世界各国一般从质和量两个方面对中小微企业进行定义，质的指标主要包括企业的组织形式、融资方式及所处行业地位等，量的指标则主要包括雇员人数、实收资本、资产总值等。比较而言，量的指标较质的指标更为直观，数据选取容易，所以大多数国家都以量的标准对中小微企业进行划分。如美国国会2001年出台的《美国小企业法》对中小微企业的界定标准为雇员人数不超过500人的即为中小微企业，英国、欧盟等在采取量的指标的同时，也以质的指标作为辅助。

国内外对中小微企业到底是如何界定的

一个单位的办公家具需要公开招标，招标文件规定：供应商为中小微企业的，应提供《中小微企业声明函》，并对真实性负责。对中小微企业产品的价格给予6%的扣除。有5家供应商通过了资格性审查，其中甲、乙两家为经销商，都按规定提交了《中小微企业声明函》，乙同时提交了其所代理的家具生产厂家的《中小微企业声明函》，其他企业均为中型以上企业。甲、乙两企业是否是中小微企业？评标委员会内部产生了两种意见。一种认为，只要投标人提交了《中小微企业声明函》，就应视为中小微企业；另一种认为，只有投标人本身是中小微企业，且提供的货物也是中小微企业制造的，才视为中小微企业。究竟谁对谁错？这便涉及中小微企业到底该如何界定的问题，界定标准比较有代表性的为美国、英国、欧盟、日本、中国。

（一）在美国，《美国小企业法》明确规定，雇员人数不超过500人的企业就是中小微企业。

（二）在英国，其明确中小微企业在质的方面的规定是：市场份额较小，所有者亲自管理，企业独立经营；在量的方面的规定是：小制造业，从业人员在200人以下。其中，对于小建筑业、矿业，明确从业人员在25人以下的企业为中小微企业；对于小零售业，明确年销售收入在18.5万英镑以下的企业为中小微企业；对于小批发业，明确年销售收入在73万英镑以下的企业为中小微企业。

（三）在欧盟，其明确雇员人数在250人以下且年产值不超过4000万埃居，或者资产年度负债总额不超过2700万埃居，且不被一个或几个大型企业持有25%以上的股权的企业为中小微企业。其中，雇员少于50人、年产值不超过700万埃居，或者资产年度负债总额不超过500万埃居，并且据有独立法人地位的企业[埃居（ECU）是欧洲货币单位European Currency Unit的简称。由欧洲经济共同体会员国货币共同组成的一篮子货币，是欧共体各国之间的清算工具和记账单位。在1999年1月1日欧元诞生之后，埃居自动以1：1的汇价折成欧元（EUR）]。

（四）在日本，对于制造业，明确从业人员300人以下或资本额3亿日元以下的企业为中小微企业；对于批发业，明确从业人员100人以下或资本额1亿日元以下的企业为中小微企业；对于零售业，明确从业人员50人以下或资本额5000万日元以下的企业为中小微企业；对于服务业，明确从业人员100人以下或资本额5000万日元以下的企业为中小微企业。

（五）在中国，中小微企业是指在中华人民共和国境内依法设立的人员规模、经营规模相对较小的企业，包括中型企业、小型企业和微型企业。中型企业、小型企业和微型企业划分标准，由国务院负责中小微企业促进工作综合管理的部门会同国务院有关部门，根据企业从业人员、营业收入、资产总额等指标，结合行业特点制定，报国务院批准。此类企业通常可由单个人或少数人提供资金组成，其雇用人数与营业额皆不大，因此在经营上多半是由业主直接管理，受外界干涉较少。国家统计局2017年发布的《统计上大中小型企业划分办法》，明确了中小微企业为在中华人民共和国境内依法设立的各种组织形式的法人企业或单位，经营范围包括：农、林、牧、渔业，采矿业，制造业，电力、热力、燃气及水生产和供应业，建筑业，批发和零售业，交通运输、仓储和邮政业，住宿和餐饮业，信息传输、软件和信息技术服务业，房地产业，租赁和商务服务业，科学研究和技术服务业，水利、环境和公共设施管理业，居民服务、修理和其他服务业，文化、体育和娱乐业等15个行业门类以及社会工作行业大类，按照行业门类、大类、中类和组合类别，依据从业人员、营业收入、资产总额等指标或替代指标，将我国的企业划分为大型、中型、小型、微型等四种类型。具体划分标准见以下附表。

行业名称	指标名称	计量单位	大型	中型	小型	微型
农、林、牧、渔业	营业收入（Y）	万元	Y ≥ 20000	500 ≤ Y<20000	50 ≤ Y<500	Y<50
工业＊	从业人员（X）	人	X ≥ 1000	300 ≤ X<1000	20 ≤ X<300	X<20
	营业收入（Y）	万元	Y ≥ 40000	2000 ≤ Y<40000	300 ≤ Y<2000	Y<300
建筑业	营业收入（Y）	万元	Y ≥ 80000	6000 ≤ Y<80000	300 ≤ Y<6000	Y<300
	资产总额（X）	万元	Z ≥ 80000	5000 ≤ Z<80000	300 ≤ Z<5000	Z<300
批发业	从业人员（X）	人	X ≥ 200	20 ≤ X<200	5 ≤ X<20	X<5
	营业收入（Y）	万元	Y ≥ 40000	5000 ≤ Y<40000	1000 ≤ Y<5000	Y<1000
零售业	从业人员（X）	人	X ≥ 300	50 ≤ X<300	10 ≤ X<50	X<10
	营业收入（Y）	万元	Y ≥ 20000	500 ≤ Y<20000	100 ≤ Y<500	Y<100
交通运输业＊	从业人员（X）	人	X ≥ 1000	300 ≤ X<1000	20 ≤ X<300	X<20
	营业收入（Y）	万元	Y ≥ 30000	3000 ≤ Y<30000	200 ≤ Y<3000	Y<200
仓储业	从业人员（X）	人	X ≥ 200	100 ≤ X<200	20 ≤ X<100	X<20
	营业收入（Y）	万元	Y ≥ 30000	1000 ≤ Y<30000	100 ≤ Y<1000	Y<100
邮政业	从业人员（X）	人	X ≥ 1000	300 ≤ X<1000	20 ≤ X<300	X<20
	营业收入（Y）	万元	Y ≥ 30000	2000 ≤ Y<30000	100 ≤ Y<2000	Y<100
住宿业	从业人员（X）	人	X ≥ 300	100 ≤ X<300	10 ≤ X<100	X<10
	营业收入（Y）	万元	Y ≥ 10000	2000 ≤ Y<10000	100 ≤ Y<2000	Y<100
餐饮业	从业人员（X）	人	X ≥ 300	100 ≤ X<300	10 ≤ X<100	X<10
	营业收入（Y）	万元	Y ≥ 10000	2000 ≤ Y<10000	100 ≤ Y<2000	Y<100
信息传输业＊	从业人员（X）	人	X ≥ 2000	100 ≤ X<2000	10 ≤ X<100	X<10
	营业收入（Y）	万元	Y≥100000	1000≤Y<100000	100 ≤ Y<1000	Y<100

续表

行业名称	指标名称	计量单位	大型	中型	小型	微型
软件和信息技术服务业	从业人员（X）	人	X ≥ 300	100 ≤ X<300	10 ≤ X<100	X<10
	营业收入（Y）	万元	Y ≥ 10000	1000 ≤ Y<10000	50 ≤ Y<1000	Y<50
房地产开发经营	营业收入（Y）	万元	Y≥200000	1000≤Y<200000	100 ≤ Y<1000	Y<100
	资产总额（Z）	万元	Z ≥ 10000	5000≤Z<10000	2000≤Z<5000	Z<2000
物业管理	从业人员（X）	人	X ≥ 1000	300 ≤ X<1000	100 ≤ X<300	X<100
	营业收入（Y）	万元	Y ≥ 5000	1000 ≤ Y<5000	500 ≤ Y<1000	Y<500
租赁和商务服务业	从业人员（X）	人	X ≥ 300	100 ≤ X<300	10 ≤ X<100	X<10
	资产总额（Z）	万元	Z≥120000	8000≤Z<120000	100 ≤ Z<8000	Z<100
其他未列明行业 *	从业人员（X）	人	X ≥ 300	100 ≤ X<300	10 ≤ X<100	X<10

中小微企业的整体能量很大

中小微企业，单体规模虽小，整体能量却很大。可以说，只有中小微企业发展好了，高质量发展的底子才有可能真正牢靠。现代管理学之父彼得·德鲁克曾言："决定经济向前发展的并不只是财富 500 强，它们只决定媒体、报纸、电视的头条，真正在 GDP 中占百分比最大的还是那些名不见经传的中小微企业。"国家工业和信息化部统计显示，截至 2018 年末，我国共有中小微企业法人单位1807万家，占全部规模企业法人单位的99.8%，其中，中型企业 23.9 万家，占比 1.3%；小型企业 239.2 万家，占比 13.2%；微型企业 1543.9万家，占比85.3%。中小微企业吸纳就业人员23300.4万人，占全部企业就业人员的 79.4%；拥有资产总计达到 402.6 万亿元，占全部企业资产总计的 77.1%；全年营业收入达到 188.2 万亿元，占全部企业全年营业收入的 68.2%。在我国经济向高质量发展转型升级的进程中，中小微企业在扩大就业、繁荣市场、推动创新、支撑供应链稳定等方面正发挥着越来越重要的作用。

（一）我们的中小微企业有效缓解了社会就业的压力。中小微企业是维系社会发展的根基，是涵养民生就业的土壤。近年来，随着我国经济结构转型的逐步深化，大量社会劳动力向第三产业转移。我们的中小微企业主要分布在快速发展的第三产业，且多为劳动密集型产业，由于中小微企业具有数量多、经营灵活、技能要求较低等优势，对社会新增劳动力有较强的吸纳能力。同时，中小微企业人才引进策略多样、人力雇佣模式灵活、劳务引进渠道广阔，通过积极带动劳动用工制度向更有效率的就业机制转变，逐步发展成为了扩大就业的主要增长点。据统计，2018 年登记在册的私营中小微企业就业人数为21.375千万人，个体就业人数为16.038千万人，中小微企业和个体工商户就业人数占全国总就业人数的 48.3%。中小微企业稳定发展已经奠定了经济社会的稳固基础，是国家长治久安的根本保证。

（二）我们的中小微企业有效推动了整个市场的繁荣。在现代市场经济中，中小微企业是经济发展的基本动力，对于市场机制的反应最为灵敏，在市场经济体制中活力最强。同时，中小微企业的健康发展可以有效抑制垄断企业的出现，通过丰富市场经营模式使产品的生产在长期平均成本最低点的产量水平达到帕累托最优。此外，由于自身的独特需求和企业分布范围，中小微企业更加接近消费者，更加接近市场，对市场需求变化响应更快、更迅速，量大面广的中小微企业发展将有利于培育高质量经济的长期增长动力。中小微企业在促进国内贸易发展的同时，还可以通过供应大型企业和外包服务间接增加出口，提升国家对外经贸发展水平。在作为国民经济基础的工业领域中，中小微企业依然占有重要比重：在企业数量方面，2010~2018 年，规模以上中小微工业企业单位数占比保持在 97% 以上，其中，2018 年规模以上中小微工业企业单位数为 369337 个，占全国工业企业总数的 97.6%；从企业盈利情况看，2015~2018 年，规模以上中小微工业企业利润总额占比稳步上升，其中2018年规模以上中小微企业利润总额为3.422万亿元，占规模以上工业企业利润总额的 51.6%。南方日报社与中博会组委会秘书处在主题演讲环节联合发布的《中小微企业高质量发展现状调研报告》指出，以中小微企业为主体的民营经济后劲十足。以广东为例，2019 年第一季度，广东民营企业增加值同比增长 8%，民营经济单位数量增长 11%，民间投资增长 7%，民企新增贷款增长 16%，民企出口增长 8%。

（三）我们的中小微企业有效促进了科学技术的创新。我国经济迈入新常态后，国内经济下行压力加大，国际经济复苏疲弱态势延续，技术创新成为推动经济高质量发展的突破口。同大型企业相比，中小微企业所处的更加激烈的市场竞争环境为其带来了更大的创新动力，加之中小微企业具有组织结构精简、创新管理层级扁平等特点，中小微企业创新体制更为灵活，创新决策更加高效，创新实施更加坚决。同时，中小微企业还主导着市场经济实现现代科技革命和产业革命的重大转变，无论是技术创新数量还是技术创新频率，中小微企业均高于大型企业，科学技术转化为生产力周期更短，效率更高。在我国规模以上工业企业中，中小微工业企业年专利占比和发明专利占比从2014年至2018年一直保持在30%以上，2018年中小微工业企业发明专利申请数为12.97万件，占规模以上工业企业发明专利申请数的比重为34.9%。虽然中小微企业研发经费投入要远远低于垄断性大型企业，但其对创新成果的应用反而远远高于大型企业。中小微企业不仅在专利发明数量方面领先大型企业，还以3~5倍的研发投入效率领先于大型企业，以更低的研发投入实现更多的技术创新，丰富了市场经济技术创新模式和途径。如在推动粤港澳大湾区向创新型湾区转型过程中，中小微企业的动力发生了显著变化。2018年，大湾区研发经费支出占GDP比重达2.7%，处于国际一流水平。目前，大湾区内高新技术企业超过4万家，科学家和工程师超过40万人。中小微企业对自身技术有底气，68%的受访企业通过自主研发获得主导技术。

（四）我们的中小微企业有效支撑了供应链条的延展。改革开放以来，我国作为“世界工厂”，不仅拥有完整丰富的产业链，还形成了众多中小微企业紧密集群的产业链生态系统。中小微企业作为大型企业的配套供应商和服务商，在制造业产业链中起到“中转站”的重要作用，是制造产业供应链中至关重要的一环，确保了我国产业链的完整和正常运转。正是依靠着供应链体系上下游成千上万中小微企业之间的合作发展，我国才在全球价值链中以突出的比较优势扮演着“世界工厂”的重要角色。据统计，2018年，我国制造业和采矿业领域中小微企业户数分别为34.8万户、1.1万户，占比分别为94.1%、2.9%。2018年中小微企业中非金属矿物制品业、农副食品加工业的企业数量占比分别为10.0%和7.1%。广东省2019年第一季度，民营经济实现增加值1.27万亿元，同比增长7.8%，较全省GDP增速快1.2%。民营经济单位达1143.82万户，同比增长10.8%；从业人员3703万人，同比增长5.2%；民间投资3754亿元，同比增长6.6%；民营企业出口总额4605.27亿元，同比增长8%。

我国中小微企业发展的支撑力量

近年来，全国各地各级各界坚持稳中求进的工作总基调，坚持新发展理念，以供给侧结构性改革为主线，以提高发展质量和效益为中心，按照竞争中性原则，着力打造公平便捷营商环境，切实激发中小微企业活力和发展动力；认真实施中小微企业促进法，纾解中小微企业困难，稳定和增强企业信心及预期，加大创新支持力度，提升中小微企业专业化发展能力和大中小微企业融通发展水平，促进中小微企业健康发展。

（一）良好的发展环境正逐步营造。市场准入已经放宽，各种不合理门槛和限制正在破除，在市场准入、审批许可、招标投标、军民融合发展等方面竞争环境更加公平，市场空间更加充足；市场准入负面清单事项不断缩减，“非禁即入”普遍落实。各级各地各界较为主动地服务中小微企业，对中小微企业的“放管服”改革切实深化，商事制度改革持续深入推进，企业注册登记、注销更加便利化；环评制度改革扎实推进，环境影响登记表备案制正在落实，项目环评审批时限压缩至法定时限的一半正逐步实现；公平竞争审查制度全面落实，公平、开放、透明的市场环境正在营造，妨碍统一市场和公平竞争的各种规定和做法被逐步清理废除；对企业发展中遇到的各种困难和问题，正努力做到“一企一策”给予帮助。公平统一的市场监管制度较为全面实行，监管方式正在创新；在安监、环保等领域微观执法和金融机构去杠杆中对中小微企业采取简单粗暴的处置措施正逐步避免，反垄断、反不正当竞争执法深入推进，中小微企业公平参与市场竞争得到较好保障；企业及其出资人的财产权和其他合法权益得到保护，单位和个人不得侵犯中小微企业财产及其合法收益的意识切实增强；各种刁难限制中小微企业发展的行为正全面严格禁止。如深圳把优化营商环境作为推动高质量发展的重要途径，出台的《关于加大营商环境改革力度的若干措施》提出了 20 大改革措施、126 个政策点；出台的《深圳市中级人民法院关于依法保护产权的实施意见》提出了 36 项举措；大力推进的“数字政府”建设，上线的“i 深圳”统一政务服务 App 等让中小微企业能够更平等地参与市场竞争，能够更便捷地办理各项业务，能够更真切地感受到政策的温度。

（二）融资难融资贵问题正逐步破解。中小微企业融资政策正不断完善，普惠金融定向降准政策逐步落实，再贴现对小微企业支持力度持续加大，小微企业 500 万元及以下小额票据贴现得到重点支持；支小再贷款政策适用范围已经扩大到符合条件的中小银行（含新型互联网银行），单户授信 1000 万元及以下的小微企业贷款已经纳入中期借贷便利的合格担保品范围。融资渠道逐步拓宽，债券发行机制不断完善，民营企业债券融资支持工具全面实施，出售信用风险缓释凭证、提供信用增进服务等多种方式逐步推行，经营正常、面临暂时流动性紧张的民营企业合理债券融资需求得到有效回应；民营企业股权融资支持工具正探索实施，市场化运作的专项基金开展民营企业兼并收购或财务投资全面推广；高收益债券、私募债、双创专项债务融资工具、创业投资基金类债券、创新创业企业专项债券等产品迅速发展；促进中小微企业依托应收账款、供应链金融、特许经营权等融资正全力推动；知识产权质押融资风险分担补偿机制不断完善，知识产权增信增贷作用切实发挥；金融机构对中小微企业发放中长期贷款如火如荼，续贷产品不断开发。利用资本市场直接融资得到支持，中小微企业首发上市进度不断加快；发行、交易、信息披露等改革持续深化，中小微企业在“科创板”“创业板”“中小板”“新三板”等挂牌融资全面推进。创新创业公司债券试点正扎实推进，创新创业可转债转股机制不断完善；允许挂牌企业发行可转换公司债逐步推进，创业投资基金股份减持比例与投资期限的反向挂钩制度全面落实，早期创新创业得到支持；地方知识产权运营基金等专业化基金服务中小微企业创新发展得到全面认可，对存在股票质押风险的企业，已认真按照市场化、法治化原则研究制定相关过渡性机制，根据企业具体情况采取防范化解风险措施。企业融资负担正切实减轻，金融机构扩大出口信用保险保单融资和出口退税账户质押融资全面推广，进出口企业金融服务需求得到较好满足；国家融资担保基金作用切实发挥，担保机构正逐步取消反担保，降低担保费率；中小微企业融资时强制要求办理的担保、保险、评估、公证等事项正清理规范，融资过程中的附加费用不断减少，融资成本不断降低；相关费用无法减免的，由地方财政根据实际制定鼓励降低取费标准的奖补措施正在推行。分类监管考核机制逐步探索建立，小微企业贷款享受风险资本优惠权重的单户额度限制切实放宽，商业银行投放小微企业贷款的经济资本不断释放；金融企业绩效评价办法正积极修订，明确适当放宽考核指标要求，激励金融机构加大对小微企业的信贷投入；银行业金融机构夯实对小微业务的内部激励传导机制正健全完善，信贷资源配置逐步优化、绩效考核方案不断完善、利润考核指标权重适当降低，专项激励费用全面安排；对小微业务推行内部资金转移价格优惠措施全面推行；小微企业贷款不良容忍度管理逐步细化，授信尽职免责规定不断完善，对基层机构发放民营企业、小微企业贷款的激励力度不断加大，民营企业、小微企业信贷占比切实提高；信贷风险管控能力不断提高，服务收费政策已落实并规范。如广东省 2018 年通过完善中小微企业政策性融资担保和再担保体系，帮助 7600 多家中小微企业获得贷款 437 亿元。

（三）财税支持政策正逐步完善。财税对小微企业融资的支持方式不断改进，对中小微企业融资担保降费奖补政策正全面落实，各级财政已经安排奖补资金，引导地方支持扩大实体经济领域中小微企业融资担保业务规模，降低融资担保成本；创业担保贷款贴息的政策门槛切实降低，各级财政已经安排资金支持地方给予小微企业创业担保贷款贴息及奖补，同时推进了相关统计监测和分析工作；金融机构单户授信 1000 万元及以下小微企业和个体工商户贷款利息收入免征增值税政策、贷款损失准备金所得税税前扣除政策正在落实。中小微企业税费负担逐步减轻，涉企收费正清理规范，地方涉企行政事业性收费零收费加快推进；增值税等实质性减税扎实推进，对中小微企业、科技型初创企业的普惠性税收减免正在实施；社会保险费率逐步降低，中小微企业吸纳就业得到全面支持。政府采购支持中小微企业的政策切实完善，中小微企业开展政府采购项下融资业务更加便利，政府采购合同等信息依法及时公开。政府采购促进中小微企业发展暂行办法正研究修订，明确采取预算预留、消除门槛、评审优惠等手段，落实政府采购促进中小微企业发展政策，在政府采购活动中，向专精特新中小微企业倾斜。各类基金的引导带动作用切实发挥，国家中小微企业发展基金走市场化、公司化和职业经理人的制度建设道路逐步拓宽，其在支持种子期、初创期成长型中小微企业发展，在促进中小微企业转型升级、实现高质量发展中正发挥更大作用；国家级新兴产业发展基金、军民融合产业投资基金等的实施和运营正大力推进，战略性新兴产业、军民融合产业领域优质企业融资得到全面支持。2020年初，浙江省温州市出台的《关于应对新冠肺炎疫情，支持中小微企业共渡难关的若干措施》提出了5方面28条政策，全力支持受疫情影响的困难中小微企业共克时艰、共渡难关。如在加强就业稳岗支持方面，明确设立2亿元稳岗专项资金，对为重点疫情地区务工人员“留岗留薪”的企业予以补助；对不裁员或少裁员的参保企业，返还其上年度实际缴纳失业保险费的50%；对受疫情影响的参保企业，根据企业不同情况，可返还1~3个月不等的社会保险费；企业复工后，鼓励更多外地务工人员来温就业，企业出资包车接员工返温的，以“你来温州，我出路费”的模式按政府、企业2：1比例共同分担解决。

（四）企业创新发展能力正逐步提升。创新创业环境正切实营造，各级财政对中小微企业技术创新的支持不断加强；国家及地方科技计划加大对中小微企业科技创新的支持力度不断加大，科技计划立项、任务部署和组织管理方式正调整完善，中小微企业承担研发任务的比例大幅度提高；大型企业正积极向中小微企业开放共享资源，围绕创新链、产业链打造大中小微企业协同发展的创新网络；专业化众创空间提升服务能力切实提高，对创新创业的精准支持不断加强；科技资源开放共享机制不断健全，科研机构、高等学校搭建网络管理平台，大型科研仪器和实验设施正逐步向中小微企业开放；中小微企业参与共建国家重大科研基础设施氛围日趋浓厚，各级财政正安排资金支持一批国家级和省级开发区打造大中小微企业融通型、专业资本集聚型、科技资源支撑型、高端人才引领型等特色载体。知识产权切实保护，互联网、大数据等手段广泛运用，源头追溯、实时监测、在线识别等知识产权保护措施切实强化，侵权惩罚性赔偿制度加快建立，违法成本不断提高，中小微企业创新研发成果得到切实保护；中小微企业知识产权战略推进工程深入实施，专利导航切实开展，助推了中小微企业技术研发布局，推广了知识产权辅导、预警、代理、托管等服务。中小微企业专精特新发展正成为新时尚，中小微企业转型升级不断加快；专精特新评价体系制定实施，动态企业库健全完善，以专精特新中小微企业为基础，在核心基础零部件（元器件）、关键基础材料、先进基础工艺和产业技术基础等领域，一批主营业务突出、竞争力强、成长性好的专精特新“小巨人”企业正在培育；大中小微企业融通发展专项工程深入实施，一批融通发展典型示范和新模式正全力打造；围绕要素汇集、能力开放、模式创新、区域合作等领域的一批制造业双创平台试点示范项目正在培育，制造业融通发展逐步迈上新台阶。为中小微企业提供的信息化服务更加精准，“互联网＋中小微企业”全面发展，大型企业及专业服务机构建设正面向中小微企业的云制造平台和云服务平台，适合中小微企业智能制造需求的产品、解决方案和工具包加快发展，中小微企业智能制造支撑服务体系切实完善；中小微企业业务系统云化扎实推进，有基础、有条件的中小微企业正推进生产线智能化改造，推动低成本、模块化的智能制造设备和系统在中小微企业部署应用，大力推动降低中西部地区中小微企业宽带专线接入资费水平。如上海市为加快培育企业技术创新主体，2015 年便出台了《上海市科技小巨人工程实施办法》，持续推动科技型中小微企业的技术创新，着力打造具有国内外行业竞争优势的科技小巨人企业。

（五）企业服务方式方法正切实改进。公共服务体系切实完善，中介机构行为逐步规范，会计、律师、资产评估、信息等各方面中介服务质量水平全面提升，优先为中小微企业提供优质高效的信息咨询、创业辅导、技术支持、投资融资、知识产权、财会税务、法律咨询等服务；中小微企业公共服务示范平台建设和培育得到加强，跨部门的中小微企业政策信息互联网发布平台全面搭建，涉及中小微企业的法律法规，创新创业、财税金融、权益保护等各类政策和政府服务信息及时汇集，实现了中小微企业政策信息一站式服务，对中小微企业的统计调查、监测分析和定期发布制度建立完善。信用信息共享正加快推进，小微企业名录切实完善，银商合作稳步推进，依托国家企业信用信息公示系统和小微企业名录，小微企业数据库建立完善；依托各级公共信用信息共享平台建设全国及地方中小微企业融资综合信用服务平台，“信易贷”正研制开发，正与商业银行共享注册登记、行政许可、行政处罚、“黑名单”以及纳税、社保、水电煤气、仓储物流等信息，银企信息不对称问题切实解决，信用状况良好的中小微企业的信用评分和贷款可得性不断提高。企业家队伍正全力培育，中小微企业经营管理领军人才培训扎实开展，中小微企业经营管理水平不断提升；宽容失败的有效保护机制不断健全，企业家成长的良好环境不断营造；人才待遇政策保障和分类评价制度健全完善，亲清政商关系稳步构建，制定涉企政策充分听取企业家意见建议制度得到较好落实。优秀企业家典型不断选树，企业家精神得到大力弘扬。企业对外合作与交流得到全面支持，海关流程切实优化、办事手续不断简化，企业通关成本不断降低；双多边合作切实深化，在促进政策、贸易投资、科技创新等领域的中小微企业交流与合作不断加强；有条件的地方建设中外中小微企业合作区得到全面支持；中小微企业服务机构、协会等探索在条件成熟的国家和地区设立“中小微企业中心”得到有效倡导；中国国际中小微企业博览会持续推进，中小微企业参加境内外展览展销活动得到全面支持。如为支持中小微企业健康发展，国家工业和信息化部2010年便出台了《国家中小微企业公共服务示范平台管理暂行办法》，目前国家小企业公共服务平台已经遍及各地，为中小微企业提供各类优质服务。

我国中小微企业的主要特点

2020年3月29日，习近平总书记在浙江考察时强调指出，我国中小微企业有灵气、有活力，善于迎难而上、自强不息。细思研判，我觉得，作为在国民经济中处于重要地位且正成为发展社会生产力的主力军、在农村经济中处于主体地位、是大型企业不可缺少的伙伴和助手的中小微企业，主要有以下特点：

（一）在经营方面。一是中小微企业对市场变化有比较强的适应能力。各类中小微企业因为自身规模不大，人、财、物等资源相对有限，有利于其将有限的人力、财力和物力投向那些被大型企业所忽略的细分市场，专注于某一细小产品或细分领域，不断改进技术，提高产品质量、提高生产效率，以求在市场竞争中站稳脚跟，进而获得更大的发展。从世界各国的类似成功经验来看，通过选择能使企业发挥自身优势的细小细分市场来进行专业化经营，走以专补缺、以小补大、专精致胜的成长之路，是众多中小微企业在激烈竞争中获得生存与发展的最有效途径之一。此外，随着社会生产的专业化、协作化发展，越来越多的企业摆脱了“大而全”“小而全”的组织形式。中小微企业通过专业化生产同大型企业建立起密切的协作关系，不仅在客观上有力地支持和促进了大型企业发展，同时也为自身的生存与发展提供了可靠的基础。**二是**中小微企业的经营范围普遍具有个性化适应性。一般来讲，大批量、单一化的产品生产才能充分发挥巨额投资的装备技术优势，但大批量的单一品种只能满足社会生产和人们日常生活中一些主要方面的需求，当出现某些小批量的个性化需求时，大型企业往往难以满足。面对当今时代人们越来越突出个性的消费需求，消费品生产已从大批量、单一化、成型化转向小批量、多样化、个性化。虽然中小微企业作为个体，普遍存在经营品种单一、生产能力较低的缺点，但从整体上看，由于量大、点多、行业和地域分布面广，又具有贴近市场、靠近顾客、机制灵活、反应快捷的经营优势，有利于其适应多姿多态、千变万化的消费需求。如在零售商业领域，居民日常零星的、多种多样的消费需求都可以通过各类中小微企业灵活的服务方式得到满足。**三是**中小微企业是市场经济大潮中成长最快的科技创新力量。现代科技在工业技术装备和产品发展方向上有着两方面的影响：一方面是向着大型化、集中化的方向发展；另一方面又向着小型化、分散化方向发展。产品的小型化、分散化生产为中小微企业的发展提供了有利条件。在新技术革命大背景下，许多中小微企业的创始人往往是大型企业和研究所的科技人员或者大学教授，他们经常集治理者、所有者和发明者于一身，对新的技术发明创造可以立即付诸实践。自 20 世纪 70 年代以来，新技术型的中小微企业像雨后春笋般出现，它们在微型电脑、信息系统、半导体部件、电子印刷、新材料、新业态、新模式等方面取得了极大的成功，有许多中小微企业仅在短短几年或十几年里，迅速成长为闻名于世的大公司，如惠普、微软、雅虎、索尼、施乐等公司就是其中的典型。**四是**中小微企业抵御市场大潮风险的能力普遍较差。融资困难是中小微企业面临的首要问题，也是面临风险时最棘手的问题：商业银行和担保机构基于自身经营安全考虑，对企业放贷、担保更加谨慎，要求更加严格，加大了企业融资难度和融资成本，使得本来就存在的中小微企业融资难问题难上加难；银行贷款的主要对象忽视了中小微企业，一些大集团、大型企业始终是银行偏爱的对象，而一些成长型的中小微企业扩展势头迅猛，企业研发和技改方面急需中长期贷款，却往往得不到支持；受经济不景气影响，企业的内销商品和出口商品无法按期结算，甚至完全收不到货款的现象增多，部分企业由于客户倒闭、应收账款形成坏账而遭受巨大损失，不少企业由于客户信心不足缩减订单，造成库存增加、资金周转不灵、货款需求量增加；中小微企业受规模及市场的制约，借贷能力不高，加上财力不足，存在一定的市场风险和信用风险，决定了其偿还能力较差，使银行对中小微企业的贷款更加审慎；政府扶持力度不够，为金融机构、中小微企业所提供的协调政策措施不到位，对银行的管理考核中没有专门为中小微企业服务的制度规范。生产要素成本大幅上升：除了管理水平较低这一内在因素外，还深受劳动力成本上升、人民币升值、出口退税政策调整等因素影响，一些企业由于经营成本骤增而大幅度裁员，甚至关门大吉。市场拓展日益困难：尤其是外向型企业出现了市场萎缩、销售降低、订单减少的情况，同时中小企业普遍对市场前景信心不足，对未来短期内经济形势持消极态度，原材料价格涨跌幅度大、人民币汇率波动较大，走势不明，明显打击了中小微企业经营信心，为避免贷款不能按时到位的风险和成本预算失控而遭受损失，很多中小微企业下单、接单谨慎保守，甚至有单都不敢接。

（二）在发展战略方面。一是中小微企业普遍以取得外部规模经济为发展选择。中小微企业普遍走“小而群”的发展之路，主要原因是，在较多中小微企业看来，缺乏规模经济优势是中小微企业相比于大型企业的一大显著不足，而与大型企业产生于内部分工和专业化的规模经济相区别，中小微企业可以通过地理上的产业聚集，即依据外部分工和专业化协作来获得规模经济效应。例如，在外界印象中以中小微企业为主导的浙江经济发展，它的一个重要背景是立足于“一乡一品”“一县一品”乃至“一市一品”，将许多同类企业的生产经营活动集中在某一地区进行，因而使这些企业的生产成本、交易成本随着整个地区产业规模的扩大而不断降低，经济效益大大提高，有效地构成了其在国内和国外市场的竞争能力。可见，通过企业集群化，既能够促进其彼此之间的合作来节约交易成本和中间费用，减少生产投入，提高经济效益，改变单个中小微企业因自身规模原因而处于竞争劣势的不利地位，又可以利用集群内企业生产经营同一产品的特点，形成具有产业特色的“地区规模经济”。**二是**中小微企业普遍选择“小而专”和“小而配”的协作战略。一方面，积极与大型企业通过分工和专业化建立稳定而密切的协作关系，成为大规模、集中化生产体系的组成部分；另一方面，大型企业的发展也离不开为其提供零部件生产和服务的中小微企业。如美国两家汽车公司各有 4 万家和 6.2 万家中小微企业与之建立了各种协作关系，日本等公司的产品中有 70% 的零部件是由中小微企业提供的。当前在我国实行市场经济条件下，随着经济增长方式的转变，国内中小微企业大都已经摒弃“小而全”和“小而散”的经营模式，跳出“外延式”扩张的窠臼，努力成为与大型企业生产经营相配套的外围企业，为大型企业提供相关配套服务，依托大型企业的规模经济优势，逐步走上以小补大、以专配套和专精取胜的良性发展道路。**三是**中小微企业普遍采取了“小而特”的差异化经营战略。中小微企业投入少，经营规模小，生产能力有限，不容易达到大型企业那样的规模经济要求而保持成本水平的领先地位，以获得竞争的主动权。但中小微企业点多面广、贴近顾客和市场，较多中小微企业坚持“人无我有、人有我优、人优我廉、人廉我特”的原则，选择那些被大型企业忽略的细小细分市场进行目标营销。有些中小微企业通过突出特色经营和个性营销，着力满足小批量的特殊用户需求，以与众不同的服务或产品特点来吸引消费者，占有那些批量小、个性强、营销微利的市场领域，从而在优胜劣汰的激烈竞争中占有一席之地。在当今国内外消费品贸易中，特色化、多样化、个性化已成为营销方式的主流，较多中小微企业正是凭借其灵活高效的经营机制和显著的经营特色，在满足多样化、小批量的市场需求中呈现出了显著优势。**四是**中小微企业普遍积极推行技术创新的战略。具体来讲，是较多中小微企业能自觉从自身的人才、资金等相对不足的实际出发，坚持以市场需求为导向，一方面，积极利用科研单位、大专院校等科研、技术优势，通过共享研发成果来促进科技尽快转化为生产力；另一方面，针对其自身缺乏自主开发新产品的条件和经费的现实，着力在扬长避短上下功夫，专注发展自己的核心专长。如较多中小微企业充分利用国内外现有高新技术改造传统生产技术，提高产品的科技含量和资源的利用率。有些中小微企业在不根本改变产品性质的前提下，积极对产品进行改良，变化其外形、包装、色彩、附属物件等，对其生产加工过程进行改变、革新，从而达到降低成本、改善质量、提高企业在国内外市场上竞争能力的目的。有些中小微企业注重企业核心竞争力培育，不仅发展具有独特竞争优势的产品、技术和服务，还通过合理产权结构和制度设计，引导企业走向一条良性发展的道路。

（三）在品牌形象方面。一是中小微企业比较重视在“无为”上下功夫。《道德经》第六十三章中曾言：“图难于其易，为大于其细；天下难事必作于易，天下大事必作于细”，这告诉我们不要四面出击分散力量，要集中力量，从易事、细事做起，有所为，有所不为。无为而治的辩证观特别适用于中国，尤其适用于中国的中小微企业：**在可不为方面，**因中小微企业的资源不如大型企业，较多中小微企业便放弃杂散的方面，集中力量于一点，从事专业化、专门化生产，在某一点上形成相对优势；**在不多为方面，**因中小微企业在信息等获取上不如大型企业便利快捷，导致较多中小微企业宁愿静心地去观察等待，也不在情况不明的情况下盲目行动，只有当机会出现时才快速行动，选择适合自己做的业务，集中力量推进；**在不妄为方面，**较多中小微企业时刻慎思自己的言行决策，无论是管理规章制度，还是贯彻企业文化，始终讲究少而精，坚持做到精练、准确、有效。**二是**中小微企业比较重视务实管用的经营战略。①特色化经营战略，即其提供产品与服务能满足某种独特的、多样化的市场需求，具有不可替代性。这些中小微企业不以扩大市场规模为目标，重在开发具有高附加值、有别于大众化产品的新奇产品；注重加强对市场变化的把握，特别是对消费者心理需求的研究，在产品上始终坚持让顾客感觉到创新，做到“不求更好，但求与众不同”，以此吸引消费者，赢得市场。②品牌化经营战略，在市场的激烈竞争中，一些中小微企业的品牌意识日益强化，能尽可能准确把握产品特点、消费者心理、社会文化需求等方面，努力通过不断提高自身产品的质量与服务水平，在消费者心目中初步建立企业品牌的地位，经过长期的坚持，最终发展成为名牌。③联合发展经营战略，即树立联合发展的理念，这种联合较多是纵向联合，即与企业所在产业链的上下游企业开展合作，深入挖掘客户需要，提升市场潜力，获得发展。具体来说，是中小微企业一方面展开与具有互补性质的其他中小微企业的合作，共同开发或是共同经营某一市场，通过共享客户与渠道，以团队的力量，实现互利共赢；另一方面中小微企业与大型企业开展合作，在保证企业独立性的前提下，通过向其提供产品与服务，获得稳定的市场，为企业的发展积累资源，提高中小微企业的管理水平。④绿色化经营战略，一些中小微企业坚持树立绿色营销理念，把环保贯穿于企业的产品研发、制造、使用与服务等各个环节；在产品的设计上体现出绿色概念，努力成为社会节能减排的一分子；在绿色营销上下功夫，从提供绿色产品，到选择有社会责任心的渠道商，再到企业产品的绿色核心需求，结合企业附带绿色环保理念的产品宣传，全方位引导消费者进行绿色消费，塑造良好的企业形象，赢得消费者的信赖，打造忠诚客户群。

辽宁省沈阳市的中小微企业较多表现较好

沈阳市优秀的中小微企业表现都非常亮眼。从辽宁省沈阳市的中小微企业发展现状看，这些优秀的中小微企业普遍表现出机制灵活、抗压能力强，努力在市场低迷、竞争激烈等不利因素面前顽强拼搏，求生存、求发展，在地区生产总值增长、科技进步、税收、新增就业、创业等各方面表现出了不凡的业绩：×××××× 数码喷印设备有限公司自主研发的双面数码打印技术，属于全球首创，可以实现在丝绸织物上进行双面彩色精确打印，为丝绸织物彩色印制开创了一条广阔的道路。目前该公司研制的系列产品已投放国内外市场，市场前景和经济效益预期都非常可观。×××××× 工业设计有限公司是沈阳市从事工业设计最大的民营企业，面对装备制造业持续下滑的市场态势，大胆做“逆境中业务”，成为沈阳机床等传统知名大型企业的合作伙伴。××××××包装材料有限公司在钢铁企业去产能、产品需求大幅度下滑的大背景下，凭借技术和品牌优势，积极转型升级，果断走军民融合之路，做高附加值的产品，年销售收入虽然下滑但利润却实现了两位数增长。××××××新能科技有限公司依靠国际领先技术，军民融合项目成绩斐然，自主研发的薄膜热电池等产品畅销，三年来产值大幅攀升，2017年达4200万元，比上年度增长30%以上。××××××重型装备制造公司2017年生产任务十分繁忙，工人放弃节假日加班生产，特别是出口设备产值同比增长922%。

沈阳市的中小微企业依托积极采用互联网营销模式打开新的市场。沈阳市的一些中小微企业积极改变传统的上门推销或开订货会展销的单一方式，积极采用互联网上宣传和销售产品的方式，拓展了产品销售渠道，不仅节约了销售费用，而且由于提高了产品信息发布的效率，销售量平均增加20%以上。如××××××高新技术公司、××××××包装有限公司、××××××可视卡有限公司等中小微企业，公司的主要业务几乎全部在网络上完成，包括产品订购、发货的物流安排等。

沈阳市的中小微企业普遍积极抱团取暖、抱团振兴。××××××润滑油有限公司与中小微企业协会内有产品需求的企业合作配套，既给本地企业让利，也增加了本企业产品的销售量，仅2018年就与十余家企业进行产品配套，销售量占企业总销量近10%。××××××彩钢板有限公司等几家同类型企业，在市场竞争激烈和"三去一补"的大环境下，抱团取暖、共同探讨、互相支持、互相借鉴、互相促进，每月都推出几种创新产品，深受用户欢迎，实现了企业群的共赢。××××××牧业科技有限公司将实验基地生产的绿色大米，按企业要求定制包装销售给会员企业，实现双赢。××××××食品制造有限公司，利用协会召开各种会议的机会宣传苹果醋产品，提升了企业的品牌影响力和知名度。

沈阳市的中小微企业积极靠自有资金取得可喜发展。××××××特重型装备制造公司、××××××科技有限公司、××××××信息科技有限公司等中小微企业，通过加强资金管理，合理安排使用，在得不到银行贷款的情况下，积极依靠自有资金滚动发展，保证资金链有序运转，科学调度生产计划，避免了金融风险。

沈阳市的中小微企业家普遍坚持以学习谋求新发展。沈阳市一些中小微企业业主通过认真学习现代化企业管理知识，利用各种机会考察学习同行业的技术、产品创新和管理创新方法；积极参加各种提高企业经营管理现代化水平的长期或中短期培训班，汲取国内外先进的科学技术和管理方法，并迅速在本企业转化应用。×××××× 吸塑包装公司到日本学习精益化管理，回来后立即在公司推行阿米巴管理方式，收到了可观效果。2017年内 ×××××× 包装材料有限公司，组织 50 多人分三批到日本学习精益化管理，员工素养得到提高，企业现场管理和运营效率有了大幅度改善。×××××× 播种机公司通过参加新产品展销会和走访用户，果断改进自己的产品，公司果断把以往生产的二垄免耕播种机改进为四垄、六垄免耕播种机，从而使产品更高效、更受市场欢迎，企业效益显著上升。

浙江省的中小微企业较多指数走在全国前列

浙江省的中小微企业综合贡献力指数表现优异。从中小微企业的指数增长趋势来看，浙江省的中小微企业2018年综合贡献力指数达130.51点，在四大模块中居第一位，同比增长 5.92%，较 2015 年增长了 24.92%。其中，中小微企业总数表现最为突出，指数值高达169.37点，同比增长3.05%。其次为营业收入总额，2018 年指数达 124.33 点，同比增长率超 10%。其余各项指标均有显著增长。

浙江省的中小微企业成长活跃度指数再攀新高。2018 年，浙江省的中小微企业成长活跃度指数为126.85点，同比增长3.99%，较2015年增加了26.31 点。其分项指标中，新增的中小微企业数表现最为抢眼，指数值高达150.76点，同比增长0.87%。参与展会、论坛活动次数和小升规占比指数均超130点，同比增长率分别为5.66%、8.78%。中小微企业三年存活率指数为113.59 点，同比增长 7.36%，较 2015 年（99.75 点）上涨了 13.87%。

浙江省的中小微企业新旧动能转换切实加速。一是数字经济引领成长。浙江省全省 2018 年新设数字经济产业中小微企业 3.20 万家，同比增长32.20%，中小微企业总数达14.50万家，带动就业99.10万人。2018年全省数字经济总量达2.33万亿元，较上年增长19.26%，占GDP的比重达41.54%，高出全国平均水平6.74%，总量和增速均居全国第4位。数字经济产业中中小微企业的本科及以上学历人员比重指数达135.13点，同比增长91.99%；技术人才（含高技）比重指数同比上涨了21.89%；科技投入占比指数达109.35点，与2017年相比增加了20.76%。**二是**传统产业改造加速。2018年以来，浙江省注销小微企业6505家，新设小微企业1.6万家；淘汰落后产能企业1733家，整治“低散乱”企业（作坊）36179家，处置僵尸企业393家。17个传统制造业增加值增长6%，利润增长7.2%，高于规模以上工业1.9个百分点，主营业务收入利润率为6.48%。据样本数据统计，在2018年全省十大传统制造业中，小微企业平均盈利面达78.17%，其中造纸和橡胶塑料制品业平均盈利面均超80%，排前两位。

浙江省的中小微企业集聚发展正在加速。一是中小微园区、特色小镇建设加快。全省中小微企业园、特色小镇建设热情高涨，全省各地加快推进中小微企业园、特色小镇建设，再创块状经济和中小微企业集聚发展的新优势。2018年浙江省新增中小微企业园222个，入驻企业6300多家，累计中小微企业园已达703个，入驻企业共3.77万家。数据显示，浙江共有22个特色小镇进入全国50强榜单，占比44%，遥遥领先于其他地区。特色小镇产业发展带动要素集聚，例如南湖基金小镇、余杭梦想小镇、玉皇山南基金小镇入驻企业已分别达5224家、4591家、3080家，杭州滨江区互联网小镇吸纳就业77069人。**二是**众创空间成为新型创业集聚平台，中小微企业集聚孵化平台切实拓展。到2018年底，省级以上科技企业孵化器达167个，比上年新增31个；共有各类省级以上众创空间369家，入驻企业6470家，平均每家企业享受面积264平方米，同比增加6.80%；创新型主体数量进一步增加，新认定科技型中小微企业9736家，同比增加20.70%；新纳入浙江制造品牌培育计划中小微企业53家，累积达303家。

浙江省的中小微企业成长指数实现连续上涨。2018年是浙江新一轮中小微企业三年成长计划第一年，省政府出台新一轮《小微企业三年成长计划（2018~2020年）》和《关于促进小微企业创新发展的若干意见》，以“小微企业质效提升”行动为主要抓手，推动中小微企业高质量发展。据统计，2018年浙江省的中小微企业总数达205万家，同比增长22.4%；新设中小微企业36.3万家，同比增长18.25%；中小微企业全年共吸纳就业1512万人，规模以上工业中小微企业实现增加值6563亿元，同比增长7.0%，实现税金总额1359亿元，外贸小微企业出口总额累计2946.3亿元，同比增长达29.9%。浙江中小微企业无论是数量还是质量都明显提升。2014~2018年，全省中小微企业成长指数呈线性上涨趋势，2018年中小微企业成长指数为125.88点，同比增长5.42%，与上一轮中小微企业三年成长计划起始年2015年相比增长了21.68%。2018年四大模块指数表现良好，其中综合贡献力指数拉动总指数上行的同比贡献率最大，由2017年的17.53%增加到37.96%；其次为制度供给力指数，拉动总指数上行的贡献率达26.84%，较上年上涨了19.64%；核心竞争力指数和成长活跃度指数的贡献率较2017年均有所回落，2018年的贡献率分别为17.32%、17.88%。其中，杭州市连年稳居首位，2018年中小微企业成长指数达135.30点，同比增长7.13%；综合贡献力指数、核心竞争力指数分别以143.52点和138.10点继续领跑。金华市中小微企业成长指数居第二位，2018年指数值为128.91点，同比增长3.01%；成长活跃度指数以137.66点稳居首位；制度供给力指数从上年的第二位上升为第一位。宁波市中小微企业成长指数达128.11点，居全省第三位；四大模块指数均有所上涨。

浙江省的中小微企业核心竞争力指数持续上行。2018年，核心竞争力指数达121.88点，同比上涨3.36%，较2015年增长了15.74%。核心竞争力指数细分指标中，新产品产值占比和拥有专利、商标、品牌数这两个指标的指数值均超140.00点，同比增长率分别为0.86%和6.50%。科技投入占比指数同比增长9.08%。本科及以上学历人员比重、技术人才（含高技）比重指数均有不同程度的上涨，但涨幅与上年相比有所趋缓。

浙江省的中小微企业制度供给力指数加速上扬。制度供给力指数快速上行，在2018年达121.23点，与2017年相比上涨了11.22%，较2015年增加了19.07点。制度供给力分项指标均有不同程度的增长，政策资金扶持力度、政府对扶持政策的宣传力度、对科技创新优惠政策的满意程度、对税收减免优惠政策的满意程度和政府机构的办事效率这五个测评项目指数值均超120.00点。其中，政府资金扶持力度指数位居第一，同比增长率高达13.98%。

浙江省的中小微企业创新驱动成效显著。一是科技投入强度加大。2018年，科创资源切实向中小微企业集聚。全省中小微企业科技投入占比指数达128.35点，同比上涨了9.07%，较2015年增长16.82%；全省全年发放创新券金额11.44亿元，同比增长91.62%，面向中小微企业开展标准和质量提升活动306次，中小微企业享受开放实验室服务7.60万批次。台州市、宁波市、杭州市科技投入占比指数位列全省前三，分别为167.60点、161.66点和149.52点；高端装备业、健康和文化创意产业科技投入占比指数表现突出，分别为131.81点、126.96点和121.51点。**二是**新产品产值占比大幅增加。全省中小微企业新产品产值占比指数高达148.45点，与2015年相比增长36.67%。绍兴市、温州市和杭州市位列前三甲，指数分别为155.97点、154.07点和153.49点，同比增长率分别为6.82%、27.42%和9.77%；八大产业中，高端装备制造业、数字经济和时尚产业排前三位，新产品产值占比指数分别为181.06点、178.48点和166.99点。**三是**拥有专利、商标、品牌数稳步上升。中小微企业拥有专利、商标、品牌数指数达140.97点，同比上涨6.50%。嘉兴市、杭州市指数值均超160.00点，较2015年分别增长44.65%和24.56%。金融、旅游和健康产业位列前三，其中金融业表现最为突出，拥有专利、商标、品牌数指数的同比增长率高达120.45%。

浙江省的中小微企业在数字经济方面走在前列。数字经济成长指数值最高，达134.59点，其次为高端装备制造业和文化创意产业，分别达132.81点和129.79点。与2017年相比，成长指数值增长最快的是时尚产业，增长了8.29点，其次是高端装备制造产业，增长了5.75点。旅游、金融、健康产业增长趋缓，成长指数值分别下降了4.74点、3.27点、0.51点。2018年八大产业的制度供给力指数大幅增加，平均达121.10点。与2017年相比，平均增加了13.48点，增幅远大于2015年至2017年各年平均增加值（1.97点、2.70点、2.94点）。核心竞争力指数中，金融产业、数字经济增长最快，比2017年增长23.59点和12.13点。

浙江省的中小微企业的政策获得感显著增强。一是“最多跑一次”改革有力提升政策获得感。2018 年，浙江全面推行“一窗受理、一网通办、一证通办、一次办成”，100% 的事项实现网上办理，63.6% 的民生事项实现“一证通办”。企业投资项目开工前审批全流程实现“最多跑一次、最多 100 天”；“标准地”出让占省级以上平台新批工业用地的 80.1%；深化商事制度改革，常态化企业开办时间压缩至 4 个工作日。深化“亩均论英雄”改革，规模以上工业企业亩均税收增长 9.8%，亩均增加值增长 7.4%。国资国企改革发展步伐加快，省市县国有资产统一监管体系初步建立。**二是**制度供给加力，满意度显著提高。浙江聚焦营商环境建设，市场主体“量”“质”双提升成效显著，群众真正获得商事制度改革红利。2018 年中小微企业制度供给力指数增长迅速，政策环境和制度供给测评项目得分全面提高，表明中小微企业制度供给满意度、政策获得感日益增强。八项主观测评指标中，“政府机构办事效率”连续两年得分居首位，2018 年综合得分 8.58 分，较 2017 年的 7.98 分增长了 7.43%。“对税收优惠减免政策的满意程度”和“对涉企行政事业性收费减免政策的感受”仅次于“政府机构办事效率”，分别处于第二、第三位，与 2017 年相比，分别增加了 11.82%、8.70%。“政府资金扶持力度”满意度得分同比增速最快，达 13.98%。

一些已上市的中小微企业已经在引领行业发展

在“科创板”上市的企业正各竞风华。2020 年 4 月 29 日，“科创板”第 100 家上市公司——×××××× 科技正式登陆上交所“科创板”市场。从零到“科创 100”，这个过程经历了 188 个交易日。在中国资本市场成立 30 周年之际，“科创 100”是中国资本市场而立之年的最佳献礼。“科创 100”的成功推出，也是“科创板”自 2019 年 7 月 22 日正式开市交易以来，历时九个月有余，所交出的一份亮丽的“成绩单”。数据显示，100 家“科创板”上市企业融资达 1100 亿元。其中，×××××× 通号融资额超百亿元，×××××× 办公、×××××× 科技、×××××× 微首发融资额在 40 亿元以上。截至 4 月 29 日，“科创板”上市公司总股本 331.74 亿股，总市值 13043.83 亿元。“科创板”的平稳运行，一方面，表现在企业上市申请的受理和问询高效有序进行，公司数量持续增长，市场规模逐步扩大；另一方面，也表现在市场交易和市场运行的平稳理性。在这个过程中，“科创板”以信息披露为核心的注册制得到贯彻和落实；始终坚守自身定位，支持和鼓励硬科技企业上市；制定并公开审核规则标准，提高审核透明度和可预期性，“科创板”上市委员会和咨询委员会的作用得到积极发挥。同时，上交所始终注重加强注册制审核监督和廉政风险防范，制定廉政监督实施意见，建立了审核人员和上市委委员廉政档案和“科创板”电子廉政监督综合业务平台。以证监会发布的《实施意见》为指导，目前上交所已制定发布“科创板”配套业务规则指南 35 项，“科创板”创新性的制度规则体系得到了进一步的完善和完备。“科创板”成功推出并平稳运行，其意义从大的方面来讲，可以总结为两个方面，其一是中国经济“换挡升级加速”的“变速器”，其二是成为中国资本市场进一步改革发展的“试验田”。上交所理事长黄红元在 2020 年上交所工作计划中提出，要深入推进设立“科创板”并试点注册制改革。不仅要坚守定位，支持和鼓励“硬科技”企业上市，还要总结梳理可复制可推广经验，支持“创业板”和“新三板”改革。

在“新三板”上市的企业活力十足。“新三板”市场 2018 年半年报披露收官，共10686家挂牌公司披露了2018年半年报。从数据看，高技术制造业坚持自主创新提升产业价值链，高技术服务业持续推动产业结构升级，消费产业新业态、新模式加快发展，均显示出我国中小民营经济体的活力。从整体看，在我国深入推进供给侧结构性改革取得积极进展的背景下，代表创新型、创业型、成长型中小微企业的挂牌公司依靠持续创新发展，继续实现业绩稳定增长，高盈利企业比重提升。数据显示，挂牌公司 2018 上半年共实现营业收入9768.39亿元，同比增长16.13%；净利润464.40亿元，同比增长4.99%。其中实体企业保持较高增速，营收和净利润分别同比增长16.55%和 7.51%。高盈利企业比重提升，上半年营收 5000 万元以上的公司占比 36.65%，同比提高 3.92%。从企业创新来看，研发和人才投入持续增长，上半年研发投入合计290.60亿元，平均每家271.95万元，同比增长22.39%；研发强度 2.97%，同比提高 0.15%。同时，挂牌公司在转型升级过程中重视吸引高质量人才，上半年末挂牌公司本科以上学历人员占比25.30%。除此以外，以高技术制造业、高技术服务业、消费产业为代表的企业成长性良好，其中，1411家“新三板”高技术制造业公司今年上半年平均净利润率为6.87%，较制造业整体高1.22%；2684家高技术服务业挂牌公司今年上半年营收和净利润分别同比增长21.29%和20.44%；消费产业新业态、新模式加快发展，居民服务、文体娱乐、教育、卫生等产业公司403家，增长势头良好，上半年整体净利润同比增长40.40%。总体来看，挂牌公司作为创新型、创业型和成长型中小微企业的代表，表现出良好的经营发展潜力和转型动力。

在“中小板”上市的企业正成为“隐形冠军”。深交所数据显示，15年间，“中小板”企业数量从最初的8家发展至目前的932家，总市值达8.60万亿元，培育了一大批细分行业的“隐形冠军”，成为多层次资本市场体系的重要组成部分。这15年来，932家公司的IPO累计融资6109亿元，累计股权再融资达到1.6万亿元。2006年以来，“中小板”上市公司共实施并购重组429家次，并购交易金额超过8000亿元。数据显示，“中小板”共有443家公司的主导产品在所属细分行业的国内市场位列前三，155家公司的主导产品在所属细分行业的国际市场位列前三。2018年，“中小板”高新技术企业平均实现营业收入42.24亿元，同比增长14.15%，平均实现净利润1.41亿元，收入和利润总额近5年的复合增长率分别达19.08%和10.34%；战略新兴产业企业平均实现营业收入45.80亿元，同比增长16.87%，平均实现净利润1.55亿元，收入和利润总额近5年的复合增长率分别达21.92%和12.37%。截至2019年5月17日，“中小板”932家公司总股本8646亿股，累计总成交金额197.91万亿元，股票总市值8.6万亿元，约占深沪两市总市值的16.42%，成为多层次资本市场体系的重要组成部分。与此同时，“中小板”932家公司IPO累计融资6109亿元，累计股权再融资1.6万亿元。其中，340家公司上市后融资超过2次，58家公司上市后融资超过4次，市场直接融资功能不断强化。并购重组方面，板块成立15年来，上市公司累计实施完成重大资产重组429单，交易金额合计8349亿元，涌现出一批具有典型产业逻辑、改革示范性，服务于国家发展战略的重组案例。当下，“中小板”来到一个新的发展关口。“中小板”成立的第15个年头，也是资本市场深化改革发展、助力经济高质量发展至关重要的一年。市场分析指出，“中小板”的健康成长与建设我国多层次资本市场密切相关，推动“中小板”市场发展，既要深挖现有政策框架下的潜力，也要推进“中小板”顶层制度层面的改革。

在“创业板”上市的企业正向“五好”迈进。“五好”分别为德、智、体、美、劳。“德”指中小微企业普遍根据“创业板”规则要求，完善制度安排，不断提高规范运作水平，夯实了公司治理根基。**“智”**是指作为新经济和科技创新企业的聚集地，“创业板”上市公司长期保持良好的发展态势，业绩稳步提升。数据显示，2009 年至 2016 年，“创业板”公司平均收入、平均净利润年复合增长率分别达到 23%、15%，远高于同期其他板块发展速度。2017 年至 2018 年，受多重因素影响，兼具“科技、中小、民营”三大特征的“创业板”公司业绩增长承压，但板块发展动能依然充足，平均收入规模持续增长。2019 年上半年，“创业板”公司业绩明显改善，一、二季度盈利环比大幅回升，长期发展基础仍然牢固，近九成公司实现盈利，销售毛利率保持在 30% 左右。**“体”**是指“创业板”通过制度安排，携上市公司身体力行地保护中小投资者。数据显示，目前“创业板”第一大股东持股平均比例均在三成左右，机构投资者和中小投资者通过积极行使股东权利，督促公司大股东依法合规经营。机构投资者方面，《上市公司治理准则》对机构投资者参与公司治理予以确认，鼓励机构投资者积极行使建议、质询、表决和选聘董事等股东权利，在公司治理领域施加影响力。中小投资者方面，除了积极参与股东大会外，还通过“互动易”、投诉举报等多种方式对公司予以监督，督促公司不断提升治理水平。**“美”**是指“创业板”上市公司结构不断优化，市场汇聚了一批“美丽企业”。截至 2019 年 9 月末，“创业板”已有 4 家公司市值超过千亿元，25 家公司市值超过 300 亿元。2009 年，“创业板”没有一家公司年收入超过 30 亿元或净利润超过 5 亿元，经过十年发展，2018 年营业总收入超过 30 亿元的公司有 93 家，净利润超过 5 亿元的公司有 45 家。2019 年上半年，“创业板”实现净利润 1 亿元以上的公司有 169 家，其中 128 家为战略性新兴产业，头部公司引领高质量发展的态势较为明显。**“劳”**是指上市公司有效运用资本市场工具，提质增效成果显著。其中，信维通信、力源信息等一批公司均通过并购实现快速发展。截至 2019 年 9 月末，“创业板”累计完成重大资产重组 409 单，交易金额 3 783.36 亿元，约七成属于产业整合升级、上下游产业并购，突出服务实体经济主旨。“创业板”公司还积极通过海外并购深化国际布局，10 年来累计实施跨境并购 25 次，整合海外资产、技术、品牌、渠道等。

安徽省的“专精特新”中小微企业普遍表现优秀

截至 2018 年底，安徽省“专精特新”中小微企业总资产已达 4375.6 亿元，同比增长 10.5%；吸纳就业 41.8 万人，同比增长 8.9%；2018 年实现主营业务收入 4627.8 亿元，同比增长 11.8%；利润总额 317.4 亿元，同比增长 14.8%，呈现出资产、就业、收入、效益全面上升的良好态势。省“专精特新”中小微企业虽然仅占全省规模以上中小微企业的 11.1%，却贡献了 18.2% 的主营业务收入和 20.0% 的利润。

从经营规模看，安徽省“专精特新”中小微企业经营规模较为集中，户均主营业务收入为 2.18 亿元，其中，10 亿元以上 57 户，占比 2.80%；5 亿 ~10 亿元 141 户，占比 6.6%；1 亿 ~5 亿元 909 户，占比 42.8%；5000 万 ~1 亿元 472 户，占比 22.2%；5000 万元以下 546 户，占比 25.6%。

从发展速度看，安徽省“专精特新”中小微企业营业收入保持了较高的增长速度，平均增速达到 11.5%。其中，30% 以上的 510 户，占比 24.0%；10%~30% 的 704 户，占比 33.1%；10% 以下的 911 户，占比 42.9%。

从经济效益看，安徽省“专精特新”中小微企业利润总额为 317.4 亿元，户均利润为 1494 万元。其中，5000 万元以上 158 户，占比 7.4%；2000 万 ~5000 万元 258 户，占比 12.1%；1000 万元 ~2000 万元 293 户，占比 13.8%；500 万元 ~1000 万元 351 户，占比 16.5%；500 万元以下 1065 户，占比 50.1%。

从区域分布看，安徽省江淮地区“专精特新”中小微企业数量最多，皖南地区次之。其中合肥、芜湖和安庆位居前三，分别占比 13.1%、9.5% 和 9.0%。合肥市 288 户，占全省比重为 13.1%；芜湖市 209 户，占全省比重为 9.5%；安庆市 197 户，占全省比重为 9.0%；滁州市 166 户，占全省比重为 7.6%；阜阳市 154 户，占全省比重为 7.0%；宣城市 151 户，占全省比重为

6.9%；马鞍山市141户，占全省比重为6.4%；蚌埠市136户，占全省比重为6.2%；六安市118户，占全省比重为5.4%；宿州市114户，占全省比重为5.2%；亳州市96户，占全省比重为4.4%；池州市91户，占全省比重为4.1%；淮北市89户，占全省比重为4.0%；黄山市87户，占全省比重为4.0%；铜陵市83户，占全省比重为3.8%；淮南市79户，占全省比重为3.6%。

从行业分布看，安徽省“专精特新”中小微企业装备制造845户，占比39.7%；轻工641户，占比30.2%；电子信息152户，占比7.1%；化工143户，占比6.7%；医药117户，占比5.5%；冶金93户，占比4.2%；建材70户，占比3.2%；纺织64户，占比2.9%。

在全省近2万家规上工业企业中，2199户省“专精特新”中小微企业“压舱石”作用凸显，已成为中小微企业提升专业化能力和水平、实现高质量发展的必由之路。

发达国家的中小微企业普遍展现出区域风采

据有关资料研究发现，国外发达地区的中小微企业在竞争激烈的市场中，普遍结合实际，坚持比大型企业更加灵活、更加高效，走出自身的生存之路。

德国的中小微企业普遍重视走高度国际化路子。德国中小微企业国际化进程开始于20世纪50年代，现在共有2600家德国公司在中国注册了他们的子公司或代表处，其中60%至70%为中小微企业。许多中小微企业在其专业的国际市场中，往往占到市场份额的70%至90%的市场份额。成功的中小微企业90%以上在美国拥有分支机构，50%已经登陆日本，如此高的国际化水平，在其他国家的企业中十分罕见。德国的很多中小微企业都是家族性企业，它们能很好地传承技术。为了避免与大型企业发生正面冲突，德国的中小微企业通常将自己的全部资源集中于产品技术水平要求较高的市场缝隙中，坚持奉行独立原则，自行解决技术问题，甚至自己生产所需的原材料和零部件，力争在特定的市场缝隙中占据较为绝对的优势。然而在销售方面，德国中小微企业却力图利用国际化为企业提供足够的生存空间，因此哪怕是相机镜片这样的单一产品，德国产品也能获得充足的利润和市场。德国中小微企业是很多元化的，但是他们普遍强调合作，不同领域的企业会自觉地联合起来处理问题。例如在环保领域，由于德国要处理来自周围国家的污染，因此技术很高，但是致力于解决这些问题的 80% 是中小微企业。

美国的中小微企业乐于且善于打破规矩、创立规矩。美国的中小微企业不喜欢依赖别人的路径，所以他们大都是面对市场需求寻找自己的技术空间和生存空间。在这一过程中，美国的中小微企业能出乎寻常地关注一些别人没有想到的东西，而且经过认真筹划和精心准备之后，它能在市场上大胆而超常地打破一些规矩，甚至采取好多人不可思议的行动，最终创造一些非凡的业绩。如 1971 年，当美国西南航空公司进入航空市场时，美国航空公司与美国大陆公司已做得非常强大。但是它发现了一个空隙，即在美国整个航空的细分市场中，缺少从城市到城市间便捷、经济、准时、航班频繁的供应商。因为，在美国有一大批商务人员住在一个城市而在另一个城市上班——如住在洛杉矶却在凤凰城工作，他们希望在凤凰城只用工作午餐，而早餐和晚餐还是在洛杉矶的家中吃，这样，他们便能享受家的温暖；此外，在美国还有一批繁忙的商人们，他们的工作经常从一个城市到另外一个城市。围绕解决这个问题，美国西南航空公司出现在了竞争业已激烈的美国航空市场，而且它的定位仅为那些繁忙的商人提供城际交通，走的思路异乎寻常——重新定义飞机，不将飞机当作一个豪华的旅行航空器，仅仅看作一个跟汽车一样简单的交通工具，相应的手法也一样离奇——除了像其他航空公司一样提供普通的票务服务外，对于那些没有时间买机票的人，只要把他的信用卡和 ID 这两个号码告知西南航空公司的票务中心就可以了，登机的时候，只需出示信用卡与 ID 号码，而不需要物理的机票。更夸张的是，飞机上的架子也被打掉，还不提供正餐，只提供一些花生米和简单的饮料。美国西南航空公司的独特定位，满足了商务人员对便捷、经济和准时服务的需求。从它的市场行为来看，表面上显得另类，但局外人很难知道——西南航空公司的参照系是地面运输，而不是航空业！西南航空公司成功地回答了德鲁克的 3 个经典问题：我们的事业是什么？谁是我们的客户？客户的认知价值是什么？这才是它成功的关键！

瑞士的中小微企业普遍坚持将产品做到精良。瑞士中小微企业的优势主要表现在三个方面：**一是**积极在协作配套中大显身手。瑞士的中小微企业很早就意识到，随着专业分工发展到一定程度，很多拥有强大资金实力、科技实力和品牌、市场网络的大型企业为了最大限度地降低生产成本，实现效益的最大化，必将寻找合适的协作配套伙伴。为此，瑞士的中小微企业十分重视与世界杰出大型企业沾上“裙带关系”。目前瑞士机械制造业的 3000 多家中小微企业中，近一半专门为欧洲汽车生产大厂生产汽车零配件。**二是**积极凭“专精优特”显独有优势。瑞士保持着四百多年钟表王国地位，主要靠的是中小微企业世世代代相传的钟表技术。20 世纪 60 年代以前，瑞士钟表几乎独霸世界市场。到了 70 年代，日本、中国香港、美国的电子表迅速崛起，对瑞士传统的机械钟表业形成了猛烈的冲击。面对国际钟表市场的激烈竞争，瑞士在大力开发电子表技术的同时，保持中小微企业生产传统机械表的技术优势，走“专精优特”路线，将产品做到精良，作出了同行业其他人无法取代的特色。如大力发展上等品牌表和豪华装饰表，它们在国际市场上的价格居高不下，很能满足一些富翁和达官贵人的需要。**三是**积极在专业化生产上下功夫。从生产角度来讲，瑞士的中小微企业从不分散自己的力量，总是集中全部资源从事专业化生产。但在营销上，他们则全然不同，四面出击，大力开展国际化的营销。瑞士的中小微企业自 20 世纪 50 年代起就开始了市场营销国际化过程。时至今日，瑞士的中小微企业平均每家都拥有七八个国外分支机构，与世界其他同样规模的企业相比，这个数字是十分大的。为了扩大企业影响和促进产品出口，瑞士的中小微企业普遍重视到国外参加各种国际博览会、专业展览会和各类出口商品交易会。

深圳的中小微企业自主创新成绩斐然

自 2006 年开始举办的“深圳市自主创新百强中小微企业评选”活动，促使一大批优秀企业、卓越科研人员和企业家脱颖而出。

深圳市的中小微企业纳税占所有企业一半以上。近几年深圳商事登记制度改革以来，深圳中小企业数量呈现爆发式增长态势。截至 2016 年底，深圳工商登记注册的中小微企业150多万家，占企业总数的99.70%；深圳中小微企业上缴税收2910.45亿元，占全市企业上缴税收的51.50%。截至2017年10月中旬，在中小企业板和“创业板”上市的深圳企业总数达188家，居全国大中型城市首位，为深圳经济社会发展提供了有力支撑。

深圳市的中小微企业骨子里藏着一股自主创新精神。深圳中小微企业不仅数量庞大，而且整体质量较高，自主创新意识强，在市场竞争中表现出色。专家曾这样评价：深圳的中小微企业，普遍都有一股自主创新的精神，这股“精气神”为企业长远健康发展带来了源源不断的动力。据统计，目前深圳科技型中小微企业超过3万多家，占全省科技型企业数量的60%以上；国家级高新技术企业9225家，其中80%以上是中小微企业；创新型中小微企业培育梯队增至2670家。截至2017年10月中旬的权威统计数据显示，深圳境内外上市企业累计382家;其中在“中小板”和“创业板”上市企业188家，连续11年居国内大中城市首位;“新三板”登记备案企业1059家，其中已挂牌830家，在全国大中城市居第三位。深圳的中小微企业成为上市的主力军。发明专利是衡量企业自主创新成果及技术壁垒高度的重要标准。截至2016年，深圳中小微企业授权专利数已经达到65230件，占深圳授权专利总数的68.4%；PCT国际专利申请新增数6642件，占深圳新增数的33.8%。

深圳市的中小微企业对竞逐“创新百强”热情高涨。与以往各届相比，本届自主创新百强企业的评选活动有一些新特点：**一是**企业报名参加评选的积极性更加高涨，报名数量大大增加。不少企业家表示，“创新百强”作为主要行业协会和权威媒体联手举办的活动，已经持续举办了十几年，在社会上形成了品牌效应，成为检验中小微企业自主创新成果的一把尺子。而自己的公司创新能力确实比较强、创新成果也很多，若不参评“创新百强”，反倒给人以“实力不济”的错觉，所以不仅要积极参与，还要争取上榜取得好成绩。**二是**企业质量进一步提高，企业规模、产品销售额、纳税额等显著提高。例如，杰普特、拓野、超频三、华尊科技、华科创智、镭神智能等企业具有“专而精”的特点，企业发展迅速，创新能力很强。**三是**自有知识产权的数量明显增加。本届自主创新百强企业的报名参评企业中，拥有300项以上专利的企业就有88家，100项以上专利的企业则多达375家。**四是**从行业分布情况看，人工智能等战略性新兴产业领域的企业数量显著增加，表明深圳中小微企业的整体技术发展相对比较超前，产业环境进一步优化。大量企业属于智能装备、机器人、无人机、新能源、新材料、生命健康、航空航天等行业，这类企业的数量占到报名企业的七成之多。佼佼者包括：拥有亚洲最大的金融设备制造基地的怡化电脑，拥有亚洲最大的服务器产业基地的宝德科技，高端锂离子电池模组制造商欣旺达，国内家装 O2O 领域“独角兽”企业土巴兔，移动互联网运营支撑服务商梦网科技，智能光纤激光器全球销售冠军杰普特，现代医疗系统制造商汇健医疗等。在一批创新型中小微企业的带动下，深圳战略性新兴产业发展势头良好。据统计，深圳战略性新兴产业增加值从2012年的3878.22亿元，增长至2016年的7847.72亿元，年均增速 15.90%；占 GDP 的比重逐年提升，从 29.90% 增长至 40.30%，对 GDP 的贡献率提高至 53.00% 左右。目前，深圳机器人、智能装备、生命健康、海洋等未来产业规模超过 4000 亿元，到 2020 年产业规模将达 1 万亿元。深圳已经成为国内战略性新兴产业规模最大、集聚性最强的地区之一。

深圳市的中小微企业家普遍对创新情有独钟。×××××× 富电子有限公司总经理指出：创新是引领发展的第一动力。×××××× 富始终把自主创新作为发展的引擎、灵魂和生命线，予以高度重视，企业因此获得快速发展与进步。×××××× 时代科技有限公司董事长说：“民族企业的前瞻性有多重要？我司能够取得今天的成绩，在于我们 19 年来坚定不移地以掌握核心技术为目标，持续创新，并为此制订了一整套切实可行的激励政策和措施，最终实现了关键技术、核心模块、产品性能均处国际领先的‘弯道超车’。对民族企业来说，抓创新就是抓发展，谋创新就是谋未来。”×××××× 科技有限公司董事长强调：“自主创新是企业的灵魂。作为创业者，只有坚持创新，才能不断发现新商机，才能推出新的商业模式，才能推动整个行业的发展。”×××××× 投资集团有限公司总裁指出：“自主创新是企业生存的根本。企业时刻保持创新思维，建立创新激励机制，持续加大创新投入，才能谋求更好的发展。”

第三章

chapter three

迈入新时代的中小微企业迎来了发展的春天

经济发展已经进入新时代，最主要的特征是经济发展速度从高速增长向高质量发展转变，经济发展方式从规模速度型粗放增长向质量效率型集约增长转变，经济结构从增量扩能为主向做精存量、做优增量转变，经济发展动力从传统增长点向新的增长点转变，这些转变带来的系列变化，为中小微企业发展壮大带来了众多机遇，可以说，迈入经济发展新时代的中小微企业，正走在春风拂面的康庄大道上。

国际“中小微企业日”的设立引发各国政府对中小微企业发展的更加关注

2017年联合国大会在A/RES/71/279号决议中明确将每年的6月27日设立为国际“中小微企业日”，以引导世界各国更加充分地认识中小微企业在实现可持续发展目标，特别是在促进创新、创造力和人人享有体面工作方面的重要作用。其实，世界各国对中小微企业的认识是与中小微企业发展的实际情况以及经济社会发展阶段紧密联系，随着中小微企业在经济社会中的地位不断凸显，发达国家对中小微企业的重视度不断提升，并通过系统化的制度设计扶持中小微企业的发展。

（一）各国对中小微企业发展认识和政策的总体演化路径是“自由放任—抑制发展—支持促进”。工业化早期，受资本原始积累、技术条件、市场范围、基础设施等因素的影响，大型企业尚未发展起来，企业总体规模较小，处于“自然状态”的中小微企业是促进经济发展的根本。与此同时，受古典自由主义强调个人财产权神圣不可侵犯、完美自由市场经济等思潮的影响，政府对经济活动不予干预，对中小微企业的发展采取自由放任的态度。这一阶段的中小微企业与更大规模的企业在“荒芜”的市场环境中自由生长、相互竞争。随着第二次工业革命的到来，电力和内燃机技术促进了内燃、冶金、石化、钢铁等重化工业以及汽车制造、飞机制造等相关产业的快速发展，重化工业的产业结构使得规模经济成为企业获取竞争优势的重要来源。在此背景下，大型企业，尤其是制造型大型企业优势凸显，国家干预自由主义成为主流思想，国家经济政策的核心转向支持和推动大型企业发展，中小微企业明显受到忽视。在倡导“积极”的自由和责任型政府思维指引下，国家通过税收干涉经济和调控市场，在政府加大对大型企业扶持以及促进企业兼并收购的大潮下，中小微企业的发展势必受到抑制。尽管如此，中小微企业在灵活性和专业性方面的优势并未因为歧视性的政策而受到明显影响，中小微企业在数量和质量上依然呈现出快速发展的态势。二战以后，尤其是进入第三次工业革命后，跨国企业的高速发展态势与经济全球化相辅相成，与之相对应的是，中小微企业以其灵活性的优势在全球范围内得以更为迅猛的发展，中小微企业在经济社会中的地位被重新审视。与此同时，新自由主义取代传统无限制的古典自由和政府干预的自由主义成为社会的主流思想，主张对经济社会生活进行有限制的选择性和有效性干预，尤其注重以政府力量解决“市场失灵”问题。由此，政府以多种措施创造良好的外部环境，支持和促进中小微企业加速发展。

（二）各国普遍认识到中小微企业在促进经济增长、解决就业、推动创新、丰富民众生活、促进市场活力释放等方面发挥了极为重要的作用，对中小微企业给予了高度的重视。美国政府明确中小微企业对于“促进经济复苏和增强实力，建设美国的未来，以及帮助美国在当今全球市场上的竞争至关重要”。日本政府高度肯定中小微企业的作用，认为中小微企业“形成日本经济的基础，维护和加强日本经济活力，创造新产业，增加就业机会，鼓励市场竞争，促进区域经济发展”。欧盟委员会视中小微企业为“欧盟经济的支柱”。德国政府将中小微企业视为“德国经济的支柱和发动机”。瑞士把中小微企业誉为经济和社会发展的“脊梁”。

（三）各国普遍积极构建促进中小微企业发展的法律体系。为促进中小微企业发展，提升中小微企业竞争力，各国对中小微企业的发展都从单独立法到配套法规方面做了大量工作，这些法律制度明确了中小微企业作为一种独立的企业形态参与市场竞争，并辅之以多种措施条款促进中小微企业发展。二战后，随着中小微企业作用和地位的提升，美国在主要发达国家中较早开展对中小微企业的相关立法工作，从间接的反垄断转为直接向中小微企业提供帮助。1950 年在美国参议院设立“小企业临时委员会”，负责中小微企业基本法的起草工作。1953 年美国《小企业法》正式出台，确定了中小微企业的法律地位和国家对小企业的基本政策和管理措施，成为支持中小微企业的基本法。此后，美国陆续颁布了《机会均等法》《联邦政府采购法》《小企业投资法》《小企业经济政策法》《小企业创新发展法》《小企业投资奖励法》《扩大小企业出口法》《小企业贷款增加法》《小企业项目改进法》及《小企业投资中心技术改进法》等 50 多部扶持中小微企业发展的专项法律，将技术创新和解决就业确立为中小微企业的两大功能，不断优化中小微企业的外部环境，形成了以《小企业法》为基本法，多项相关法律和反垄断法为辅助，支持中小微企业发展的法律体系。

（四）各国普遍积极营造公平竞争市场环境助推中小微企业发展。为减轻中小微企业负担和减少对中小微企业经营活动的干预，美国等发达国家对不同规模的企业采用差异化的监管方式，并通过立法确立对中小微企业监管的基本原则。在自由竞争思想的指引下，美国等发达国家历来重视破除垄断和促进自由竞争，核心是通过立法促进市场竞争的公平公正。基于这一目的，美国等发达国家相继出台多项反垄断法案，这些法律间接地为中小微企业参与市场竞争创造了良好的环境。尤其是 1953 年通过的《小企业法》奠定了美国中小微企业政策的基础，确定了一系列扶持中小微企业的政策。

（五）各国普遍成立了专门管理和服务中小微企业的机构。如美国于 20 世纪 40 年代初建立了扶持中小微企业的官方机构——隶属于国会的小企业委员会、隶属于白宫的小企业会议以及隶属于联邦政府的小企业管理局（SBA）。SBA 具体履行对中小微企业的管理职能，是负责美国中小微企业的主要管理和支持机构，局长由总统任免，须经参议院认可，目前已在全美设立近百个区域和地区性直属办公室，有 4000 多名工作人员。SBA 作为专门代表中小微企业利益的机构，认为更迅速、更灵活以及更具冒险精神的中小微企业是创新的摇篮，整个社会将从中小微企业中受益。SBA 向小企业提供政策法律咨询，向政府反映小企业的意见，并拥有种类繁多、考虑周密、操作规范的各种制度性手段和措施，向中小微企业直接提供贷款和信贷担保等资金支持、创业指导、技术援助、专业培训、政府采购、紧急救助、市场开拓（特别是国际市场）等全方位、专业化的服务，几乎涉及中小微企业服务所需要的所有方面。SBA 还管理并联系着一个遍布全美各个角落和各个领域支持中小微企业的网络系统。SBA 除在全美各地设立办事处开展工作外，还负责协调中小微企业发展中心、美国就业和培训局、美国退休人员协会等官方或半官方服务机构。

（六）各国普遍制定了符合中小微企业实际需要的扶持政策。美国等发达国家推崇自由竞争，但在促进中小微企业创新发展方面则是不遗余力。1945 年美国计算机专家 V. 布什发表了著名的《科学：无止境的前沿》报告，全面论述了科技发展的政策，强调了政府在科技发展中的作用，美国正式开始政府对科技活动的管理与支持。经过 70 多年的发展，目前美国已经建成了一个较为完善的、独特的科技管理体制。在国家战略的引导下，美国科技型中小微企业发展迅速并在全球极具竞争力，并有一部分中小微企业快速成长成为大型乃至超大型企业。基于支持和促进中小微企业发展的目的，美国等发达国家通过立法形式明确中小微企业在参与政府采购中的强制性比例要求，并对于中小微企业参与政府采购的程序和具体操作过程予以具体化的要求。针对中小微企业普遍存在的融资难、融资贵问题，美国等发达国家将市场化融资体系和政策性融资体系有机结合，支持中小微企业发展。美国等发达国家为促进中小微企业发展，在税收和补贴方面均采取了一系列行之有效的方式。美国对于中小微企业投资新设备、注重技术创新等方面也予以了较大力度的税收减免，企业所得税可以通过申请研究和试验费用予以扣除，增加试验研究费用的可减税，对于高出过去 3 年研究开发支出平均额的部分减税 25%；对于新设备的投资加速折旧，在法定使用年限内科研设备、机器设备、厂房和建筑物的使用期限分别缩短为 3 年、5 年和 10 年。

党的十九大明确毫不动摇鼓励支持引导中小微企业发展

在我国全面建成小康社会决胜阶段、中国特色社会主义进入新时代的关键时期召开的党的十九大，为深入推进中小微企业改革发展指明了方向。

（一）党的十九大再次重申必须坚持“两个毫不动摇”，即必须坚持和完善我国社会主义基本经济制度和分配制度，毫不动摇巩固和发展公有制经济，毫不动摇鼓励、支持、引导非公有制经济发展。党的十五大在确定“公有制为主体、多种所有制经济共同发展”为我国基本经济制度的同时，明确非公有制经济是我国社会主义市场经济的重要组成部分。党的十六大提出，毫不动摇地巩固和发展公有制经济，毫不动摇地鼓励、支持和引导非公有制经济发展。党的十八届三中全会进一步明确提出，公有制经济和非公有制经济都是社会主义市场经济的重要组成部分，都是我国经济社会发展的重要基础。2016 年 3 月 4 日，习近平总书记强调实行公有制为主体、多种所有制经济共同发展的基本经济制度，是中国共产党确立的一项大政方针。习近平总书记再次重申“两个毫不动摇”，表明了党的一贯立场，及时回应了社会重大关切，为我国非公有制经济发展指出了光明前景，对于坚定中小微企业业主和员工一心一意发展企业的信心具有十分重大的意义。

（二）党的十九大第一次提出要支持民营企业发展。明确“要支持民营企业发展，激发各类市场主体活力，要努力实现更高质量、更有效率、更加公平、更可持续的发展”。习近平总书记直接使用“民营企业”这一概念，既表明了我们党对民营企业认识已经逐步深化，也是对民营企业为改革开放和经济社会建设作出的贡献给予充分肯定。

（三）党的十九大强调要把发展经济的着力点放在实体经济上。提出“建设现代化经济体系，必须把发展经济的着力点放在实体经济上，把提高供给体系质量作为主攻方向，显著增强我国经济质量优势”。没有实体经济做支撑，虚拟经济终究是“空中楼阁”，“虚火”过旺，“虚胖”的经济体质是难以支撑经济持续向好的。习近平总书记强调指出，不论经济发展到什么时候，实体经济都是我国经济发展、在国际经济竞争中赢得主动的根基。这对引导广大中小微企业保持定力，坚守实体经济，做到不焦躁、不灰心、不动摇，加快技术、产品、管理、商业模式等创新，培育以创新驱动为核心的竞争新优势，安心、专心、用心创业创新，将产生积极的推动作用。

（四）党的十九大提出要坚决打破行政性垄断。提出要清理废除妨碍统一市场和公平竞争的各种规定和做法，要“全面实施市场准入负面清单制度，清理废除妨碍统一市场和公平竞争的各种规定和做法。深化商事制度改革，打破行政性垄断，防止市场垄断，加快要素价格市场化改革，放宽服务业准入限制，完善市场监管体制。要使市场在资源配置中起决定性作用，更好地发挥政府作用”。随着党的十九大精神的全面贯彻落实和全面深化改革的纵深推进，一切妨碍市场公平竞争的规定和做法必将不断地被清除，民营经济的市场地位将会得到尊重，民营经济的活力和创造力一定会被充分激发出来。

（五）党的十九大第一次提出要加强对中小微企业创新的支持。指出要扎扎实实“深化科技体制改革，建立以企业为主体、市场为导向、产学研深度融合的技术创新体系，加强对中小微企业创新的支持”。这将引导中小微企业充分发挥创新能力强、机制灵活、市场敏锐的优势，紧紧依靠技术创新，主动对接国际先进技术水平，彰显出较强的生机和活力；持续加大研发投入力度，努力掌握关键核心技术和自主知识产权，特别是通过技术创新带动产品创新和生产经营模式创新，努力将价值链向研发、标准制定、销售服务等方面拓展，发挥科技创新在全面创新中的引领作用，不断开发新技术、涉足新领域、推出新产品，通过产品创新引领消费创新。

（六）党的十九大明确提出必须支持传统产业优化升级。强调必须全力“支持传统产业优化升级，加快发展现代服务业，瞄准国际标准提高水平”。这将引导推动中小微企业中的传统产业大力开展技术创新和技术改造，向价值链高端提升；推进工业化信息化融合，提升智能制造水平；注重质量品牌建设，提升制造品质和企业竞争力；通过投资项目转移产能和合作，利用技术、管理、产品等优势进军海外，获取更大发展空间和优势。

（七）党的十九大提出经济体制改革必须以完善产权制度和要素市场化配置为重点。指出“经济体制改革必须以完善产权制度和要素市场化配置为重点，实现产权有效激励、要素自由流动、价格反应灵活、竞争公平有序、企业优胜劣汰”。近几年来，国内一部分企业家中弥漫着一种“小富即安，大富难安”的情绪，甚至有些企业家认为“不挣钱心慌，挣钱也心慌，挣得越多心越慌”。对于财产权的保护，成为中小微企业最为关心的问题之一。党的十八届三中全会明确提出，公有制经济财产权不可侵犯，非公有制经济财产权同样不可侵犯。在此基础上，党和国家不断推进平等保护各类所有制经济产权的法治化进程。2016年11月，中共中央、国务院颁发《关于完善产权保护制度依法保护产权的意见》，明确了平等保护、全面保护、依法保护、共同参与、标本兼治六项原则。党的十九大报告又一次强调完善产权制度，标志着我国坚持和完善产权保护制度的伟大实践将进入一个新的发展阶段，为广大中小微企业安心、专心、用心谋发展创造更加有利的制度环境。

（八）党的十九大提出要激发和保护企业家精神。明确要下力气“激发和保护企业家精神，鼓励更多社会主体投身创新创业。建设知识型、技能型、创新型劳动者大军，弘扬劳模精神和工匠精神，营造劳动光荣的社会风尚和精益求精的敬业风气”。特别是2017年9月，中共中央、国务院印发《关于营造企业家健康成长环境弘扬优秀企业家精神更好发挥企业家作用的意见》，充分体现了以习近平同志为核心的党中央对企业家群体、企业家精神、企业家作用的高度重视。党的十九大报告再次强调激发和保护企业家精神，对于全社会正确认识和弘扬优秀企业家精神，营造尊重企业家、尊重纳税人、尊重创新创业者的良好环境，有效激发市场主体活力，促进经济社会平稳健康发展具有十分重要的意义。

（九）党的十九大提出要切实构建“亲”“清”新型政商关系。强调要着力“构建‘亲’‘清’新型政商关系，促进非公有制经济健康发展和非公有制经济人士健康成长”。党的十八大以来，党中央加大反腐败力度，查处了一批腐败分子和不法商人，官商勾结现象有所收敛；但同时，在一些党政干部中又出现了不敢担当、不愿与企业家联系交往的现象。2016 年 3 月 4 日，习近平总书记强调提出，新型政商关系概括起来，就是“亲”“清”两个字。为推动经济社会发展，领导干部同非公有制经济人士的交往是经常的、必然的，也是必须的。这种交往应该为君子之交，要亲商、安商、富商，但不能搞成封建官僚和“红顶商人”之间的那种关系，也不能搞成西方国家大财团和政界之间的那种关系，更不能搞成吃吃喝喝、酒肉朋友的那种关系。党的十九大报告再一次要求要构建“亲”“清”新型政商关系，必将激励广大党政干部勇于担当、积极作为，既帮助民营企业解决发展中遇到的各种困难和问题，又守住底线不以权谋私；同时，也必将激励广大民营企业家做到洁身自好，遵纪守法办企业、光明正大搞经营，为决胜全面建成小康社会、争取新时代中国特色社会主义新胜利作出新贡献。

各级政府千方百计为中小微企业发展撑腰鼓劲

各级政府及部门越来越深切地认识到，中小微企业是国民经济和社会发展的主力军，是建设现代化经济体系、推动经济实现高质量发展的重要基础，是扩大就业、改善民生的重要支撑。

（一）2020 年国务院政府工作报告强调从六个方面为中小微企业发展撑腰鼓劲。一是明确积极的财政政策要更加积极有为，明确 2 万亿元给地方、企业，即 2020 年赤字率拟按 3.6% 以上安排，财政赤字规模比去年增加 1 万亿元，同时发行 1 万亿元抗疫特别国债。上述 2 万亿元全部转给地方，建立特殊转移支付机制，资金直达市县基层、直接惠企利民，主要用于保就业、保基本民生、保市场主体，包括支持减税降费、减租降息、扩大消费和投资等；直接提高低收入者的消费水平；推动消费回升。**二是**明确要加大减税降费力度。继续执行下调增值税税率和企业养老保险费率等制度，新增减税降费约5000亿元。前期出台6月前到期的减税降费政策，包括免征中小微企业养老、失业和工伤保险单位缴费，减免小规模纳税人增值税，免征公共交通运输、餐饮住宿、旅游娱乐、文化体育等服务增值税，减免民航发展基金、港口建设费，执行期限全部延长到2020年底。小微企业、个体工商户所得税缴纳一律延缓到明年，预计全年为企业新增减负超过2.5万亿元。**三是**要求全力推动降低企业生产经营成本。提出降低工商业电价5%政策延长到2020年底，宽带和专线平均资费降低15%，减免国有房产租金，鼓励各类业主减免或缓收房租，并予政策支持。坚决整治涉企违规收费。**四是**要求必须强化对稳企业的金融支持，明确中小微企业贷款延期还本付息政策再延长至2021年3月底，对普惠型小微企业贷款应延尽延，对其他困难企业贷款协商延期；鼓励银行大幅增加小微企业信用贷、首贷、无还本续贷。大幅拓展政府性融资担保覆盖面并明显降低费率。大型商业银行普惠型小微企业贷款增速要高于40%。支持企业扩大债券融资。**五是**明确提出资助以训稳岗，提出2020年对低收入人员实行社保费自愿缓缴政策，涉及就业的行政事业性收费全部取消。资助以训稳岗。今明两年职业技能培训3500万人次以上，高职院校扩招200万人，要使更多劳动者长技能、好就业。**六是**出台专门的条例促使整条产业链活起来。近年来，一些地方在财力不足、资金不到位的情况下，采取施工方垫资、合资等方式搞项目建设，有的甚至还要求承建企业带资参建。然而由于种种原因，地方拖欠工程款、农民工工资的情况不时发生。而货款延付是大型企业普遍采用的方式，一些中小微企业依附于大企业生存，被拖欠货款和工程款后，要么通过贷款维持，要么通过诉讼索要。国家有关部门多次开展专项清偿中小微企业欠款行动，将严重拖欠的列入失信“黑名单”，严厉惩戒问责。对地方、部门拖欠不还的，中央财政采取扣转其在国库存款或相应减少转移支付等措施清欠。但“清欠行动”不是长久之计，单靠市场本身的约束也难以从根本上解决欠款问题。2020年7月，国务院通过了《保障中小企业款项支付条例》，该条例对机关、事业单位和大型企业与中小企业的合同订立、资金保障、支付方式等作出规定，规范付款期限，明确检验验收要求，规定不得以负责人变更、等待验收、决算审计等为由拒绝或迟延支付，并建立支付信息披露制度，要求机关、事业单位、大型企业在规定时间内将逾期未支付中小企业款项的合同数量、金额等信息向社会公开或公示，设定了违约拖欠投诉处理、失信惩戒、处分追责等条款，着力帮助广大中小微企业打通和稳定现金流、资金流，优化生存和发展环境。

（二）各地的政府工作报告积极为中小微企业提振发展的信心和动力。一是在降成本方面，如天津市明确大幅清理和减免涉企收费，除涉及公共安全和生态资源的项目外，对授权地方制定标准的行政事业性收费一律免征，对地方有权确定标准的政府性基金一律免征，中央和地方共享的政府性基金地方留成部分一律免征，全面取消城市基础设施配套收费。河南省提出，实行普惠性减税和结构性减税相结合，对中小微企业和科技型初创企业实施普惠性税收减免，清理规范地方收费项目，全面实施收费项目清单制，继续实行省定涉企行政事业性零收费。安徽省提出清理、精简涉及民间投资管理的行政审批事项和涉企收费，加快清零涉企行政事业性收费。同时，安徽、河南等地明确要降低企业社保缴费比例，北京等地则要求确保企业社保缴费负担不增加。**二是**在发展普惠金融方面，安徽省提出设立10亿元民营经济发展专项资金、100亿元以上民营企业纾困救助基金，用好总规模200亿元的中小微企业发展基金，到2020年，民营企业贷款增加2000亿元、新型政银担业务增加1000亿元，同时特别明确要提高小微企业贷款不良率容忍度。天津市安排100亿元的再贷款和再贴现资金、100亿元的常备借贷便利资金，设立50亿元的融资担保发展基金、100亿元的民营企业发展基金、100亿元的民营企业纾困基金，为民企提供融资服务和流动性支持。河南省甚至将“推广建设银行‘云税贷’等新型金融产品”写入政府工作报告，四川省、新疆维吾尔自治区等明确提出支持有条件、有意愿的民营企业建立现代企业制度和上市融资发展。**三是**在优化营商环境方面，天津市强调要以敬畏之心对待群众、对待市场主体，该办、能办的事情就要痛痛快快去办，上午能办的不要拖到下午，今天能办的不能等到明天。新疆维吾尔自治区强调，坚决制止随意设限、任性执法、权力滥用等行为，下大力气开展专项清欠行动，重点治理政府部门和国有企业拖欠民营企业资金问题，依法保护民营企业权益。河南省提出将坚决纠正一些地方和部门“新官不理旧账”的做法。同时，启动营商环境评价，把评价权交给服务对象，让服务对象评价政府部门。四川省提出要开展政策落实专项督查，把各地各部门政策落实情况纳入政府激励考核，引导民营企业家坚定信心、安心发展。**四是**在彰显“地方特色”方面，黑龙江省明确将在成熟军工技术溢出、民企“参军”上实现突破。辽宁省明确将实施“个转企、小升规、规升巨”专项行动，2020年实现“个转企”10000户左右、“小升规”1000户左右、“规升巨”100户左右。

（三）责任部门积极为中小微企业发展撑腰鼓劲。工业和信息化部积极会同国务院促进中小企业发展工作领导小组成员单位立足坚持和完善社会主义基本经济制度，坚持“两个毫不动摇”，结合当前中小微企业面临的新形势、新问题，着眼于长期制度建设，积极加强顶层设计，制定出台《关于健全支持中小企业发展制度的若干意见》（下称《若干意见》）。**一是**着力完善了支持中小微企业发展的基础性制度。《若干意见》坚持充分发挥市场在资源配置中的决定性作用，秉承竞争精神和法治理念，明确必须通过健全中小微企业法律法规体系，坚持公平竞争制度，完善中小微企业统计监测和发布制度，健全中小微企业信用制度，完善公正监管制度等方面，完善支持中小微企业发展的根本性、基础性制度及工作体系，进一步营造良好环境，为实施好各项政策奠定基础。**二是**着力强化金融和财税支持。《若干意见》针对中小微企业面临的突出问题，把健全制度的重点放在财税金融支持上，提出了更有针对性的措施。如在融资促进方面，提出优化货币信贷传导机制；健全多层次小微企业金融服务体系，鼓励金融机构创新产品和服务，发展便利续贷业务和信用贷款，增加小微企业首贷、中长期贷款、知识产权质押贷款等；强化小微企业金融差异化监管激励机制；完善中小微企业直接融资支持制度；完善中小微企业融资担保体系等。在财税支持方面，提出健全精准有效的财政支持制度，建立国家中小微企业发展基金公司制母基金，健全基金管理制度，完善基金市场化运作机制，引导有条件的地方政府设立中小微企业发展基金；建立减轻小微企业税费负担长效机制；强化政府采购支持中小微企业政策机制，修订《政府采购促进中小企业发展暂行办法》。**三是**强调必须下力气提升创新和专业化能力水平。《若干意见》特别强调建立和健全中小企业创新发展制度，推动完善创业扶持和创新支持制度，健全支持中小微企业“专精特新”发展机制，推动以信息技术为主的新技术应用等。如明确提出大幅提高中小微企业承担研发任务比例，加大对中小微企业研发活动的直接支持。健全“专精特新”中小微企业、专精特新“小巨人”企业和制造业单项冠军企业梯度培育体系、标准体系和评价机制。支持中小微企业应用5G、工业互联网、大数据、云计算、人工智能、区块链等新一代信息技术以及新材料技术、智能绿色服务制造技术、先进高效生物技术等，提高中小企业数字化、网络化、智能化、绿色化水平。总而言之，力求通过政策制度设计，推动中小微企业加快实现创新发展。**四是**突出强调必须建立和保障促进中小企业发展的长效机制。《若干意见》从完善和优化服务体系、建立健全合法权益保护制度到强化组织领导制度等方面提出一系列要求，着重从推动建立支持中小微企业发展的长效机制上发力。如在完善和优化中小微企业服务体系方面，要求健全政府公共服务、市场化服务、社会化公益服务相结合的中小微企业服务体系，探索建立全国中小微企业公共服务一体化平台，探索建立志愿服务机制；完善中小微企业培训制度，构建具有时代特点的课程、教材、师资和组织体系，建设慕课平台，构建多领域、多层次、线上线下相结合的中小微企业培训体系；夯实中小微企业国际交流合作机制等。在建立和健全中小微企业合法权益保护制度方面，提出构建保护中小微企业及企业家合法财产权制度，健全中小微企业知识产权保护制度，完善中小微企业维权救济制度。另外，促进中小微企业发展工作涉及方方面面，既是一项系统性工程，也是一项政治任务，需要引起各方面的高度重视。为此，在强化促进中小微企业发展组织领导方面，明确要求县级以上地方人民政府必须建立健全促进中小微企业发展工作领导小组，由政府领导担任组长，强化促进中小微企业发展工作队伍建设。同时，完善中小微企业决策保障工作机制，定期开展中小微企业发展环境第三方评估，并向社会公布结果。

新《中华人民共和国中小企业促进法》为中小微企业发展营造了良性法治环境

自2018年1月1日起正式实施的新《中华人民共和国中小企业促进法》强化了政府对中小微企业的扶持力度，降低了中小微企业各类税收负担，维护了中小微企业在发展经营中的合法权益。

（一）切实规范了对中小微企业的财税支持。从资源有效配置和成本效益分析来看，财税政策对中小微企业有着重要的影响，因为中小微企业一般规模较小，初期的发展经营实力相对较弱，政府的财税政策往往关系着一个初期中小微企业的存亡。新《中华人民共和国中小促进法》提出的财税政策主要包含着财政和税收政策，即国家预算、财政补贴、财政投资、税收减免和税收优惠等，并从财政预算和税收减免、优惠等方面进行了明确的规范。如明确提出“县级以上地方各级人民政府应当根据实际情况，在本级财政预算中安排中小微企业发展专项资金”“国家对小型微型企业行政事业性收费实行减免等优惠政策，减轻小型微型企业负担”等，同时将部分现行的税收优惠政策上升为了法律。

（二）切实优化了中小微企业的融资环境。“融资难、融资贵、融资慢”一直是中小微企业发展的主要难题。新《中华人民共和国中小促进法》单独设立“融资促进”一章，直接针对中小微企业融资问题，明确要求必须通过从宏观调控、信贷支持、金融监管、金融服务、金融担保等多方面着手，为中小微企业发展营造良好的融资环境。如明确提出“国家政策性金融机构应当在其业务经营范围内，采取多种形式，为中小微企业提供金融服务”“国家完善担保融资制度，支持金融机构为中小微企业提供以应收账款、知识产权、存货、机器设备等为担保品的担保融资”等。

（三）切实加强了对中小微企业的权益保护。新的《中华人民共和国中小促进法》中，明确规定了国家保护中小微企业及其出资人的合法权益，对解决拖欠贷款设立了专门条款，为企业合法收款提供法律依据，如第五十三条第二款明确规定：“中小微企业有权要求拖欠方支付拖欠款并要求对拖欠款造成的损失进行赔偿”；切实规范了涉企收费，尤其是涉企行政事业性收费。

新法明确规定："国家建立和实施涉企行政事业性收费目录清单制度，收费目录清单及其实施情况向社会公开，接受社会监督。"

各地各级普遍重视并积极采取措施促进中小微企业健康发展

为支持促进中小微企业健康发展、加快发展，各地各级积极结合实际，强谋划、出政策、重执行、抓问效，以求取得实实在在的成效。

（一）华北地区各级各部门积极促进中小微企业健康发展。以北京市为例，**一是**在不断完善政策体系方面，近两年来累计发布支持中小微企业发展的相关政策107条，其中产业扶持35条，科技服务24条，资金扶持19条；出台了《北京市加快科技创新发展新一代信息技术产业的指导意见》、"中关村新版'1+4'政策支持体系"等具有北京特色的政策办法；组建了主管副市长任小组组长、28个相关部门为成员单位的北京市促进中小微企业发展工作领导小组，统筹协调促进全市中小微企业发展工作，组织研究并督促落实促进中小微企业发展的政策措施。**二是**在持续优化营商环境方面，推出了优化营商环境"9+N"政策2.0版，企业开办实现"一次申请、一个环节、一天办完"，企业开办事项间实现无介质"一照通"，全力推进"证照分离"改革；深入推进反垄断和反不正当竞争执法，依法查处多起涉垄和不正当竞争案件，依法纠正涉嫌行政垄断行为；下大力气清偿拖欠民营企业、中小微企业账款，在东城区法院试点建立北京市首家基层法院民营企业产权保护调解室；加快构建以信用为基础的新型监管机制，推动企业信用信息公示系统建设。**三是**在缓解中小微企业融资难、融资贵方面，推动了中小微企业债权融资规模持续扩大，充分利用多层次资本市场，股权融资规模连续多年处于全国前列；两年时间内，市区两级政府累计投入超过120亿元资本金及托管资金，构建了覆盖市区两级的"1+4+N"政策性担保体系。**四是**在中小微企业公共服务体系方面，形成了以市级枢纽平台为核心、以联网窗口为主要节点、以专业服务机构为重要支撑的"1+16+N"的立体式网络格局；推动了各类双创载体规范发展，创造性地打造了“孵化器+加速器+基地+平台”的创业创新空间支持体系，“创客北京”系列大赛为参赛的优秀企业和团队提供场地空间、融资对接、知识产权等全方位、专业化赛后服务，持续支持优秀项目成长。**五是**在加大财税支持力度方面，主要以补助、奖励、政府购买服务等方式，建立扶持市、区两级中小微企业创新发展、绿色发展、高端发展的长效机制；不断规范涉企收费，公布本市政府定价目录、行政事业性收费目录、涉企行政事业性收费目录等，做到“阳光收费”并进行动态调整；通过预留采购份额、给予评审优惠、鼓励联合体投标等方式，不断加大中小微企业采购支持力度。**六是**在推动创新创业及高精尖发展方面，加快推进《促进科技成果转化条例》立法，着力建设科技成果转化统筹协调与服务平台，通过政府主导的300亿元母基金撬动1000亿元以上社会资本，投向原始创新、科技成果转化、高精尖产业发展等环节；着力提升中关村示范区知识产权创造、保护、运用能力，制定《关于支持颠覆性技术研发和成果转化实施方案》，定向引进培养紧缺急需的高层次人才，着力支持优秀青年人才成长，下放职称评审权，建立健全科研项目绩效激励机制等。

（二）华东地区各级各部门积极促进中小微企业健康发展。以福建省为例，**一是**在优化营商环境方面，2018年以来，省级层面先后出台创新驱动发展7条措施、中小微企业10条措施、民营企业25条措施等，上线全省惠企政策一站式发布平台，为广大中小微企业提供“找得着、看得懂、用得上”的政策服务；全面推广“一趟不用跑”、“最多跑一趟”和“互联网+政务服务”，实现90%以上行政审批事项网上办理，将工程建设项目审批时间压缩至90个工作日以内；率先在全国开展评估工作，评估方法采用国际通用的“多阶段、等比例”PPS概率抽样原则。**二是**在加大服务扶持方面，省、市、县累计设立总规模为52亿元的支持中小微企业发展资金，省工信厅、科技厅每年预算各安排1亿元财政资金设立专项补偿资金；坚持普惠性减税与结构性减税并举，降低制造业和小微企业税收负担；省、市、县累计设立总规模为37亿元的支持中小微企业发展基金，重点支持初创期中小微企业创业创新发展和融资担保体系建设。**三是**在破解融资难题方面，发挥省、市、县三级产融合作工作机制的作用，加大福建省“产融云”平台运营推广力度；出台实施《福建省银行机构服务民营企业发展激励暂行办法》，激励金融机构落实小微企业“两增两控”目标和“五不”要求；出台《福建省政府性融资担保机构经营指标评价及尽职免责暂行管理办法》等政策文件，建立尽职免责机制，引导政府性融资担保机构发挥融资增信作用；设立上市后备企业培育孵化基地、上海证券交易所资本市场服务福建基地。**四是**在推动转型升级方面，积极引导中小微企业走“专精特新”发展之路，着力打造“创响福建”大赛平台，实施企业技改完工投产奖励、正向激励、设备补助等政策，持续推动智能制造和服务型制造。**五是**在服务企业发展方面，全面开展服务民营企业“三个一百”活动，出台实施《福建“政企直通车”平台运营工作机制》，打造“政企直通车”平台，构筑企业直通省长快速通道；积极打造“互联网＋精准服务＋协同创新”的中小微企业公共服务平台网络，引导专业化服务机构入驻；实施企业家素质提升工程，推广“以企业家培养企业家”模式，加大管理提升培训力度。

（三）东北地区各级各部门积极促进中小微企业健康发展。以黑龙江省为例，**一是**在浓厚发展氛围方面，无论是党代会、省委全会、经济工作会还是省政府工作报告都将发展民营经济作为一项重要工作进行部署；调整省发展非公有制经济（中小微企业）工作领导小组，由省委常委、常务副省长担任组长，成员单位26家，不断加强对民营经济工作的领导，统筹推进全省民营经济发展。**二是**在完善政策体系方面，先后出台《关于支持民营经济发展的若干意见》《关于进一步支持民营经济高质量发展的意见》《加强金融服务民营企业二十项政策措施》《关于改造升级“老字号”企业的若干意见》《黑龙江省优化营商环境条例》等系列政策文件，全力支持中小微企业发展。**三是**在促进创业创新方面，扎实推进商事制度改革，落实“办理一照九证不求人”要求，鼓励民营企业以PPP模式参与政府项目建设，加快推进高新技术成果产业化，生成新企业、培育新动能，挖掘和推广一批大中小微企业融通发展模式，以“专精特新”为培育方向，提升中小微企业专业化水平。**四是**在改善金融服务方面，扎实推进“银政企保”合作，切实发挥企业应急转贷机制作用，加快全省民营企业融资服务信息系统建设，积极引导企业利用资本市场直接融资，扎实推进纾困资金组建运营工作。**五是**在创新服务方式方面，建立省领导联系民营企业制度，组织服务企业专项活动，深入实施民营企业家素质提升工程，积极弘扬优秀企业家精神，营造尊重、关心和支持企业家的社会氛围。**六是**在发展混合所有制经济方面，鼓励民营企业通过出资入股、收购股权、股权置换等多种方式，参与国有企业混合所有制改革。

（四）华南地区各级各部门积极促进中小微企业健康发展。以湖南省为例，**一是**在推动中小微企业“专精特新”发展方面，瞄准三类重点，将能够参与国家工业“四基”攻关，将有利于20个工业新兴优势产业链的延链、强链、补链，将具有技术创新性、发展成长性、区域特色性、细分领域标杆性、产业政策吻合性、大中小微企业发展融通性的中小微企业，优先培育成“小巨人”；在全国率先出台地方标准《中小微企业管理创新评价指标体系》，积极宣传推介成功典型。**二是**在解决中小微企业发展痛点难点方面，率先在全国建立制造业企业“白名单”制度，建设“湖南省产融信息对接服务平台”，举办股权融资撮合对接会、“科创板”培训服务对接会，鼓励引导担保机构扩大小微企业融资担保业务规模；连续10年坚持联合北京大学、清华大学等著名高校，培训中小微企业高级管理人员，实施中小微企业经营管理人员培训项目100项，实施中小微企业银河培训工程9个专题培训；在全国率先出台评价指标体系，引导中小微企业“上云上平台”。**三是**在创新中小微企业服务措施方面，建设了覆盖全省的中小微企业公共服务平台网络，形成“服务产品化，产品标准化，标准品牌化”的湖南特色服务模式；打造创业创新载体，获批国家双创升级特色载体7个、国家小型微型企业创业创新示范基地12个，建设省级中小微企业创业创新基地83个；开展中小微企业清欠专项行动；探索运用“精准扶贫”理念帮扶企业，开展民营企业“精准帮扶年”行动，各级各部门与企业实行结对帮扶，集中解决当前民营企业和中小微企业发展面临的突出困难和问题。**四是**在完善促进中小微企业发展的政策法规方面，出台促进民营经济高质量发展的意见，制定25条“干货”十足的政策措施；梳理汇总2017年3月以来对国家和省级层面出台的促进非公有制经济和中小微企业发展的政策文件“干货”152项，在“湖南省中小微企业政策数据库”中发布；出台省促进中小微企业健康发展的18条具体措施；出台推进个体工商户转型升级为企业的政策措施和培育规模工业企业奖励措施，支持“个转企、小升规”；出台《湖南省实施〈中华人民共和国中小企业促进法〉办法修正案》，开展湖南省发展非公有制经济和中小微企业先进单位和先进个人评选表彰工作，弘扬企业家精神和工匠精神。

（五）西南地区各级各部门积极促进中小微企业健康发展。以重庆市为例，**一是**在加强组织保障方面，成立了重庆市促进中小微企业发展工作领导小组，市委常委、常务副市长担任组长，分管副市长担任副组长，29 名相关市级部门负责人为成员，每季度定期召开市、区县非公有制经济工作联席会议，将中小微企业民营经济发展情况和优化营商环境情况纳入区县经济社会发展实绩考核，每年开展“100 名重庆市优秀民营企业家和 100 家优秀民营企业”评选表彰活动，持续 15 年实行中小微企业统计年报制度，5 万户中小微企业纳入统计范围。**二是**在加大财税支持方面，市级中小微企业专项资金中用于支持服务体系、融资体系、创业创新方面的资金占比达 9 成，落实小微企业税费减免政策，监测的中小微企业应交税费同比下降 9.8%。**三是**在促进企业融资方面，在全国尚无现成经验借鉴情况下，坚持问题导向、靶向施策，大力推动中小微企业商业价值信用贷款改革破冰，并通过数据集成应用，创新建立“4+19+1”企业商业价值评价模型，积极开展知识价值信用贷款试点；在全国省级层面率先建立转贷应急机制，在工商银行重庆市分行、重庆三峡银行、重庆银行 3 家银行，创新打造了具有示范引领作用的全市小微企业票据贴现中心，并引导其他银行金融机构设立了多个票据直贴“绿色窗口”，从而构建起“3+X”小微企业票据贴现体系，鼓励引导票据贴现中心承办银行为小微企业提供全面、高效、专业的票据贴现服务，并给予小微企业贴现利率优惠；出台《重庆市拟上市重点培育企业财政扶持暂行办法》，支持拟在境内外证券交易所上市或在全国中小微企业股份转让系统挂牌。**四是**在扶持创业创新方面，利用存量工业闲置厂房、科研楼宇、商务楼宇等打造中小微企业集聚发展载体；按照每年储备一批、培育一批、成长一批、认定一批的工作思路，出台《关于实施中小微企业“万千百十”五年培育成长计划的通知》，在五年内，新增“四上”企业 10000 家，培育“专精特新”企业 1000 户以上，“小巨人”企业 100 户以上，“隐性冠军”企业 50 户以上；出台专精特新奖励政策，分三个梯度进行培育和奖励，并授予称号和牌匾。**五**

是在强化公共服务方面，积极构建“1+39+*N*”中小微企业公共服务体系，上线运行市政府办打造的“政策直通车”，分类汇集涉企政策文件500余个，上传1000余条核心条款及其政策解读，制作政策图解300余篇，以及一批H5、动漫等展示形态，向260余万市场主体全景展示、精准推送；建立市级、区县领导联系民营企业制度。**六是**在加强权益保护方面，率先在全国公安机关推出服务民营经济发展“30条”和“新10条”服务措施体系，市高级人民法院联合市工商联出台保护民营经济健康发展16条意见，在全国高级人民法院首例发布《民营企业法律风险防控提示书》，市检察院先后出台“保护产权12条”“服务保障民营经济健康发展18条”“保障和促进民营企业健康发展15条”，市司法局制定实施民营经济法律服务10条意见、服务民营经济15项措施；完善民营企业维权投诉机制，每年接听解答各类咨询电话3000余件次，受理企业投诉举报30家次；开展清理政府部门和大型企业拖欠民营企业和中小微企业账款专项行动。

（六）西北地区各级各部门积极促进中小微企业健康发展。以陕西省为例，**一是**在优化提升营商环境方面，持续实施优化提升营商环境十大行动方案、三年行动计划和五大专项行动，深入推进“一扇门、一张网、一次办”，推动营商环境全面优化、全面提升；深入推进“放管服”改革，促进各类企业平等竞争，坚决破除各种不合理的限制，推进“非禁即入”普遍落实；大力宣传民营经济在全省经济社会发展中的重要地位和作用，大力宣传发展民营经济的先进经验和贡献突出的民营企业家的先进事迹，积极倡导致富光荣、发展光荣、创造财富光荣的社会理念，积极倡导敢闯敢试、敢为人先、鼓励创业、宽容失败的创业文化和创业精神。**二是**在落实扶持政策方面，密切跟踪和围绕国家层面出台的加强金融服务、清理拖欠账款、促进中小微企业健康发展、支持民营企业改革发展等新的政策措施，抓紧修订陕西省的配套性文件，特别要在破解融资难融资贵、减免企业税费负担、降低用地用电成本、推进技术创新、开拓市场、保护合法权益等问题上出实招、求实效；组织有关方面对近年来各地贯彻落实支持中小微企业发展的政策举措情况进行督查，组织或委托第三方对企业政策落实和发展环境进行评估。**三是**在缓解融资难融资贵问题方面，推动金融机构切实履行支持民营企业的主体责任，建立“敢贷、愿贷、能贷”长效机制；继续引导各金融机构加强对辖内民营企业融资需求的调查，切实下放授信审批权限，提高对民营企业的介入度和响应度；建立不同于大型企业的信贷管理机制，继续深入探索和开发与中小微企业生产经营特点相适应的信贷产品，推动更多没有贷款的企业“首次获贷”；完善风险补偿机制，支持市级担保机构发展，完善政、银、担合作机制，支持担保机构扩大中小微企业业务并降低收费；推进民营企业纾困基金落地实施，落实和扩大资金募集。**四是**在推动企业转型升级方面，做好10亿元中小微企业技术改造专项奖励资金的安排使用，支持企业技改和转型升级；加大力度支持中小微企业建立工程技术（研究）中心创新平台，加大培育科技型民营企业、高新技术企业、“专精特新”和“小巨人”企业、“瞪羚”企业、“独角兽”企业；鼓励大专院校、科研院所加速技术成果转化、技术推广、新产品开发等；引导促进企业加大新成果、新技术、新工艺的转化吸收力度，淘汰一批高消耗、高污染、技术含量低、市场前景差的落后生产能力。**五是**在保护民营企业合法权益方面，建立党委政府与民营企业定期协商工作机制，定期召开相关座谈会听取企业家的意见建议；支持帮助省工商联、省市场监管局建立省级民营企业维权投诉中心；健全民间投资申诉渠道，依托省发展改革委投资项目在线审批监督平台建立民间投资申诉平台，公开受理民营企业在行政审批和项目建设中遇到的困难、矛盾和问题；发挥省产权保护工作协调小组办公室作用，推动涉政府产权纠纷治理行动走向深入，以查找和解决社会反映强烈、久拖不决的涉嫌政府机构失信或政府政策调整导致的政府机构与企业、企业家之间的产权纠纷问题的典型案例作为工作重点，切实依法保障企业合法经营权、企业家合法的人身和财产权益。**六是**在完善公共服务体系方面，推动省、市、县三级建立中小微企业政策信息互联网发布平台，提升各级中小微企业公共服务平台建设水平，构建体系完善、功能齐全、覆盖主导产业和重点企业的服务体系；积极帮助中小微企业提升管理水平、完善法人治理结构、建设现代企业制度；强化民营经济、中小微企业人才建设工作，积极推进企业家成长工程，扎实组织开展企业经营管理人员的培训，全面提升企业管理和技术水平。

各级各地系列政策大礼包将有力助推中小微企业发展

着眼推动中小微企业加快发展、创新发展、转型升级，国家及各部委结合职能先后出台了一系列支持中小微企业发展的政策措施。

（一）助推中小微企业发展的一般性政策。以全部中小微企业为对象的，目的在于通过弥补中小微企业在劳动力、资本、技术、信息等方面的不利条件，促进中小微企业发展。如在劳动政策方面，主要是帮助中小微企业进行职业培训和能力开发，协助中小微企业提高人员素质；在金融政策方面，涉及有关支持中小微企业的专门金融机构贷款和信用保证制度；在交易公开化政策方面，主要是对大型企业运用市场支配能力加以限制，帮助中小微企业组织起来，提高应变能力；在诊断指导政策方面，主要是为中小微企业提供技术、市场、经营等信息，以及为中小微企业提供诊断和咨询服务。

（二）助推中小微企业发展的特定性政策。主要是以特定产业为对象的政策，实际上是结构政策在中小微企业政策的延伸，包括不同产业的现代化政策，衰退产业的调整政策，主要是以对成长产业的扶植和对衰退产业的调整为目标；对特定的中小微企业群为对象的政策，实际上是规模经济政策在中小微企业政策上的延伸。同时，结合落实上级政策文件要求，各地结合实际出台了一系列具有当地特点的政策措施。**一是**上海市出台的政策，着力点在为中小微企业发展创造良好环境上。**第一，**在鼓励创业促进就业方面。如上海市政府鼓励科研人员、大学生创业，促使各类创业园区为其提供办公场所、人才公寓及创业基金，辅导其创业能力，发挥园区孵化器的作用；创业园区向初创企业提供办公场地的房租减免，免费给予政策、财务、管理、市场、营销、法律、人力资源方面的咨询服务，定期举行创业培训、拓展等活动对企业管理者进行辅导。对于知识产权转化以及国家、市级高新技术产业配套项目，可以分别获得不高于 50 万元的补贴和不高于 200 万元的匹配资金。创立的上海市大学生科技创业基金，主要针对应届毕业生、在读硕博士，无偿给予其 10 万 ~30 万元的项目支持经费，投入高新技术产品研发。创立的上海市创业投资风险救助专项基金，主要针对经认定的上海高新技术企业，能够获得不高于投资亏损 50% 的补助，对于成果转化项目可获得不超过投资损失 70% 的补助。给初创企业保驾护航，降低风险。**第二，**在切实强化金融扶持方面。明确由政府牵头、与商业银行合作为中小微企业提供担保方式为信用的小额商业贷款，并根据企业经营和信用情况，给予一定比例的贴息。如针对上海市政府认定的“小巨人”企业以及“小巨人”培育企业，分别给予其不超过 1000 万元和 500 万元的信用贷款，利率低于人民银行基准利率上浮 15%。又如，针对实现 3 年盈利，销售额在 5000 万 ~2 亿元的高新项目认定企业，可获得销售额 10%~15%、最高不超过 2000 万元的信用贷款额度，销售额超过 2 亿元的企业可获得销售额 15%、低于 5000 万元的信用贷款额度，利率低于人民银行基准利率上浮 15%。再如，对科技型中小微企业履约贷款，明确由政府、银行和保险公司共同分担贷款风险，给予不高于 500 万元完全信用的贷款额度，利率是人民银行基准利率，保险费为贷款本金和利息总额的 2%，企业还清贷款之后，可以向政府申请返还保险费的 50%。**第三，**在下大力气招引人才方面。上海从 2008 年起实施的海外人才引进工程引进拥有高新技术、新兴科学的高素质人才来华创业，为国家重大战略和上海市重大项目做贡献。为了能使引进的优秀人才成功落户上海，为其提供良好的居住环境、社会保险、医疗保健、家属安置。对于在华创业的引进人才，给予其创业资金和税费优惠。在企业或高等院校、科研机构工作的引进人才，为其提供科研项目研究经费、股权或企业年金等中长期激励政策。**第四，**在抓实抓好税收优惠方面。早在 2015 年 1 月 1 日至 2017 年 12 月 31 日，上海市便开始对年税收额 20 万元以下的中小微企业减半征收企业所得税，给予中小微企业更多的税收红利。同时设立专门的意见投诉信箱和热线，专人处理企业投诉或建议，做好跟踪反馈和数据统计，确保税收优惠能有效落实。⑤积极开展企业上市辅导。定期开展拟上市企业沙龙、交流会，对企业进行上市政策、流程、融资方案等辅导，提前帮助企业在专业指导下，做好上市规划和方案，同时根据企业上市过程中的融资要求，选择业内券商、股权投资、银行、担保、融资租赁等金融机构协同为企业提供金融服务、配置金融产品，提高融资风险承受度。对已在境内外成功上市或者“新三板”挂牌的企业予以 100 万 ~200 万元资金补贴。**二是**天津市出台的政策，着力点在完善中小微企业社会服务体系上。**第一，**在建立中小微企业信用体系建设试验区方面。

其由人民银行天津分行牵头，建立系统的中小微企业信用体系评级制度，将信用评级报告公开透明化，政府从中挑选出各方面条件都很优秀的中小微企业作为扶持的对象，对其进行重点扶持，就企业管理、财务支付、人员培训方面进行系统的培训。明确在信用企业名单内的企业可以向商业银行申请信用贷款，或者由政府指定专业担保公司提供信用担保，解决企业发展过程中的融资问题。**第二，**在搭建八大服务平台为中小微企业发展服务方面。金融服务平台，主要扶持担保机构，对其减免税收或者提供专项资金支持，促使其更好地为中小微企业与商业银行间的融资合作牵线搭桥；信息服务平台，主要是为中小微企业和担保机构进行评级工作；科技创新服务平台，主要为中小微企业提供专项资金支持；人力资源培训平台，主要为中小微企业提供培训，指导人力资源合理配置，使企业分工细化规范；创业服务平台，主要对中小微企业创业提供有关创业的专项资金支持；中小微企业市场拓展服务平台，主要通过国内外各种展会为中小微企业提供更多展示自己产品和技术的机会；法律服务平台，主要为中小微企业提供法律知识的咨询普及服务。**三是**北京市出台的政策，着力点在解决中小微企业资金困境上。**第一，**在加大财税支持方面。北京市政府将中小微企业发展专项资金重点放在支持中小微企业推进技术革新、产业转型、完善就业等方面；建立的北京市中小微企业发展基金，主要是扶持初创期的小微型企业，为其提供天使基金，同时对涉企费用进行公示，减免部分费用，减轻企业税费负担。**第二，**在强化金融扶持方面。制定在中小微企业在银行融资、集合发债、上市融资等各阶段的指导和服务流程。鼓励商业银行开发中小微企业的融资产品，不局限于房产抵押的担保方式，加入知识产权质押、国内保理、票据质押等担保方式，为中小微企业提供更加灵活的金融产品，降低融资门槛，同时规定不允许商业银行变相收取财务顾问费或咨询费，对中小微企业融资给予贴息政策，进一步降低融资成本。支持中小微企业尝试企业集合发债、发行短券中票、私募债券等创新型金融产品，鼓励优秀的中小微企业在“中小板”“新三板”“科创板”挂牌上市。**第三，**在为小微企业出口投保方面。明确出口型的小微企业在前一年出口规模在 100 万美元之下的，投保企业单笔赔付金额不超过 3 万美元，总额不超过 1000 万美元，为小微企业规避汇率风险。**四是**云南省出台的政策，着力点在专项扶持文化产业特色的中小微企业。云南省《关于促进小微文化企业发展的实施意见》明确指出每年各县市区必须扶持10~50户微型文化企业，旨在帮助规模较小的文化企业获得银行小额贷款支持；要求文产办通过展会、电商平台等多种方式帮助文化产业的小微企业拓展市场，举办了类似“云南特色文化产品万里行”的国内外展会，吸引各方企业参与了解当地文化产业的小微企业的产品，扩大影响力，通过网络平台将带有云南特色文化气息的产品在网上进行销售，组织信息服务供应商为文化产业的小微企业提供服务，利用网络快速发展；鼓励大学生进行文化产业的创业，精简了小微企业申请和办理的审批手续，方便更多的有志青年投身文化产业的开发和创新。**五是**内蒙古出台的政策，着力点在解决高校毕业生就业问题上。成立了内蒙古中小微企业协会，要求会员企业主要为内蒙古自治区内中小微企业提供投融资、人力资源服务；要求各地通过宣传引导，举办人才招聘展会，使高校毕业生与中小微企业面对面交流。指导中小微企业做好人才招募储备、员工就业保障、人员专业技能培训等工作，使高校毕业生尽快适应企业的工作环境，定期组织职业技术培训机构与企业合作，对新人进行全面的岗位技术培训。对于未能参与工作的高校毕业生进行跟踪辅导，提供就业辅导和岗位推荐，确保解决就业问题。**六是**甘肃省出台的政策，着力点在规范中小微企业金融发展环境上。建立了中小微企业减负长效机制，着力精简涉企费用，明确对行政事业性收费实施政府统一指导定价，公开费用清单并由公众监督；强调必须对归属于不同行业企业的生产规律、运营周转周期在贷款期限、还款方式上进行差异化设定，对于那些运营情况良好，信用记录优质的企业提高贷款额度，降低贷款利率，严禁以贷转存、存贷挂钩、以贷收费、浮利分费、借贷搭售、一浮到顶、转嫁成本，切实减轻企业负担；要求在贷款审批过程中精简流程，提高效率，贷款额度采用可循环的提用方式，使企业在提用贷款额度时更加灵活便捷；下大力气整顿行业内违规揽储和放贷的行为，监督贷款资金用途，严禁流入房地产市场、股市，规范担保公司、小额贷款公司、融资租赁公司的营运模式，净化经济发展环境；明确对于发展势头较好，盈利情况良好的中小微企业，积极辅导其在主板、“中小板”、“创业板”、“新三板”、“科创板”挂牌上市。**七是**四川省出台的政策，着力点在帮助中小微企业转型升级发展上。**第一，**在切实推进产业升级方面。鼓励中小微企业发展新型材料、生物医药、环保节能、新能源开发、电子信息等新兴产业，支持中小微企业参建成绵乐广遂电子信息、成德资自宜泸装备制造、成德绵南资汽车、攀西钒钛稀土、成乐眉雅绵硅产业、川南沿江重化工、川东北天然气化工、成遂南达纺织服装鞋业等八大特色产业带和“中国白酒金三角”等农产品精深加工传统优势产业；支持中小微企业参与大飞机、电子军工、核产业等军民结合产业项目的协作配套。**第二，**在引导集聚发展方面。支持产业集群环境建设，推进基础设施配套和产业链协作配套，加快产业集群和产业园区公共服务平台建设。支持龙头骨干企业扩散工艺技术和加工环节，延长产业链条，推动中小微企业参与专业化分工，提高专业化协作水平。立足地方比较优势和主导产业，支持省内优势中小微企业跨区域、跨所有制开展收购、兼并、重组和联营，发展企业集团，开展集约化经营。

“一带一路”国家倡议的实施为中小微企业发展搭建了更大舞台

“一带一路”致力于建设沿线国家或地区的互联互通，实现全方位的网络大联通。在推进互联互通过程中，将为广大中小微企业带来多层次的商机。

（一）“通路通航”将带动交通基础设施建设、服务类中小微企业的快速发展。“一带一路”，交通先行。唯有不断加快提升中国与经济区域国家的交通、运输等基础设施的互联互通，逐步形成区域交通的一体化，才能实现“一带一路”的全面互通。在通路通航建设过程中，包括港口、公路、铁路、物流等在内的交通运输领域的中小微企业将迎来巨大商机。“21 世纪海上丝绸之路”沿线国家对建设大港口有着强烈需求，这为该领域内的优质中小微企业在经济区的建设和运营提供了广阔的发展前景。

（二）“基建互通”将加快供给侧结构性改革去产能的进程。“一带一路”沿线的65个国家多为发展中国家，国家财政大多比较紧张，普遍存在基础建设投资不足、设施落后的情况，在“一带一路”发展过程中，对基建的需求较大，这必将加快我国基建类中小微企业的产能输出，进而全面带动国内包括设材料制造、劳务输出、咨询设计、金融保险等多领域中小微企业产品的输出。

（三）“能源互通”将给能源类中小微企业带来巨大的海外市场。随着我国基础建设的不断发展，对资源的需求不断增加，故打通稳定的进口资源途径是“一带一路”倡议中的重要目标。为了做好迎接新增能源的输入需求，我国将构建陆上的能源大通道，包括输油管道、天然气管道、电网等，因此这些领域的中小微企业必然迎来商业利好。从需求端来看，“一带一路”沿线发展中国家的电力消费水平极低，故刺激消费的发展空间较大，这无疑将会形成一个巨大的电气设备需求市场，届时电气设备类中小微企业将大幅受益。

（四）“文化互通”带动文化类中小微企业的迅猛发展。“丝绸之路”不单是政治经济的交汇，更是文化的交融，涵盖了培训、旅游、教育等人文活动。培育具有“丝路”特色的文化产品，可以积极推进文化类中小微企业的发展。例如设计旅游产品、语言文化交流、非物质文化遗产项目活动等。

（五）“产业信息互通”为通信基础设施领域的中小微企业提供广阔的发展空间。产业信息互通事实上是大数据的深度交流，要求对包括互联网等通信基础设施进行系统建设。“一带一路”国家之间的深度互通会对信息基建提出更高的要求。当前，中国电信系统设备厂商在全球五大席位中已占据两席，华为的销售收入已超过爱立信，中国电信系统设备厂商具有全球竞争力，巨大的商机将引导越来越多的中小微企业步入这一行业。

（六）“融资互通”将在构建多元化投融资框架过程中为金融类中小微企业发展带来巨大空间。“一带一路”项目建设对融资具有巨大需求，从目前所形成的投融资体系来看，除了亚投行、丝路基金等金融平台可以为基础设施融资外，也可以创新设立融资工具，和动员更多的私人部门的资金，积极推进 PPP 融资模式，增强基础设施项目投资对私人投资者的吸引力，从而全方位保障“一带一路”建设中的融资需求。

推进“四化”同步发展将为中小微企业带来众多发展机遇

“四化”同步是党中央立足全局、着眼长远、与时俱进的重大战略决策，是促进我国经济持续健康发展的重要动力。中小微企业是市场经济最活跃的因子，是新型工业化、信息化的生力军，是信息化和工业化深度融合的主战场，是工业化和城镇化良性互动发展的推动力，是城镇化和农业现代化相互协调的基础保证。

（一）新型工业化的推进必将引领产业范式出现新变化、产业组织形态呈现新特点、绿色发展成为新的战略任务。产业范式向创新发展转变必将引导广大中小微企业坚持以新一代信息技术为核心，以新能源、新材料、生物技术等为代表的新兴技术群体性突破和协同应用为主体，以人、机器和资源间的智能互联以及制造业数字化、网络化、智能化为特征，充分利用现代科学技术实现产业链提升、价值链升级，实现生产的数字化、网络化和智能化；必将引导中小微企业深入实施创新驱动发展战略，加快推动产业范式转变，实现中小微企业发展质量变革、效率变革、动力变革。平台经济成为新的产业组织形态的现实必将引导中小微企业直面全球互联网领域快速发展，云计算、大数据、区块链、人工智能等技术逐步成熟并走向应用的实际，下力气推进数字经济与制造业深度融合，实现经营从点走向面。国内外互联网科技企业如谷歌、脸谱、阿里巴巴、百度、腾讯、京东等便快速成长为了平台型企业，ABB、博世、IBM、通用电气、罗罗等便快速演变成为了平台商；平台经济更加强调制造与服务的融合必然推动传统制造类大中小微企业内部的产品设计、技术研发、质量管理、测试认证、供应链管理、市场营销、物流服务等环节不断分离出去，吸引越来越多的中小微企业成为制造业服务企业，协力推动工业化与信息化融合互动、技术创新与商业模式创新融合互动、制造业与现代服务业融合互动，实现中国制造向中国创造转变、中国速度向中国质量转变、中国产品向中国品牌转变。绿色发展成为新的战略任务将促使各级各地对原有工业经济系统进行绿色化或生态化改造，包括开发新的生产工艺、降低或替代有毒有害物质使用、高效和循环利用原材料、减少能源消耗、降低污染物排放及净化治理等，大力发展能源资源节约型、生态环境友好型的绿色制造业或绿色产业及太阳能、水能、风能、生物质能等可再生能源，这必将为中小微企业在环境治理中找到更多发展空间，成为绿色技术和商业模式的创新者、绿色工业化和生态文明的引领者。

（二）信息化将为中小微企业延长产业链和创建新产业链带来众多机遇。积极实施的《中国制造 2025》战略规划，强调以工业互联网和自主可控的软硬件产品为支撑，发展智能装备，推动智能制造，将引导中小微企业大力发展高档数控机床、工业控制系统、工业机器人等，创新个性化定制、网络众包、云制造等新型制造模式，引导中小微企业参与产业链，打造创新链，推动生产制造过程的智能化和网络化，提高产品质量和协作配套能力。明确要求推动互联网在现代制造业深化应用和融合发展，必将引导中小微企业积极促进开源软件、3D 打印、创客空间、众包众筹等新技术、新模式与传统产业有机结合，运用云计算、大数据、移动互联网等信息技术，为中小微企业的研发、管理、生产、营销和物流等核心业务提供信息化服务。利用互联网推动"大众创业、万众创新"，必将强化政府的公共服务，让更多中小微企业不断丰富和完善市场化和社会化服务，推动基于互联网的信息服务和中小微企业公共服务体系建设，促进满足个性化、多样化需求的众创、众筹、众包等新模式、新业态发展。

（三）城镇化的推进在相当程度上将成为中小微企业的香饽饽。城镇化的推进首先必须大搞基础建设，有研究显示，城镇化率每提升 1%，公共投资需求将增加 5.9%；麦肯锡的研究显示，中国城市化直接带动的城市基础设施投资累计将达到 74 万亿元，这无疑是中小微企业的投资良机。城镇化的推进将加快农民转化为市民，按城镇居民消费水平是农村居民的 3.6 倍来计算，一个农民转化为市民后其消费需求将会增加 1 万多元；城镇化率每年提高 1%，便可以吸纳 1000 多万人农村人口进城，进而带动 1000 多亿元的消费需求，这为县域经济带的中小微企业带来了巨大商机。同时，城镇化的推进，将带来人流和物流的集聚及组织化，其必将为中小微企业发展带来规模效应及其他商机，尤其给服务类中小微企业带来巨大商机，近几年一些地方兴起的休闲农业、乡村旅游、森林旅游、农村服务业等就是最好佐证。

（四）农业农村现代化的加快实施为中小微企业发展拓展了巨大空间。走质量兴农之路要求以市场需求为导向，消除无效供给，增加有效供给；减少低端供给，拓展高端供给。这必将为中小微企业在国际农产品贸易的竞合关系中，始终坚持积极推动我国农产品贸易多元化发展，分散农产品进口来源，减少贸易风险的不确定性，加强与“一带一路”沿线国家的贸易往来提供助益；坚持通过产业链纵向拉伸或横向拓宽，消除农业市场竞争力趋弱问题；坚持树立“粮食安全 + 优质农产品”的发展观念，不断优化农业种养殖结构和农产品品质结构。推动农业适度规模经营必将引导中小微企业切实改变目前小农户分散经营的状态，积极塑造多种形式的组织化小农，创新农业经营利益联结机制，实现小农与现代农业的有机衔接，让农民合理分享农业增值收益，增强小农市场话语权和抗风险能力。推进绿色兴农必将引导中小微企业更加深刻的树立“绿水青山就是金山银山”的理念，推动农业生产方式从传统低效资源利用向高效绿色发展转型，坚持绿色生态导向，让绿色成为农业供给侧结构性改革的原动力，优化产品结构、提升产品质量、构筑生态屏障，着力依托科技支撑解决农业农村绿色发展难题，推动农业可持续发展，促成倒逼农业绿色技术攻关和制度变革的新局面。推动城乡融合发展要求必将引导中小微企业积极推动城市技术、资金、人才等优质资源要素流入农村，构筑起城乡公共资源均衡配置、生产要素自由流通置换的体制机制，建立健全由政府、企业、个人共同参与的农业转移人口市民化成本分摊机制；顺应深入推进承包地“三权分置”与农村集体产权制度改革大好形势，积极发展休闲农业、乡村旅游业、返乡创新创业等，促使以现代工业文明为特征的城市文化与以传统农耕文化为代表的乡土文明有机融合。

改造旧引擎打造新引擎的普遍共识　为中小微企业发展带来了众多机遇

李克强总理强调指出，中国经济要实现“双中高”，必须用好政府和市场这“两只手”，开启“双引擎”：一是打造新引擎，推动“大众创业、万众创新”，释放民智民力；**二是**改造传统引擎，这将为中小微企业发展带来重要机遇。

（一）创业大众化为中小微企业发展带来了众多机遇。其将推动简政放权和商事制度改革，不断降低创业门槛与成本，进而推动新的市场主体井喷式增长；引发新一代互联网技术不断带动产品服务、商业模式与管理机制的创新，引导北京中关村、上海张江高新区、湖北东湖等高新区（科技园区）切实成为集聚人才、技术、资金等创新要素的重要载体，引领新一轮聚合创业浪潮。同时，以下因素也将引发新一轮的创业浪潮：金融危机将催发海归潮推动创业；精英离职将引发创业浪潮——现在不仅有众多官员“下海”，有大量的科技人员“下海”，还有很多人离开大型的互联网公司，成立新的公司；返乡农民工将掀起新的草根创业浪潮；大学生将不断掀起大学生创业潮；当前出现的并购热将不断刺激“职业创业人”崛起。

（二）经济服务化为中小微企业发展带来了众多机遇。其将推动消费升级进而创造公共性服务、消费性服务和生产性服务。据世界银行预测，到2030年，我国服务业占比将大幅上升，社会结构和产业结构都将发生巨大变化。经济服务化将为中小微企业带来丰富的发展机遇，引导中小微企业努力发掘新的经济增长点，在养老、医疗、卫生、旅游、文化、物流、互联网相关产业等领域不断实现新发展。

（三）发展低碳化为中小微企业发展带来了众多机遇。其将引导中小微企业积极顺应人民群众对良好生态环境的期待，推动形成绿色低碳循环发展新方式。如紧扣国务院发布的《大气污染防治行动计划》《水污染防治行动计划》《土壤污染防治行动计划》等，在集中力量打好大气、水和土壤污染防治“三大战役”中，紧扣“治大气”“治水”“治土”这个几万亿元的市场开展形式多样的投资活动。

（四）产业高端化为中小微企业发展带来了众多机遇。其将引导中小微企业不断推动产业结构水平从低端、中端逐步走向中高端，不断通过创新使企业从价值链和产业链的低端走向中高端，实现技术创新、产品创新、组织创新、商业模式创新、市场创新，同时通过不断强化“实业能致富，创新致大富”的意识，努力培育“宽容失败、鼓励冒险、兼容并包”的创新创业文化，真正成为创意创新创业的主体。

（五）经营国际化为中小微企业发展带来了众多机遇。其将引导广大中小微企业努力从产品国际化走向企业国际化，朝着从商品输出走向资本输出方向迈进，朝着从“中国制造”走向“中国所有”方向迈进，朝着从出口导向转向投资导向方向迈进，进而实现从大多数产品贴牌生产真正转向品牌创新，从低层次国际分工战略走向高层次国际运营战略，从世界工厂的“打工者”向全球资源的“整合者”转变。

混合所有制改革为中小微企业带来发展机遇

中央确定的发展混合所有制经济的原则是因地施策、因业施策、因企施策。即使面临深层次的矛盾和问题，国企改革和混合所有制改革也要迎难而上，探索有效的改革办法。要分类分层推进，鼓励各类资本参与国企改革，鼓励国资入股非国企。要探索实行国有控股企业混改试点，探索混合所有制员工持股，推进整体上市。2017 年 10 月，国家发改委、国资委组织了两批共 19 家央企混改试点，其中第二批混改引起了广泛关注。第三批 31 家试点企业也已经确定，目前正在积极推进。我个人认为，混合所有制改革对广大中小微企业来说，至少可以带来六个方面的投资机遇：国企改革重组带来的增值扩股机遇；国企转让或减持国有股带来的机遇；垄断行业改革带来的机遇；政府和社会资本合作，特别是 PPP 模式带来的新机遇；转让特许经营权或购买公共服务为民营企业提供的机遇，特别是对中小民营企业来说机遇更大；组建各类混合基金的机遇。组建混合基金对民营企业来说有一定的市场想象空间。2016 年 8 月 18 日，中国国新公司、中国邮政储蓄银行、中国建设银行、深圳市投资控股有限公司共同牵头设立中国国有资本风险投资基金，总规模两千亿元，首期一千亿元的目标目前已经完成。2016年9月26日，中国诚通集团发起成立国有企业结构调整基金，总规模达到3500亿元，现在到位 650 亿元左右。另外，除了结构调整基金、风险基金，还有军民融合产业发展基金、贫困地区产业发展基金。国有企业结构调整基金，目前共计投资了 17 个项目，基本上都是地铁基建类投资量大的项目。但是大基金下面可以成立若干子基金，让民营企业参与。有两个可以参考的案例。一个是北京产权交易所第一任总裁退休后成立了一个私募基金，也是世界最大的单一结构基金。其中，与世界第一大银行——中国工商银行的北京分行，设立了一个国企混改基金，本身也是一个混合所有制。当然这跟其过去长期从事的工作有关，对行业比较熟悉。另一个是在结构调整基金下面设立私募子基金，重点鼓励投资在大健康领域有潜力的企业。在未来，生命健康、人工智能、大数据等领域肯定都有很重要的突破。中小民营企业还是很有机会的，需要积极探索如何抱团选择好的项目合作。

构建国内大循环为主体、国内国际双循环相互促进的新发展格局将为中小微企业发展带来诸多机遇

2020 年全国“两会”期间，习近平总书记在看望参加全国政协十三届三次会议的经济界委员并参加联组会时强调指出，要逐步形成以国内大循环为主体、国内国际双循环相互促进的新发展格局，培育新形势下我国参与国际合作和竞争新优势。深究习近平总书记强调的国内大循环，我认为，其涉及“四大环节”，即生产环节补齐短板、分配环境重公平、流通环节提效率、消费环节扩内需；涉及“五大要素”，即“劳动力内循环”平衡公平与效率、“土地内循环”释放消费市场活力、“资本内循环”调优产业投资结构、“技术内循环”构建新型发展增长极、“数据内循环”打造未来发展新优势。同时，国内大循环也将释放“六大方向投资机会”：**一是**在消费内循环方面，将在扩大内需的战略基点下，实现消费品质的不断升级，如免税、国潮、电商、游戏等；**二是**在制造内循环方面，将下力气推进产业升级和高端制造，这将促进制造业净资产收益率的不断抬升，如将大力发展新能源产业、军工产业、人工智能产业等；**三是**在科技内循环方面，举国补科技短板将会成为现实，这将为自主创新带来更强的爆发力，如在半导体、生物医药、云计算等方面将涌现出很多中小微企业；**四是**在投资内循环方面，国内将坚定不移抓好“两

新一重”，这将不断扩大有效内需，如新基建的IDC和工业互联网、老基建的建材和机械将迎来发展黄金期；**五是**在服务内循环方面，国内将切实加强现代服务业发展，第三产业的规模和利润率将不断攀升，如医疗服务、社会服务、物业、快递等将呈现爆炸式成长；**六是**在金融内循环方面，金融将会更好服务实体经济，如金融IT、头部券商等将发展迅速。

（一）打通创新链条将为中小微企业发展带来诸多机遇。在美国频频打压中兴、华为并对中国实施“科技脱钩”的背景下，加快推进创新驱动发展战略，增强科技竞争力已刻不容缓。这就特别需要补齐短板、强弱项、激活力，打通支撑科技强国的全流程创新链条。做好创新驱动，必须坚持财力资本和金融资本的投入。**一是**原始创新、基础创新、科技创新将带来很多投资机会。尽管我国全社会研发投入已经占到GDP的2.2%，总量在全世界排第二，但投向较为分散；一些需要长期投入的基础研究领域（如为核高基提供支撑的领域）缺乏足够投入，基础研究投入占比长期徘徊在5%左右，与世界主要创新型国家多为15%~20%的占比差距较大。在今后的发展中，国家将集中优势资源补齐短板、加大基础研究投入，在未来五年内将基础研究投入占研发经费的比重由5%提高到15%左右的水平，并在以后年份继续逐步提高。**二是**技术转化创新将带来很多投资机会。将基础原理转化为生产技术专利的创新是各种科创中心、孵化基地、加速器等的主要业务，这将调动各类智商高、情商高、有知识、肯下功夫钻研又接地气、了解市场的人参与进来，培育发展一批技术转移机构和技术经理人。**三是**将转化成果变成大规模生产能力的过程将带来很多投资机会。这个阶段的金融服务重点是各类股权投资机构跟踪投资、企业IPO上市或者大型上市公司收购投资以及银行贷款发债融资等。

（二）加快新基建将为中小微企业发展带来诸多机遇。新基建作为数字经济、智能经济、生命经济这些人类未来文明的技术支撑，不仅本身将带来几万亿元甚至十几万亿元的投资需求，还将通过数字经济产业化、传统产业数字化、研发创新规模化而产生不可估量的叠加效应、乘数效应。**一是**新基建有助于推动数字经济产业化，形成万亿元级自成体系的数字化平台。新基建涉及的信息基础设施如5G网络投资、大数据、人工智能、物联网、云计算、区块链等本身将带来天量投资。预计 2020~2025 年，我国 5G 商用将直接带动经济总产出 10.6 万亿元，直接创造经济增加值 3.3 万亿元。**二是**新基建有利于助推传统产业数字化。全球目前有 60 余个万亿美元级的产业集群，可与数字化结合，实现数字化转型。根据测算，如果仅在航空、电力、医疗保健、铁路、油气这五个领域引入数字化支持，假设只提高 1% 的效率，那么在未来 15 年中预计可节约近 3000 亿美元，平均每年约 200 亿美元；如果数字化转型能拓展 10% 的产业价值空间，每年就可以多创造 2000 亿美元以上的价值。产业互联网领域是一个巨大的蓝海，今后互联网数字经济中的高价值企业将主要产生于产业互联网系统。**三是**新基建有助于完善中国创新体系。在新冠肺炎疫情深度冲击全球经济的大背景下，唯有科技和创新才是走出危机、赢得主动的治本之道。加快新基建建设，特别是加快布局一批大科学装置和大试验平台为代表的创新基础设施，同时辅以科技创新体制改革的深化，将有助于打造基础研究、区域创新、开放创新和前沿创新深度融合的协同创新体系，有助于进一步激发全社会创新创造动能。

（三）疏通政策性梗阻将为中小微企业发展带来诸多机遇。通过适度调整政策、创造新的需求以释放“过剩”产能将是一个趋势。毕竟产能过剩总是相对的，是受制于特定的技术和制度环境的，环境变了，供需条件也自然会发生变化。如钢铁行业，2019 年全国生铁、粗钢和钢材产能分别为 8.09 亿吨、9.96 亿吨和 12.05 亿吨，同比分别增长 5.3%、8.3% 和 9.8%，已有再度过剩的迹象。现在全国每年新建十多亿平方米的房屋，如果能在建设标准中适度提高房屋用钢比重，甚至推广使用钢结构建筑，一年可以多使用 1 亿多吨钢材，有助于消纳这些产能。而且，钢结构房屋寿命远超钢筋混凝土房屋，提高建筑用钢标准、推广使用钢结构，可以大幅提升房屋质量，延长房屋寿命，形成废钢炼钢的循环经济，也有利于抗震减灾，一举多得。如汽车行业，2019 年全国汽车产销分别完成 2572.1 万辆和 2576.9 万辆，尽管产销量继续蝉联世界第一，但同比分别下降了 7.5% 和 8.2%。根据世界银行的数据，2019 年每千人汽车拥有量美国为 837 辆，马来西亚为 433 辆，中国仅为 173 辆。汽车消费市场前景广阔，之所以出现消费不振，一个重要原因在于我们有很多限制汽车消费的政策。在一些地方，老百姓明明有很强的购车需求，却因为限号、限牌政策而买不了车。国内大循环的推进，将放开汽车消费，使得中国能达到发达国家 50% 的水平，一方面可以满足市场消费需求；另一方面可以倒逼城市改造交通设施，扩建立体停车库。如能源化工行业，2019 年，中国进口原油 5 亿吨，对外依存度达 70.8%；进口天然气 9660万吨，对外依存度达43%，未来几年油气对外依存度还可能继续升高，这么高的对外依存度始终是国家能源安全的重大隐患。这些进口的原油天然气有大部分用于生产各种化工产品。而我国有世界上储量最为丰富的煤炭，每年的煤炭产能 50 亿吨，实际产量 40 亿吨左右，似乎是“过剩”的。鉴于煤炭是天然的化工原料，随着国内大循环的推进，未来新增的炼化原油将以煤炭来替代，煤化工、煤制油、煤制气等产业将蓬勃发展。

（四）纺锤形收入分配将为中小微企业发展带来诸多机遇。2019 年我国人均 GDP 已经突破 1 万美元大关，意味着中国即将跨越中等收入陷阱，但仍处于爬坡过坎的关键阶段，4 亿中等收入群体和 6 亿中低收入群体并存。疫情冲击之下，需要多措并举刺激消费、促进就业、提高保障，切实做大中等收入群体、缩小中低收入群体，加快形成纺锤形收入分配格局。**一是**降低个人所得税以刺激个人消费。我国个人所得税实行七级累进、最高 45% 的所得税税率，在全世界算是较高的。按照国际惯例，个人所得税税率应该小于或等于企业所得税税率，现在企业所得税税率已降到 25%，个人所得税最高边际税率也将由 45% 降到 25%，相应的级次税率也应下降，此举将会扩大税基，刺激消费，带动相关中小微企业发展。**二是**保民生、稳就业、促发展。80% 的中小微企业吸纳了 70% 的就业。2018 年，国家有关部门针对中小微企业出台了持续三年的所得税优惠政策，对年应纳税所得额低于 100 万元（含 100 万元）的小型微利企业，其所得减按 50% 计入应纳税所得额，按 20% 的税率缴纳企业所得税；优惠时间自 2018 年 1 月 1 日至 2020 年 12 月 31 日。在当前广大中小微企业因疫情冲击，生存面临空前压力的情况下，考虑到以国内大循环为主的战略需要，这一政策将逐步转变为基础性制度甚至上升为法律，强化“放水养鱼，稳定预期”，以中小微企业的发展带动更多新的就业。**三是**盘活农村建设用地。全国 6 亿人中低收入人群主要分布在农村。与城市居民可以拥有产权清晰、逐步升值的住宅等财产不同，农民因集体土地产权模糊、市场化交易困难而无法享受相应的财产性收入，这也是近年来城乡居民收入差距扩大的主要原因之一。国内大循环将附着在宅基地、集体经营性建设用地等上的财富转化为可以交易的财产，以此增加农民更多财产权利，扩大创业群体。**四是**增加社会事业支出。2019 年全国居民人均消费支出 21559 元，其中，居住、医疗保健、教育文化娱乐三项支出合计占人均消费支出的43.9%，比2015年提高了3.7%，制约了居民消费水平的提升。随着国内大循环的推进，政府将逐步增加住房、教育与医疗等方面的财政支出，以换取居民在这些领域减少支出，将节省的部分用于其他消费。

（五）区域新增长极将为中小微企业发展带来诸多机遇。形成国内大循环离不开区域协调发展。在新形势下，中东部地区将通过城市群、都市圈建设进一步增强中心城市和城市群等经济发展优势区域的经济和人口承载能力；西部地区将逐步跳出现有资源禀赋约束，进而形成优势互补、高质量发展的区域经济布局。**一是**中东部地区将切实建设好城市群都市圈。京津冀、长三角、珠三角、长江中游等地区已经开启了大都市圈、城市群的发展过程，其中的红利将高达数十万亿元级。超级大城市、都市圈、城市群建设等将为中小微企业发展带来很多发展机遇。**二是**西部地区将用新技术新应用谋求新发展。西部大开发二十年来取得了重大进展，但发展不平衡不充分问题依然突出。随着国内大循环的推进，将有更多超常规新形势下谋划西部地区发展所需的超常规思路。如西部土地多，人口少，发展农业将认真学习以色列和新加坡经验，在有条件的地方利用大棚滴灌、立体种植和无土或少土栽培等技术发展新型戈壁农业，将广阔的戈壁滩改造成超大规模的蔬菜粮食生产基地，并通过中欧班列输送到欧洲或内地中东部。

用好区块链技术对中小微企业发展很有帮助

区块链技术到底是什么？区块链的本质就是多方共同维护一份不可篡改的账本的技术。它并非一项全新的技术，而是 P2P 动态组网、密码学算法、共识机制、智能合约等多种已有技术的集成，用技术手段实现了信任传递。区块链具有广泛的应用场景，比如大数据应用在医疗领域，可以让看病变得更高效；应用在电商领域，可以匹配到自己喜欢的商品；应用在交通领域，可以让出行更通畅。同样，区块链也应用到很多场景，解决相对应的信任问题。对中小微企业来说，区块链技术至少可以为其发展提供四个方面的帮助。

（一）压降经营成本。中小微企业的资源通常有限，与大型企业相比，中小微企业必须降低运营成本。区块链的优势之一就是可以消除业务中对第三方的需求，特别是在价值交易方面。这些中介可能是银行、律师、经纪人或其他中间人，这些中间人确保中小微企业与其他人之间的交易安全可靠。通过使用区块链技术，中小微企业可以简化交易流程，不需要通过第三方，从而降低交易成本，轻松地与大型企业竞争。在某些情况下，可能无法避免中介，而中小微企业需要一个可信任方来规范与业务伙伴的交易。因此，中小微企业决策者需要进行保留中间人或利用区块链技术的成本对比，从长远来看，转移到区块链技术更为有益。

（二）助力溯源防伪。随着全球化的发展，世界已经成为一个延伸的市场，竞争变得更加激烈，一些企业有时会为了利润最大化而采取不道德的做法。因此，有必要对供应链进行跟踪。区块链作为一种分布式账本技术，为鉴别假冒产品提供了完美的解决方案。遵守世界公平贸易组织政策的中小微企业可以很容易地追溯产品的来源，可以通过区块链分布式账本进行买卖。这也将有助于中小微企业与客户建立信任。

（三）强化资产跟踪。区块链分布式账本由数字代码组成，一个唯一的哈希值被分配给区块链中的每个数字资产，这使得中小微企业能够通过使用哈希值来跟踪产品。例如，区块链可以帮助中小微企业有效地跟踪食品配送供应链，由于农民提供给最终用户的食品数量是可以量化的，因此可以通过区块链方便地跟踪。因此，中小微企业可以方便地用数字表示需要跟踪的资产。

（四）减少商业欺诈。作为一种去中心化的账本，记录的信息和数据不可篡改，系统不允许人为错误。因此，当在对等节点之间进行交易时，由网络中的节点进行验证。对等方在验证交易时必须确定数据的准确性。它可以帮助中小微企业避免任何商业伪造或欺诈。

“新基建”为中小微企业发展带来很多发展机遇

如果说20年前中国经济的“新基建”是铁路、公路、桥梁的话，那么未来20年支撑中国经济社会繁荣发展的“新基建”则是5G、人工智能、数据中心、工业互联网等科技创新领域基础设施，以及教育、医疗等重大民生领域消费升级。“新基建”主要有五“新”：**一是**新的领域。在补齐铁路、公路、轨道交通等传统基建的基础上大力发展5G、特高压、人工智能、工业互联网、智慧城市、城际高速铁路和城际轨道交通、大数据中心、新能源汽车充电桩、教育、医疗等新型基建。**二是**新的地区。未来城镇化的人口将更多聚集到城市群、都市圈，比如长三角、粤港澳、京津冀等，未来上述地区的轨道交通、城际铁路、教育、医疗、5G等基础设施将面临严重短缺，在上述地区进行适度超前的基础设施建设能够最大化经济社会效益。**三是**新的方式。“新基建”大多属于新技术新产业，需要不同于旧基建的财政、金融、产业等配套制度支撑。财政政策方面，研发支出加计扣除，高新技术企业低税率；货币金融政策方面，在贷款、多层次资本市场、并购、IPO、发债等方面给予支持，推动规范的PPP；产业政策方面，纳入到国家战略和各地经济社会发展规划中。**四是**新的主体。政府、市场和企业相互支持配合，区分基础设施和商业应用，前者政府和市场一起，后者更多依靠市场和企业，市场能干的尽可能交给市场，更有效率，政府提供财税、金融等基础支持。**五是**新的内涵。除了硬的“新基建”，应该还包括软的“新基建”，即制度改革：加强舆论监督和信息公开透明、补齐医疗短板、改革医疗体制、加大汽车金融电信电力等基础行业开放、加大知识产权保护力度、改善营商环境、大幅减税降费尤其是社保缴费费率和企业所得税、落实竞争中性、发展多层次资本市场、建立新激励机制调动地方政府和企业家积极性等。

有观点认为“新基建”投资现在占比小，我们认为这种思维存在误区：**一是**尽管“新基建”当前规模尚不足，但是新事物发展有过程，未来“新基建”的占比会越来越高，增量贡献会越来越大；**二是**新时代对“新基建”的本质要求是创新、绿色环保和消费升级，补齐短板的同时为新引擎助力；**三是**“新基建”通过上下游联动效应，带动新兴制造业和服务业蓬勃发展，未来空间巨大。

（一）新一代信息技术将引导万物互联。以 5G 技术为例，5G 与云计算、大数据、物联网、人工智能等领域深度融合，将形成“新基建”的核心能力。5G 网络较 4G 具有高传输、低延迟、广连接的显著提升。5G 技术具有跨界融合的天然属性，与新一代 ICT 技术、传统行业、新兴终端的融合，未来将产生更多新产业、新业态和新模式。其应用场景主要包括增强型互联网，应用于 8K 视频、3D 视频、云办公、云游戏增强现实等；海量连接物联网，应用于智慧城市、智慧家居；超低时延高可靠通信，应用于工业自动化、自动驾驶等。在数字经济浪潮下，5G 就如同“信息高速公路”，为庞大数据量和信息量的传递提供了高速传输信道，补齐了制约人工智能、大数据、工业互联网等在信息传输、连接规模、通信质量上的短板；人工智能如同云端大脑，依靠“高速公路”传来的信息学习和演化，完成机器智能化进程；工业互联网如同“桥梁”，依靠“高速公路”连接人、机、物，推动制造走向智造。5G 使万物互联变成可能，将推动整个社会生产方式的改进和生产力的发展。据市场调研机构 Dell'Oro Group 统计，中国 5G 网络将在未来 5 年迎来爆发式增长，预计到 2024 年，中国 5G 用户规模达 10.1 亿人，市场规模达 3.3 万亿元；到 2030 年，5G 用户达 13.9 亿人，市场规模达 6.6 万亿元。预计到 2025 年 5G 网络建设累计投资达 1.2 万亿元，带动产业链上下游累计投资超 3.5 万亿元。预计 2020~2025 年可直接拉动电信运营商网络投资 1.1 万亿元，拉动垂直行业网络和设备投资 0.47 万亿元。新一代信息技术还有助于扩大和升级信息消费。同样以 5G 为例，预计 2020~2025 年，5G 商用将带动 1.8 万亿元的移动数据流量消费、2 万亿元的信息服务消费和 4.3 万亿元的终端消费。

（二）特高压将助力能源互联网加快发展。虽然中国发电量、能源生产总量已经位居世界第一，但人均耗能水平与发达国家还有较大差距，随着人民生活水平不断提高，未来还有较大提高空间。并且，以 5G 基站、大数据中心为代表的“新基建”领域均是耗电大户。从区域看，中国 80% 以上的煤炭、水能、风能和太阳能资源分布在西部和北部地区，70% 以上的电力消费集中在东中部地区，资源分布和消费分布严重不均。上述情况就迫切需要中国开发新能源以保障能源供应，而风电、太阳能等新能源发电具有的随机性、波动性使得必须建立清洁能源大规模开发、大范围配置、高效利用的能源互联网，即“智能电网 + 特高压电网 + 清洁能源”。特高压能更好连接电力生产与消费，并变输煤为输电，改善生态环境。特高压指电压等级在交流 1000 千伏及以上和直流 800 千伏及以上的输电技术，其输电能力是现有 500 千伏直流电网的 5~6 倍，具备输送容量大、送电距离长、走廊利用率高、线路损耗低的特点。一方面，特高压将电力生产与消费更好“连接”起来，优化资源配置。另一方面，特高压能够有效消纳清洁能源，将“三北”地区的清洁能源输送出去，通过建设大容量坑口电站，变输煤为输电，有助于提高综合利用效率，保护生态环境。此外，特高压作为世界最先进的输电技术，其工程建设能够推进包括换流阀、电力电子、新材料等高端装备制造的发展，符合国家产业转换和升级的趋势。2020 年特高压投资规模超千亿元。特高压工程投资规模大，增加就业岗位多，在稳增长与惠民生中作用力十足。2018 年 9 月 3 日，国家能源局印发《关于加快推进一批输变电重点工程规划建设工作的通知》，其中特高压直流项目 5 条，特高压交流项目 7 条。从上下游产业链来看，特高压产业链包括电源、电工装备、用能设备、原材料等，产业链长而且环环相扣，带动力极强。日前，国家电网公司 2020 年特高压建设项目明确投资规模 1128 亿元，可带动社会投资 2235 亿元，整体规模近 5000 亿元。

（三）充电桩将更好地服务新能源汽车。汽车是国民经济的重要支柱产业，也是体现国家竞争力的标志性产业。电动化、网联化、智能化、共享化正在成为汽车产业的发展潮流和趋势。当今欧洲、日韩等国政府纷纷加速电动化转型，一次次验证十年前中国发展新能源汽车战略的前瞻性。中国新能源汽车产业经过十年的规划和培育，已具备一定先发优势和规模优势，中国汽车人离汽车强国的梦想从未如此近过。根据中汽协数据，2019 年中国新能源汽车销量达到 120.6 万辆，仅占汽车总体销量约 4.7%。2019 年 12 月工信部发布的工信部对《新能源汽车产业发展规划（2021~2035 年）》（征求意见稿），规划到 2025 年新能源汽车销量占比达 20%，有条件自动驾驶智能网联汽车销量占比 30%；到 2030 年，新能源汽车销量占当年汽车总销量的 40%，有条件自动驾驶智能网联汽车销量占比 70%。作为新能源汽车的基础设施，充电桩少导致充电难是制约中国新能源汽车发展步伐的主要短板。截至 2020

年1月底，中国已建成公共充电桩53.1万台，私人充电桩71.2万台。私人充电桩建设远不达预期，对小区电网负荷冲击较大是重要因素，未来需推广社区智慧充电，有效实现削峰填谷，降低电网负荷。假设2025年中国新能源乘用车销量将达450万辆，保有量约达2300万辆。即使按照目前车桩比3.5计算，国内仍需新建约530万台充电桩，如果考虑车桩比提升，市场空间更大。2018年全国新增14.7万台公共充电桩，2019年新增12.9万台，2020年预计我国将新增公共充电桩16万台，其中公共直流桩6万台、公共交流桩10万台；新增私人桩30万台。参考国家电网充电桩的中标价格，按照公共直流桩8万元/个，交流和私人充电桩3000元/个的成本计算，2020年投资规模超百亿元。

（四）城际高铁轨交将推进城市群一体化。根据2016版《国家中长期铁路网规划》，至2020年底计划实现高铁3万公里，至2025年底实现高铁3.8万公里，至2030年基本实现内外互联互通、区际多路畅通、省会高铁连通、地市快速通达、县域基本覆盖。城际高铁、城际轨道交通是推进城市群一体化、都市圈同城化的“血脉”。从国内外经验看，城市发展的高级形态是都市圈城市群。城市群都市圈更具生产效率，更节约土地、能源等，是支撑中国经济高质量发展的主要平台，是中国当前以及未来发展的重点。2014年《国家新型城镇化规划（2014~2020年）》提出规划建设19个城市群；2019年2月国家发改委《关于培育发展现代化都市圈的指导意见》要求，打造1小时通勤圈，促进都市圈内同城化。2019年9月国务院发布《交通强国建设纲要》，要求到2035年，基本形成“全国123出行交通圈”（都市区1小时通勤、城市群2小时通达、全国主要城市3小时覆盖）和“全球123快货物流圈”（国内1天送达、周边国家2天送达、全球主要城市3天送达）。通过加强城际高速铁路和城际轨道交通建设投资，促进基础设施互联互通，是推进城市群和都市圈发展的基础。2019年底全国交通运输工作会议明确，2020年将完成铁路投资8000亿元。2020年1月2日国铁集团工作会议指出，2020年将确保投产新线4000公里以上，其中高铁2000公里。2月28日，国家发展改革委召开第九次铁路建设项目前期工作电视电话会议要求，扎实推进川藏铁路建设，加快推进沿江高铁等骨干通道建设，加强中西部地区和普速铁路建设，强化枢纽配套和“最后一公里”建设，有序推动城际铁路、市域（郊）铁路建设。

数字经济正引领疫后中小微企业加快发展

自新冠肺炎疫情爆发以来，对我国经济社会的各个层面带来了巨大的冲击与影响，但同时也为数字经济领域中小微企业的发展带来了新的机遇。由于新冠病毒极高的传染风险，迫使民众大幅减少线下社交，甚至居家隔离，这却使得网上零售、生鲜电商等数字经济传统产业进一步壮大，同时也使得诸如远程办公、在线教育、在线医疗等数字经济中小微企业加速发展。

（一）倒逼传统中小微企业加快数字化转型。经历过这次新冠肺炎疫情之后，很多中小微企业的内部生产方式以及企业之间的协作方式由线下的物理空间逐步迁移到线上的网络空间，进而衍生出一系列的连带效应：产品设计与生产实现定制化，企业更为关注产品物理属性之外的服务属性，企业之间可以通过云计算、大数据、人工智能等新一代信息技术实现更为高效的协同生产等。这些效应进一步体现在生产要素、生产技术和生产协作三个层面：**一是**在要素层面，数据上升成能够为中小微企业带来最大效益的生产要素；**二是**在技术层面，由于存在网络效应，数字经济中的中小微企业具有显著的规模经济递增特征，并且能够通过互联网平台同消费者进行深入互动，实现价值共创；**三是**在协作层面，数字经济供应链中上下游中小微企业可以通过建立基于互联网的虚拟企业，实现数字化管理、数字化制造与数字化营销。

（二）民众新的消费模式为中小微企业拓展空间。根据国家统计局最新发布的2020年第一季度数据，我国社会消费品零售总额为78580亿元，同比名义下降了19.0%；但实物商品网上零售额却逆势而上，为18536亿元，增长了5.9%，占社零总额的比重达到了23.6%。通过这一数据不难发现数字经济在拉升居民消费方面的巨大潜力。这次疫情不仅为网上零售、生鲜电商等数字经济中较为成熟的中小微企业提供了再一次扩张的机会和空间，同时也促进了诸如在线文娱、在线医疗、在线教育等新型线上消费中小微企业的加速发展。在年轻人群中非常火热的视频网站哔哩哔哩2020年一季度的营业收入增长 118%；疫情期间，“医联”平台的注册医生与注册用户数分别环比增长 784% 和 372%，百度“问医生”累计咨询量超过 500 万次，平安好医生平台的访问人数达 11.1 亿人次；另外，包括好未来、朴新教育、新东方在内的在线教育行业上市公司的股价在 2020 年春节之后普遍出现了涨停的现象，猿辅导也在三月底获得高额融资。这些数字经济新兴行业的爆发式增长很大程度上得益于疫情冲击下人们大幅缩减了原有的线下消费方式，转而接受线上模式，这实际上为这些中小微企业节约了大量建立用户基础所需的营销资金。另外，我国数字经济过去十年间的高速发展也为这些中小微企业的突然崛起奠定了物质基础。例如，近年来移动通信行业的“提速降费”改革让普通民众习惯于在已经非常普及的智能手机、平板电脑等终端设备上，使用在线中小微企业的应用程序。

（三）平台中小微企业成为新的“稳定器”。当新冠肺炎疫情对我国国民经济各个层面造成严重的负面冲击时，近年来快速发展的互联网平台中小微企业作为连接供求两侧的桥梁，起到了非常明显的“稳定器”的作用。**一是在需求侧，**由于新冠病毒的强传染性，全国的线下零售与服务行业普遍采取了强力的管控措施，普通民众也被要求尽量待在家中，减少外出。在这种情况下，以淘宝网和京东商城为代表的实物零售平台企业，以美团外卖和饿了么为代表的生活服务平台中小微企业，在解决因疫情所导致的民生问题上起到了至关重要的作用。例如，在疫情最为严重的 1~2 月，京东累计向全国供应了 2.2 亿件超 29 万吨的米面粮油、肉蛋菜奶等生活用品；另外，在武汉封城期间，美团外卖的配送骑手承担了大量的生活物资配送工作，为保障在抗疫一线的医护人员以及隔离在家的市民的日常生活发挥了重要作用。**二是在供给侧，**由于本次疫情的暴发刚好同农历新年相重叠，这导致当封城、隔离、限流等防疫措施实际起作用时，大量员工困在家乡无法返程或者即使允许返程也需进行隔离观察。为了解决企业复工复产时的用工难题，很多互联网平台企业推出了“共享员工”的应急措施。同时，由于市场需求的严重萎缩，大量中小微企业陷入了可能因现金流枯竭而被迫倒闭的困境。在这种情况下，阿里巴巴、京东商城等互联网平台为中小微企业等众多商户提供了有力的资金支持，以保护他们在危机时期能够持续经营。京东商城因为自身的整合度较高并且拥有自建物流体系，所受影响相对较小，并且能够较为迅速的协调、整合内部资源应对冲击；对于同处于网上实物零售行业的淘宝网，其营销与物流体系采用了“化整为零”的方式，因此在疫情冲击下，能够更好地发挥分散在各地的中小微企业灵活自主的优势。

（四）数字经济成为疫后拉动就业的“发动机”。根据前面的分析，我们不难看到，后疫情时期数字经济在生产端、消费端与流通端所获得的新机遇一定映射在就业市场，这很可能使得数字经济成为创造新工作岗位、扩大居民就业的“发动机”。**一是在生产端，**通过促进中小微企业的数字化转型，员工的就业形式更加灵活多样，采用“远程办公”这类新型工作模式的空间更为广阔；同时，中小微企业生产经营活动的线上化使得在同一个行业、同一个供应链内部实现员工的共享化成为可能。**二是在消费端，**数字经济所产生的新型消费模式能够创造出更多的工作岗位，而这些新兴行业所具有的“线上”运作模式，会使得在这些行业就业的员工在工作时间与工作方式的选择上拥有更大的弹性与更高的自主性，进而促进长期就业与灵活就业的有机结合，保障个人收入的稳定性与延续性。**三是在流通端，**中国人民大学劳动人事学院发布的数据显示，2018年，阿里巴巴创造的就业人数超过了4000万人，美团与滴滴出行则分别带动了1960万个与1826万个就业机会，再加上腾讯、京东等大型平台企业，这些在数字经济流通端就业岗位的数量很可能过亿！由此可见，未来数字经济必然成为吸纳社会就业的重要载体，在“保就业”、“稳就业”和“促就业”方面发挥更大的作用。“互联网女皇”玛丽·米克在2020年4月20号的报告中指出:疫情过后，我们将面对一个“全新的世界”，所有人的生活方式、企业的生产模式都将发生改变，这为数字经济领域的中小微企业带来了广阔的发展空间。

蓝思科技始终坚持抓机遇与抓创新并行

蓝思科技股份有限公司的上市，一直受到资本市场和投资者的广泛关注，因为它有着“‘创业板’的中石油”“国内最大手机视窗生产商”“蓝宝石概念”等耀眼光环，产品可应用于世界知名智能手机和平板电脑。因此，作为行业“领头羊”，得到了资本市场的高度认可。公司副总经理彭孟武说：“蓝思科技始终将技术放在第一的位置，‘技术创新引领行业潮流，高效管理创造人文价值，打造受人尊重的国际化企业’是我们一直以来坚持的理念和追求。”

（一）转型迎生机。彭孟武副总经理介绍说，2013 年国家主席习近平视察蓝思科技时问的第一个问题就是：“为什么叫蓝思科技呢？”蓝思，其实是“镜片”英语单词“lens”的谐音。叫“lens”，就是为了更好地被海外客户识别，使其在网上一搜“lens”，就能跳出蓝思科技公司的网页。2003 年，周群飞等人一起合伙在深圳创立了蓝思科技。然而事业的开端并不是很顺利，工作辛苦，前景也不明朗。一年后，合伙人撤资。恰好此时，世界知名手机品牌企业摩托罗拉主动找到蓝思科技，要求采购蓝思科技生产的玻璃屏。彭孟武讲了一个故事：“我们都知道玻璃是易碎的，而有机玻璃不耐划伤。当年，一位摩托罗拉的工程师问了我们一个问题：‘你把玻璃应用到手机上，如果这产品破了，玻璃割伤我们的总统，你们该怎么办？’于是，蓝思科技董事长周群飞和同事经过三天三夜不断试验，终于攻克了玻璃易碎这一技术难关，达到了跌落测试的所有要求，既赢得了客户的信任，也成就了当年红极一时的摩托罗拉 V3 手机。”正是因为这一重要契机，使得蓝思科技的产品从钟表玻璃向手机视窗防护玻璃成功转型。随后，随着智能手机的广泛应用，众多国际知名手机品牌纷纷找上门来，选择与蓝思科技合作。2006 年 12 月，蓝思科技开始考虑进入湖南和江苏。随后，蓝思科技董事长周群飞分别在湖南浏阳和江苏昆山建厂，看哪个地方反应快，就侧重在哪里发展。由于得到了浏阳市政府的大力支持，蓝思科技将重心放在了家乡湖南。2009 年，蓝思科技在浏阳注册成立蓝思科技（湖南）有限公司并开始投产。“刚来湖南，当时浏阳生物医药产业园资金少，但是对于我们企业进驻非常重视，派专人提供全程保姆式服务，当地政府还出资对土地开发整理，在供地、各项手续办理等方面反应都比较迅速，让我们的基地建设速度得到了保障。”彭孟武对于当地政府的服务赞不绝口。很快，蓝思科技（湖南）有限公司的生产规模迅速扩张，2011 年 3 月蓝思科技通过内部资产并购重组后变更设立为蓝思科技股份有限公司，公司注册地为湖南长沙国家生物产业基地，注册资本为 6.06 亿元。2020年3月，蓝思科技成功登陆深圳证券交易所“创业板”。9年过去了，蓝思科技在湖南扎下了根，越做越大，现有员工8万多人，总资产达182亿元；公司旗下的全资及控股子公司已有10家，分布在香港、深圳以及湖南浏阳经开区、长沙星沙经开区、湘潭九华经开区、株洲醴陵经开区和江苏昆山等地，其中在湖南投资设立的企业就有6家，在长沙已建成浏阳、星沙、榔梨等三大研发生产基地。彭孟武感慨道：“蓝思科技这几年在湖南有了突破性成长，从市场定位方向来讲，我们始终瞄准国际领先品牌，在发展历程中持续不断地创新，在技术上一直保持领先的水准，只有这样才能保证企业领先，才能不被市场淘汰。”

（二）创新获发展。金融危机以来，国外机会大量涌现，发达国家品牌企业、技术型企业纷纷寻求与中国企业合作，这为我国企业实现“走出去”、转型升级等战略提供了发展机遇。以此为契机，蓝思科技逆流而上，主打出口牌，成为100%出口的进料加工企业，进口原材料主要是康宁玻璃、研磨类消耗性材料等，主要出口产品是高端消费类电子产品的视窗防护产品。蓝思科技在飞速扩张的时期，得到了湖南省委、省政府，以及政府职能部门的大力支持。一方面，为了解决职工的实际问题，当地政府部门有的批地建员工宿舍，还有的自己出资建宿舍租给企业。另一方面，产能迅速扩大后，工厂对电力要求越来越高，长沙市主要领导现场办公，由政府出资分别建起了浏阳110KV、榔梨220KV两个专用变电站，解决了蓝思科技的用电问题。另外，随着生产、销售规模的扩大，蓝思科技原材料进口和产品出口金额也不断增加，外汇结算量较大，蓝思科技已经是湖南省排名第一的进出口加工贸易企业，跻身中国非公有制经济制造业500强。蓝思科技副总经理、财务总监刘曙光表示，最近几年，国家外汇管理局湖南省分局加大了对企业的支持力度，在外汇管理与服务方面，做了很多改革，不断创新管理方法，精简办事流程，在保证执法严肃性的同时，为企业提供了相对宽松的环境，助推了企业发展。“比如，由逐笔核销转为总量核查、由现场核销转为非现场核查，使蓝思科技从外汇资金流入、入账、结汇到使用，节省了至少70%的时间。特别是实行分类分级制改革后，不仅给企业提供了绿色通道，有利于增强企业诚信意识，还降低社会成本。与此同时，加大了对进出口企业的服务指导力度。因为进出口业务比较专业，外管局适时为企业开展了许多专业培训，还建立了专业网站、qq群、微信群，以提供咨询与服务。”良好的环境，为企业的发展壮大创造了条件。近日，蓝思科技召开2015年第四次临时股东大会并发布公告，审议通过了公司定向增发1亿元普通股、募资总额不超过60亿元等相关事项，定向增发募集的资金主要用于“蓝宝石生产及智能终端应用项目”、“3D曲面玻璃生产项目”和补充流动资金。

（三）追求新梦想。说起蓝思科技的成功，彭孟武认为，很大程度上在于不断创新。以“技术创新引领行业潮流，高效管理创造人文价值，打造受人尊重的国际化企业”为愿景的蓝思科技，将技术创新放到了非常高的位置。在此基础上，2013年12月12日，周群飞召开高层会议，明确提出几大重要目标：申报批准立项成立蓝思科技湖南省工程技术研究中心，要争取重大科技课题列入省级或国家科技计划；建立健全知识产权管理体系建设，每年完成100项以上专利申请工作；加大对外合作与交流，组建公司机器人工程研发中心，推进自动化生产应用水平；继续加大节能环保建设投入，抓紧实施5兆瓦太阳能屋顶发电站项目建设。现在看，蓝思科技这些目标处于达成或落实阶段。蓝思科技坚持持续加大科研和技改投入，2014年研发费用约9亿元，达到了年销售收入的7.5%；同年申请专利111项，同时建立了显示屏功能玻璃专利信息数据库，收录国内外相关专利5万多条，供企业技术人员研发应用。2015年，蓝思科技提出了“工业4.0”的新目标，这一目标的提出，是希望不断提高智能化运营的能力，不断开发智能化运营设备。可以说，持续创新是蓝思从传统制造业向高科技产业成功转型的关键，也是蓝思未来继续引领行业的保证。当然，这些举措，也可为当下不少正处于彷徨阶段、面临经济下行压力的制造企业提供借鉴与参考。

江西赣州千方百计让稀土变成“稀金”

江西赣州作为我国重要稀土金属生产基地，通过汇聚稀土顶尖科研力量，解决一批制约稀土高端产业可持续发展的“卡脖子”难题，提高稀土产业发展层次和核心竞争力。构建稀土产业全链条集成创新体系，着力打造有国际影响力的稀土产业集群，加快推动我国从“稀土资源大国”向“稀土科技强国”转变。2020 年 1 月 10 日，久负盛名的“稀土王国”江西赣州迎来科技创新“国家队”入驻。作为践行党中央、国务院关于稀土产业发展的重大举措，中国科学院和江西省共建的中国科学院稀土研究院在赣州挂牌成立，通过汇聚稀土顶尖科研力量，构建稀土勘探、开采、提取、利用以及生态保护全链条集成创新体系，建成世界一流、国内最强的稀土研究机构，实现稀土高端应用方面的提升跨越。

近年来，赣州积极落实国家稀土产业发展战略，加大稀土资源整治整合和产业重组力度，规划建设“中国稀金谷”，加速产业集聚，推动科研平台提档升级，提高稀土产业发展层次和核心竞争力，成为我国重要的离子型稀土产品生产基地及新材料产业基地。

（一）产业扬优成势集聚发展。稀土被誉为现代工业的“维生素”，是国家重要的战略资源，广泛应用于石化、光纤通信、储氢、冶金等领域。在日常生活中，手机、电脑、新能源电池、无人机等产品都与稀土的应用分不开。作为我国重要的稀土金属生产基地，江西赣州离子型稀土资源储量占全国同类稀土资源保有储量 60% 以上。然而，长期以来受技术、人才等因素影响，赣州未能将稀土资源优势转化为产业优势。“就稀土产业链来说，赣州原来更集中于发展前端产业，比如采矿、分离萃取、冶炼稀土金属和稀土氧化物等。”赣州富尔特电子股份有限公司总经理喻玺说。2015 年 3 月，经国务院批准组建的六大稀土集团之一——中国南方稀土集团有限公司在赣州正式成立，成为国内南方离子型稀土资源开发利用的重要骨干企业，这也标志着赣州的稀土产业转型升级迈出了关键性步伐。通过资源整合、集约利用、培植龙头、联合重组等一系列措施，赣州将原分属于 9 个采矿权人的 88 个稀土矿山整合到中国南方稀土集团，实行“统一开采、统一加工、统一经营、统一管理”，稀土资源的利用率大大提高，产业集中度得到提升，立足资源禀赋和产业基础优势，着眼加快振兴发展。2015 年 12 月，赣州正式启动建设“中国稀金谷”。在“中国稀金谷”核心区赣州高新区，中国南方稀土集团作为核心成员企业带头入驻，相继引进了中国中车、中科三环、中核集团等企业；赣州经开区重点发展稀土深加工产业，产业链初步形成；龙南经开区集聚了龙钇重稀土材料等一批稀土新材料骨干企业，从事稀土发光材料、绿色光源、钕铁硼磁性材料、永磁电机、稀土陶瓷等深加工产品生产，产业集聚效应初显。“我们正致力打造高新产业聚集、研发平台集聚、人才集聚、市场要素集聚的‘谷’生态环境，建成全国知名的稀土稀有金属产业聚集区。”赣州高新区管委会副主任孔青山说。

（二）以创新引领迈向中高端。赣州诚正稀土新材料股份有限公司是一家高性能钕铁硼永磁材料研发、生产及加工型高新技术企业。“赣州稀土产业潜能没有充分释放，特别是与沿海地区相比存在差距。在没有稀土资源的浙江、江苏，稀土成品却做得非常好，效益非常明显。所以，我们不仅要靠山吃山，更要借鸡生蛋，延伸稀土产业链，把稀土产业做大做强。”公司副总经理郭训珠高兴地告诉记者，借助强大的研发团队，公司已通过ISO9001质量体系认证，永磁电机产品性能处于国内领先地位，生产的产品广泛用于风力发电、新能源汽车、无人机、电梯、空调等相关领域。创新发展，离不开具有自主知识产权的高新技术。搭建科研平台，推动科技创新是让稀土变“稀金”的关键。“目前，江西省稀土领域国家级科技创新平台有2个，省级科技创新平台18个，形成了稀土勘探、开采、提取、利用以及生态保护全链条的集成创新体系。这些科技创新平台为稀土产业发展注入了源源不断的动力。”江西省科技厅有关负责人介绍说，“赣州现有发明和已授权专利数1000多项，稀土产业链加速向产业链下游、高端延伸，产业附加值不断提升。”中科拓又达智能装备科技有限公司总经理赵连利告诉记者，针对赣州稀土冶炼工业，公司开发了稀土冶炼机器人、稀土打磨机器人及智能化生产线，助力赣州稀土产业转型升级。以科技创新为引领，赣州目前形成了从矿山勘探、采选冶炼到产品深加工及应用、资源综合回收利用的完整产业链和创新体系，稀土后端深加工及应用环节产值占比提高至33.70%，钕铁硼、发光材料、稀土陶瓷、硬质合金等新材料及应用产品产能分别占到全国的20.00%、40.00%、50.00%和12%左右。截至2019年11月，78家规上稀土企业实现营业收入269.59亿元，同比增长16.10%，利润12.10亿元，同比增长43.40%。

（三）推动稀土产业融合发展。中国科学院稀土研究院在赣州挂牌成立，为赣州稀土产业发展注入了“核动力”。“中科院稀土研究院在赣州落地，改写了江西和赣州无大院大所直属机构的历史，为稀土产业发展插上了腾飞的翅膀。我们热切期盼中科院稀土研究院充分发挥优势，加强战略性、前瞻性、基础性研究，大力推进产学研合作，建设成为国际一流的新型研发平台，加快推动我国从‘稀土资源大国’向‘稀土科技强国’转变。”江西省委副书记、赣州市委书记李炳军说。作为聚焦稀土科技创新的国家级专业研究机构，中国科学院稀土研究院将按照“两区三高”——稀土资源绿色高价值利用的国家实验区、国家实验室体制机制创新示范区，构建国家级稀土资源高效、绿色利用的人才高地、科技高地和产业高地的发展定位，着力突破稀土绿色、高效、均衡、高值化利用的重大科学技术问题，攻克事关国家核心竞争力和经济社会可持续发展的关键核心技术。“通过建设中科院稀土研究院，能够推动构建一体化离子型稀土采—冶—材—装备—环保的技术体系，打通原本零碎、互不联通的各关键技术环节，大幅提升离子型稀土综合高效开发利用水平，推动稀土产业转型升级，实现高质量发展。”赣州市政协副主席、科技局局长蓝赟说。江西理工大学党委书记杨斌认为，中科院稀土研究院的建立，有利于发挥其“集成攻关”作用，将提高稀土领域自主创新能力，解决一批制约稀土高端产业可持续发展的“卡脖子”难题。“我们将积极联合中科院稀土研究院申报各类项目，共同开展技术攻关，形成技术成果，促进产业发展。与此同时，推进大学科技园、大学生创新创业园进驻，与中科院稀土研究院形成‘研学’互补，补齐‘产学研’创新要素，推动稀土产业产学研融合发展。”杨斌说。

新能源汽车将为中小微企业迎来新一轮发展高潮

随着各国禁止燃油车时间表的陆续公布、国内“双积分”政策的正式发布等，新能源汽车迎来了新的发展机遇，成为了资本市场关注的热点，中小微企业抢滩的领域。

（一）新能源汽车领域中小微企业迎来新机遇。2017 年 10 月 1 日至 5 日举行的中国苏州国际汽车博览会暨新能源及智能汽车博览会，8.5 万平方米的展览空间汇聚了来自全世界 100 个汽车品牌的 1000 多款车型，参观观众达数十万人次。其中，新能源汽车成为引人注目的亮点。特斯拉以及北汽、广汽、上汽、吉利等汽车企业都展出了最新的新能源汽车产品。车展主办方之一苏州市新域展览服务有限公司副董事长彭建明表示，新能源和智能化是本次车展的重要内容，人们对新能源汽车的关注度越来越高，很多观众在观察、了解新能源汽车，甚至现场订购了新能源汽车产品。而北京市最新发布的小客车指标申请中，个人新能源小客车指标申请已超过 8 万个，和上一期的 4 万余人相比，申请量几乎翻倍，远超之前各次的增加量。中国汽车工业协会最新数据显示，2020 年前 8 个月新能源汽车产销同比均增长 30.0% 以上，其中纯电动汽车产销同比分别增长 45.4% 和 43.5%，这也显现出新能源汽车市场的火热。市场的向好也带动了整车企业的发展，作为目前国内新能源汽车的领军企业，北汽新能源汽车公司党委书记、总经理郑刚表示，截至目前，北汽新能源已推出大中小、高中低、续航里程 200 公里至 400 公里的五大系列十余款产品，全面覆盖各类乘用车型。

（二）多方政策利好未来新能源汽车市场发展。现阶段，新能源汽车的发展离不开政策的支持和推动，近来国际国内的一系列有利于新能源汽车发展的政策，为新能源汽车的发展创造出前所未有的机遇。德国、法国、英国、挪威、荷兰等国纷纷发布了禁售燃油汽车的时间表，根据他们的计划，基本将在 2025 年至 2040 年前后实现禁售燃油汽车。中国也正在考虑这个时间表的制定，不论是否可以真正实现，这都说明了各国对新能源汽车的拓展都高度重视。戴姆勒股份公司董事会主席、梅赛德斯—奔驰汽车集团全球总裁蔡澈表示，未来将逐步实现整体产品的电气化，在每个车系中都将至少提供一款电动车型，未来将有 50 多款电动车产品。大众汽车集团 CEO 穆伦介绍，新能源汽车将成为大众汽车集团未来发展重心。宝马集团表示将向电动车发起总攻。工信部、财政部、商务部等部委联合公布并在 2018 年 4 月 1 日起施行的《乘用车企业平均燃料消耗量与新能源汽车积分并行管理办法》，明确了积分核算方法，设立了新能源汽车积分比例要求的门槛。分析机构表示，在“双积分”制度下，汽车生产商将承担更多推广新能源汽车的责任，因此，具有先发优势的领先企业将成为主要受益者，将利好新能源车产业的长期发展，并将推动新能源车消费升级。新能源积分和平均燃料消耗量积分的实施，将加速我国新能源车对传统燃油车的替代。除了中央层面，各地方政府也不断加大对新能源汽车的扶植力度。福建省已出台促进新能源汽车产业发展的实施意见和发展规划，计划2020年新能源汽车产能达到30万辆，新能源汽车全产业链产值突破1800亿元；重庆市出台了新能源汽车免缴路桥年费优惠政策；南京市计划2017推广新能源汽车2500辆，在“十三五”末实现公交车辆全部新能源化。在政策、市场的利好下，新能源汽车领域的中小微企业成为各方关注的焦点。

（三）三大领域的中小微企业将成为市场关注重点。汽车产业的产业链很长，而作为七大战略新兴产业之一，新能源汽车给汽车以及众多相关产业带来一次新的变革和机遇。与新能源汽车紧密相关的整车、零部件和电池三大领域企业将成为未来市场关注的焦点。根据《汽车产业中长期发展规划》，到2020年，我国新能源汽车产量将达到200万辆。面对这样一个有着巨大容量和潜力的市场，传统的汽车企业大力拓展新能源汽车产品，一大批创业者也正在进入这个市场。电动车初创公司FMC计划投资110多亿元在南京建设产能30万辆的电动车工厂；车和家投资30亿元在江苏常州建设规划产能10万辆的第二基地；汉腾汽车投资100亿元在江西上饶启动二期工厂建设项目，能够年产20万辆新能源整车；零跑汽车投资25亿元在浙江金华建设产能5万辆的制造基地。不仅是国内企业，众多外资企业也开始在新能源汽车领域寻求与国内企业的合作机会。2017年6月1日，大众汽车与江淮汽车签署合资企业协议，进行新能源汽车的研发、生产和销售并提供相关移动出行服务。在新能源汽车零部件领域，据相关统计，仅2016年涉及新能源汽车零部件的相关投资案例就有近百起。对此，有专家表示，快速壮大的新能源汽车零部件领域将迎来更多投资者持续涌入，一大批中小微企业将在新能源汽车领域落地、生根、发展、壮大。

第四章

chapter four

我们的中小微企业必须正视发展中遇到的挑战

随着劳动力红利逐渐消失、生态环境约束的增强，转向高质量发展成为我国经济发展的必然选择。正处在转变发展方式、优化经济结构、转化增长动力等攻关期的实际，已经给中小微企业发展带来了诸多挑战。作为中小微企业最发达的省份，浙江不少中小微企业的董事长、总经理认为，现在中小微企业面临六大挑战，一是原材物料的持续涨价；二是人民币的持续升值；三是中小微企业融资较为困难；四是《劳动合同法》的实施；五是蓝天保卫战的推进；六是税收政策的改变。

我们的中小微企业正面临传统优势逐步弱化的挑战

经济新常态下，我国中小微企业生产成本持续上升，传统优势在不断削弱，生存空间在日渐缩小。

（一）劳动力成本上升。近年来，劳动力成本的持续上升严重影响了中小微企业的生存和发展，造成劳动力成本上升主要有以下几个方面的因素：我国人口发展处于重大转折期，自2012年起，我国劳动年龄人口的数量和比重连续7年出现“双降”；劳动年龄人口持续减少，导致劳动力供给总量的下降，预计今后几年将会持续下降；近几年国家颁布一系列法律和政策来提高劳动者工资水平和改善劳动者的工作环境，例如《劳动法》《劳动合同法》等，打破了我国劳动力价格低的传统局面；随着劳动者受教育水平的提高，工作能力有了较大提升，维权意识增强，使劳动者对工资有更高的诉求，等等。

（二）原材料价格上涨。受国际经济周期变化、国内能源紧缺和供给侧结构性改革等因素的影响，部分产业供给缺口加大，而短期需求又大致稳定，导致原材料出厂价格上涨明显。我国中小微企业普遍规模较小，集中于产业链的低端，没有核心技术，长期依靠价格优势在市场中获取竞争优势。根据浙江省统计，由于通货膨胀影响，2017年第一季度原材料和动力燃料的购进价比上年同期上涨11.0%，而工业产品出厂价仅上涨4.2%，两者涨幅相差已从2016年12月的5.7%扩大到2017年一季度末的6.7%。

（三）融资一直较为困难。受货币政策从紧影响，2017年以来，商业银行实际贷款增速明显放缓，本来就贷款难的中小微企业，贷款就更加困难。据浙江省湖州市经贸委反映，2017年1~2月，全市新增贷款28.63亿元，比上年同期减少38.38亿元。另外财务成本上升，也增加了中小微企业的困难，2017年1~2月，浙江规模以上企业财务费用增长35.50%，其中利息支出增加43.30%，超过银行贷款增幅20.90%。

（四）税收政策和人民币升值。中央关于出口退税政策的调整和土地使用税征收比例的上升，给中小微的发展带来较大影响。在长三角、珠三角地区，很多中小微企业是生产出口产品的企业，出口退税品种的减少和额度的下降，使一些企业的利润受到较大冲击。特别是因为出口退税的调整，没有及时向企业提前通报，致使一些企业遭受很大损失。另外土地使用税，由1.5元/平方米增加到10元/平方米，也造成中小微企业的负担明显上升。此外，由于人民币升值，汇率无法预测，2017年一季度，浙江省中小微企业外贸出口增长25.5%，扣除商品提价和人民币升值因素，出口增幅实际上只有

15.0%左右，同去年相差甚远。

我们的中小微企业正面临生态环境约束不断增强的挑战

多年以来，我国经济发展均为粗放式发展，在经济发展的过程中过度、不合理的资源开发和消耗严重破坏了生态环境，阻碍了生态文明的建设。随着进入经济新常态时期，加快推进生态文明建设是新常态下的必然要求，对我国中小微企业发展带来了新的挑战。我国中小微企业多数属于劳动密集型和资源密集型企业，主要依靠“高投入、高能耗、高排放”的生产方式和“低成本、低价格、低利润”的经营方式，在实现自身经济利益的同时，带来大量的资源破坏、浪费和环境污染。目前，政府加大对环境保护和治理的力度，密集出台环境保护和治理的相关政策，提出企业发展生态标准，命令未达到环保标准的企业自行整改并实行严格的检查制度，对未能严格执行环保标准和排污规定的部分企业实施关停，等等；自2018年起，正式实施环保税，排放量大的企业将缴纳高额的环保税，这些因素都将导致中小微企业的运营成本上升，生存发展更加艰难。同时，随着企业环境保护问题与可污染物排放指标日益明确细化，倒逼中小微企业必须创新建立环境保护管理监督体系，建立完善环境保护管理监督制度、环境风险防控制度、环境保护信息披露制度，这些制度的落实最低限度将增加人工成本；必须坚持综合效益、增强环保意识，不断通过对企业高、中层管理者和基层职工的环保教育，使大家的环保意识普遍提高，形成共识，这些工作必将增加企业的运营成本；必须增加环保资金投入优化环保技术设施，确保环保设施的正常运行，充分利用合理环保工艺与技术要求，实现环境保护目标，减少资源消耗，这必将增加企业的投入成本；必须优化产业结构，重视技术创新以及资源利用率提升，致力于新型低碳节能技术开发，加大节能减排，倡导低碳生活，最大限度减轻企业发展对环境所造成的压力，严格履行企业对于现代化社会的责任，这必将增加企业的研发成本。如，位于长沙麓谷国家高新技术产业开发区的路路通塑业股份有限公司与麓谷明珠小区仅一墙之隔。小区一些居民反映：“我们周边这么大一个工厂，住着心里不舒服。再说，工厂生产时怎么会没有噪声没有污染呢？特别是到了深夜，水管子瓦片在装车搬运过程中就会发出特别刺耳的声音。我们这个小区住了很多老人和小孩，老人家睡眠本来就不好，一有噪声，就容易被惊醒，小孩子就更别说了。”“就是啊，又是车子路过又是工厂的装货的声音，还叫不叫人活啊？汽车那是没办法的事，我们也不能不让人家通行啊，但是工厂这种无休止的噪声我们实在受不了。”“不管怎样，在我们居民区，这么大一个工厂总会影响到我们的生活。因此，我们强烈要求他们搬走。”进入厂区内走上一圈，在现场并没有闻到异样的气味，也没有看到什么灰尘，更没有听到刺耳的噪声。该公司一位唐姓负责人无奈地说，湖南路路通塑业股份有限公司成立于1999年，2003年入园建厂，是一家集塑胶管道开发、生产、销售于一体的高新技术企业，也是国内深具影响力的塑胶制品企业之一；公司一直非常认真严谨对待环保问题，购进了几百万元的环保设备，对灰尘和噪声问题进行了技术处理，各项指标通过了环保部门的检测，其各项指数都符合环保部门的标准，目前公司已经先后通过ISO9001质量管理体系认证、ISO14001环境管理体系认证、OHSAS18001职业健康安全管理体系认证、中国环境标志产品认证，获得“中国家装管道行业十大品牌”一系列名誉和专利，2013年纳税526万元;公司在这里经营生产快二十年了，初建时，这里还是一片荒地，随着城市化进程的不断加快、城市规模的不断扩大，这里开发了楼盘，建起了居民区，因公司购地时间较早，但现在产区周边已成为居民生活及配套区，考虑到厂区生产及运输期间产生的粉尘及噪声对周边居民生活造成不良影响，公司已经根据政府相关部门要求，对生产设备及工艺流程进行了多次整改升级，但受塑胶制品生产特性及行业库存的需求制约，生产线必须保证24小时开机生产；受交通管制限制，公司只能在夜间装运产品，所以虽然花了大量的财力物力，也无法完全解决市民所反映的噪声问题。

我们的中小微企业正面临产能较为严重过剩的挑战

因企业固定资本投资过度、行业增长过快、技术变革和生产效率提高、企业战略选择的需要、市场预测失误、持续的政府 GDP 考核等原因，产能过剩一直是中国经济发展中的“顽疾”。产能过剩会导致资源利用效率下降、产业不能持续健康发展、市场正常运行受到影响，企业尤其是中小微企业是产能过剩的直接受害者。就目前看，我国现行产能过剩的行业多分布于钢铁行业、煤炭行业、平板玻璃行业、水泥行业、电解铝行业、船舶行业、光伏行业、石化行业、汽车制造行业、医药制造行业、风电行业等。如水泥行业属于产能严重过剩的基建行业，受房地产市场影响较大。2015 年，水泥行业在产能过剩的同时，出现了产出的严重萎缩，仅为23.5亿吨，同比下降4.9%。伴随着产量下降，产能过剩的冲击，使得水泥行业整体利润下降，全年仅实现收入约为 330 亿元，同比下降 58.0%。并且，水泥行业的该现状具有普遍性，中国三分之一省份出现水泥产能过剩，产量下降，且利润亏损的现状。2002 年，由于受到行业需求下降的影响，我国电解铝同样出现了产能过剩的问题。至 2008 年，我国电解铝过剩产能约为 50 万吨。电解铝行业产能过剩主要是受到市场需要缩小的影响，包装和电力行业对其需求基本维持不变，但是作为国民经济支柱的房地产行业和传统老牌汽车制造业对其的需求大幅减少，以至于电解铝行业产能过剩问题难以得到解决。与此同时，由于产能过剩，使得电解铝的销售价格小于其生产价格，平均每吨电解铝会亏损 2500 元，在这样的背景下，我国电解铝行业产能过剩的情况可能持续恶化。随着现代化进程的加速，2009 年平板玻璃行业也进入了产能过剩的行列，成为第六大产能过剩的行业。2015 年，平板玻璃产能同比下降约为 8.6%，但是其利用率仍然很低，约为 70.0%，同比还要下降约为 10.0% 左右，按照该行业产能利用率的合理值应该为 90.0% 左右。平板玻璃行业的去产能主要依靠市场淘汰，所以其产能下降幅度不大，在未来发展中，平板玻璃行业的产能过剩问题依然面临严峻挑战。产能过剩并不是经济新常态下的新兴产物，是我国经济发展中多次出现的问题，产能过剩产生的原因，一方面是因为粗放式增长模式追求短期内的规模增长而忽视增长效率和长期效益，盲目进行投资；另一方面是因为过去一段时间内，体制性因素加剧了粗放型增长模式的影响程度，降低了市场机制在资源配置中的作用，弱化了企业作为市场主体的积极性和灵活性。当前产能过剩对中小微企业带来的挑战主要有以下几个方面：**一是**不少行业的产能利用率非常低，部分行业的产能利用率达不到75.0%，造成中小微企业开工不足，成本上升，浪费资源。**二是**产能过剩行业在同质化工业产品和低端产品的供给严重大于需求，于此同时，一些高端产品、个性化、多元化程度高的产品有效供给不足，在激烈的市场竞争中，导致中小微企业产品价格大跌，效益大幅下滑。**三是**中小微企业销售量下降，造成产品积压，企业资金周转速度放慢，资金回报率下降，企业偿还债务能力变弱，增加企业金融风险。

我们的中小微企业面临国际经济环境变化带来的挑战

改革开放以来，我国持续对外开放，积极融入经济全球化，经济取得巨大成就。但近几年来，全球经济放缓、国际市场动荡、保护主义、单边主义明显抬头，导致我国发展的外部环境发生了深刻变化。中小微企业作为我国对外贸易的重要主体，外部环境的变化必然会对中小微企业带来新的挑战。

（一）全球贸易量减少带来诸多挑战。当前，国际经济环境发生诸多变化，全球经济增速放缓、贸易保护主义抬头、欧美国家与中国贸易摩擦加剧，从而导致全球外贸需求出现萎缩，这也为我国中小微企业对外发展带来了新的挑战。

（二）劳动密集型出口产业面临着内忧外患的困境。长期以来，劳动密集型产品在我国出口贸易中占有很大的比重，但是近几年，劳动密集型产业面临诸多挑战。一方面，由于我国进入经济新常态，劳动力成本上升，产品价格优势难以持续，导致中小微企业利润下降，生存发展更加困难；另一方面，很多发展中国家纷纷走上了劳动密集型出口导向发展之路，例如一些东南亚国家劳动成本很低，在低端产品的竞争中占据价格优势，与我国中小微企业相比更具有竞争力。

（三）其他发达国家对我国技术密集型企业带来的挑战。目前我国出口产品既有劳动密集型产业产品，也有技术密集型产业产品。但从全球价值链的视角来看，我国出口的大量所谓的高新技术产品处于全球价值链的低端，美国、日本等发达国家依然在高科技产品方面对我国进行压制。由于国际经济环境的变化，使我国中小微企业在国际市场竞争中遇到更大的阻力，随着经济新常态的到来，如何能扭转外部需求逐渐缩小的趋势，使中国企业更好的“走出去”，将是我国中小微企业面临的严峻挑战。如持续的中美贸易战，让中小微企业的利润被挤压：国内较多中小微贸易企业为国外大品牌的代理商，贸易战开打导致关税增加，大大抬高了成本，如某些特殊产品原来是零关税，毛利约为 30%，现因关税增加，削减了大部分利润，对未来的发展有极大的不确定性。中小微企业开展技术交流受限：一家做智能云业务的企业，曾出现技术平台被中断 11 小时的窘境，因为无法预知下一次类似情况会出现多久，国内目前没有合适的可替代产品出现，更换技术平台等于重新开发，这是巨大的投入，且需要相当的时间，导致企业很是焦虑；一家主营网络安全业务的企业，芯片技术来自外方，因中美贸易战无法购买到芯片，导致企业无法正常生产，企业正面临倒闭的风险。

我们的中小微企业面临新冠肺炎疫情带来的严峻挑战

2020 年初暴发的新冠肺炎疫情对经济和人们生活都产生了巨大冲击，中小微企业由于行业分布和抗风险能力差等原因，在疫情中受到的冲击最大，这对于原本就处于巨大生存压力下的中小微企业来说，无疑是雪上加霜。多份调研报告指出，多达 30% 的企业预计上半年营收同比将下降超过 50%。

（一）需求侧的严峻挑战。新冠肺炎疫情由于其高传染性迫使人们不得不改变行为习惯，直接和间接地改变了市场需求：**一是**消费性需求下降。新冠肺炎疫情要求大家减少外出和集聚，减少人员交叉和流动，尽可能居家生活和办公，这直接导致部分行业尤其是服务类行业的消费需求急剧下降，以餐饮业、旅游业等表现最为直接和明显。这些行业主要以中小微企业为主，如餐饮行业中 80% 是中小微企业。据 2020 年 2 月 12 日中国烹饪协会发布的《2020 年新冠肺炎疫情对中国餐饮业影响报告》显示，相比 2019 年春节，78% 的餐饮企业营收损失达 100% 以上；9% 的企业营收损失达到九成以上；7%

的企业营收损失在七成到九成之间；营收损失在七成以下的仅为 5%。**二是**国际需求大幅下降。2020 年 3 月中下旬新冠肺炎疫情在境外其他国家暴发和蔓延，截至目前，中国以外确诊病例已超过 200 万人，且仍在快速上升，各国也纷纷采取限制外出等封闭和隔离措施，这必然影响到国际市场需求。根据商务部数据，2020 年一季度，我国出口 3.33 万亿元，下降 11.4%，其中，民营企业出口 1.71 万亿元，下降 7.3%，占出口总值的 51.4%。一季度外贸出口基本上是在履行之前的订单，而随着境外疫情不断发展，第二季度的外贸形势进一步恶化，外贸型中小微企业面临巨大挑战。**三是**居民消费习惯发生改变。新冠肺炎疫情冲击也使居民收入增长的不确定性增加，引发消费者的消费习惯发生改变。从前段时间消费者对海底捞和西贝莱品涨价的激烈反应可以看出，消费者对于花钱变得更为谨慎，这意味着消费者在消费升级的同时还不愿意支付更高价格，这对企业提出了提供质优价廉产品和服务的要求，疫情之后该趋势可能会进一步加强。中小微企业本来就面临着企业产品结构无法满足消费升级需求的供需错配，现在又在产品升级的基础上要求企业控制成本，更加挤压了中小微企业的生存空间。

（二）供给侧带来新挑战。新冠肺炎疫情使得人流、物流、资金流都发生了深刻变化，中小微企业的供给侧问题更加突出：**一是**停工、停产使得中小微企业难以承受成本压力之重。企业在停工停产时，无法获取收益，但工资、租金、利息、税费等大量成本却不会因为停工停产而减少，这就只能依靠账上现金余额维持生存。清华、北大的联合调研显示，34% 的企业账上现金余额能维持 1 个月，33.10% 的可以维持 2 个月，17.91% 的企业可以维持 3 个月，67.10% 的企业难以支撑过 2 个月，85.01% 的企业无法支撑过 3 个月，中小微企业生存形势相当严峻。**二是**原材料价格明显上升。虽然从全球市场来看，大宗商品价格走低，但是由于疫情导致成本上升，使大量产品价格快速上涨。2020 年一季度我国 CPI 同比上涨 4.90%，远远高于 2019 年同比 1.80% 的上涨幅度，居民消费价格明显升高，企业面临的原材料价格也明显上升，企业复工复产面临着生产经营成本上升的巨大压力。中南财经政法大学 3 月 24 日至 27 日对中部地区、珠三角地区、长三江地区的调查显示，面临原材料价格大幅上涨的企业占比 10.69%，小幅上涨的占 55.20%，合计达到约66.00%；约28.00%的企业原材料价格保持稳定，也有6%左右的企业原材料价格有所下降。**三是**防疫成本大幅提升。为有效预防新冠肺炎疫情传播，企事业单位复工复产需满足有关条件，包括员工健康监测和管理、工作场所和生活场所防控等，这必然需要企业在防疫物资和防疫人员配备上进行必要的支出。**四是**产业链循环受阻且不稳定。春节因素和疫情因素叠加，大量中小微企业停工停产，由于市场需求变化、生产成本上升、资金周转困难等原因，以及人流、物流等方面尚未完全打通，导致中小微企业尤其是劳动密集型企业复工复产难度大。根据工信部有关数据，截至4月14日，全国规模以上工业企业基本全部恢复开工，平均开工率为99%，人员复工率达到94%。然而截至4月15日，我国中小微企业复工率仅有84%，远低于大型企业。中南财经政法大学调研显示，企业面临库存不足和难以寻找替代供应商问题，一旦企业供应发生中断，有32.6%的企业将面临难以找到替代供应商的风险，说明大部分企业供应链缺乏韧性，约四分之一的企业可能因原材料库比较少而无法保证生产的稳定。供应链、产业链运转不畅对中小微企业复工和未来运营都影响深远。

我们的中小微企业面临微观外部环境带来的严峻挑战

中小微企业微观外部环境主要包括政策环境、法律环境、金融环境、社会服务环境。

（一）政策服务不到位。经济新常态下，我国中小微企业发展面临着转型升级难、税负压力大、融资难、融资贵等问题，国家虽然出台了一系列优惠和鼓励政策，例如，政府坚持“两个毫不动摇”的方针，出台了“非公经济36条”“中小微企业29条”等一系列政策措施，但在中小微企业发展的政府服务环境中仍然存在许多问题。**一是**政策落实不到位，政府工作效率低。从宏观层面上看，国家和各级政府都很重视中小微企业的发展，出台了大量的政策。但是，落实到微观层面，这些政策在实际落实中大打折扣。在中小微企业的发展过程中，仍然存在“玻璃门”“旋转门”“卷帘门”等现象，导致中小微企业在创办的过程中程序烦琐、行业准入标准杂乱、浪费时间和精力、增加创业成本。**二是**政府职能转变不到位，对中小微企业重视不足。当前，政府部门仍然存在管太多不该管、管不了也管不好的事。政府职能中存在越位现象，例如，对中小微企业生产经营直接参与，导致中小微企业没有话语权、决定权，这种过渡的干预很大程度上降低了中小微企业的市场活力。同时，政府职能中还存在缺位现象，政府职能部门的观念转变不到位，服务意识差，没有主动了解中小微企业发展政策不适应经济新常态的问题，没有做到对中小微企业与国有企业大型企业一视同仁，没有为中小微企业转型升级营造良好环境。**三是**政策制定不适合中小微企业发展，政策之间相互不协调。地方政府由于对经济新常态这一概念的认识不足，无法及时有效地应对经济常态带来的问题，导致了政策制定的滞后。同时地方政府对中小微企业发展没有进行充分的调研，在信息反馈上不完整，与中小微企业之间的沟通不足，在一定程度上导致制定的政策没有起到好的效果。

（二）金融环境不佳。对于中小微企业而言，融资难的状况并非是一个新出现的问题，在中小微企业发展过程中融资难问题一直存在。我国进入经济新常态，受经济大环境的影响，中小微企业传统竞争优势已经不能支持企业的发展，使得中小微企业面临着更多的风险和挑战，因此，中小微企业转型升级和结构调整势在必行。在转型升级和技术创新的过程中，企业需要更多的资金投入，中小微企业自身资金能力往往难以满足企业资金需求，这时通过融资使企业获得资金来源成为中小微企业的必然选择。随着我国中小微企业融资需求的增加，融资难问题更加凸显，造成这种情况的原因主要包括以下几个方面。**一是**融资渠道单一。我国中小微企业融资方式分为直接融资和间接融资。直接融资方面，资本市场中的“新三板”和“中小板”虽然放宽了上市要求，但我国中小微企业多为生产规模小、缺乏核心竞争力、生产盈利低的企业，只有少数规模较大的科创型中小微企业能够达到上市要求，加之在申请上市的过程中有较多的审批程序，融资时间较长，没有给绝大多数的中小微企业提供融资机会。因此，大多数的中小微企业只能通过间接融资，过多依赖于银行等金融机构的资金贷款。但中小微企业在银行机构中的信用等级偏低，自身固定资产少，银行出于风险评估的角度一般不会将资金放贷给实力弱、抗风险小的企业，导致了中小微企业难以从获取满足自身发展需要的银行资金。**二是**中小微企业融资成本高。即使中小微企业成功获得银行贷款，与国有企业和大型企业相比，中小微企业还要支付更高的浮动利息，大部分银行对中小微企业实行的利息政策会在国家基准利率之上上浮30%~70%，要根据中小微企业的发展情况具体而定。大多中小微企业在银行贷款无法达到自身资金链需求的情况之下，只能通过民间融资来满足资金需求，虽然民间融资方式灵活、效率高，但法律未确立其合法地位，属于国家法定金融机构之外，存在非法状态或者放任失控状态，具有贷款风险，无法为企业提供安全可靠的资金链条。同时，与同期银行利率相比，民间融资利率是其3~4倍，如此高的利率，将会带给中小微企业更大的压力。**三是**融资制度不完善。目前国家财政对于大型企业和中小微企业支持结构不合理，对中小微企业的支持力度稍显不足，这是我国金融制度缺失的突出表现。银行对待市场主体存在偏颇，我国的市场主体分为两大种类：公有制主体、非公有制主体，中小微企业多属于后者，但银行对于两者的支持力度大相径庭，对于公有制市场主体的重视程度明显高于中小微企业的重视程度，造成这种结果既有中小微企业自身经营问题，而银行所承担的责任更重。在我国目前金融市场中融资担保机构较少，并且金融机构对于担保机构限制条件高，尽管监管部门出台了一系列相关政策，扶持中小微企业发展，但由于尚缺乏良好的信用环境和完善的征信体系、民企担保能力弱、公司治理不完善、信息不对称等诸多问题，中小微企业依然面临着融资难题。

（三）法律环境不完善。我国经济新常态对中小微企业的发展提出了更高的要求，外部环境是中小微企业健康发展的基础，法律环境是中小微企业发展的基本保障。目前关于我国中小微企业的法律只有2002年6月颁布的《中小微企业促进法》，在2017年9月对《中小微企业促进法》进行修订，修订内容为由原来的7章拓展为10章，45条拓展为61条。新版的《中小微企业促进法》，加大了对中小微企业的支持力度，为中小微企业创业创新提供了法律支撑，但仍然存在以下两点不足。**一是**新版的《中小微企业促进法》主要内容为促进中小微企业发展的原则性框架，依旧存在形式主义，多处运用到“鼓励”“支持”“积极”等词语，非强制性词语的可操作性不强。没有为中小微企业在市场准入、融资、科技创新、财政税收等问题方面提出具体规定。如，在新版《中小微企业促进法》的第三章中，专门规定了对中小微企业的融资支持政策和措施，主要内容有：要鼓励和引导银行和金融机构加大对中小微企业支持力度，提高服务水平，为中小微企业改善融资环境。从这些措施来看，原则性不强、可操作性较弱。又如中小微企业在融资过程中专项资金如何使用、如何设立中小微企业融资贷款风险补偿机制、如何完善担保制度等都没有具体细化。**二是**新版《中小微企业促进法》没有法律责任专章，对于违反促进法规定的行为，没有制定具体的责任处罚制度。没有规定当中小微企业的合法权益受到损害时，应由哪些部门和人员承担责任，没有明确的法律依据来保障中小微企业的合法权益。如在新《促进法》的第八章中规定，任何单位不得违反法律、法规向中小微企业收取费用，不得实施没有法律、法规依据的罚款，不得向中小微企业摊派财物；中小微企业对违反上述规定的行为有权拒绝和举报、控告。内容中缺少违反规定具体的法律责任和处罚条款。

（四）社会服务体系不健全。健全的社会服务体系是市场经济必不可少的组成部分，更是市场主体安心集中力量发展自身的可靠保证。进入新常态以来，党和政府出台各种方针措施建设和完善对中小微企业的社会服务体系，在过去成绩的基础上取得了长足进步，维护中小微企业利益的同时为中小微企业带来了优厚的福利政策，为中小微企业的发展提供了充足的动力。但是，当前我国的社会服务体系仍然存在着种种缺失，这些缺失和短板对我国中小微企业的发展和进步发挥着阻碍作用。这些缺失以信用服务体系和信息服务体系的缺失最为突出。**一是**我国中小微企业信用服务体系发展略显不足，同市场发展要求相距较大。造成这种情况的首当其冲的因素便是起步较晚，我国的中小微企业信用体系是2014年才开始提上日程，并在此后的时间中出台了相关的政策、措施，包括对信用信息、信用平台、失信惩办等内容在内的体系建设，为中小微企业的信用建设提供了政策层面上的肯定和支持。但是，虽然企业信用信息公开得到有效的发展和提升，但是各种信息数据仍然仅仅存在于其相应的管理部门，分散程度高，整合利用低，效率不足。对于企业信用信息查询和掌握缺乏统一的平台和渠道，中小微企业在申请贷款，获取资金的过程中，贷款单位无法有效查询并认证该企业的全面信息，对企业的信贷能力无法甄别，风险防控难度增大。各大部门对于涉企信息的公开化程度虽然有所提升，但是内部共享机制不健全，各个部门之间信息披露仍然有所欠缺。此外，部分地区各部门之间的动态信息沟通仍然缺乏。因此，政府部门间涉企信用信息制度的短板，使得公共信用信息平台应当发挥的能力大打折扣，增加了中小微企业获取金融支持的难度。另外，信用服务机构不健全也是信用服务体系缺失的一种表现形式。信用评价制度发展不足、信用平台相对孱弱并且宣传力度不足，导致了中小微企业对信用平台的了解不足和利用率低下。**二是**我国中小微企业信息服务体系存在的局限性，也是影响中小微企业发展的重要因素。信息作为一种无形无价的战略物资，对于一个企业的重要性不言而喻。当前我国信息服务体系中，信息服务方式单一，服务所提供的内容也极具指向性且狭窄。我国中小微企业所具有的天然不足如资金、规模等，必然导致大多企业忽视信息资源建设，无法针对消费者的消费心理、消费需求进行服务，无法满足他们的个性化需求。单个企业自身的这种状况，也导致了企业之间无法相互呼应，形成合力，产生集聚效应。信息服务的内容通常也只是一般性的，就是企业生产过程中普遍遇到的共同问题，而不具备指定性，这种信息服务不是随着市场的变化而提供与市场相互匹配的变化的服务，是根本无法解决不同企业主体需要获得不同特定适合自身企业信息的问题。目前，不管是企业自身信息服务体系，还是我国整体的信息服务体系同样都存在着信息更新缓慢、结构失衡的问题。

我们的中小微企业正面临自身发展缺陷带来的挑战

中小微企业发展过程中遇到的一些困难和问题，很大一部分是中小微企业自身的原因导致的。

（一）创新能力不足。创新是一个国家和社会向前发展的不竭动力，对于一个企业更是如此，创新就是生命和根基。特别是进入经济新常态以来，中小微企业的生产成本在不断上升，消费者的消费需求日趋多样化、个性化所带来的消费结构和生产结构的变化，都是带动中小微企业进行创新的客观要求。这一时期的中小微企业所面临的创新压力更为巨大，因为中小微企业不仅仅需要解决外在客观严峻的生产条件，企业内部也存在着诸多的制约因素：**一是**中小微企业自身对于创新认知不到位，创新动力不足。我国大多数中小微企业长期以来从事的劳动密集型产业，生产者科学技术水平不足，产品创意不足，管理人员树立的经营理念缺乏科学性，部分企业经营者将企业仅仅看作牟利工具，急于取得经济利益，不具备高瞻远瞩的经营目光，对创新认识不够充分。企业自身投入研究的原始创新产品微乎其微，大多数中小微企业进行的创新为山寨创新，模仿其他企业的创新点进行简单的复制和加工，在没有吸收消化的基础上对产品进行二次创新，最终导致创新质量不足，产品不具备核心竞争力。**二是**中小微企业对研发投入短缺，资金供应不足。同大型企业相比，资金不足是中小微企业天然短板，这也是造成中小微企业一直忽视创新，创新投入不足的一个根本原因。但同时，中小微企业自身科研实力水平不足，不具备成熟的研发条件，加上研发创新高风险和回报周期长的特征，使得多数中小微企业管理者对于企业自身的科研投入望而却步，最终造成企业投资比重严重不足，研发强度低下，企业继续走低科技水平、低利润的发展道路。**三是**中小微企业的创新路径不合理。中小微企业资金单薄，创新能力不足是任何优惠政策和措施都无法改变的既定客观事实，这就需要各个企业相互合作，形成产业效应。但是，大部分中小微企业在进行创新的过程中仍然闭门造车，而没有转向同其他存在资金和技术优势的企业抱团取火，优势互补，研发出适合企业自身的产品和技术。而且，同拥有技术的科研院所之间缺少互动，无法掌握最新技术，无法追赶上大型企业的发展步伐。另外，中小微企业在创新过程中风险防控同样存在问题。主要表现在，中小微企业在进行技术创新和产品研发的过程中的，对于所要进行研发的产品和技术的市场调研的深入程度不足。诸多中小微企业在进行研发之前的调查研究中，对于消费者真实消费需求、产品未来市场和产品盈利空间等诸多核心问题反映不实，使企业研发方向确立错误。在生产过程中，由于人为因素导致技术失误而导致使产品生产迟缓，贻误产品进入市场效率的状况同样屡见不鲜。因此，中小微企业应该从企业实际情况出发，确立符合企业自身的正确创新路径。

（二）人力资源短缺。经济新常态下，企业之间的竞争越来越激烈，人才的短缺严重影响了中小微企业的竞争力，由于中小微企业自身特点和种种原因，使中小微企业在人才方面困难重重。根据国际人力资源有关机构的统计表明，企业正常的人才流动率应该在15%以下，而目前我国企业人才平均流动率为28%，一些中小微企业的人才流动率甚至超过50%。可以说人才的高比例流失，让企业蒙受巨大经济损失，还会严重遏制企业持续发展的潜力。具体来说，中小微企业人才短缺的原因有以下几个方面。**一是**资金短缺，薪酬待遇较差。我国中小微企业普遍具有规模小、资金少的特点，企业管理者不愿支付高薪聘请人才，没有设计合理的薪酬机制和激励机制，中小微企业在薪酬待遇方面往往低于国有企业和大型企业，难以满足人才的需求，导致中小微企业吸引不到优秀人才的加入，并且会造成人才的流失。**二是**规模小，缺少发展空间。我国大部分中小微企业业务范围比较单一、抗风险能力弱、在市场竞争中的稳定性较差、没有长远发展目标，导致企业向人才提供的发展平台十分有限。人才的发展同企业紧密相连，中小微企业这些特征会让人才感到未来无法施展自己的抱负，为了实现自我发展，人才必然会选择离开。**三是**管理制度不完善，岗位设置不规范。一方面我国大部分中小微企业是家族式企业，这些企业往往没有系统、完整的人力资源管理体系，岗位设置简单，高层管理人员大多数都是家族成员，使人才在企业中的上升空间受到挤压。另一方面许多人才进入中小微企业后，找不到自己的定位，感受不到被尊重和重视，对自己未来的发展感到迷茫，当人才在中小微企业工作一段时间后，个人发展规划得不到满足，各个方面都没有获得提升，就会选择离开。**四是**引进困难，教育培训不足。我国中小微企业要转型、要发展必须要依靠人才。大部分中小微企业都缺少培训机制，一味向外求人才，不注重内部培养人才。很多中小微企业的企业管理者认为对员工教育培训的投入收益期较长，短期内看不到回报，所以几乎不会在企业内部培训上投入资金，企业员工素质和能力得不到提升，导致企业没有可用人才，难以提高发展水平。

（三）企业管理落后。我国进入经济新常态之前，一直依靠廉价劳动力和巨大能源消耗拉动我国经济发展，在这种大环境下，我国中小微企业从生产方式到企业内部的管理方式一直处于粗放的状态。当前，我国经济发展进入新常态，中小微企业面临的经济环境发生了巨大改变，大部分中小微企业在企业管理方面存在一定的滞后性，严重影响了其自身在经济新常态下的转型和发展。经济新常态下我国中小微企业管理面临着以下几个主要问题：**一是**企业所有权与经营权过度集中。因为中小微企业发展初期规模较小、组织结构较为单一，大部分中小微企业的创业者就是经营者，导致企业所有权和经营权高度集中。这有利于中小微企业发展初期的稳定和决策执行，但是随着企业的不断发展、生产销售规模扩大、组织结构更加复杂，企业所有者的管理能力和决策能力会出现局限性，可能导致企业在重大决策上出现失误，但因为企业权力集中在一人手中，即便是错误的决策也会被执行。这种权力的过度集中还会造成企业员工意志消沉，导致下级员工不愿意承担责任。因此，中小微企业权力过度集中，会成为阻碍企业发展的因素。**二是**制度的修订完善不及时。我国大部分中小微企业不能随着时代的发展和社会的进步而及时修订完善企业管理制度，许多制度存在的条件已经发生了变化，但依旧在实行旧的制度，不能及时调整企业制度中不合理、不规范、不适应的环节，使制度建设明显滞后于企业发展脚步，这些过时的制度会影响企业管理的有效性和企业制度整体的权威性。**三是**制度缺乏可行性。我国部分中小微企业的管理制度比较零散，表现看似完善，实际上却没有从企业实际情况出发来制定相适的制度，还具有灵活性大、原则性弱的特点。有些制度内容形同虚设，起不到规范和指导作用，真正在企业遇到问题时，管理工作依旧杂乱无章，没有制定清晰的权责范围，容易造成相互推卸责任的局面，管理工作难以形成规范化。

（四）企业文化缺失。企业文化是经济新常态下中小微企业自救与发展的一个重要因素。企业文化是企业所有员工的思想道德标准，作用于企业生产、管理和经营的每一个环节，是企业核心竞争力的重要部分。只有好的企业文化才能让中小微企业在恶劣的环境中，保存实力、修炼内功、逐步发展，最后得以以最好的状态迎接新的挑战。中小微企业文化建设中存在的问题主要有：**一是**认识不足。当前，我国正处在经济新常态的环境下，很多中小微企业正面临着严峻的生死问题，忽视了企业文化建设。有很多企业家也不了解企业文化是什么，没有想过要通过建设企业文化来解决所面临的问题。**二是**过于形式化。部分中小微企业认为建设企业文化就是写标语、喊口号、注重外在形象的设计、开展丰富多彩的文体活动、组织职工聚会等形式，并没有真正了解企业文化的真正含义。**三是**模仿严重。还有许多中小微企业已经认识到企业文化的重要性，但是没有投入精力培育自己企业的特色文化，而是照搬照抄其他企业的文化，没有与企业自身实际情况相结合，导致企业文化缺乏个性，企业和企业文化之间不协调。**四是**思想观念多样。中小微企业的员工学历、素质、文化差异大，导致在建设企业文化的过程中员工之间、员工和企业之间的观念发生摩擦，很难形成统一的价值观和思想道德观念来建设企业文化。**五是**整体参与度不高。中小微企业在建设文化的初期，很可能存在个别员工和个别部门对企业文化的重视度不高，认为建设企业文化只是领导的事情，与自己无关。对企业文化的认知不全面，进而在工作中消极对待企业文化。**六是**缺少长远规划。建设企业文化在短时间内是看不到成效的，有很多企业家在一段时间内没有看到文化建设带来的改变和利益，就不愿继续在文化建设上浪费时间和精力，认为这是“无用功”，不能从长远的角度出发来看待企业文化。

我们的一些中小微企业经营思想与战略方面存在问题

（一）我们的一些中小微企业经营思想与战略模糊。经营思想与经营战略是企业赢得市场竞争，获得长远发展的保证，对于衡量企业行为的有效性与规避风险具有重要的作用。从我国众多中小微企业的现实情况来看，基本还处于拼价格、拼成本的初级竞争阶段，中小微企业对于市场的认识，更多的只是从自身的产品与业务出发，对行业发展与整个经营环境的认识还很模糊。事实上，在全球经济一体化的大环境中，企业必须充分地认识市场特点，主动满足市场的新需求，而要做到这些，必须要有明确的经营思想与战略，从而引导企业的行为，集中企业所有资源，朝着经营目标前进，在激烈的市场竞争中不断发展壮大。

（二）我们的一些中小微企业经营思想与战略选择不合理。中小微企业的自身条件，决定了其带有严重个人色彩的企业决策体制，而这个决策体制又使中小微企业在企业经营思想与战略选择上容易出现“一言堂”，最终导致不合理的选择。从我国中小微企业经营思想与战略选择的众多失败案例中可以看到，中小微企业经营思想与战略选择容易出现好高骛远、与企业自身条件不匹配、可操作性差等问题。中小微企业的特点，决定了它在市场竞争中必须抓住每一次机会，而不是制定一些不切实际的战略目标，才能逐步发展壮大。

（三）我们的一些中小微企业经营思想与战略相匹配的支持手段缺乏。在我国的一些中小微企业中，个别企业经营者通过向国外同行以及一些大型企业的学习，认识到企业经营思想与战略的重要性，着手进行这方面的工作，其中有一些取得了很不错的成绩，企业发展壮大非常快，如安踏体育用品、美的小家电，都是在明确企业经营思想与战略的引导下取得成功的；但更多的中国中小微企业虽然有企业经营思想与战略，但由于缺乏与之相匹配的手段，使得企业的经营战略难以实现。主要体现在以下几个方面：**一是**在资金缺乏阶段，没有相应的融资手段，致使企业发展战略一再中断，最终失败。**二是**在技术积累上，徘徊于自主创新与技术引进，苦于前者投入太大，后者受制于人，最终一事无成，企业的发展机遇就此错过，经营战略更是无从谈起。**三是**管理水平跟不上，再好的经营战略都要落实到执行上，中小微企业的管理水平长期处于低水平，使其制定的科学经营战略难以得到真正实施，因为执行上的差距，中小微企业在实现企业经营战略方面存在着突出的问题。

2019 年上海中小微企业生存现状并不乐观

（一）从 2019 年上海市中小微企业经营指数看，在下降。这表明 2019 年中小微企业总体经营感受度下降。分项指标呈现“五降”——运营强度、总体获利、当前订单、资金周转、政府补贴等下降，表明2019年中小微企业受整体市场外部环境的影响，总体经营比较困难；另外，2019 年上海大力推进营商环境改革，有助于中小微企业经营改善。

（二）从 2019 年上海市中小微企业环境指数看，是持平。12 个分项指标中有些上升、有些下降，总体表现为持平，这表明，2019 年上海市政府大力推进改革，企业发展环境有较大改善，尤其是在法制环境和政府服务上有较大提升。2019 年，有 66.45% 的中小微企业认为法制环境有所改善，比 2018 年上升了 4.87%；在税收负担、摊派负担、融资成本方面，中小微企业的感受度为一般；2019 年上海物业、人力、物流等商务成本上涨，对中小微企业生存发展形成较大压力，中小微企业认为需要下力气破解难题。

（三）从 2019 年上海市中小微企业信心指数看，在下降。从分项指标来看，2019 年中小微企业对经济走势、行业前景、管理感觉以及负担预期感受度下降。这表明，受国内环境和国际外部环境影响，2020 年中小微企业对未来经济走势和行业前景的预期更趋谨慎。尽管如此，中小微企业对政府扶持、经营思路、企业前景感受度较好。这表明，中小微企业对政府和宏观环境改善的信心较足，对政府改善发展环境和未来中国经济发展仍充满信心。

（四）从 2019 年上海市中小微企业创新指数看，在下降。2019 年上海中小微企业创新能力指数为 37.2 分，比去年的 36.4 分高出 0.8 分。这表明，上海中小微企业创新能力有所提升，但水平仍有待提高，既表现在获得创新资源能力不足，也表现在创新投入和创新产生还处于较低水平，创新环境也未明显改善。

“疫”中的湖南中小微企业步履维艰

中小微企业如何能扛过这一次灾难，成为了越来越多企业主、员工以及政府部门关注的难题。近日，有关机构面向湖南省内中小微企业发放调查问卷，通过摸底企业在抗击疫情“战役”中生产和用工等方面所面临的问题，深入倾听这个群体所处困境与期待，以期为中小微企业战“疫”后更好更快恢复生产提供决策参考。

（一）从相关数据分析看：70% 的企业受疫情影响较大。据调查问卷显示，75% 以上的中小微企业表示，疫情对企业的发展影响较大甚至较为严重。其中，70% 以上企业认为疫情对企业盈利有一定影响，具体体现在企业订单减少 20%~50% 不等，65% 以上企业生产原材料采购成本上涨，45% 左右的企业将缩减接下来的投资计划。调查中，30% 的餐饮类企业表示，现金流周转问题成为其难以解决的问题，他们暂停营业后随之而来的房租、食材积压、人员成本等问题，一夜之间全都摆在面前。而 10% 的建筑公司表示工期延误导致的损失较大，项目停止对企业的损失是工期延误，工期延误导致的直接结果是可能需赔付甲方逾期款，另外还有很多租用设备即便不开工也有租金支出；受访中 12% 的教育行业表示疫情加速了教培行业从线下到线上的转型——把课堂搬到线上。恒大研究院院长任泽平在《疫情对中国经济的影响分析与政策建议》一文中指出，从中观行业的影响来看，餐饮、旅游、电影、交运、教育培训等行业受到的冲击最大，医药医疗、在线游戏等行业受益。简单估算，电影票房 70 亿（市场预测）+ 餐饮零售 5000 亿（假设腰斩）+ 旅游市场 5000 亿（完全冻结），短短 7 天，仅这 3 个行业直接经济损失就超过 1 万亿，占 2019 年一季度 GDP21.8 万亿的 4.6%，这还不包括其他行业。

（二）从中小微企业百态看：道阻且艰，急待援助。一是制造业：线上储备工人待再出发。一位湖南籍在广东佛山开家电厂的老板刘某表示，他的现状可以用“如坐针毡”四个字形容：“我公司员工近 100 人，一个月约开工资就要花费 50 余万元。今年疫情来得突然，当时我们很多销售经理在到处收账，因为疫情也停止了工作，所以很多客户手上的欠款都没收回来。现在账上的钱只够 2 个月的支出了。”现在他考虑的已经不是赚不赚钱的问题，是能不能坚持下去的问题，好在政府鼓励进行线上招聘这一举措给了他一定的希望：“人社部门很早就发了通知，鼓励将线下招聘活动转向线上，集中开展互联网招聘，还为我们做好了线上线下招聘活动的有效对接。”刘某说，他们公司已将岗位需求信息发布到了政府部门集中安排的线上“春风行动”中来，还准备在公司推广远程面试，为年后的复工做好充足准备，将损失降到最低。**二是**餐饮业：人员开支或成“最后一根稻草”。在长沙黄花机场和雨花区都有店面的印山红食记餐饮集团的老板罗均对记者表示，其在年前为市民预订的年夜饭而准备的食材都没有用武之地，很多蔬菜都堆在店铺中，现在已坏掉了一大半，还不知道什么时候才能恢复营业。据其介绍，该餐饮集团从年前就开始筹备预订年夜饭一事，在微信公众号和朋友圈都进行了有关推送。按照常规年份的规律来看，参与春节不打烊竞争行业从大年三十到十五日的净利润大概在二三十万元，但是2020年纷纷处于零收益的状态中。现在，对于罗均来说，除了十多万元的原材料已经坏得所剩无几，几个店铺每月6万元的房租也让他深感压力，加上给员工的工资和保险等每月要开支近20万元。他对记者无奈地表示："即使年后能够马上营业，起码2020年前两个月的盈利额可能都不足以挽回过年这段期间的损失。"**三是**旅游业：直接损失全年近1/3的收入。面对疫情，湖南金帆旅行社的从业者刘柱也相当惆怅，他从旅游行业的整体层面给记者举了一个例子：2019年整个春节假期，全国旅游接待总人数4.15亿人次，同比增长7.6%；实现旅游收入5139亿元，同比增长8.2%。假设国内没有出现疫情，2020年旅游行业收入应该保持约8%的高速增长，那就差不多是5550亿元的市场规模。"国内旅游市场主要就靠3个时间段赚钱：春节假期、暑假、国庆假期。随着国民经济的日益发展，在外旅游过春节已经成为很多国人的选择，但是2020年春节，全国旅游行业从业者可以说是直接损失了近1/3的收入。"刘柱坦言，不幸中的万幸是，2020年政府对于旅游行业的退费问题解决得比较及时，挽回了他们的些许损失。原来，在全国旅游行业的团队游项目中，很多旅行社都要提前把钱垫付给酒店、航空以及邮轮公司之类的第三方服务机构。现在鉴于疫情，旅游业也不得不按下暂停键，很多旅客则要求退费。这些对很多中小旅行社可以说是一个难题，而为了抑制疫情发展，已定团队退费工作目前已经在政府的监督下，严格按照相关要求贯彻执行，他们旅行社退费工作还算顺利。**四是**教育业：线上教育弥补停课之忧。2020年1月27日，教育部正式下达通知，2020年春季学期延期开学，部属各高等学校适当推迟2020年春季学期开学时间，具体开学时间与当地高校开学时间保持一致，并报教育部备案。地方所属院校、中小学校、幼儿园等学校春季学期开学时间，由当地教育行政部门按照地方党委和政府统一部署确定。为了不耽误学生学业，很多地区的教育部门都将按照教学计划，开展在线教学，设计教育信息化平台。在娄底市某教培企业担任教师的肖余说，其所在的教育集团为了不耽误学生的课业，倡导"停课不停学"，已经在充分利用线上教学方式。"通过微信发起'群直播'进行线上教学，了解学生收看情况，家长和学生无须安装额外的 App。”肖佘说，相比其他中小微企业，教培行业的损失稍微小一些，起码他们在面对疫情时还能使用互联网手段来应对。“在线教育渗透率有望提升，政府也在加大在线教育的政策扶持力度。我作为教育工作者，感觉到来自祖国的安全感。”肖佘满怀信心。

我国的中小微企业存在着 100 种怪现象

（一）哥们式合伙仇人式散伙。公司在创办之初，合伙者们便以感情和义气去处理相互关系，对于制度和股权或者是没有确定，或者是有而模糊。待企业真正做大后，制度变得尤为重要，利益开始显得惹眼，于是“排座次、分金银、论荣辱”，企业不是剑拔弩张内耗不止，便是梁山英雄流云四散，尤其是在企业亏损时，较多是股东间互相仇视，有的甚至拳头相见或是法庭上见。

（二）较为盲目崇拜社会关系。总认为只有关系才能推动生产力，因此把抓好社会关系的建立和运用作为商人必要的能力，但没有充分认识关系并不等于生产力，始终如一把社会关系当成解决企业发展所有问题的灵丹妙药，却忘记了“打铁还须自身硬”的真理，导致抓企业本末倒置，让企业面临较多问题。

（三）较多总迷信“外来的和尚”。都说“外来的和尚会念经”，把精力重点放在引进外来人才、挖同行人才等上面，导致放弃身边的人才、迷信远方的大师成为一种时尚。其实，做企业，应该结合实际，正确的做法是：不可不用“空降兵”“外来的和尚”，不可乱用“空降兵”“外来的和尚”，不可全用“空降兵”“外来的和尚”。这方面中国企业的教训已经太多，可永远会有人情不自禁地做错。

（四）企业支柱亲信化、家族化。一个靠人管理人，而不是靠制度控制人的中国式组织，起源于农民打江山的传统，泛滥于信任危机加重的当代商业社会，是中国以情感为纽带的企业走向规范治理的主要瓶颈。较多企业，因为靠人管理人，导致企业管理亲信化、家族化现象严重，管理效能低下。

（五）较多企业面子大于真理。一些企业认为在处理面子同真理的关系时，认为这是面子问题，因为我已经这样定了，而且全世界的人都知道了，改变了就是扫面子，他们不会细想，这个方向是一条曲曲折折的弯路，而且很可能此路不通，必须改变才是真理。于是，一些爱面子的老板常会说，谁不执行谁下课，玩也要玩到底。

（六）较多的老总商业式迷信。商场如战场，不如意之事很多，一些企业业主在遇到不如意的事时，较少静下心来仔细分析缘由，而是热衷于罗盘神签加卦相，诚惶诚恐，测风水测人才；香火缭绕进庙堂，顶礼膜拜，求机运、求财富。要知道商海本无情，翻云有覆雨，人人拜神佛，都来求保佑，谁有这能耐？

（七）较多老总知人而不自知。一些老总，看别人，一清二楚，头头是道；看自己，都是美好，昏头昏脑。于是，在做企业的过程中，不清楚自己在行业中要处在领先位置必须抓住的关键要点，偶尔成功，也是一段成功史、满脑糊涂账。因为知己不足，导致做企业从来便没有清晰的战略规划：坚持什么，改进什么，如何创新，如何固守，终日懵懵懂懂。

（八）总乐于习惯性信用缺失。说话不算数、合同不算数、承诺不算数等，这是较多中国商人的在外代名词。这些中国商人，对内，规则计划变幻无穷，今天立，明天改，后天再改，导致企业员工无所适从；对外，合同承诺等于一张废纸，视情况涂抹、打折甚至撕毁，导致商业合作者始终警惕。

（九）喜欢把内部斗争企业化。有的企业，股东间你防着我，我防着你；你适时打压他，我适时打压你，导致员工间始终难以为着实现目标协力奋进。其实，对企业内部要善于搞平衡，但千万不能搞斗争，否则最后所失去的，是企业的凝聚力和生产效率，最终可能导致企业倒闭。

（十）自控力不足至沉湎酒色。都说企业业主必须是自控力最强的群体，但实际是有些企业业主或是为无力控制欲望而沉湎酒色，或是因为创业激情难激发而沉湎酒色，或是因为“过去吃了苦”现在条件好了的心态而沉湎酒色等，娱乐场所所见到的“醉醺醺的”、风月场所所见到的“富家子弟”等，大都是一些中小微企业业主。

（十一）总喜欢搞投资冒险主义。有些中小微企业业主在没有研究市场、研究行业走向、研究企业发展前景等的情况下，把创意、创新、创业作为一种习惯性冲动，热衷于拿自己“喝稀饭”的钱去搞投资，或者借来甚至骗来别人“喝稀饭”的钱去搞投资，还美其名曰成败荣辱在此一举，身家性命系于一线，战战兢兢，急功近利，举止失措，焉能不败？

（十二）习惯于搞投资经验主义。有些中小微企业业主在另一个时间、另一个市场、另一个行业、另一个领域，面对另一群员工或消费者，习惯于用自己曾经做过的行当的经验去投资、布局、生产、销售，导致指挥还是昨天的指挥，音乐还是相同的音乐，可出现的是“另一个”怎么就这么差？

（十三）甚至于搞投资极端主义。有些企业股东三月前兴奋地投下钱来，三月后沮丧地要抽身离去，前脚踩油门，后脚踩刹车，企业振荡，落英缤纷。导致出现这样的问题，主要原因是我们的一些投资者对产业投资纵深化及企业竞争复杂化的估计不足，乐于“想都不想”就投资，导致极端主义投资变成了极端的失败。

（十四）总会出现人力资源幻觉。有些企业业主高估员工的能力水平，认为自己仅负责投资，企业管理、企业业务拓展、企业财务等方面的事，员工应该而且必须搞好，一个月仅去公司几次，有的甚至不去一次；有些企业业主低估员工的能力水平，凡事亲力亲为，哪怕是买支笔都自己去，导致员工没活干，或者是找不到活干。

（十五）经常过度追求系统平衡。无论是啥企业，都是由各个系统各个部门组成的，它们彼此之间需要的是一种动态的平衡。但有些企业业主过分看重平衡，在奖惩政策、人员提升、部门权限、业绩考核等方面一味强调“一碗水端平”，最后优者不奖、错者不罚，所有部门都吃“大锅饭”，导致企业所要的平衡反而荡然无存。

（十六）对于潜规则明批判暗热衷。从不认为自己对实现中华民族的伟大复兴负有身体力行的责任，一方面对社会上流行的“怕慢假庸散”品头论足、对“跑送请”等横加指责，另一方面自己经常“怕慢假庸散”，经常为了项目跑、为了项目送、为了获取支持而请等，被较多人誉为典型的“两面人”。

（十七）坚持完美主义的群众化。对于企业来说，坚守完美主义本不是坏事，但若将其扩大化，就会给个人和企业带来无尽的烦恼。一些追求完美主义的企业业主总想达成最高的目标，对企业员工始终“高标准、严要求”，经常用太高的眼光、太多的挑剔、太多的责备对待，导致人心散，离职率高。

（十八）常把精力用于附庸风雅。有些企业业主对一些成功人士的喜好非常关注，乐于对标对表，有时一窝蜂去登山，有时一窝蜂去打高尔夫，有时一窝蜂去参加 EMBA，有时一窝蜂地在墙上挂艺术品……归根结底，这些并不是因为真的爱好或需求，而是因为一时的模仿或炫耀。

（十九）不学无术成为普遍问题。有些企业业主因为每天要处理各式各样的问题，事情一多，便不读书、不看报、不看电视、不上网，更不愿意专门花时间参加相关的专业培训，因为在他们看来，市场是最好的老师，社会是最大的学校，学习只是装点门面的过场罢了。由于长期沉溺于小圈子、小世界，信息封闭，知识结构老化，最终要么被市场淘汰，要么被主流遗忘。

（二十）“小皇帝”心态的普遍存在。有些中小微企业业主，企业不大，官气不小，在企业热衷于“人人三呼万岁、事事溜须拍马”，对恭顺者提拔重用，对意见者狠下杀手。“我的地盘我作主”的意识导致企业没有活力，最终的结果是倒闭关门。

（二十一）心中常藏打擦边球情结。有些中小微企业业主敢于乐于在法律允许和禁止的边缘徘徊，总是希望充分利用政策、措施的漏洞渔利。随着政策法规等日益健全完善，“漏洞”越来越少，一些中小微企业业主面对新规则，显得茫然失措，举手投足连连丢分。

（二十二）有的强于战术弱于战略。这类中小微企业业主对于销售一项产品、搞定一个客户、研究一类工艺等，显得游刃有余，而面对企业的发展目标、发展战略、未来预期等显得手忙脚乱，较多时间都在挽救一个错误的战略计划。

（二十三）有的强于战略弱于战术。这类中小微企业业主想象力很丰富，发展目标、企业文化、管理制度等都设想得很完美，但其执行力不够、进取心不足、坚韧性不强，导致其认为的很多伟大的构想总是因为执行不到位而夭折。

（二十四）较多有强烈的五元政治情节。有些中小微企业业主一提到政治就兴奋，一靠近政治就愉悦，在企业里面玩政治，在企业员工中搞政治，导致本来较为纯粹的经商变成了为当官做准备的价值取向。历史已经反复证明，政治是把双刃剑，一个优秀的企业家必须学政治、懂政治，但千万不可玩政治。

（二十五）内心因为财富自我膨胀。有些中小微企业业主总认为自己的财富比别人多，所以自己的能力水平就比别人高，见识眼界就比别人广，传承的基因就比别人好，未来的形象就比别人高大，等等，这类中小微企业业主的自信心会在很短的时间里爆棚，命运也常在同一时间转轨。

（二十六）较多时间花在赌博上面。这类中小微企业业主认为赌性乃人之本性，尤其是对于做企业的人来说，喜欢赌的才是富于冒险精神、创新精神的。其实，敢冒风险和迷恋赌博根本上是两回事。所谓小赌怡情，大赌乱性；赌性是一朵恶之花，一遇温床便奢靡开放，不加节制就有可能毁掉一切。

（二十七）有些生活习惯很不健康。自我锻炼很少：一年到头极少参加体育锻炼，其他方面的高雅锻炼更少；作息时间很乱：经常晚起晚睡，有时甚至几天不着床；不良爱好很多：吃喝嫖赌抽，坑蒙拐骗偷，有的样样都沾，有的沾上几项，有的较为沉迷，有的难以自拔。

（二十八）法制观念普遍较为淡薄。坚信有钱难道不能搞定一切？这事天知地知你知我知怎么会翻船？别人都这么干而我为什么不能呢？这么点小事也算违法？有些中小微企业业主甚至是法盲，连同自己企业相关的法律法规都不了解。

（二十九）保持武大郎开店的风格。有些中小微企业业主不能容忍企业员工在某一方面比自己强，为了保持心理上的优越感和便于管理，喜欢招聘和使用不如自己的人，导致整个企业总是缺乏活力，在竞争中越来越难以胜出。

（三十）较多经常漠视社会公德。对于尊老爱幼、扶贫济困、遵守交通规则、维护公共秩序、不骄不躁不蛮横、节水节电节资源等最起码的社会公德经常不放在心上，有的甚至以遵守这些社会公德为耻。

（三十一）有时会“提着裤子找厕所”。有些中小微企业在做企业时没有预见性，事到临头才忙着找对策，如想不到要储备人才、在建立良好和谐的公共关系方面用力不足、不会思考该开发换代产品、对足够的现金流常准备不足等，导致经常手忙脚乱。

（三十二）重业务轻财务现象突出。较多中小微企业业主是跑业务出身的，有的很长时间战斗在企业营销第一线，这些工作经历决定了他们的潜意识：市场是决定企业生存与发展的根本动力，无论是当企业老总还是企业高管，认为市场知识比财务知识更重要，搞管理销售报表比财务报表更诱人，做决策来自市场的调查数据比来自财务的预算核算更关键。

（三十三）经常展露个人表现主义。有些中小微企业业主或高管认为，在企业里，我才是红花，其他人都是绿叶；在一个圈子里，我才是中心，大家都是配角，如果别人成了红花或是中心，对企业内部就会“怒从心中起，恶向胆边生”，对企业外部就会“全无兴趣，恕不奉陪”，导致企业越做越难，圈子越扯越小。

（三十四）经常会犯有集团综合症。集团公司是干出来的，不是注册出来的。据统计，目前中国之外全世界带有“集团”字样的企业数量没有中国多。在中国，几十万元净资产的企业也好，几百万净资产的企业也好，动不动就被注册为带有“集团”字样的企业。这其实是一些中小微企业业主喜欢虚张声势、不顾信用、好大喜功的写照。

（三十五）速度幻觉症经常会凸显。有些中小微企业业主常会以个人的才能及工作绩效衡量所有人，以一个小团队的状态衡量全社会，从而误判投资的回报周期，错估目标的达成速度，迷失执行的总体路径。

（三十六）经常犯企业掌控神经质。一些中小微企业业主经常疑神疑鬼，怀疑这个员工对他不忠，怀疑那个员工在干私活，怀疑这个员工在挖他的墙角，怀疑那个员工在磨洋工，有的甚至总认为下属对他隐瞒了什么东西，以至于经常不信任副手、不信任合作伙伴、不信任财务人员、不信任采购人员、不信任基层员工，导致自己很累，员工也很累。

（三十七）经常会犯着会议综合症。一些中小微企业业主对开会很感兴趣，有事开会，没事也开会；大事开会，小事也开会，总以为只有通过会议，业主或高管和员工才能沟通，企业的控制才能实现，老板的意志才能贯彻，其实在很多企业，无效而过多的会议，已经构成它们最大的成本浪费。

（三十八）大型企业形态小企业心态。有些中小微企业规模已经够大，心态却很小：没有战略、没有目标、没有制度，缺乏人才、缺乏计划、缺乏文化，对员工能省则省，科研费用能推就推。本来已有大资本，偏偏又是土财主。因为来不及知道怎么做大型企业，于是往往在堂皇外表下面露出留着泥巴的脚。一旦有风吹草动，那颗小小的心脏就会被庞大的身躯累死。

（三十九）经常会患上营销唯一症。有些中小微企业业主总把企业的生死成败、资源重心全压在市场营销一个环节上，一荣俱荣一损俱损。实践反复证明，这类企业即便超速成长也多如“塑料大棚”，抗风险能力极其脆弱，能真正风光三年以上的寥寥无几。

（四十）制度管理成了教条主义。有些中小微企业喜欢生搬硬套西方企业的理论，忽略中国企业是有本土文化背景的，于是企业管理全盘西化、制度化、文本化，其结果是企业形态不伦不类、企业文化不洋不土、企业命运不生不死。

（四十一）高管实际管理幅度过大。有一项研究证明，凭着经验、才智、魅力等，一个人最多能管好十几个人，多了肯定会乱套。这就要求中小微企业业主事事抓在手上还不如建立一套科学的制度，把权力真正放下去，要不然不但会累垮自己，也会拖垮企业。

（四十二）形式主义经常“借尸还魂”。有些中小微企业业主因为几十年前被打破铁饭碗，凭着自己的聪明才智，冲破形式主义成长起来了，但随着企业规模的不断扩大，个人年岁的不断增长，论资排辈日趋固化、等级制度日趋习惯、企业理念日趋模糊、企业文化日趋空洞，“百年钟馗变钟鬼”，形式主义又回来了。

（四十三）企业管理缺乏真正民主。有些中小微企业着眼企业发展，制定了一大堆的政策、制度、措施，要求企业员工绝对执行，但到了自己面前，这些政策、制度、措施便根本不起作用，有时大会小会明确要严厉禁止的种种行径，一转身自己就成了最大的破坏者，这样的企业最终便成了“孤独者”。

（四十四）企业内部盛行野蛮管理。有些中小微企业注重从生活、言行、习惯、价值观等方面对员工做过度要求，盲目推行企业军事化管理；有些中小微企业的内部管理甚至出现了打骂、体罚、限制人身自由等现象，这背后深藏的是现代商人必须唾弃的封建观念，即权力就是主宰，限制催生效率。

（四十五）较容易染上项目爱好癖。一听到项目信息，眼睛便放光；一进入项目洽谈，脸色便出彩。一天到晚，想到的、听到的、谈到的，都是项目，但对于如何拿到项目、推进项目、建好项目，想的偏少，导致谈了100个项目，落地的几乎为零。

（四十六）企业也会流行着浮夸风。中国的历史反复证明，浮夸风是会害死人的，国家如此，企业更是如此。有些中小微企业老总喜欢到处吹牛，甚至借助一些企业家高峰论坛夸夸其谈；经常是四处招兵买马，动辄搞跨越式发展、超常规跃进，几年之内要进入世界500强行列，久而久之，自认为形势一片大好，老子天下第一，精神面貌饱满，从上到下陷入自我吹嘘自我满足的陷阱。

（四十七）合作伙伴同质化较普遍。有些中小微企业在创业之初，股东往往是一群气质爱好、能力水平、资源范围等相类似的的理想主义者，在企业发展过程中才发现，一艘大船的远航既需要舵手，也需要水手；既需要懂天气的，也需要懂水文的，合作伙伴的同质化常致使企业出现结构性失败。

（四十八）运动式的管理时常有之。一些中小微企业在头痛医头脚痛医脚的圈子里转悠：纪律不严明了，产品质量下滑了，市场营销不得力了，便靠发动一场企业内部运动来突击解决。这时企业老总便成了消防队员，随时扑向失火的角落。这样做最大的好处是立竿见影，而其最大的坏处是扰乱了企业经营的正常轨迹，透支了企业的人力、物力、财力。

（四十九）企业内部出现泛官僚化。有些中小微企业从老总到高管，甚至到车间主任，每一个人都热衷于摆谱：讲究程序、讲究等级、讲究敬重，喜欢弄权、喜欢捕风捉影、喜欢“做小鞋”，导致企业服务心态缺乏，学习能力欠缺，运行僵化保守，直至竞争力丧失。

（五十）主意太多致使朝令夕改。有些中小微企业没有定力，见风跟风、见雨跟雨，三天一小震，五天一大震，导致企业员工无所适从，凝聚力没有了，自信心没有了，组建的团队散了，导致企业最终走向分崩离析。

（五十一）虽然很忙但是效率低下。有些中小微企业一天到晚忙个不停，但实际效果并不好，主要是极少思考以下问题：企业的管理链条常在哪一环节打滑？企业运行过程中常在哪一个环节停滞？哪些事情是今天必须做的？哪些事情是明天必须做的？哪些事情是你应该做的？哪些是你应该授权别人做的？

（五十二）较多患上了专家依赖症。很多中小微企业对专家非常迷信，时时处处、各类事情都期望有专家指导。其实，不管是哪个专家，都不是万能的，都不可能对所有的事情了如指掌，尤其是在市场经验方面。企业一旦过于迷信专家，往往会陷入教条化陷阱。

（五十三）忘记实在热衷好大喜功。有些中小微企业有1000万元的资金，想盖的高楼却定要70层；发展才10年，提出的目标却是5年赶超世界500强；30万元的身价，却想同亿万富翁比拼，导致小项目不愿做，大项目做不了，一天到晚生活在美好的想象中。

（五十四）偏重于用胆但是不用心。有些中小微企业业主及高管从来不会缺乏冒险精神，最缺乏的是精益求精的执着精神：项目可能遍地都是，但是切实的专业精神、高超的技术才能真正把一个项目做到无人能敌的境界。

（五十五）较多重视追求有形利益。有些中小微企业坚守着绝对的功利主义、实用主义和利润至上心态，只追求看得见的投入和产出，导致企业丧失的不仅仅是企业形象，还包括企业的安全、长远的生命力等。

（五十六）太过于口头化。倡导“效率优先”“一切按市场规律办事”等，语言直白，实事求是，一听就懂，但也有些中小微企业将这样的口语化延伸为“平衡优先”“私欲优先”“一切按照老板的喜好办事”“一切按照长官的意志办事”等，致使企业滑向“坏的市场经济”范畴。

（五十七）外行管死内行现象凸显。因为企业如雪球般越滚越大，开始分隔为越来越多的精细领域，而每一个领域都需要相应的专业人才去加以管理，此时的创业者已经从原来的内行变成为了外行，但其仍然保持着内行的心态，用一竿子插到底的方式管理企业，致使企业活力慢慢窒息。

（五十八）较热衷于习惯性地摆阔。有些中小微企业业主脖子上的金项链一个赛一个的粗，屁股下的坐驾一个赛一个的牛，动不动就是“周末去巴黎购物”“到日本去买马桶”“到韩国去买化妆品”，聚会时总是聊高尔夫球场见闻，其不知面子害人，刻意要面子更是害死人：太工于摆阔的心计，往往让经营瞻前顾后；太重于摆阔的场面，往往让人生如履薄冰。

（五十九）形象即业务豪华出效益。有些中小微企业坚守着极为肤浅的创业心态、浪漫主义的创业形态：办公场地要选高档写字楼，员工工资要向大公司看齐，出差要住五星级宾馆，请客要上希尔顿酒店……最终的结果是，别人还没搞懂这个企业是干什么的，业主的流动资金已开始告急。

（六十）热衷于摸着石头过大江。有些中小微企业不知道当今的创业和发展是左有国有企业，右有外资公司，其面对的是大江大河，需要的是现代化的帆船或快艇，而不是依然想着“摸着石头”也能过大江。

（六十一）想用人才但又藐视人才。对于高层次人才，一些中小微企业业主往往是“既爱之，又恨之”：为了企业发展，不得不用那些高层次人才，却又常时不时地表现出对高层次人才的不满，甚至在僻静处依然说着“百无一用是书生”，导致企业人才没有归宿感，业主没有放松感。

（六十二）朋友式的管理较为普遍。在一些中小微企业中，较多企业的高管和中层管理人员都是和业主一起打拼天下的元老，碍于情面，企业业主不好将朋友和下属两种角色截然分开，导致业主在企业没有权威，管理人员间相互较劲，企业员工无所适从，企业内部较为混乱。

（六十三）管而不理成为独特风景。管是控制，理是训练；管是压力，理是疏导；管是条条框框中规中矩，理是苦口婆心指引成长。有些中小微企业只是重视管，不重视理，致使企业不是在沉默中爆发，就是在沉默中倒闭。

（六十四）对于媒体常是爱恨交加。有些中小微企业非常迷信媒体，如山东秦池酒业有限公司因盲目追求标王的媒体聚光效应，最终导致企业惨败。有些中小微企业非常藐视媒体，如德隆国际战略投资有限公司不重视和媒体打交道，结果企业一出事，致使企业的信任危机愈演愈烈。

（六十五）较为注重候鸟式的投资。有些中小微企业不愿意潜心在一个行业里深耕，只愿意剥取最表面的一层机会，浅尝辄止，尽管其投资常有些回报，但企业总是做不大，一直在二流、三流乃至四流的企业行列中徘徊。

（六十六）碰壁拐弯越来越习惯化。有些中小微企业一遇到困难和问题，其不是对问题进行全面的分析，而是马上停止投资，调转方向另寻出路，导致其就像含羞草，一有风吹草动马上就缩成一团。这种看似谨慎的做法，往往却因不善于坚持而错过了真正的商业机会。

（六十七）经常是维护表面的平等。有能干的员工是每个中小微企业业主梦寐以求的，但真的出现了能力出众的员工，有些中小微企业业主往往又不能正确对待。为了维护表面上的平等，其常常有意识地将机会让给其他员工，而把能干的人晾在一边，这样做的后果是既增加了机会成本，又挫伤了那些能力出众者的积极性。

（六十八）总是在打精神牙祭动心思。有些中小微企业业主热衷于用自以为惠而不费的手段笼络人心，注重不断提升自己画馅饼的才能。但现在的企业员工尤其是1985年以后出生的企业员工已经越来越现实，如果“精神鼓励”没有真正变成“物质奖励”，精神牙祭随即便会演变成离岗、脱岗。

（六十九）注重员工激励的货币化。有些中小微企业为了强化企业的制度化规范化，于是把各种激励政策完全货币化：加了班便给钱、提出了好的建议便给钱、互相帮助了便给钱、节约开支了也给钱等，导致企业员工渐渐养成这样的习惯，做什么事情都要钱，甚至明明是自己分内的事，不给钱也不去做。

（七十）把江湖的气息作为内涵。有些中小微企业业主耿直、爽快，朋友多、兄弟多，常与某某官员称兄道弟、与某某大咖称兄道弟，在这些中小微企业业主心中，拥有江湖形象和江湖背景，是比阅历背景、学历背景、市场背景还要重要的事情。

（七十一）常热衷于听喜但不听忧。有些中小微企业业主只喜欢听员工汇报公司的正面消息，而不愿意听公司的负面情况：一方面这些中小微企业业主不愿意也不相信自己的企业会运作不佳；另一方面其又害怕真的出事，最终的结果是人人报喜不报忧，中干会上歌舞升平，企业根基渐渐糜烂。

（七十二）创业情结总是挥之不去。有些中小微企业业主虽然已是资产过亿元，但大到人员招聘，小到办公室购买办公用品，都要一一亲自过问，结果自己一天到晚疲惫不堪，而企业的发展也十分缓慢。其实这些企业业主大多为创业型老板，其对公司上上下下各个环节十分熟悉，对每一个员工甚至管理层都放心不下，总要亲自动手才踏实。

（七十三）经常是盲目做全国市场。有些中小微企业业主想当然地认为只要做全国市场，各地销售额加起来肯定比在一个地方好，其没有想到本来有限的精力一旦分散，更加不能和对手抗衡，而要开拓全国市场，所需要的成本要比做地方市场高出许多。

（七十四）强于演说但是弱于倾听。有些中小微企业业主由于长期处于强势和核心地位，掌握了很多的话语权，导致其总是在表达自己的主张，而不注意倾听员工乃至朋友的意见，最终变得刚愎自用，企业发展不顺。其实，上帝给了人类两只耳朵、一个嘴巴，本就告诉你我他既要表达更要倾听。

（七十五）过分热衷维护个人权威。有些中小微企业业主在企业员工面前永远是一副冰冷的面孔，从来不在大众场合露出笑脸，从来不主动和企业员工打招呼，说话喜欢用命令式的口气，有意识地和企业员工保持距离，导致其总在孤独中寻觅良方。

（七十六）用装腔作势来支撑强大。有些中小微企业业主动不动就是今晚同某某领导一起吃饭、明天接受电视台采访、上午陪某某专家下车间、下午到某某部门报技改项目资料等，给人的感觉是其企业做得非常好、影响面非常广、人脉资源非同一般，装腔作势时间久了致使企业变得越来越艰难。

（七十七）脑中常想到一利遮百丑。有些中小微企业不注重长期战略，片面追求利润，把现实的利润当成企业唯一重要的事情：一味压缩生产成本、降低员工待遇；忽视科研，不投入或少投入研发经费等，导致企业各经营要素始终难以平衡，让企业走上恶性发展道路。

（七十八）对于裁员较多略显盲目。有些中小微企业业主一遇到困难，马上想到是如何通过裁减企业员工来降低成本。其不知，因为盲目地裁员，不但挫伤了企业员工的积极性，削弱企业员工的归宿感，造成企业内部的结构性紊乱。其实这个时候，应积极向日本一些企业学习：宁可降低工资也不裁员。

（七十九）总是期望模仿竞争对手。有些中小微企业永无创新，永远跟随：竞争对手上一个新产品，自己马上跟进；竞争对手在繁华路段开一个店，自己也跟着在附近开店；竞争对手策划一个大型的公益性活动，自己也搞公益活动；竞争对手提出一个新理念，自己马上也推出一个相同的理念。一味模仿竞争对手，看似贴身肉搏，实则很容易被对手扰乱了阵脚，被对手玩得团团转。

（八十）自我反省的能力比较差。有些中小微企业业主乃至员工，对自己的不足难以发现，对导致企业发展滞后的原因分析不够，多的是找客观原因，较少找主观原因，那种固执己见坚持错误的“勇气”和“能力”导致企业发展总是停滞不前。

（八十一）权力控制欲显得很旺盛。有些中小微企业业主极尽政治家的才能，牢牢控制着企业每一个角落的权力，生怕权力在某处被流失：每一分钱的开支、每一个人的进出、每单生意的决策、每场会议的主持。这种控制欲望对于微型企业可能是美德，对中小企业而言则是危机和病态。

（八十二）热衷于把失败归罪于外。有些中小微企业在企业利润下滑或经营不善时，总是习惯性于把问题归罪于外部因素，要么是政策环境不好，要么是对手卑劣，要么是行业不景气，要么是人才不足……其实，任何时候，任何行业，总有赚钱的企业，关键还在于企业自身是否具有足够强的营利能力。

（八十三）优柔寡断的境况时常有。有些中小微企业遇事不果断，前怕狼后怕虎，老在潜意识里想“这样做可能会有风险”，结果把本来是自己的机会白白流失了；对待企业员工有争议的事情，总是左右摇摆，不知道该听谁的，结果被企业员工认为是和蔼可“欺”，威信荡然无存。

（八十四）迷恋直觉理性严重缺失。有些中小微企业崇尚“跟着感觉走”，藐视基于市场调查的数据分析，认为决策没有什么理性可言，最可靠的反而是长期做市场过程中培养起的直觉。其实，这对于抗风险能力还不强的企业，一旦决策出现失误，就会带来灭顶之灾。

（八十五）产业投资热衷高端时髦。有些中小微企业今天做食品加工，明天做酒店连锁，后天做网络科技，大后天做文化传媒；一会儿做实体经济；一会儿做虚拟经济，总之什么高端时髦搞什么，感觉是越来越好，利润却越来越少。

（八十六）轰轰烈烈搞假面的认同。有些中小微企业在开会之前，企业业主心里已经有了答案，但还是鼓励大家畅所欲言，只要对企业发展有利的一定会全部采纳，结果凡是与老板相左的意见全部被否定。久而久之，企业员工渐渐明白假面认同的会议都是走过场，于是全部按照企业业主的意思去说，表面上看起来所有的议题都得是一致同意，实际是企业业主个人的意见而已。

（八十七）始终坚守零风险的心态。有些中小微企业只想收获，不愿付出，只想成功，不愿担风险，经常想尽办法把所有的风险转嫁到合作伙伴身上，慢慢地发现自己已经成为孤家寡人，谁都不愿意同其做生意。

（八十八）迷信高科技成为新常态。有些中小微企业对“激光与牙膏”的关系把握不准，总认为越是高科技的产品越能赚钱，于是不顾企业自身实际情况，坚持凡是和高科技沾上边的项目都跟着投钱，盲目将产业“升级”，结果是迷失了自我，搞得不伦不类。

（八十九）较为盲目进入资本市场。有些中小微企业发展到一定程度，一天到晚想着上市，以为只有这样企业才能发展得更好。事实上，企业一旦上市，便会成为公众性公司，财务和重大决策都必须透明化，企业业主对企业的影响也将随之受到很大制约，导致一些企业上市后反而发展更差。

（九十）内部管理的随意性较强。有些中小微企业制定了系列管理制度，但在实际的管理过程中，“一切看着办”是常态：有的“一切以老板心中的是非判定为准”，有的“一切以老板此时此刻的情绪为准”，导致相关制度措施成为挂在墙上、放在抽屉里的纸上文字，久而久之，致使企业走向倒闭边缘。

（九十一）节约有时变成了真浪费。节约本是一种美德，是企业的一种核心竞争力。但过分强调节约，有时便变成了浪费：事事打折扣、处处差把火、人才薪酬上不去、人文关怀总缺乏等，导致管理效果出不来，生产效率上不去，项目投资收不回。

（九十二）乐用江湖手段解决问题。有些中小微企业自以为人脉资源广、背后靠山硬，解决企业竞争问题，经常使用江湖手段：要么强行要求对方退出地方市场，要么背地里给竞争对手的产品下套破坏其市场形象，要么联合某些政府部门三天两头上门“服务”……如果竞争对手知趣便罢，否则便拳脚相加、大打出手。

（九十三）经常好了伤疤忘记了疼。有些中小微企业遭遇发展难题或是实际困难时，常会三省其身，痛定思痛，发誓一定要想尽办法解决问题、革除弊端，可一旦危机过去，便又恢复了老样子，想当然地认为“事不过三”——同样的劫数肯定不会再发生了。

（九十四）共患难容易同富贵较难。有些中小微企业业主笃信“人多好干活，人少好吃馍”，但其对创业过程中的功臣，既怕其功高震主，更惧其伸手要财：当企业走上平稳发展的快车道之日，就是上演过河拆桥、卸磨杀驴之时。其实这种看似聪明的做法，往往只会带来“财散人散”的结局。

（九十五）同行之间妖魔化常常有。有些中小微企业乐于在同行之间挑拨离间，其以为可以渔翁得利，却常被被揭穿谎言，落得里外不是人；或为竞争需要，胡编乱造同行的是非，惹来的是同行的反击，致使整个行业形象受损。

（九十六）独掌公司股权不舍下放。有些中小微企业业主总认为公司是自己辛辛苦苦创立、发展起来的，凭什么要“白白分给其他人”？以为守住了金元宝，其实掉进了大陷阱：随着企业的发展壮大和社会分工的越来越细，高管、中层乃至员工在企业中的作用越来越大，吸引其成为股东已是大势所趋，独掌公司股权带来的是越来越多的能干人员离岗离职。

（九十七）有些患上了人格分裂症。极端的高尚和极端的卑劣经常是并存的，极端的向善和极端的无耻经常是共生的。有些中小微企业业主既愿意承担责任却又不断地逃避责任，既热爱有真理的世界却又时时处处制造虚假，既强化对抗自私的意识，却又每天在镜子里寻找回自私。

（九十八）企业经营短期行为常有。有些中小微企业经常注重眼前利益，看着今天碗里的、揣着现有兜里的，对企业的品牌建设、制度建设、人力资源建设、核心竞争力打造等不上心，导致企业发展时间越长，发展的动力越来越弱，业绩越来越差。

（九十九）身怀小术多执着大道少。一个企业要获得持续健康发展，企业业主必须具备两种能力：**一是**应付各种复杂局面的能力和技巧，此为小术；**二是**立身社会、凝聚人才的信仰及人格魅力，此为大道。有些中小微企业身怀小术多执着大道少，致使企业终究只是获小利而失发展壮大的根基。

较多中小微企业面临着融资方面的难题

中小微企业规模小、风险大，这种状况下，市场危机就很可能转化为企业的财务危机和银行的信用危机，这种性质决定了它们抵御风险的能力，从而影响信用评级。受中小微企业的制约和现行银行体系的影响，融资情况不容乐观。不管是在直接融资上，还是在间接融资上，中小微企业很难筹集到充足资金。在一定程度上，中小微企业依托本身内部资金的供给，融资渠道非常有限。

（一）内源融资不足。我国中小微企业自有资金来源和积累有限，由于经营亏损，或者即使有盈利但收益有限，而且不一定一直有稳定的经营收益留存，来源不稳定。同时，由于中小微企业的内部管理基础偏弱，财务管理效率不高，中小微企业可能没有有效地使用内源融资，加重了内源资金的不足。此外，企业转型升级以及多元化发展的需求对资金的要求更高，这种融资方式也越来越不能适应企业发展和企业管理的要求。

（二）外源融资困难。主要包括：**一是直接融资困难**。严格的股票发行和债券发行制度将大多数中小微企业拒之门外。股票发行时，要求发行股票的股本金额不能少于5000万元，这便难住了许多中小微企业。许多风险投资者、私募基金选择谨慎投资，提高了投资条件，大多数中小微企业不在其投资范畴内。**二是间接融资困难**。在我国，四大国有商业银行目标是为大中型企业服务的，它们占据着市场的大部分份额。中小微企业和大银行交易数量及金额较小，贷款风险高于大中型企业，大银行不愿意轻易贷款给中小微企业。另外，中小微企业在财务信息方面披露不够规范，与大中型企业相比，银行为中小微企业提供贷款的违约风险较高，贷款成本也更高。在一定程度上，这将阻止银行向中小型企业提供服务。

导致中小微企业融资难的原因有很多，**一是**内部原因。**（1）组织结构不合理**。中小微企业内部各部门按职能划分，缺乏独立，权力聚集在少数高级管理人员手中，日常工作由最高主管决策和控制，缺乏必要而明确的组织分工，结构不清。中小微企业的组织结构大多为直线型，组织结构的功能安排，特别是责任与权力关系的安排不明确。尤其是在缺乏部门间沟通的情况下，对业务流程的设计与安排缺乏相互理解，导致工作效率低下。**（2）管理水平低下。**受中小微企业的自身特点和所面对的独特外部环境的影响，内部管理基础普遍较弱，导致管理效率低下，经营状况较差。中小微企业由于生产资源、资金等的限制，经营成本高，专业性不强，偿还贷款能力有限。许多中小微企业的管理层级很少，决议计划权大多集中在企业老板或总经理的手中，很难有效、成功地进行沟通，出现问题时可能导致部门之间彼此推诿。**（3）信息不对称。**信息不对称是造成中小微企业融资难的重要原因。中小微企业向商业银行贷款时，商业银行无法通过企业申请贷款时所提交的材料，有效地了解和约束中小微企业。在商业银行信贷人员与商业银行之间也有信息不对称问题，信贷人员的执业水平、遵守职业道德程度各有不同，有的为了私人利益，会违规地为中小微企业贷款开放绿灯，导致信贷出现风险。因此，商业银行为了规避风险，也不愿意向中小微企业贷款，这也是一种信息不对称。在金融服务中介机构与商业银行之间，因为一些金融办事中介机构，如会计师事务所，有失专业水准，出具的报告有失公允，致使商业银行不信任中介机构，导致商业银行与中小微企业之间的信息不对称。中小微企业与民间资本之间，由于信息不对称的高风险、低回报等很多因素，融资担保公司对于传统担保业务不感兴趣。另外，中小微企业还有信用环境较差的问题，可用于抵押的资源数目有限，如若企业遇到经营危机，无法还款。**二是**外部原因。**（1）银行方面。**在实际中，因为中小微企业与商业银行之间存在较大的信息不对称，商业银行通常会经过一些中介机构，如中小微企业资信评级机构的评级等方法，来决定是不是为企业供给贷款。然而，目前我国对中小微企业信用的评估还存在一定的问题，例如受经济利益的影响，市场上仍然存在着一些滥用企业信用评估的现象，信用评级缺乏统一明确的监管、程序及标准。如若第三方缺乏权威性和独立性，也会对中小微企业的融资产生不利影响。**（2）资本市场方面。**针对中小微企业的“创业板”市场发展不成熟。二板市场首先针对新兴的创新型企业，特别是高科技公司。“创业板”市场风险高，没有有效的制度约束，市场运作不太规范。创新型企业市场因中部地区的发展较慢，增长速度不快。如若上市融资，融资成本很高，不仅包括律师费等中介手续费，还包括经营过程中不规范操作等需补缴的其他费用。（3）**政府与社会方面**。目前公布的优惠政策不少没有落地，中小微企业依然缺少有力的支持。而且对中小微企业融资问题的解决更多的是从市场主体的角度进行指导，通过发展成为硬性规定的很少。可是市场导向的金融机构有本身的利益，因此，这些政策可能没有得到充分落实。

较多中小微企业的文化建设严重滞后

从当前中小微企业的发展来看，尽管其市场地位与价值在不断的提升，但是在企业文化建设方面，还存在许多的不足，由于缺乏特色的企业文化，使得自身的发展受到了严重的影响。

（一）较多中小微企业的业主普遍不太重视企业文化建设。对于企业文化来说，所包含的内容丰富多样，既有企业价值观、企业形象，又有企业目标与企业制度，不同内容所处的层次与地位各不相同。在企业文化当中，企业价值观是其中的核心内容，会对其他外在表现与要素的形成与传播产生影响。但是对于许多中小微企业来说，在企业文化建设重视程度方面存在明显的不足，大多数的管理者将关注点放在了物质领域，没有对企业文化的内容进行深入探究，简单地认为企业文化建设就是完善企业的形象展现，在这种情况下，企业所开展的文化建设工作，往往忽视了企业精神、企业价值观以及内部机制管理，将精力放在了企业形象包装与宣传上，很难实现企业文化深层内涵的升华。除此之外，在中小微企业的企业文化建设当中，经常会出现企业文化、家族文化、老板文化相互混淆的情况，缺乏人本意识，使得员工更多的是在管理者的指导下开展各项工作，缺乏创造性与积极性，对于企业的可持续发展产生了不利的影响。

（二）较多中小微企业的企业文化普遍缺乏时代特色。对于不同企业来说，在企业文化方面存在着一定的差别，每一个企业都需要形成具有自身特色的企业文化，将所处的时代特点、经营理念以及企业精神呈现出来，从而将企业文化的作用充分发挥出来。这就需要企业在进行文化建设的过程中，必须要考虑自身的现实状况，构造符合企业特性的文化体系，从而保证企业文化与自身发展相适应，提升企业的竞争力。但是从实际情况来看，大多数中小微企业在文化建设方面，同质化较严重，缺少企业特性，对企业文化建设产生了不利的影响。比如说在诸多企业文化建设当中，一窝蜂效仿“质量第一”“顾客就是上帝”的空洞口号，经常将一些名言融入企业精神当中，在进行企业文化建设当中，局限在写标语、喊口号方面，很难将企业的产品价值与文化品位体现出来。

（三）较多中小微企业的企业文化建设缺乏整体规划。企业如果希望得到更好的发展，就必须要从市场经济规律出发，制定自身的发展战略，从而实现自身可持续发展能力的提升，特别是在企业文化构建方面，需要与企业战略结合，从而保证企业文化建设有效开展。但是就现阶段中小微企业的企业文化建设来看，还没能形成整体的规划，很难与企业的长远战略相适应，制约了企业文化作用的发挥。对于大多数的中小微企业来说，成长道路较为艰辛，大多是从夫妻店式的个体经济中发展而来，这就使得其在生产经营过程中缺乏整体规划，对企业文化以及整体战略的制定造成了不利的影响。许多中小微企业在经营管理当中，为了短期的效益，经常会偏重于能够迅速起效的企业文化，甚至会采取一些背离正常趋向的情况，对企业的长远成长产生了不利的影响，出现了企业文化与经营战略不匹配的情况。

较多中小微企业遇到了体制机制带来的障碍

中小微企业发展对于推动我国经济健康可持续发展、带动就业、跨越“中低收入陷阱”、推进新时代经济社会建设有着不可替代的作用。但迄今为止，中小微企业发展过程中仍存在诸多体制机制障碍。

（一）中小微企业依然面对着由所有制引起的观念障碍。纵观我国非公有制经济几十年来的发展历程，其中中小微企业（绝大多数为非公有制经济）的发展经历了从“资本主义尾巴”、“有益补充”到“毫不动摇地鼓励支持引导非公有制经济的发展”的历史过程，最终从政治、经济和法律上确立了广大民营中小微企业发展的合法地位。但是，尽管经过几十年的发展，我国中小微企业面临的许多束缚还未完全消除，在政策环境、竞争秩序等方面尚处于劣势，尤其是存在一些制约中小微企业发展的观念障碍，国有经济优越于集体经济、集体经济优越于个体私营经济的“排坐次论”和“所有制鸿沟”还在不少领域、不少地方客观存在。一些政府部门仍将市场主体分成“体制内”和“体制外”，对其有亲有疏，政策制度存在偏向，各类企业实质上还是处于不平等地位。

（二）中小微企业依然面对着人力资源政策的实施障碍。美国学者艾莉森发现，在达到政府目标的过程中，方案确定的功能只占10%，而其余90%取决于有效的执行。世界银行在《2020年的中国》报告中认为，中国当前的情况不是缺少制度和法律，而是执行不力。中小微企业的政策需求和现有的政府政策供给之间存在较大的矛盾，中小微企业人力资源瓶颈的打破不是主要依赖于出台政策的多少，而是需要提高相关政策的执行力。对比分析东部和中西部的中小微企业人力资源相关政策执行情况，**一是**在政策的惠及面上，东部与中西部之间的差距很大，中西部的相关政策惠及面低于东部，尤其是人才引进、员工培训、人才培养、社保补贴及劳动仲裁相关的政策。**二是**中西部的政策落实情况与东部相比存在较大差距，除了因地域差异带来的信息传递、人员素质等不同外，政策的制定情况、政府部门的工作效率、工作方法、激励手段等都是导致政策落实不足的主要原因。

（三）中小微企业依然面对着社会保障政策的对接障碍。随着我国城市化进程不断加快，城乡劳动力流动日趋频繁，进城务工的农民越来越多。在流动过程中农村居民会经常转化身份，但目前我国城乡实行两种不同的社会保障制度，即当农民在城镇企业就业时，实行城镇职工（或农民工）基本社会保障制度，当农民在农村务农时，实行新型农村社会保障制度。而这两种社会保障制度在诸多方面存在不同，如何实现这两种制度间的转移融合，关乎农民工社会保障权益的实现，也关乎新型农村基本社会保障制度的可持续发展，更重要的是，需要以此来打破城乡制度的二元差异。同时，为机关事业人员与企业职工的并轨铺平道路、奠定基础。针对我国部分中小微企业中来自农村的员工缴纳社保和“新农合、新农保”重叠的问题，接受问卷调查的企业中有 72.4% 的企业存在“员工不愿意接受‘五险一金’”的问题。究其原因，56.5% 的湖南企业是因为“员工已经在农村缴纳了‘新农合、新农保’”，同样的归因在江西的比率是 64.5%，在广西则为 38.5%。广西的比率低是因为广西中小微企业将“不愿意接受‘五险一金’保险”的首要原因归为“员工扣除社保后到手工资低”。由此看来，目前我国中小微企业员工的社会保障的对接和管理存在较为严重的问题。

第五章

chapter five

我们的中小微企业要矢志不渝练好内功提升自我

迈入新时代，越来越多的聚光灯聚照着我们的中小微企业，这需要我们的中小微企业学会全面、系统、辩证地看问题，最终找到适合自己的发展模式，始终以清醒的头脑面对难题，以活跃的思维作出判断，以持续的思考力和高效的行动力进行创造，努力实现“个转企、小升规、规改股、股上市”。

我们的中小微企业要实现健康发展，首先是要制定正确的发展战略

华罗庚曾讲“不怕没有底，就怕不知底”。没有正确的发展战略，没有长远的目标、认真的规划，仅靠一次次偶然得手，是做不成企业的。对中小微企业来说，战略赢是大赢，战略输是大输。战略选对了，我们的中小微企业所做的每一项努力都有加成作用；战略选错了，就会背离目标越来越远，

甚至会全军覆没。

（一）我们的中小微企业要始终牢记优秀的管理代替不了好的发展战略。战略是关乎企业生死存亡的大事。一个企业在战术上时常会出现失误，战术上出现失误不至于致命，而战略上出现的失误则是致命伤，是那种一生一世的错误，往往没有补救的机会。四川武侯祠里有一副对联，上面写着“不审势即宽严皆误”，讲的就是这个道理。战略是研究方向性、全局性的问题，很多中小微企业没有战略或者说战略并不清晰，所做的事情大都是在管理层面就事论事。事实上，战略与管理是两码事，管理再优秀也代替不了战略，再高明的管理也只能算作战术。做企业尤其是做中小微企业首先要务虚，研究战略，判断方向，权衡机遇与风险、当期的利润和长远的发展。搞不清楚大方向就出发，最终很可能会南辕北辙。当然，务虚的背后还是要务实，没有士兵冲锋陷阵，没有趁手的武器装备，再好的思想也是空中楼阁。所以说，企业尤其是中小微企业有虚有实，最重要的是虚实结合。战略是旗帜，是目标，是方向，是未来；管理是手段，是途径，是过程。做企业，正确的战略永远是第一位的。一个企业尤其是中小微企业如果没有明确的战略思路，不从全局和根本上考虑问题，就会头痛医头，脚痛医脚，整日在细枝末节的问题上兜圈子，使工作陷入盲目和被动。

（二）我们的中小微企业的领导者一定要坚守做乐于眺望远方的人。一个好企业一定会有领导者与管理者。现在不少企业有管理者却不见得有领导者，若深究起来，把很多“领导者”称为“管理者”可能更为精准，因为他们不把制定战略作为首要任务，总是事无巨细地去做执行层面的事情，相当于一个管理者或负责人。从一家企业的发展历程来看，在初创阶段，创业者往往既是领导者也是管理者，但随着企业规模的不断发展扩大，领导者就应该从管理者的身份中抽离出来。然而，很多人把权力看得太重，总是纠结于“谁说了算”，却没有很好地研究“企业向何处去”“企业做什么”这些重大问题，结果把自己沦为一个面面俱到的管理者，导致企业迷失方向、缺少活力。当然，也有相反的情况，一些创业者有一定的领导才能，却不屑于找一个好的管理者，导致企业管理松散，最后因没有效率而效益平平。企业尤其是中小微企业里总得有人看方向，有人低头拉车，应该做好分工，不然就容易出问题。领导者要善于思考长远问题、全局问题，比别人多向前看一步，这是作为领袖的首要职责。像马云、柳传志、张瑞敏、董明珠等，都是企业灵魂、商界领袖。在企业里，最需要解决的问题是，让有战略偏好的人经过培养走上领导岗位，让事无巨细的管理者成为做业务的一把好手。领导者和管理者不能说谁比谁更好，主要取决于个人的思维习惯和兴趣偏好，而无论担任哪个职务，都要互相尊重，互相补台，形成良好的配合。

（三）我们的中小微企业要清楚做任何企业都要有精兵奇兵铁兵和将帅。企业的战略选择与企业的性质和发展目标有关。俗话说，“种瓜得瓜，种豆得豆”。中小微企业是“种豆”还是“种瓜”？肯定是“种瓜”。什么样的战略才算成功的战略呢？**一是**战略就是取舍，打仗要靠“精兵”。所谓舍得之道，有舍有得，不舍不得。兵贵在精干，而不在多少。做企业尤其是做中小微企业总要腾笼换鸟，转型升级，有加有减，平衡调整，实现资源的最优配置。把不构成战略的东西舍掉并不容易，因为个人也好，企业也罢，都有恋旧情结或有选择上的偏好，但是战略却要求我们不能凭兴趣和经验做选择。**二是**战略是特色，制胜要靠“奇兵”。战略主要是讲特色，千篇一律、人云亦云，肯定算不上成功的战略。“冲出亚洲、走向世界”这样的口号谁都会喊，但这不是战略，战略一定要经过深思熟虑，符合企业自身实际。企业尤其是中小微企业的战略要打特色牌，企业内外环境、战略的判断能力和执行能力、所在行业特点等因素的差异，都会带来战略的不同，不可能通过简单的战略复制取得成功。其他企业的战略模式可供借鉴，但不能盲目照搬。**三是**战略是坚持，执行要靠“铁军”。战略具有双重性，既要不断变化，又要相对稳定。战略要根据客观实际，因时而变、因势而动、因企而异，与时俱进应是我们思考问题的一条主线。同时，战略一旦确定就要坚决执行，决不能朝令夕改、人云亦云、半途而废。当然，战略执行的过程中可能会遇到各种曲折、艰难，但只要有定力、有耐力、有毅力，按照既定目标逢山开路、遇河架桥，不断解决前进路上的各种问题，只要持之以恒、执着前行，战略目标最终是可以得到实现的。**四是**战略是方向，决策要靠“将帅”。在企业尤其是中小微企业里，这个“将帅”就是董事会或者是董事长（总经理、总裁等）。董事会作为股东会的信托组织，是企业的领导层和决策层，是企业决胜市场的战略性力量，就像军队里的指挥部；董事长（总经理、总裁等）是将帅，是拍板定论的人，必须做到运筹帷幄之中，决胜千里之外，因为其制订的计划关系到成千上万士兵的生命。

（四）我们的中小微企业的决策层要把创造价值作为最重要的责任。决策层要定战略、做决策、管大事、把方向，要积极指导和促进经理层正确地理解和执行决策层的战略决策，创造性地开拓经营、创造绩效，把更多的经营性事务授权给经理层，使内部制衡与市场效率相结合，提高企业的决策质量和执行效率：**一是**决策层是企业的领导和决策机构，经理层作为执行层，要坚决执行决策层的决议。如果有制衡，也是股东会对决策层的制衡、决策层对经理层的制衡，制衡只能是单向的。**二是**决策层对股东承担企业经营和发展的责任与义务，对公司的发展、绩效和风险负有全部的不可推卸的责任，对经理层负有指导、帮助和支持的责任。公司做不好，决策层难辞其咎；经理层执行不力，责任也在决策层。决策层最大的任务和最大的难点是始终面临着促进发展与防范风险的两难，过于强调发展可能会出大风险，而过于强调风险就会止步不前。决策层是决策机构，对待风险既不能疏忽大意，也不能矫枉过正，同意一个错误的决定和否决一个正确的决定都是决策失误。积极进步型的决策层不仅要防止错误行为发生，更要在本质上改善公司业绩。

（五）我们的中小微企业的业主要始终保持积极乐观向上的心态。做好中小微企业的业主既是一门学问，也是一门艺术。要始终坚持做积极向上的业主，带领企业员工为企业制定战略、创造价值，而不只是简单地制衡。做个积极的中小微企业业主并不容易，至少需要同时扮演好三个角色：班长、战略家、老师。作为一班之长，中小微企业业主的沟通能力要非常突出，会前要做好深度交流，安排好相关调研，让企业员工既掌握好消息，又掌握坏消息，真正成为企业的“家里人”，会上，要推动企业决策层决策成为互相沟通、互相学习、取长补短的判定过程；作为战略家，要能全面、长远、系统地考虑战略问题，明确对股东或企业员工的信托责任，听清股东或企业员工声音，把握企业方向，拿出更多的时间读书、学习、调研、思考，引导股东或企业员工成为纵观全局、把握机遇的战略性决策组织；作为老师，不仅自己要有超强的学习能力和丰富的管理经验，要指导经理层真正理解企业的战略和文化，还要肩负起引导企业员工一起建设合规、重绩效的学习型企业的责任，积极创造条件安排企业员工进行必要的培训，形成开放、包容和高效的企业决策文化。

（六）我们的中小微企业要牢记做企业不要怕没资源就怕没目标。做企业的原理是什么？概括起来就是四条：**一是**先定目标，**二是**寻找想要达成目标会遇到的问题，**三是**分析找到解决问题的方法，**四是**把企业做好做强做大。从有什么做什么到缺什么找什么，是先定目标再找资源的战略思维。今天，社会生产力切实解放和发展，资源不再是企业发展的首要矛盾。资源并不一定都是自己的，也不能凡事都从零开始，那样做既没有必要，也过于迂腐，还会错失良机。其实，在一个资源社会、协作社会里，相对找资源而言，更难的是定目标。企业的发展目标和资源配置其实都是战略问题，由于资源的稀缺性和可选择性，企业往往要根据环境、机遇、自身条件和目标，将资源在不同的时间、空间和数量上进行合理分配，追求资源配置的有效性并降低成本。因此，资源配置要从企业的发展目标来考量。企业最重要的是要树立一个为之振奋而又有一定追求的目标，一个有吸引力的目标，一个符合逻辑的目标。围绕着这个目标，想清楚企业自身的优势和劣势是什么，再想清楚到达目标的途径，缺少何种资源，然后想方设法找资源来实现目标。从战略的角度看，企业如何取得成功？简单来说就是先制定清晰正确的目标，然后努力去寻找所需资源。当我们把缺失的东西一样一样找全并充分发挥资源配置的功效时，事情就慢慢地做成了。很多企业的崛起恰恰是因为最初没有资源，在确定目标后主动去寻找相关资源，从而实现了快速发展。

（七）我们的中小微企业要坚信做企业一定要有善于整合资源的能力。在今天的资源社会，企业无限多，智慧无限多，故事无限多，做企业最好的方式就是整合资源，发挥资源集聚效应。这其中蕴含了一个非常重要的道理：环境变了，企业的成长方式也必须改变。按照经典的企业成长理论，企业的成长往往是内生式成长，关注的是如何让企业内部资源得到最大的发挥，如何依靠现有资产和业务，实现销售收入和利润增长。而在经济全球化、经济转变发展方式的今天，企业除了关注内部，也要关注系统资源的集成能力与优化能力，关注存量整合而形成的资源集聚效应和综合价值的提升。尤其是当资本、技术、人才等各种资源聚集到一起时，就会产生集聚效应。如果不去找资源，一切都是关上门完全靠自己做，两耳不闻窗外事，那么费了很多劲，吃了很多苦，最后却可能没有效果。从国内外很多做得好的中小微企业的实践来看，资本运营也好，联合重组也好，管理整合也好，集成创新也好，其核心都是先找到资源，把资源聚集起来，然后找到资源整合的办法，把各种资源有效地整合在一起，这是企业成长过程中一个最根本的东西。实践证明，整合优化是过剩行业走出困局、企业实现快速成长的有效方法。

（八）我们的中小微企业所定的战略一定要突出重点不要面面俱到。建立核心战略区和核心利润区，目的在于建立自己的根据地、拥有自己的目标市场——这就是战略。战略关乎全局，做企业不能盲目地开疆辟土，摊大饼，而是要有所侧重地主攻某个特定的客户群、某产品系列的一个细小区段或某一个细分市场，而不是面面俱到。战略就像为企业制图，任何地图都是有边界的，我们既要系统全面思考问题，知己知彼，又要勾画好自己的领地，并在领地里努力做到最好。市场那么大，不见得都是自己的，我们要根据行业特性、企业特征和自身优势，理智地选择市场，这样既能减少正面压力，又能集中优势兵力去做好该做的事情，成功的把握会更大些。为此，做企业尤其是做中小微企业，要认真思考两个问题：**一是**要思考怎么分利。不能钱都自己挣了，也得让别人挣。做企业往往觉得赚钱越多越好，但也得让上下游和竞争者都赚钱，这一点必须想通。现代市场是个相互服务的市场，谁也不能大包大揽，谁也不能不让别人挣钱，任何企业在产业链中只能占据一部分。**二是**要思考所占地盘。自己有地盘也得给人家地盘，要让竞争者有生存空间，不能统统自己占了。做企业要学习西方管理思想，同时中国古老的文化和哲理也非常重要，从中国的文化里可以得到很多涵养，比如《论语》《道德经》《易经》等。《道德经》最后一章有两句话："天之道利而不害，圣人之道为而不争"，讲的是融合，不是你争我夺，都能够有自己的核心利润区，能够自律，市场就会健康化。

（九）我们的中小微企业在战略实施中要敢于善于抓住机遇。作家柳青在《创业史》中写道："人生的道路虽然漫长，但紧要处常常只有几步，特别是当人年轻的时候。"对大多数人来讲，一生中的重大机遇可能只有一两次。

企业尤其是中小微企业的成长过程也是一样，重要的机遇可能只有一两次，有的机遇可能十年甚至百年难遇。因此，企业做什么、何时做非常关键。市场不可能总给我们中小微企业机会，关键要看机遇来了我们能不能抓住它，抓住了，企业就能发展起来，否则就可能永远失去机会，成为企业最大的失误。当然，前提是你要真能跳得起来并且有本事抓住它。我们常说，机会只会留给那些有准备的人，就是这个道理。一些企业的问题是平时准备不够，关键时刻跳不起来。也有企业在不是机遇时孤注一掷，结果赔了夫人又折兵。想揽瓷器活儿，得有金刚钻，那些没有战略目标、盲目行动、准备不足的企业，注定会摔跟头。谋定而后动，只有看准了、想通了，我们才能义无反顾地前行。

（十）我们的中小微企业无论是高管还是员工一定要严格按规律办事。不同企业的业务范围、经营管理模式千差万别，但万变不离其宗，就是要遵从基本的经济运行规律。把握好这些规律，分析好经济形势、行业走向、市场需求以及自身条件等各种因素，才能在此基础上去谈战略、谈发展。所谓的运气就是发现了那些不容易被发现的内在规律，而“奇迹”一定在规律之中，越不出规律的边界。成功的人不一定是最聪明的，但都是那些乐于善于发现规律、矢志不渝遵循规律、老老实实做事的人。作为企业尤其是中小微企业的领导者，一定要认真思考规律，规律找到了，事情就好办了，虽然做的事情看上去很冒险，但只要在规律之内，就不会偏离轨道。

（十一）我们的中小微企业要把“小而美”的企业作为成功的标志。在业务选择上，企业常为专业化还是多元化苦恼。从“隐形冠军”理论来看，这类企业展示的“小而美”的生存优势耐人寻味，专业化是企业的立身之本。赫尔曼·西蒙先生是主张专业主义的。他认为，专业主义有市场风险，当一项技术被取消时，就会遇到风险，就像蒸汽机被取消了，蒸汽机做得再好也没用。但同时他也认为，把资源高度分散的多元化也会存在风险，两种风险比较，他还是倾向于专业化。多年来，欧洲很多国家的工业发展都是走专业主义道路的。过去德国制造曾被视为劣质货，1887 年英国政府下令把所有德国产品都标上“德国制造”，以示和英国产品的区别。德国人为此卧薪尝胆，用了上百年时间一雪前耻，实现了质量和技术的腾飞。日本产品原来质量也很差，后来日本奋发图强，在世界制造业中独占鳌头。如果我们的中小微企业有 2000 个“隐形冠军”，在国际市场将获得更多竞争优势；如果有 5000 元至 10000 个“隐形冠军”，中国将成为制造强国。我们的中小微企业要如何才能把自己锻造成为“隐形冠军”，我认为要特别重视几个要素：**一是**文化，文化的重塑是制造业强大的重要基础，“隐形冠军”必须始终崇尚工匠精神，包括追求卓越的创造精神、精益求精的品质精神、用户至上的服务精神；**二是**环境，“隐形冠军”的成长需要沃土，有宽松的环境、适宜的机制，才能激发活力和创造性；**三是**管理，中小微企业始终围绕做专业务强化管理，这样才能真正拓展国内国际市场；**四是**选人，“隐形冠军”需要专业的人才与团队，尤其是企业领导人必须是心无旁骛、兢兢业业、对事业专注、对工作尽心的痴迷者。

（十二）我们的中小微企业要坚持以适度的多元经营对冲风险。有限相关多元战略，核心是先做好现有的核心业务，再根据企业需要，顺着上下游产业链，有限度地向多元化方向发展。实践证明，这一战略减少了业务过于单一带来的机会风险，扩大了营业规模，确保了核心竞争力，既承袭历史又关注未来，既坚守传统主业又稳健开发新业务，业务发展成功的概率更高。当然，在选择多元业务时，有的企业并不强调产业的相关性，甚至刻意回避这一点，如一些投资型的中小微企业。因为任何一个领域都会有周期性问题，周期来临时无法对冲，这是很多专业化中小微企业遇到的困扰。中小微企业要紧密结合自身实际，探索适度多元化发展，从资本收益、公司战略等角度出发，进入市场潜力大、逆周期或周期性不明显、企业具有独特资源和经营能力的产业领域，注重业务之间的对冲机制。这样既可以确保企业不会因行业波动而面临颠覆性风险，也可以获得稳定持续的收益。“多元”前面为什么要加一个限定词“适度”？看过杂技转盘子表演的人都知道，技艺再高超的杂技演员也只能让一定数量的盘子同时转动，盘子再多就很难控制了。同理，任何企业的发展也是如此，业务过多和过少都有风险。多元化发展对企业的投资水平、管控能力、财务管理等都提出了更高的要求，因此企业尤其是中小微企业一定要量力而行，以足够的控制力、抗风险能力和获取资源的能力为前提。

（十三）我们的中小微企业要记住业务不在于多而在于精。著名的帕卡德定律指出，人才成长速度跟不上企业成长速度，企业很快会衰败；面临的机遇太多，选择太多，企业也可能会衰败；很多企业失败并不是不创新，而是战线拉得过长，导致顾此失彼，找不到重点和关键。做企业尤其是中小微企业必须引以为戒，业务不在于多而在于精，切忌“狗熊掰棒子”，一定要突出核心专长和核心竞争力，对已有产品精耕细作，不断完善和创新，不停地更换产品和盲目的新增业务都是不可取的。今天的市场竞争是专业对手和专业对手的竞争，中小微企业的目标就是在自己的业务领域里，把事情做到极致。企业发展和产业布局要以归核化为基础，绝不能超过自身承受能力。前几年中小微企业股票不错时，很多中小微企业质押贷款，利用表外和影子银行融资，盲目扩张业务，当去杠杆缩表时就受不了了。其实，中小微企业和大型企业的发展规律是有共性的，大型企业吃了苦头，严格瘦身健体，但中小微企业没有引以为戒，而是盲目膨胀，急于做大规模、多元化，遭遇了资金难题，“大潮退去才知道谁在裸泳”，这场教训是极其深刻的。

（十四）我们的中小微企业在开展投资活动时要注重提高业务组合力。始终坚持以优化资源配置和实现经济效益最大化为原则，合理选择投资项目，使业务产生协同或互补效应，实现组合优化。在这一点上，日本的财团模式值得研究借鉴。日本三菱、三井、伊藤忠等财团，以银行或其他大型金融机构为核心，通过产融结合的方式促进实业发展。像日本三菱财团下就有三菱银行、三菱商社、三菱重工等几家世界500强企业，这些企业实力强劲，彼此之间既竞争又合作，共同支撑着财团发展。可见，在业务多元化的联合舰队中，各舰船之间的协同效应非常重要。业务发展要服从集团整体利益，形成有协同力、有核心竞争力的产业群。如果产业之间毫无关系，形不成组合力，这支舰队就会貌合神离，最终只能走向分崩离析。企业最容易犯的错误，就是投资时花钱如流水，倒下去“三桶水”，而在管理成本上却强调“干毛巾也要挤出三滴水”。所以，企业尤其是中小微企业要把控制投资的“三桶水”和控制生产经营成本的“三滴水”结合起来，投资时一定要精打细算。总之，企业投资是门大学问，既要把握方向，按企业的战略进行，又要控制规模，使未来投资的企业能低成本运行。同时，一个集团的投资分布应该有一定的业务组合力，使企业之间能有一定的协同能力，最终取得“1+1>2”的效果。

（十五）我们的中小微企业在选择新业务时要坚持“四问四要四不做”。 **一是**选择业务要坚持做到“四问”：一问自身是否有优势，问拟进入的领域是否符合企业战略需要，是否对该领域有充分的了解和认识，并能结合技术、人才、管理、文化等优势形成足够的驾驭力；二问市场是否有空间，问拟进入的市场是否有足够的容纳度，能否为业务成长提供支撑；三问商业模式能否复制，选择能迅速复制的业务，就能更快形成规模；四问与资本市场能否对接，包括资本市场的市值，能否把产品利润在资本市场放大。**二是**业务推进要始终牢记“四要”：一要做好风险评估，明确风险点在哪里、风险是否可控可承受，一旦出问题能否进行有效的切割和规避，把损失降到最低；二要强化专业协同，尤其是专注平台的中小微企业一定要与现有业务产生协同效应，提升产业链综合竞争力；三要善于收购团队，重组团队要重视收购研发中心，有一个扎实的基础，有一班整齐的人马，再去做创新就会相对容易些；四要做到执着坚守，始终有执着的劲头、坚守的毅力，否则是做不成大事的。**三是**底线设定要明确“四不做”：一是过剩产能的项目不做，坚持在品种上、质量上、产业链上精耕细作，而不是在数量上、规模上、速度上做文章；二是不赚钱的项目不做，全面了解一个项目能不能赚钱、盈利点在哪里、盈利模式是什么；三是不熟悉的项目不做，如果一个项目，企业里没人熟悉情况、没人说得清楚、没人能作出清晰的判断，这种项目十有八九会亏损；四是有法律风险的项目不做，要知道不注重法律风险的企业，很容易陷入泥潭。

我们的中小微企业要实现健康发展，要特别注重强化科学管理

从工业革命以来，企业的根本目的一直设定在获取高额利润上，直到美国管理学家弗雷德里克·泰勒的“马钟计时法”开启了科学管理时代，强调的是用科学化的、标准化的管理方法代替经验管理，最大限度地发挥人的效

率，从而实现生产效率最大化。后来行为科学理论逐渐兴起，从梅奥主持的霍桑实验到马斯洛的需求层次理论，从麦格雷戈的 X-Y 理论到威廉·大内的 Z 理论，管理学越来越重视人的主动性和创造性，企业逐渐进入人本管理时代。

（一）我们的中小微企业要把科学管理时刻放在心上抓在手上。在科学管理诞生之前，管理就已经存在，但人们崇信“天赋才能”，觉得管理靠的是个人经验。1911 年泰勒出版的《科学管理原理》，把科学引入管理实践，使管理成了一门可供研究、传授和复制的学问。泰勒告诉我们，管理要解决的就是如何在有限的时间里获取最大限度的产出，这就是管理要达到的目的。科学管理理论的诞生，对美国工业快速崛起乃至全球经济发展都起到了巨大的推动作用，使得整个 20 世纪制造行业的劳动生产率提高了 50 倍之多，加快了人类社会的飞速进步，这是一项非常了不起的成就。时至今日，科学管理的许多效率措施仍在全球广泛使用，可以说，经过 100 多年的发展，科学管理理论仍散发着光芒。当然，任何思想的产生都有它的时代背景，随着社会和经济发展，科学管理面临的挑战和自身的局限也比较突出。工业革命初期的管理，主要是对人进行作业管理，像福特公司应用科学管理方法，装配流水线生产效率提高了 8 倍。今天社会已步入智能化时代，在互联网、大数据、人工智能等现代工具面前，科学管理那一套还管用吗？答案是肯定的。科学管理是管理的地基，不会过时，它最大的贡献在于把科学带进生产管理中，使效率最大化研究成为可能。科学精神、理性主义是任何时候都不能丢弃的。像分工、标准化、定量化、科学测量、有效激励、科学选拔等科学管理的内容，放在今天来看仍然非常重要。时代在进步，我们也要赋予科学管理新的生命力，用新的技术手段，创造新的管理模式和理性工具，不断提高效率、简化流程。从科学管理自身看，它虽然解决了劳动效率问题，但把人当成了纯粹的“经济人”，当成了只会简单重复枯燥劳动的机器。20 世纪二三十年代开始，行为科学学派开始关注人的因素，研究人的需求、行为动机、人际关系等，提出了“社会人”假设，此后几十年里人本管理思想逐渐演进成熟，并为社会广泛接受。人本管理认为企业的一切要围绕着人开展，人是企业的主体，做企业的根本目的是促进人的自由全面发展。人本管理弥补了科学管理的不足，但两者又不是完全对立的，科学管理是基础、人本管理是升华，我们应该兼收并蓄，让两种管理模式在企业里相得益彰。

（二）我们的中小微企业要坚守“以人为中心”的管理理念。著名的霍桑实验表明，人在特定环境下有不同的表现。古语说“水能载舟，亦能覆舟”，同样的员工，管理得好，可能会使企业蒸蒸日上；管理不好，也可能会使企业江河日下，关键在于能不能点燃员工心中的火。员工心中的火是企业发展的圣火。中小微企业管理工作要始终围绕怎么“以人为中心”，怎么调动人的积极性，让大家真正以企业为家、爱岗敬业来开展的：**一是**“企业是人”，即指企业是人格化的、人性化的——说起联想，大家会想到柳传志；说起海尔，大家会想到张瑞敏；说起淘宝，大家会想到马云。**二是**“企业靠人”，即指企业的一切都是由人来完成的，要靠领导者的带领以及广大干部员工的努力和付出来发展，企业的所有成绩都来自大家的汗水。**三是**“企业为人”，即指企业经营归根结底是为了人，我们办企业尤其是中小微企业就是为了服务三个群体：一为企业人（我们的员工和他们的家属），二为投资人（出资人和利益相关方），三为社会人（我们要为社会提供更好的产品和服务），为此做企业必须坚定“三个信心”（没有比客户对企业有信心更重要的事，没有比员工对企业有信心更重要的事，没有比投资者对企业有信心更重要的事）。**四是**“企业爱人”，即指企业要以仁爱之心待人，坚持在企业之内，要发挥员工的积极性和创造性，关心和爱护员工，在企业之外，要积极履行社会责任，努力回馈社会，创造阳光财富，推动社会和谐发展。中国的文字博大精深，企业的“企”字是“人”字下一个“止”字，就是说企业离开了人就停止运转、止步不前了。企业的财富、企业的进步都是由人来创造的，人是企业的主体，是推动企业前进的根本动力。坚持以人为中心，把实现人的幸福、人的价值作为企业发展的根本追求，这是中小微企业在任何时候都不能偏离的主线。

（三）我们的中小微企业的管理者一定要学会“求同存异”。企业领导，铁腕式管理、春风化雨式管理都有做得好的，比管理风格更重要的是管理的出发点，即是否从“人”出发，激发和调动大家的积极性，能不能以责任和担当推动企业发展。所以我们不必纠结于苦口婆心地去改变别人，也不必为改变不了别人而难过，应当回到德鲁克讲的，把管理定位于如何各取所长、各尽其才。现实中不同的人有不同的性格、不同的经历，再好的管理也只能做到“求同存异”。能做到用人所长，让大家认同企业的方向和文化，鼓励大家把聪明才智发挥出来就可以了，没有必要拘泥于每个人的性格特点。当然，管理要发挥人的才能，不仅是个人的发挥，更是集体的发挥。讲管理课时，老师常用乐队做例子讲解管理的效能：如果每个人都能按照乐谱和演奏要求，各司其职，相互协作，把自己的专长完美地展现出来，这样的乐队一定是一流的。这就是西方管理学讲的，好的管理通过集体既能满足个人需求，又能实现组织目标。企业就像一支乐队，企业里每个人都要清楚自己的责任和目标，在各自岗位上发挥最大能量，进而形成配合默契、高效协作的组织。优秀的企业必定是一流的乐队，领导得当、个人发挥得好、组织协调得好，就能干出一番大事业。

（四）我们的中小微企业在管理中有小冲突小矛盾很多时候是好事。做企业不可避免地存在矛盾与冲突。对于那些必要的小矛盾小冲突，我们的中小微企业业主如能理性客观看待，合理地运用方法加以解决，进行正确的引导，它们就能对促进团队进化起到建设性的作用，这就是西方人讲的冲突管理。处理冲突的最好方式，不是控制、妥协、退让、牺牲，而是在认同双方利益的基础上，实现利益的整合。所以，企业尤其是中小微企业的内部管理还是得用一些考核和激励的手段，开展些“小型涨落”性质的内部竞争，才能更加有效地推动企业的发展。有了这些情感的刺激和心灵的撞击，人才能前进，如一潭死水的团队只会退化。例如，在用人方面，企业应引入一定的竞争机制，但不能制造矛盾，要用有效的机制去约束人、激励人。用人的标准是在某岗位上有所创新，而不是维持日常不犯大错就能保住职务。企业尤其是中小微企业每年都应对干部任职资格和经营业绩进行考评，根据考评结果，能者上、庸者下，让人人具有上进心。再如，开会讨论有时会出现意见不一致的地方，对于立场、意见不一样的人，我们应心生欢喜，看法多一些、意见多一些总是好的。如果我们因为别人有不同意见就冷落或是排斥对方，难免会堵塞言路，不利于得出正确的结论。需要注意的是，考评和激励手段是工具而非目的。如果我们的企业经常把考评与晋升、涨工资等联系起来，使它变成单纯的奖惩制度，这种功利化的做法不利于企业的长期发展。

就像德鲁克讲的那样，管理绝不是“胡萝卜＋大棒”，胡萝卜是利诱，大棒是威胁，它们分别利用了人性的贪婪和恐惧，无论哪一种都与“激发人的善意和潜能”这一管理初衷背道而驰。

（五）我们的中小微企业一定要矢志不渝用制度来“治未病”。管理需要人性化，一方面要尊重人、关心人、激励人，提高大家的积极性；另一方面也要引导人、教育人、约束人，做到严格管理、赏罚分明。提到人本管理，大家总会想到那种春风化雨式的管理，其实任何管理都必须以约束机制为内容和基础，以人为中心和对人有约束不仅不矛盾，而且相辅相成、刚柔并济。在约束机制里，最重要的就是制度保证、规范实施，让人的行为有所遵循，使人知道应当做什么、不应当做什么，怎样做是对的、怎样做是错的。制度既是“防火墙”，也是“灭火器”。一个企业尤其是中小微企业如果在制度建设上出了问题，一定会险象丛生，甚至轰然倒塌。做任何事都是个过程，有了制度大家才知道每一刻怎么做，没有制度，过程就会走样。所以，企业尤其是中小微企业越大就越需要健全组织及各项制度，按制度和流程运作。这样不仅能提高效率，还能减少随意性和盲目性，降低风险。事实上，任何风险的防范和应对都有赖于制度建设。企业尤其是中小微企业规模大了，层级多了，风险有时会防不胜防，只靠口头提醒或简单的惩罚还不够，关键要靠内部制度的规范和约束，用制度来发现风险、防范风险、化解风险，将风险预设在安全可控的范围之内。就像中医里的那句老话，“上医治未病，中医治欲病，下医治已病”，说的是，最厉害的医生不是擅长治病，而是能预防疾病发生。企业尤其是中小微企业里，这个“治未病”的良药就是制度。

（六）我们的中小微企业要善于把好的经验做法归纳成可供复制的工法。管理其实并不复杂，也不高深，就是把平时认可的那些尝试，归纳成一些方法。搞管理要靠工法。工法的意义是什么？**一是**让管理有了抓手，有法可循；**二是**让管理变成一种乐趣。管理靠人，企业尤其是中小微企业要想把管理真正做好，就得让企业员工对管理产生浓厚的兴趣，把近似枯燥的管理变成一场场喜闻乐见的活动，把那些优秀的管理经验提炼成简单易行的工法，让大家对这些管理工法耳熟能详，并从管理工法的拷贝中取得成效，在管理活动中找到乐趣和成就感。记得 20 多年前，国家经济贸易委员会在全国推广“管理十八法”，提出 TQC、看板管理、量本利分析等管理方法，可惜不少企业做一阵子就放弃了。而在日本，很多企业至今还在坚持这些传统工法。做企业是一门实践性很强的工作，对一线的工人、作业人员来说，很多管理理论是很难学习运用的。相比之下，大家对来之于实践、用之于实践的大量工法很感兴趣。美国教育家约翰·杜威先生说:“一克实践远比一吨理论更加重要。”企业尤其是中小微企业的管理没有秘诀，如果一定要说秘诀，那就只能是持之以恒地做下去——只要扎扎实实、一板一眼地做好那些最基本的工作，把员工熟知的管理信条真正付诸长期实践就可以了——正是那些看上去繁杂琐碎的管理制度、朴实无华的管理方法、一丝不苟的监督落实，成就了企业的基业长青。

（七）我们的中小微企业一定要牢牢树立正确的产品质量观。改革开放以来，从成立质量管理协会到全面推行 TQC，从引入 ISO9000、ISO14000、ISO18000 等质量管理体系到引入卓越绩效模式，中国企业的质量管理水平取得了长足进步，但对比世界先进水平仍有一定差距。质量是兴国之道、强国之策。世界上很多国家制造业的兴盛都源于质量的崛起，德国、日本、韩国等莫不是如此。以日本为例，日本产品几十年前口碑非常差，在欧美国家被嗤之以鼻，后来日本人在美国质量管理学家戴明先生和日本质量管理学家石川馨先生的帮助下，卧薪尝胆，作出了世界一流的产品。对企业来讲，质量是生命。企业靠什么生存？就是质量。张瑞敏砸冰箱的故事，掀起了海尔的质量革命。质量应该而且必须是企业家基本的人生态度。无论是做企业、做产品，还是做服务，从根本上讲做的是质量。做好质量工作，一靠制度，二靠方法，三靠工匠精神。企业里应设置负责质量管理的组织和专人专岗，在企业内部普及先进的质量管理方法。质量管理光靠严格不行，还要有一套方法，要开展全员参与和全过程质量管理，让每个节点的质量都得到准确把关。另外，还要弘扬工匠精神。中国的中小微企业坐拥 14 亿人的国内市场，同时又有国外的大市场，这样的条件得天独厚。所以在做好质量的基础上，企业要实现从质量到品牌的转变。品牌和质量有着千丝万缕的联系。质量是品牌的核心内容，没有过硬的质量就没有响当当的品牌。但品牌又不全是质量，品牌是在质量的基础之上加上设计、文化、营销理念等形成的价值综合体。衡量质量最后还得回到品牌上，质量做不好就会砸牌子；质量一贯好，再加上品牌宣传，就能成为国际品牌。要经常认真研究瑞士等国家的品牌经验，以质量为根基，培育优秀品牌，做到努力、努力、再努力。

（八）我们的中小微企业要牢记企业经营之道就是赚钱之道。经营和管理其实很难分开，经营里有管理，管理里蕴含着经营，但两者又有区别。管理面对的主要是人、机、物、料之间的关系，是看得见、摸得着的；经营是在不确定性中研判和选择技术路线、市场策略、价格策略、商业模式等，两者的侧重点和目的不同。管理学家法约尔将企业的全部活动分为技术活动、商业活动、财务活动、安全活动、会计活动、管理活动等六种，并提出要把计划、组织、指挥、协调、控制作为企业行政管理的主要内容。泰勒提出例外原则，指出企业的高级管理人员把一般的日常事务授权给下级管理人员去处理，而自己只保留对例外事项（即重要事项）的决策和监督权。大家熟知的摩托罗拉技术有限公司就是这样，著名的“六西格玛管理”就是它创造的，但当年它投资铱星电话的一个经营失误就使它一蹶不振。诺基亚公司倒闭时，诺基亚总裁说了一段引人深思的话：“好像我们什么也没做错，但我们倒闭了。”管理是正确地做事，主要目的是提高效率；而经营是做正确的事，主要目的是提高效益。现在对企业尤其是中小微企业的业主来说，最重要的不再是管理，而是要把管理授权给别人去做，自己花更多的时间、精力去面对不确定性。企业尤其是中小微企业的业主，既不是当官的，也不是传统的管理者，应该首先是个经营者，核心能力是经营能力。经营之道就是赚钱之道。赚到钱的不见得都是好的经营者，但赚不到钱的一定不是好的经营者。企业是经济组织，是营利组织，不会赚钱的人不能做中小微企业的业主。中小微企业的业主要坐镇经营，自己先做正确的事，再让大家正确地做事。如果自己要做的事情选择错了，即使大家做得再正确也没用。强调从管理到经营，不是说管理不重要，而是经营更重要。在改革开放 40 多年后的今天，我国企业管理水平普遍提高，如果还有哪个工厂跑冒滴漏、脏乱差，就是不具备基本能力，就好比研究生不会四则运算一样。

（九）我们的中小微企业要把管理的核心放在企业的精简和瘦身上。“三精管理”的核心是精减。为什么要精减？因为企业成长是有规律的，就像一棵树，需要修枝剪叶才能长得高、长得壮、长得健康，只追求规模是不可持续的，而且企业也不可能总在变大。全世界有1亿家企业，能生存100年的不过4500家，百年老店的概率只有0.0045%。以美国为例，今天美国上市公司的半衰期只有10.5年，也就是说美国有一半上市公司存活期只有10年左右。这些退出企业的消亡方式不见得都是破产倒闭，大多数是被收购兼并了。而据麦肯锡研究，1958年在标准普尔上的500强最长可达61年，而今日只有18年;1955年在《财富》500强榜单上的企业到2014年也只留下了61家。企业终有生存极限，企业的衰落看起来源自一些过失，实际上和人一样，经历了美好的少年、青年时代也会步入老年。韦斯特对公司规模的极限做了计算，认为公司的最大资产额是5000亿美元，也就是3万亿元人民币。他说科幻片里的那些巨无霸动物在自然界不可能存在，因为其腿骨根本无法承受超常的体重。一只蚂蚁可以拖动多只蚂蚁，一个人只能背动一个人，而一匹马很难驮动一匹马，这就是规模的代价。其实，大型企业有三五千亿元人民币营业额，中等企业有三五百亿元营业额就可以了，不见得都要把目标锁定在超万亿元上。规模是把双刃剑，企业做得得心应手、规模适度才是最好。超越规模最大和基业长青，去追求活得更好、活出质量，这才是企业存在的真正意义。企业尤其是中小微企业的自发过程往往是个扩张和膨胀的过程，而只有持续强化企业管理才是精健和优化的过程。

（十）我们的中小微企业要始终坚守好盈利的八字定价原则和五优方针。做企业尤其是做中小微企业不能一味地去降价、拼价格。价格和销量存在矛盾，最理想的状态是价涨份额不丢、量增价格不跌。西蒙先生算了笔账：一个产品如果减量20%，企业利润会下降15%，而如果降价5%，企业利润则减少60%。因此，在丢份额保价格和保份额降价格两种做法之间，走价格竞争的企业往往都倒闭了。所以在金融危机中，西方大型企业采取的应对措施都是缩量，比如航空公司会很理智地停掉一些航班，而不是杀价、送票。在世界500强企业中，日本企业的相对利润率是最低的，日本企业的竞争文化是由于狭小的国土市场形成的，它们把市场份额看得十分重要，因此价格超低。这点要学德国，德国产品质量一贯好，价格也相对高一些，没有太大折扣，反而让客户放心。产品有成本，过度低价竞争很容易诱发“劣币驱逐良币”现象，导致全行业垮掉的例子并不少见。企业要盈利，产品就要有合理的价格。成本是刚性的，而且是边际递减的，企业不可能永远降低成本，到了一定程度再降低成本一定是以质量为代价的。好的价格和利润从哪来呢？就是要始终坚守“质量上上，价格中上”的八字定价原则，即把产品做得更好些，这样做虽然要多承担一些成本，但却能因此铸就品牌和赢得长远利益；在确保质量的前提下，要保持价格稳定，既不搞价格战，又要适当让利实惠，维护客户的长期利益。如何让价格中上并能保持盈利呢？就是要始终坚守“优技、优质、优服、优价、优利”的“五优”方针，即用好的技术、质量和服务赢得好的价格和利润，因为只有好的价格和好的利润才能支撑好的技术、好的质量和好的服务。

（十一）我们的中小微企业在应对风险时要敢于善于对症下药。很多企业常说不要发生风险，事实上这是做不到的，因为风险无处不在。但丁的《神曲》序言里有一句话：“我们看那犁地的农民，死神一直在跟着他。”企业尤其是中小微企业更是这样，企业的每一个决策、每一场博弈都会有风险。正因为这样，西方经济学里讲的多是风险管理，认为风险与利润是双刃剑，利润是平抑风险的边际。如果一个企业连自己的风险都说不清，或干脆说“我的企业没风险”，那没人敢买其股票；对风险的认识越深刻，披露的风险越全面，越可能得到成熟投资者的信任。任何投资和经营行为都是一场风险管理，最高超的经营艺术，就是把风险降到最低，即使有了风险也要可控可承受。企业有风险是正常的，关键是要知道风险可能发生在哪儿、企业的承受力有多大、有没有强大的“防火墙”和“灭火器”。风险发生后，不能逃避，不能掩盖，要正视并投注力量迅速切割风险部位，尽可能把损失降到最低，绝不能投入更多资源盲目补救，否则风险点和出血点就会越来越大，最终“火烧连营”。企业风险可分为三类：**一是**战略性风险，如投资决策等，这类风险的规避和防范要靠科学化的决策；**二是**战术性风险，如企业运营过程中的风险，这类风险往往需要规范管理来防范，如加强全面风险管理、完善管控体系、强化内控体系建设等；**三是**偶发式风险，如火灾、地震等突发事故，这类风险往往不可预测，但可以通过购买商业保险来应对。对于风险的理解，西方人和中国人并不相同。西方人讲的风险大多是偶发式风险，指的是不可抗力事件。而中国人讲的风险多在经营决策风险层面，泛指经营失误，包括战略、用人、决策、管理等方面的失误。实践证明，全世界任何一个企业，不管是大型企业，还是中小微企业，不管是国有企业，还是民营企业，如果在风险控制问题上出了纰漏，一定会险象丛生，甚至是瞬间崩塌。所以，所谓企业家能力，一个重要的方面应是发现和判断风险的能力、防止企业发生系统性风险的能力，以及出现风险后降低损失的能力。

（十二）我们的中小微企业管理要坚持宜集权则集权宜分权则坚决分权。企业到底是集权还是分权呢？取决因素又是什么呢？我们从两种模式的特点入手，逐一具体分析。在集权管理里，企业集中控制和管理内部的所有经营和财务事项，作出财务决策，而所有子公司或分公司必须严格执行集团公司的决议。这种管理方式的特点是高度集权、事无巨细，适用于那些业务相对单一、专业化程度较高的资源型企业。分权管理通常适用于规模较大、业务多元化、品种多样化、市场变化快、地区分布较分散的行业和企业。这种情况下，很难对所有企业的生产经营按照同一个模式逐级逐一进行管理，所以企业大都集权于关系全局利益和重大问题的决策权。任何企业管理都有利有弊，如果控制得很严，大家的积极性就会受影响；但如果让大家过于自由，可能就控制不住了，所以得做好平衡。集权管理和分权管理各有千秋，一个企业到底是集权还是分权，会受企业历史沿革、领导个人、行业特性、企业特点、发展阶段等多种因素的影响。管控模式的选择宜集则集，宜分则分。比如企业在初始发展阶段、规模较小阶段，更适合集权管理；企业盘子大了、业务多了，就要考虑分权管理。

（十三）我们的中小微企业的管理组织结构要尽量实现扁平化。大家都看过传话游戏，信息经过几层传递到最后一个人，就会大变样，甚至截然相反。企业尤其是中小微企业更是如此，层级过多，管理肯定会失控，因此必须压缩。现实中，很多企业盘子大了，资产规模和管理人员多了，管理层级也在不断拓展。如有的企业法人层级竟有17级之多，管理层级也有9级之多，因而运行效率大大降低，业务“多而不专”。李克强总理在一次会议上说，他在地方工作时曾问过一个国企领导人自己的企业有多少下属公司，一开始得到的回答是80多家，第二次说100多家，结果最后摸底发现有200多家。

总理说，连董事长自己都说不清楚自己的企业到底有多少家子公司、孙子公司，这怎么能提高企业管理效率、增强竞争力呢？2016年，国务院常务会议为央企开出了“瘦身健体”的主药方，并对央企开展“压缩管理层级、减少法人户数”的压减工作提出明确要求，目标包括力争在三年内使企业法人户数减少20%左右，打造精干高效管理机构。此后央企在国资委的统筹推进下，着力开展“瘦身健体”，截至2019年5月底，存量法人减少超过14000户，减少比例达26.9%，管理层级全部控制在五级（含）以内，法人层级10级以上的企业减少到5家，最高层级减少到12级。持续压减让央企“减肥消肿”，主业核心竞争力增强，运行效率显著提升。总之，无论是大型企业，还是中小微企业在层级设置上要有节制，围绕战略目标，形成主业突出、业务链条清晰的业务板块和管理幅度合理、管理层次精简的组织架构。因为做企业始终不能忘了管理的目标和任务，如果企业有管理，就会向着精干高效运行；如果没有管理，就会盲目地扩张和膨胀。

（十四）我们的中小微企业一定要下大力气杜绝行政乱投资乱两个问题。“两乱”，即**一是**行权乱，政出多门，不知道该听谁的，不能令行禁止；**二是**投资乱，投资决策不能高度集中，子公司孙公司等都在乱投资，母子公司职能缺位。大多数企业的混乱往往来自这“两乱”，管住了这两点，企业就能实现行权顺畅、步调一致、有序经营，否则就会“宽严皆误”。企业管理要有原则立场。就拿中国建材集团有限公司来说，不同层级的职能是不同的，所以企业按照职能进行授权。比如南方水泥是利润中心，集采集销、市场定价就授权给它，但投资的权力还是在集团；南方水泥下面的工厂是成本中心，给它的授权只能是成本控制，在生产作业方面有权力，但不让它参与市场，在产品的价格、采购方面它是没有权力的，甚至没有销售的权力。很多跨国公司的子公司就是这样，投资50万元的权力都不一定有，因为投资是总部的权力，但运营项下上亿元都可以动用。如果把运营资金拿去投资，这也是不被允许的。当然，下属公司虽没有投资权限，但可以提出自己的投资建议。比如，水泥厂想搞“水泥+”业务，要建设一座商混站或建一条骨料线，需要先上报到利润平台，待利润平台经过研究再上报到投资决策中心，最后由决策中心来决策。利润平台也是如此，虽然价格由利润平台来定，但集团决策层面可以对价格给予指导。

（十五）我们的中小微企业要明白分家赢活力协同赢合力。《三国演义》曾言："天下大势，分久必合，合久必分。"做企业尤其是做中小微企业更是如此。企业究竟是合还是分呢？我们认为，大中型企业要能小，小微企业要能大。生命不能通过一个个个体而持久，而是通过一代代繁衍而延续的，从这个意义上看，生命本来就是永恒的。企业也一样，投资新公司、发展新业务就是延续生命的方法，而老公司和老业务该退出时就要退出，这就叫吐故纳新。日本索尼公司曾是一家声名赫赫的卓越企业，但近年来由于分工过于精细，部门协调性和技术横向应用性差，在随身听等产品开发上，几个独立的开发部门推出了互不相关的创新产品，引起了市场认知混乱，再加上其他大型企业病和外部竞争，从此走上了下坡路。我国一些集团企业下面也有不少谷仓企业，不但在国内市场自相残杀，还跑到国际市场上互相压价、恶性竞争，影响很不好，造成了国家和企业巨大的经济损失。谷仓效应的形成有其客观性的原因，这就是细致的分工。破除谷仓效应，办法主要有三个：**一是**解决认识问题，从战略层面认识谷仓存在的客观性和谷仓效应的危害性，在企业工作中既要看到部门的局部利益，又要看到企业的整体利益，树立为全局利益甘愿牺牲局部的大局观；**二是**精心设计制度，在战略布局和组织设计中，通过强化垂直纽带和关键部位，确保企业必要的战略控制和信息掌握；**三是**建立强大的企业合作文化，像脸书公司采用开放式办公和开放式网上沟通，使大家融合度大大增强。

（十六）我们的中小微企业对待股权一定要坚守实用主义原则。股权结构是公司治理结构的基础。一般来说，有什么样的股权结构，就会有什么样的公司治理模式与之相对应。现代产权制度提倡多元化的股权结构。在混合所有制企业里，国有股本依法进入，只承担股东责任和享受股东权益，企业经营决策交由董事会。董事会由各个股东派出人员，并有专家型的独立董事，按市场规则运作，接受市场监督，这就把不同功能的企业和其对应的股权关系讲清楚了。股权界限与企业性质也是需要明确的问题。在国际通行的做法中，一般把国有股持有 50% 以上股份的企业视同国有控股企业，而国有股低于 50% 的企业并不纳入国有控股企业。从家族企业来看，股权设计同样至关重要。家族企业在全世界都非常普遍，像美国 90% 的企业都是家族企业，欧洲家族企业也极其兴盛，法国、德国上市公司中的家族企业数量超过 60%，大家熟知的沃尔玛、大众、福特、家乐福、宝马等大型企业都是从家族企业发展起来的。与传统家族企业不同的是，现代家族企业在股权结构上一般倾向于从封闭的单一化走向开放的多元化，并且把所有权和经营权分离开来。比如，引入战略投资者、鼓励员工持股、建立规范的董事会、聘任独立董事和职业经理人等，这些都让现代家族企业的社会化色彩逐渐浓厚，有的还演变为大规模上市的公众公司。而在这些企业的股权结构里，家族成员仍占有重要份额，这也确保了家族地位的稳固。2019 年全球家族企业 500 强的入选规则就是满足"对上市公司持股超过 32%，非上市公司持股超过 50%"这一条件，可见股权多少仍是家族企业最为重要的标志。中国的家族企业可以追溯到明清时期的晋商、徽商，近代以来又以荣氏家族、张謇家族等为代表。改革开放以来，随着农村家庭联产承包责任制的推广，家族企业逐渐崛起，成为民营经济的中坚力量。家族企业经营灵活高效，凝聚力强，管理成本低，在创业初期能够迅速完成原始积累。尤其是对规模不太大、业务相对单一的企业来说，家族制度有着旺盛的生命力，如在温州地区，家族企业非常多，而且不同家族之间协同发展，形成了上下游产业链上的企业集群。不过，家族企业在发展过程中也容易出现产权不清、管理混乱、任人唯亲、以亲制疏等突出问题。同时，随着企业规模的扩大和经营环境的变化，股权高度集中不利于企业融资发展，家族制效率也会呈递减趋势，因此建立现代企业制度就成为迫切要求。在国外，不少家族企业为了使资产保值增值、科学管理，愿意出让一部分股权，并把公司经营权交给经理人。而在我国，不少家族企业裙带关系复杂，治理不规范，七大姑八大姨都想插一脚，家族内部爆发股权纠纷或家族成员与职业经理人闹掰的案例不在少数，最终危害了企业和股民利益，这些现象值得深思。

（十七）我们的中小微企业成为上市公司应该而且必须当好"优等生"。都说"上市妙不可言，上市也苦不堪言"。"妙不可言"是指资本市场的支持使企业能以低成本获得发展所需资金，促进企业快速成长；同时，上市后企业被放在大的参照系中，企业的重要信息、发展情况都能一览无余，股价的跌涨、每年的业绩都要公告清楚，股民的情绪是跟企业的业绩挂钩的，你做得好，他用手投票，你做得不好，他用“脚”投票。在我国超过3600家上市公司里，民企占到2/3，国企占到1/3。尽管国企市值高于民企，但是近几年民企的新发和增发都占了大头。资本市场支持了民企的发展，民企也通过上市逐步走上规范治理的道路。上市改变了中国企业，而上市公司的发展也奠定了资本市场的基石，进而支撑我国国民经济的发展。提高上市公司质量，有三条很重要：**一是**要合规，上市公司是公众公司，要比普通公司做得更加规范，明初心、懂敬畏、知底线，这是特征、基础和前提。按照证监会要求，上市公司要明确敬畏市场、敬畏法治、敬畏专业、敬畏投资者的“四个敬畏”，牢守不得披露虚假信息、不从事内幕交易、不操纵股价、不损害公司利益的“四条底线”，做到本分经营，坚定原则立场。**二是**要高效，在突出主业、瘦身健体、强化管理、创新转型等方面长期下功夫，踏踏实实做下去。上市公司不仅要盯着利润，还要盯着股价，盯着市值。要把市值看成价值衡量的第一指标，加强市值管理，通过科学合规的价值经营方法，达到公司价值创造最大化、价值实现最优化。**三是**要负责任。上市公司要肩负起社会责任，锤炼企业品格，持续提升在ESG方面的表现。在西方成熟市场，那些注重环境保护、能够照顾到利益相关方需求和利益、自身发展规范的企业，更容易获得客户的认可和市场的青睐，在资本市场上也能得到更高的估值和溢价。

（十八）我们的中小微企业要积极参与混合所有制改革。实践证明，混合所有制是把金钥匙，它有效解决了“国有经济和市场接轨、国企深化改革、社会资本进入国有企业部分特定业务、国有资本与民营资本携手共进”四大难题，有力地支持了中国经济的发展和中国企业的成长，用好了可以一通百通。对于混合所有制，有的国企和民企存有疑虑。国企担心民企“蚂蚁搬家”，会把国有资产“蚕食”掉。民营企业担心的是，本来在体制外好好的，混合后国企行政化的那套东西会跟着进来，民营资本也会被“国营化”。其实，混合所有制是国有经济和非公有制经济成分交叉持股、相互融合的新型所有制形态。在混合所有制企业里，国有股和非公股都是平等股东，各自的权利都神圣不可侵犯，都在公司法下规范运作，以股权说话，因而不存在谁吃掉谁的问题。其实，企业发展到今天，所有制形态也在进步。从国企来说，不是所有企业都要进行混改，像自来水公司、电力公司等公益类企业应是纯国企，而竞争类业务则要放在混合所有制企业里。混合所有制企业要有量身定做的一套政策、一套体制，不能视同于传统的国企来管理，而应视同市场化的股份公司进行管理。对混合进来的民营企业家不要视同体制内的干部进行管理，应视同市场中的职业经理人进行管理。从民企来说，它们提供了众多就业岗位，缴纳了巨额税收，而且很多都做了股改，不再是简单的家族公司，而是成了股份公司或员工持股公司。所以说，国企在市场化改革，民企在上市公众化，大家殊途同归，大的方向就是混合所有制。在充分竞争领域，今后只有企业与企业之间的竞争，而不再是国企和民企的竞争。

（十九）我们的中小微企业要乐于让企业人力资本参与财富分配。围绕企业财富有两种不同看法，一种是认为企业财富是资本的升值，另一种是认为企业的财富来源于劳动者的创造。今天，随着高科技时代的到来，创新正推动企业生产函数的变化，相对于现金、厂房、土地、机器等实物形态，人力资本的作用越来越重要。资本、经营者和员工是企业的“吉祥三宝”。做企业既要讲精神激励，又要讲利益原则，两者相辅相成，不可分割。马克思主义认为，追求物质利益是人类一切社会活动的动因，利益的基本内容是物质生活条件，利益的本质是一定的社会经济关系，高度和谐的利益共同体是人类社会的价值目标。只有当人的利益得到维护和实现，人的自由全面发展才能真正落到实处；只有当个人利益和集体利益统一起来，社会才能真正和谐发展。今天，不管是国企还是民企都面临着改革，国企改革重点仍是继续适应市场化要求，而民企改革的焦点则是股份制改造和规范化运营，但两者都有共同的重点，就是建设充满活力的内部机制。好的机制能够吸引和留住优秀人才，激发人的积极性和创造性，增强企业的凝聚力。同时，机制的动力还要与管理的效能结合起来，共同促进企业发展。像一些集团公司收购的中小微企业，大都是民营企业，这些企业机制并不落后，民营企业家也很有干劲和冲劲，但真正能把管理做好的企业不多。所以说机制不能代替管理，管理还要靠学习、靠实践、靠反复对标、靠数字化训练、靠经验的积累、靠制度的建立。

（二十）我们的中小微企业业主要始终当好开明开放的“东家”。华为技术有限公司和万华化学集团股份有限公司的成功是机制的成功，带给我们的启示是无论何种企业，都得进行机制革命，让企业成为财富共享的平台。建立共享平台，不是所有者的恩施，而是企业进化的重要标志，也是对企业财富创造者的一种尊重。现代公司制度强调股东至上，不少企业尤其是上市公司把股东利益最大化当成不二法则。人是最重要的资本，虽然企业资产负债表上没有记载人力资本，但人的智慧和能力已成为企业创造财富的源动力。企业在进行财富分配时，要充分维护经营者和员工利益，不能把他们当成会说话的机器来役使。在国外，分享财富是很多企业的通常做法，法国50%以上的企业都有员工持股，日本企业基本人人持股，埃及采用国家立法，要求企业每年必须拿出不低于10%的利润给员工分红。共享不是简单的分饼，而是把饼烙大，让大家都受益，这就是共享的意义。记得小时候读《半夜鸡叫》的故事，周扒皮为了让长工多劳动，半夜学鸡叫，但高玉宝这些长工上工就没有精气神，这就是机制不好，所有者不开明。清代的晋商很早就明白分享制的好处，他们的做法是赚的钱归东家一份，掌柜和账房先生一份，伙计一份，各占三分之一。华为技术有限公司的分配机制则是“东家”一份，“掌柜、账房先生、伙计”占三份，这种做法更先进。改革需要“东家”的支持，让不让“掌柜、账房先生、伙计”参与分红，有赖于“东家”是否开明开放、是否真正精明。

（二十一）我们的中小微企业业主要把创新、坚守和责任作为第一习惯。习近平总书记指出：“市场活力来自于人，特别是来自于企业家，来自于企业家精神。”企业家精神是对企业家价值取向和思想境界的概况，主要体现在“创新、坚守、责任”六个字上：**一是**创新，企业家的特别之处在于善于发现机遇，敢于改变旧事物，勇于不断挑战自我。纵观成功企业家，他们有的进行了企业制度的创新，有的进行了商业模式的创新，有的进行了技术和产品的创新，创新是他们成功的重要前提。**二是**坚守，企业家是会认认真真地把做企业作为终生的事业，而不是升官发财的跳板，企业家没有时间的积累成不了“家”：做好一个企业，没有10~20年的功夫是不行的；想把一个企业做到世界一流，可能要做30~40年。**三是**责任，企业家不仅是财富的创造者，更应是给予社会最大回馈的人。在 2012 年中央电视台年度经济人物颁奖晚会上，嘉里集团有限公司董事长郭鹤年老先生给了年轻人四点忠告：**一是**专注；**二是**有耐心；**三是**有了成绩后要格外当心，成功也是失败之母；**四是**有了财富要回馈社会，而且越多越好。

我们的中小微企业要实现健康发展，要矢志不渝推动企业内部的全员创新

自从 2014 年 9 月李克强总理在夏季达沃斯论坛上发出“大众创业、万众创新”的号召以来，中国大地掀起了一场创新创业热潮。过去常讲企业是创新主体，是社会财富的主要创造者，现在提倡“大众创业、万众创新”，发挥各种创新主体的创造热情。其实，两者并不矛盾，“大众创业、万众创新”以企业创新为依托或载体，而企业创新归根结底是企业内部的全员创新，离不开科技知识的社会积累与传播，离不开“双创”汇集的智慧。

（一）我们的中小微企业要牢记创新是可以学习借鉴的。创新是引领企业发展的第一动力。大家可能觉得有效的创新很难很神秘，其实不然。创新不能只靠个别人的“灵光乍现”，创新是可以学习的，有规律可依，有方法可循。开展有效的创新，要抓好以下几个方面：**一是**要有目的地创新，即提前分析机遇、目标和路径，细致地谋划组织。德鲁克认为，有目的地创新甚至能减少 90% 的风险。2000 年，社会上曾涌现出互联网热和纳米热，大家一窝蜂去做，结果很多企业尤其是中小微企业都失败了，而现在又掀起石墨烯热，石墨烯技术的确重要，但不是谁都能做的。**二是**要有组织地创新。创新不能靠单打独斗，任何创新都在一个系统组织中进行，形成功能互补、良性互动、开放共享的创新格局。企业尤其是中小微企业要通过内外部资源的多元协同，充分发挥好组织创新的优势。过去我国三大电信运营商每家单位都有铁塔，现在新组建的铁塔公司把三家的铁塔统一起来集中运行，不但节省了巨额投资，还聚集了很多资源。**三是**要在熟悉的领域创新。在创新的过程中，如果我们放着熟悉的业务不做，反而进入一个完全陌生的领域，一切从

零开始，犯下颠覆性错误的风险就会很高。通常来讲，创新需要对一个行业有着深刻了解，不是多年积累的内行，对于风险点和路径往往无从判断，盲目跨界十有八九会出问题。若确定要跨界且条件具备了，也需要有熟门熟路的盈利点作为底部支撑。**四是**要善于把握机遇创新。如结构调整里有转型升级的机遇，新知识、新需求里有扩大市场的机遇，竞争压力下有技术创新、降本增效的机遇，时尚潮流里有提升品牌价值的机遇，等等。创新的机遇无时无处不在。机遇需要用心发现，敏锐的创新意识来自长期实践观察，专业眼光、市场嗅觉与行动能力都需要长期的修炼，就像翱翔的雄鹰鸟瞰大地上的风吹草动，随时出击。**五是**要选择合适的方法。创新有很多方法，自主创新、模仿式创新、集成创新、协同创新、持续性创新、颠覆性创新、商业模式创新等都是有效的创新模式。企业应根据自身状况和发展阶段，在实践中认真研究，活学活用。企业尤其是中小微企业究竟选择哪种创新模式或兼而有之，取决于企业自身的基础、想法和发展阶段。企业往往从模仿式创新做起，进而发展为集成创新，再发展成自主创新，如遇到重大创新也要汇众之力开展协同创新。**六是**要开展有效的管理。有效的创新有赖于有效的管理。现在一些科技型上市公司之所以运作得不太成功，原因之一就是科学家不擅长管理。科学家有了创新成果，常有自己做工厂、做管理的倾向，而一旦把工厂做起来了，就会涉及贷款、生产、销售等各种问题，等于说科学家要向企业家转变，但做管理是不容易的。

（二）我们的中小微企业要矢志不渝大力弘扬创新的文化。中国和以色列有很多相似之处，都有上下5000年的历史文化，都有着谦卑勤奋的特质，都重视储蓄、家族关系与子女教育。此外，两国又有着巨大的不同和强烈的互补性。以色列人擅长创业，但不善于把企业做大，当然这也和以色列的自然环境狭小以及市场有限有关，而这正是中国的强项。两者如果能够结合起来，进行集成创新，以色列创新的种子，进入中国这片有广阔市场和强有力制造业的沃土，应该是一个好的选择，可以共创经济的又一个奇迹。以色列有两个鲜明特征：**一是**人与人之间说话直截了当，无恭维，观点直率，思想开放，课堂上师生非常平等；**二是**人人创业，万众创新，大学里的学生、老师、校长都热衷于开公司，而且无论哪所大学和科技机构，都可以自豪地告诉你，有多少“改变世界”的关键技术，诞生于他们的研发机构和初创企业。中华民族是勇于创新、善于创新的民族，古人就有“日日新，苟日新，又日新”的思想，在天文历法、数学、农学、医学、地理学等众多科技领域取得了举世瞩目的成就。16世纪以前世界上最重要的300项发明和发现中，中国超过了一半，远超同时代的欧洲，美国就更不用说了。《世界是平的》一书的作者弗里德曼曾提到，中国人可以把技术学去、拿走，但美国的最后一招还没学会，那就是美国民间的创新能力。从企业尤其是中小微企业来说，要想让创新真正落地，矢志不渝弘扬创新的文化至为重要。创新文化是阳光雨露，一旦形成，就会对各类创新群体产生影响，触发他们的创意并进而形成创新活动。北京很多创业咖啡馆、创业俱乐部，深圳的创业大街、创业广场，四川的梦工厂、创业茶馆，都是创新发烧友的聚集地，经常有人在那里讨论创意何在，久而久之就形成了一种风气。有些企业尤其是中小微企业对创新创意重视不够，从根源上讲就是缺少创新文化。企业要想打造创新高地，必须有一套尊重创新、崇尚创新、宽容失败的创新文化，有一片能够激发创新热情、鼓励创新实践和提高创新回报的土壤，搭建事业平台、人生舞台，给予创新人才更多的自由、更少的羁绊，让他们可以有充分的时间和资源去放飞思维、实现梦想。创新是个破旧立新的过程，也是个试错的过程，因而企业既要弘扬敢为人先的创新精神，也要有包容心、宽容度和承受力，对于创新中的过失和失败，予以一定的宽容，不能成者王败者寇。

（三）我们的中小微企业的创新创业需要智商、情商和胆商。过去40多年，中国的改革开放创造了百年不遇的创业和创新机会，同时，机遇性事件降低了创新创业者的机会成本。今天，中国逐渐进入成熟的市场经济时代，早期短缺式经济创造的机遇几乎不存在了。当然，新的技术经济转型又为我们创造了更大的机遇。但是应该看到，今天的创新创业过程是在一个高起点上的竞争。如果说过去创新创业是靠“胆商、情商、智商”的依次排列而实现，今天的排列应是“智商、情商和胆商”。也就是说，科学的态度可能要放在首位，之后是艰辛的实践过程，而情商和胆商体现在对创新的热忱和坚守的毅力上。如果说要对年轻的创新创业者提些建议，我个人觉得有几点很重要：**一是**要有清晰的思路。首先想清楚发展战略，明确做什么、不做什么、怎么做，知道企业从哪儿来、往哪儿去，企业的愿景和方向是什么。**二是**要有学习的精神。多听、多看、多读书，认真分析形势，及时学习新知识、新理论、新技术、新模式，始终跟得上时代步伐。**三是**要有合作的精神。既注重自我创新，也注重围绕人才、技术、企业等进行资源的集成和整合，牢固树立与人分利的思想，能融合、能共享，推动合作共赢。**四是**要坚持量力而行。孔子讲“知者不惑，仁者不忧，勇者不惧”，但同时也说“暴虎冯河，死而无悔者，吾不与也。必也临事而惧，好谋而成者也”。做企业从来不应盲目冒险，企业在选择业务方向时要如履薄冰、如临深渊、战战兢兢，选定后就要扎扎实实、执着坚守，冒险不应是创新创业者的必然选项，任何创新创业都要量力而行。**五是**要耐得住寂寞。企业家不是天才，也不是完人，从创业到成功往往九死一生，只有少数人长期奋斗，最终脱颖而出。爱迪生发明电灯，失败了 99999 次才成功了一次；日本三得利公司，历经整整三代人的努力，才酿造出全球一流的威士忌。做事不专注，这山望着那山高，耐不住寂寞的人是做不好事情的。**六是**要提高自身的修养。做企业如同做人，必须有健康的人格，以正确的企业观为指引。企业家要树立终身做企业的理念，心无旁骛投身创新创业事业，同时要培育家国情怀和兼济天下的思想，不仅为自己创造财富，更要为国家和社会创造财富。

（四）我们的中小微企业一定不能过早放弃属于自己的核心业务。德鲁克曾说，多数企业家认为 10 年之后企业 90% 的产品会改变，但统计数据显示，10 年之后很多企业 90% 的销售收入还是靠已有产品，只不过这些产品在不断更新换代。就拿汽车领域来说，现在很多汽车公司都想开发电动汽车，但目前电动汽车在整个汽车市场的份额还不足 3%。根据预测，到 2050 年，电动汽车能占汽车市场份额的 15%，这虽是一个很大的比例，但是主流还是做汽油车，因此把现有的汽油车做得更节能环保仍是汽车公司的主要任务。做企业不可能一天换一个新产品，关键在于对产品不断进行技术革新，不断提升它的技术水平和技术含量，使之产生更高的价值。做创新不是为了创新而创新，而是为了解决顾客的问题，为顾客创造价值而创新，这是企业创新的根本理念。反过来，也只有持续创新才能提高产品附加值，企业才能赚到钱。美国人写了本书叫《为什么雪球滚不大》，书中通过大量案例分析发现：大公司发展到一定程度后，增长往往会陷入停滞，一旦成长止步了就会衰败，所以做企业应考虑如何稳定增长。书中特别提到，企业增长停滞的一个重要原因是早早放弃了核心业务：没有充分挖掘核心业务的增长能力，也没能调整商业模式以适应新的竞争需求。但事实证明，即便在不太景气的大型市场中，企业通过关注增长较快的细分市场，仍能获得较高增长，轻易地离开一个销量下降但有巨大空间的行业是不明智的。当年沃尔沃公司认为汽车行业衰退了，就跑去搞航空业务，结果航空业务没有做成，汽车业务也严重萎缩，后来被吉利收购了；而丰田汽车一直坚守汽车业务，如今是世界上最赚钱的汽车公司，2018 年营业收入达到 2651 亿美元，利润 225 亿美元。其实丰田一直在开发混合动力车、氢燃料电池等新型科技，但传统汽车领域也在持续性创新，这也让它赚得盆满钵满。所以说，开展颠覆性创新不能否定持续性创新，创新需要一定的定力，还是要先把手上的事做好，持续性创新是创新的基础。

（五）我们的中小微企业要敢于勇于善于不断寻找新的蓝海。在《创新者的窘境》中，克里斯坦森通过大量案例试图解答一个疑问：“为什么良好的管理可能导致部分企业衰败？”为什么管理层所作出的合乎逻辑的强有力的决策，可能会让企业失去领先地位？原因就是领先企业太注重现有客户和市场，对现在看起来最有保障的项目过于依赖，使得他们与突破性技术失之交臂，像央企里的中国华录集团有限公司、中国乐凯胶片集团公司等，都是前车之鉴。华录当年从日本买了一条录像机生产线，但装上不久，VCD、DVD 出现了，买来的生产线就废掉了，后来这家企业转型做了动漫。保定的乐凯胶卷也是这样，数码相机出来后，专家们认为这么个一两百万像素的“玩具”，怎么能取代有着上百年历史的卤化银技术呢？他们认为传统胶卷不可能受到威胁，所以还在扩大胶卷生产线。没想到，数码技术日新月异，像素迅速从百万级发展到千万级别，柯达、乐凯这些老牌企业很快被颠覆掉，最后乐凯被另一家央企收购了。不过，同样是胶卷企业，日本富士胶卷的命运却截然相反。面对数码大潮的冲击，富士胶卷在数码影像、光学元器件、高性能材料、印刷系统、医疗生命科学、化妆品等行业进行拓展与开发，成功实现二次创业。可见，企业不能采取一成不变的技术路线。新技术、新产品刚开始出现时，可能会有这样那样的问题，但问题是会被尽快解决的。企业必须主动出击，经常去外面的世界看看，扩展视野，发现问题，研究新方法、新模式、新市场，不断地否定之否定，不然等察觉到了变化，就悔之晚矣。做企业尤其是做中小微企业要始终未雨绸缪，既在红海中改变竞争思路，让红海变蓝海，又时刻保持颠覆性创新的警惕性，不断寻找新的蓝海。

（六）我们的中小微企业要敢于善于用全新的人马做全新的事。克里斯坦森建议，搞颠覆性创新最好的方法就是启用新的团队，用全新的人马去做全新的事。比如传统相机和数码相机虽然都能成像，但卤化银化学技术成像和数字成像机理完全不一样，做胶卷的是化学专家，搞数码的是数字专家。再如，汽油车和电动车看起来都是四个轱辘，但打开车盖一看，完全不是一回事。惠普公司在做颠覆性创新时，成立了一个完全独立的部门负责喷墨打印机的开发，而且工作地点也不同，原有的打印部门位于爱达荷州的博伊西，新的部门位于华盛顿州的温哥华。由于在不同的机构中同时发展了两种业务，惠普在技术的更迭上过渡得非常好，也赚得了丰厚的利润。大量实践证明，当颠覆技术出现时，企业一定要保持敏锐和冷静，绝不能犯以下错误：**一是**轻敌大意，对新技术视而不见；**二是**反应过激，如解体仍在盈利的业务；**三是**用人不当，让原来做持续性创新的那拨人去做颠覆性创新。搞颠覆性创新的人，如果自己企业里有，就把他们从传统的团队里调出来，给他们搭建一个新的平台，鼓励和支持他们去做新东西。企业里如果没有搞新技术的人才怎么办？那就从别的企业挖人，再招一些新毕业的大学生，把这件事做起来。通过多个支点的布局和转换，“鱼”与“熊掌”也能兼得，从“吃鱼”为主改到“吃熊掌”为主，可以是一个流动的、顺畅的关系。

（七）我们的中小微企业要坚信任何业务都不会是一劳永逸的。中小微企业要时刻注重用旧业务做持续性创新，同时顺应时代潮流，搞颠覆性创新，提前培育新业务。以中国建材“三条曲线”为例：第一条曲线是现有产业的转型升级，即做好水泥、玻璃等基础建材的供给侧结构性改革，主要任务是结构调整和技术提升，夯实集团的盈利基础；第二条曲线是发展新技术、新产业，即大力发展新材料、新能源、新型房屋等“三新”产业，主要是建立新线、扩大规模，打造新的利润支撑点；第三条曲线是发展互联网经济、制造服务业等新业态，主要目标是加大投入、快速进入，培育新的经济增长点。古话常讲“坐一看三”，即吃着一个、做着一个、看着一个。第一条曲线是需要强根筑基的成熟业务；第二条曲线是正在发展中的业务；第三条曲线是刚刚进入的新领域。“三条曲线”之间应是首尾衔接、梯次接续的关系，传统业务量减少，新产业规模就要增加，不然企业就会越做越小。老子讲，“祸兮福所倚，福兮祸所伏”，现在的业务可能做得很辉煌，但它不会一劳永逸，因此需要在变化中不断寻找平稳的增长曲线，等到拐点出现了，旧的业务步入下滑期，就很难有充足的时间和资源来支撑新曲线发展了。就像查尔斯·汉迪说的那样，“当你知道该走向何处时，往往已经没有机会走了”。不过，这里面也有个问题：颠覆性技术是不是进入得越早越好？也不是。早走一步可能会占得先机，但早走十步可能就成了“烈士”，所以切入的时间点很重要。德鲁克认为，创新最好是当别人创新完成 90% 时再切入。特别是颠覆性技术的发展有个过程，既不能进场太晚，落后于人，也不能在离成功遥遥无期时过早进入，把大量的财力和精力甩到里面，这就是经营之道。

（八）我们的中小微企业要努力向高端化智能化绿色化服务化转型升级。中国的中小微企业快速发展，取得了骄人业绩，但经历了长期高速增长，也积累了高质量发展、技术变革、资源耗费、环境负荷等诸多挑战，摆在眼前最迫切的是如何向“四化”转型升级：**一是**高端化，切实加大结构调整和技术创新的力度，不断向产业链高端跃升，提升上下游产业链的整体价值。**二是**智能化，紧抓工业 4.0 和《中国制造 2025》战略机遇，加快工业化与信息化的“两化融合”，促进关键装备、工艺流程的智能化，降低成本，节约能源，努力在一些关键领域抢占先机、取得突破。**三是**绿色化，始终坚持绿色低碳循环发展，在原材料选用、生产过程和产品应用等方面加强节能环保，自觉减少粉尘、氮氧化物和二氧化硫等的排放，提升资源循环利用能力。**四是**服务化，着力推动制造业向产业链高端延伸，增加服务要素在生产经营活动中的比重，由单纯提供产品和设备，向提供全生命周期管理及系统解决方案转变，实现价值链和商业模式的重构。发达国家普遍存在“两个 70%”现象，即服务业产值占 GDP 的 70%，制造服务业占服务业的 70%。反观我国，近年来服务业飞速发展，但整体水平和发达国家仍有不小差距，尤其是制造业长期处于全球产业链中低端，制造业服务化发展严重欠缺。服务化转型，是全球未来制造业发展的重要趋势，也是我国重塑制造业价值链和建设制造强国的必然要求。

（九）我们的中小微企业在推进创新过程中要注重集众智聚合力。创新是协同的故事、融合的故事、平衡的故事，不仅吹响“冲锋号”，更要吹响“集结号”，会集各路精英，吸纳各方资源，组成攻关的突击队、特种兵团，在合作共赢中实现新发展、新突破。具体来说，协同创新主要有三种方式：**一是**企业间的合作。一般是大型企业作为创新平台，中小微科技企业进行技术外包服务。从中小微企业来看，要和大型企业合作，接受大型企业的创新外包，中小微企业之间也要协作分工，共同完成更大的系统集成创新。**二是**产学研协同。院所研发应围绕企业平台，为企业提供服务，解决企业遇到的问题；企业也应拿出资金反哺研发机构，真正形成创新体系，实现深度融合。**三是**政府组织的联合创新。市场有竞争、有独立性，但同时也应采用资源整合的方式，将人才、资本、信息、技术等各类创新要素汇集在一起，联合攻关，迅速形成创新成果。例如，我国不少企业在研究新能源汽车电池，如果各企业“背靠背”投资，难免造成低质重复建设。为此工信部联合 9 家企业投资 5 亿元组建动力电池研究院，加快实现动力电池革命性突破。实际上，面对中国政府主导创新的强大压力，美日欧都在加强国家在创新中的组织作用。我们要继续发挥传统优势，形成推动自主创新的强大合力。创新并非一个个企业的孤立运作，协同创新会更有效。

（十）我们的中小微企业要乐于善于从模仿式创新到自主创新。彼得·蒂尔在《从 0 到 1》一书中指出，进步有两种形式：**一是**水平进步，也称广泛进步，意思是照搬已取得成就的经验——直接从 1 跨越到 N；**二是**垂直进步，也称深入进步，意思是要探索新的道路——从 0 到 1 的进步。对很多资金并不雄厚的中小微企业说，过去这些年更多是在进行模仿式创新，用这种方式，很多中小微企业迅速从 1 到 N，实现后来者居上，同时也为今天从 0 到 1 的创新发展打下坚实的基础。模仿式创新是重要的学习手段，是中小微企业产业转型升级、从低端制造到高端制造的必由之路。模仿式创新不可或缺，但仅仅这样就够了吗？不行。日本的创新历程就是个借鉴。日本第二次世界大战后初期走了模仿创新和技术改良的路线，全国中小微企业大量引进吸收美国技术，家电、纺织、汽车等产品因物美价廉风靡全球。不过，缺乏核心竞争力的软肋一直存在。后来，日本中小微企业在国家技术立国、科技立国、科技创造立国的战略引领下，着力加大基础性和独创性技术研发、加强科技人才引进培养、建设研究基地等，努力向高科技、高附加值制造业转型。有时历史真的是惊人的相似，日本中小微企业的昨天就是中国中小微企业的今天，在模仿式创新走到一定阶段后，也将面临很多问题。

（十一）我们的中小微企业要善于把“做面包”的技术用在“蒸馒头”上。当今社会，创新资源在世界范围内加快流动，各国经济科技联系更加紧密，各种技术的相互依存度逐步提高，做企业要善于广泛借鉴各种文明成果。先进的技术和思想是全人类的财富，站在先行者的肩膀上进行创新并不丢人。尤其是在经济全球化新时代，能将分散创新的研发效率、大规模创新的协同效应和大规模应用的市场效应高度紧密地结合在一起的企业，才能够在竞争中占据主动。搞创新绝不是重头来过、从零开始，事实上，今天企业的创新很少是靠“独门绝活”完成的，虽然现在强调保护知识产权，但过分垄断和封锁技术的时代已经终结，对于几乎每项技术，不同国家、不同企业都在相互追赶，最终的成果也会互相借鉴。很多新技术新产品的研发都是靠集成创新，既有别人的一些想法，也有自己的创意，集成之后创造出一个新物品。国内外很多知名企业，如苹果、微软、华为等，都是集成创新的典范，它们的产品和同类产品相比，既有相似之处，又有自己独特的创新点。像苹果产品之所以深受年轻人喜爱，是因为成功集成了新技术，同时融入了流行元素，让产品变成一种时尚。技术创新一定要把门打开，把思路打开，把自力更生与拿来主义结合起来，形成独特的创新能力和竞争优势。相反，如果一切都是闭门自搞一套，对别人的创新成果和技术路线不闻不问，结果费时费力、吃苦头不说，还可能得不偿失。作为中小微企业，千万不要小看集成创新这件事，如果能“把做面包的技术用在蒸馒头上”，就是大本事，实践也证明，这是提高企业核心竞争力的有效途径。

（十二）我们的中小微企业要注重用跨界与融合重塑创新体系。美国预测家阿尔文·托夫勒写了一本书叫《第三次浪潮》，他认为农业社会是第一次浪潮，开始于1万年前；工业社会是第二次浪潮，开始于17世纪末；信息化社会是第三次浪潮，开始于20世纪50年代后期。与前面两次浪潮不同，信息化将带来一个个性化时代，这场前所未有的浪潮将改变人类的工作、生活和方方面面的关系。后来计算机技术渐渐发展起来，互联网进入中国人的视野。目前中国互联网用户数达8.54亿人，位居全球第一，比美国和印度加起来的数量还要多；中国还是全球最大的移动支付市场，每3个手机用户就有2个使用移动支付，购物、点餐、买菜、做饭、洗衣等，都可以通过网络下单支付，大街上的快递小哥随处可见；2018年中国数字经济总量超过30万亿元，占我国GDP的比重超过1/3。互联网经济如此快速的发展堪称奇迹，中国也因此成为全球重要的创新力量。面对全球新一轮科技革命和产业变革的蓬勃兴起，再加上中国在互联网技术、数字化应用、商业模式创新等方面的长期积累，催生了很多新的经济形态，如互联网金融、互联网交通、互联网教育、互联网农业等。近年来随着云计算、大数据、人工智能、物联网、5G、区块链等新技术的发展，以智能化为核心的万物互联的时代已经到来。“互联网+”和“+互联网”已经成为新的创新加速器，其“+”出的是产业链、企业链、价值链，推动的是技术进步、效率提升和组织变革，促进的是社会财富的乘数增长。一个万物互联的时代将给经济社会带来全新的变革，中小微企业必须跟上形势，趋利避害，在思维方式上、技术水平上与互联网经济深度融合。

（十三）我们的中小微企业一定要想尽办法用好用足用活互联网。互联网对中小微企业来说，不只是提供了一个工具，更重要的是它改变了企业的思考方式和运营模式，推动了中小微企业的变革：**一是**个性化。自从有了大数据，企业可以轻而易举掌握消费者的相关信息，根据这些信息筛选、区分不同的需求，再通过智能化装备把消费者个性化的需求和大规模的生产结合起来，较好地实现了“私人订制”。**二是**智能化。互联网、物联网、人工智能等信息技术有利于加速智能制造的发展，切实优化了生产和服务资源配置，促进传统产业转型升级。现在机器人的出现颠覆了产业工人的概念，其实，人不见得非得在生产线上从事繁重的劳动，现在物质极大丰富了，生产线上不需要那么多工人了，但同时经济的发展又会派生出很多新职业新分工，比如电子游戏编程师、网络写手、快递员等，尤其是服务业的发展会提供更多岗位和就业机会。从企业本身来说，要综合考虑企业和员工发展的最佳平衡，比如通过产业链的延伸发展制造服务业，让员工继续有工作做。**三是**制造业服务化。外包的体量越来越大，如美国宇航局制造航天飞机，就是采用外包配件的方式，自己则成为提供设计和标准的系统集成商；从卖产品到卖服务的越来越多，卖服务深入人心的原因和竞争有关，传统制造业在卖产品的过程中，谁更关注客户需求，谁能为客户创造更多价值，谁就能赢得市场。比如罗尔斯－罗伊斯公司不再卖飞机引擎，而是卖引擎使用时间。提供一揽子系统解决方案的企业越来越多，制造业可围绕价值提升，为客户进行系统思考，而不是只从某个产品去思考；深入探索跨界经营的越来越多，制造业可以与金融、互联网等行业跨界联合，打造更具竞争力的产业集群。

（十四）我们的中小微企业要尽努力当好产业互联网的主角。消费互联网服务的主体是人，产业互联网服务的主体是企业，其中又以制造业为主战场。我国是制造大国、互联网大国，制造业与新一代网络信息技术的融合前景广阔、潜力巨大，而且这也是我国构建制造业竞争新优势、把握未来发展主动权的迫切要求。我国早在2013年就提出信息化和工业化“两化”深度融合的行动计划，2015年推出中国版工业4.0《中国制造2025》，其后又就推动制造业与互联网融合发展、深化“互联网＋先进制造业”、实施工业互联网创新发展战略等出台一系列文件及配套政策，布局速度也非常快。对中国企业尤其是中小微企业来说，以前“两化”融合、智能制造说得比较多，现在明确的重点就是工业互联网。工业互联网虽是个新概念，但在以往的实践中一直在探索，通俗地说就是，通过大数据、物联网、人工智能等新技术把工业系统中能连接的要素全连接起来，比如工人、设备、生产线、供应商、产品和客户等，从而形成覆盖全产业链、全价值链的商业生态。这种全新生态的工业模式，被看作新工业革命的基石。智能制造的实现实际依靠两件事：技术和网，技术是根本，网是关键，大数据、云计算、人工智能等新技术都要通过这个载体推动工业生产的资源优化、协同制造和服务延伸。这就说明了为什么工业互联网这么重要。在发展工业互联网方面，需要在两个方面加大攻关力度：**一是**建立大数据云平台，“站在云端看世界”，用平台思维创造自己的云生态、云秩序，这是创新驱动的新引擎。华为、腾讯、阿里巴巴等企业都在大力推进云平台建设，借助新一代信息技术向工业互联网发力，公有云、私有云等做得风生水起。**二是**提升技术装备智能化水平，以智能制造为主攻方向推动产业技术变革和优化升级。总之，在互联网的下半场，制造业要当好主角，要做的事情很多，网络体系、平台体系、安全体系的建设都任重道远，但工业互联网是个方向，必须坚定地走下去，因为这是一个巨大的创新空间。

（十五）我们的中小微企业推行“+”模式要围绕核心业务。互联网思维非常重要，它最大的好处就是，想问题不拘泥于某一个点，而是从开放、跨界、融合的视角出发，把这个点放在系统中去考虑，找到连接关系，进而放大原有价值或衍生新的价值。如果用这种思维，重新思考生产流程、服务模式和业态形态，可能生意就做活了。现在做企业尤其是做中小微企业的人都想有一个业务，再做第二个、第三个，其实可以先看看已有业务能不能“+”一下，这样就能以更少的投资获得更多的回报。当然，提倡“+”思维不是乱加一气，而是从核心业务出发，进行一些相关扩展，目的是让核心业务跟上时代变化。“互联网 +”通过跨界会撬动庞大的共享经济，比如共享单车、共享汽车、共享旅店等。而作为中小微企业，跨界不是今天做点这，明天做点那，做建材的去做旅游，做医药的去做刀具，而是在“+ 互联网”的同时，借助互联网思维，从专业出发进行适当延伸。互联网思维并不是依赖互联网才存在，现在很多“+”模式，其实和互联网毫不沾边。新事物永远层出不穷，不适合自己的不必非要复制，但中小微企业需要研究和学习它背后的逻辑与方法，这可能比应用新事物本身还重要。

（十六）我们的中小微企业要始终重视培育企业的核心技术。企业的技术创新怎么开展？核心技术怎么培养？这四个方面要特别重视：**一是**要秉持扎实的创新态度。改革开放以来，中国企业的竞争力日益增强，取得了举世瞩目的成绩。俗话说，“30 年河东，30 年河西”，中国拥有全世界最完整的现代工业体系，200 多种工业产品的产量位居世界第一。但即使这样，中国企业尤其是中小微企业仍要始终保持忧患意识，秉持扎实的创新态度，既不妄自菲薄，也不妄自尊大，以客观务实的态度，对标美国、德国、日本等发达国家的科技前沿，明确目标，久久为功，加快构筑支撑高端引领的先发优势。特别是在关键核心技术领域，我们要增强自主创新的紧迫感和危机感，奋起直追，攻坚克难，积极抢占科技竞争和未来发展的制高点。**二是**要加大创新投入。企业要获得持续的创新优势，必须在人力、物力、财力等各方面加大投入。坦率地讲，中国企业尤其是中小微企业的创新文化不够，一些企业尤其是中小微企业不太愿意加大创新投入，更乐于购买装备、新建生产线，可是在高质量发展新阶段，企业要获得持续的竞争优势，不能靠在过剩领域搞新建或收购，而需要在原有基础上进行技改，同时加快新兴产业科技成果的孵化，提高科研产出效益。**三是**要健全激励机制。人才是创新的第一资源，技术创新能不能突破，关键在于是否发挥了人的积极性。科技人员的知识和智慧都在脑子里，怎么激发出来？最重要的是机制。创新也需要机制，精神鼓励要提倡，激励机制也要跟上。创新应该得到保护和激励，这是市场的选择。在这一点上，中小微企业必须解放思想，建立健全激励机制，保障科研人员的收入待遇，这样才能吸引和留住优秀人才，激发大家的工作热情。**四是**要重视开放性创新。创新不是自己“躲进小楼成一统”，而是要积极“走出去”“请进来”，以开放视野积极融入全球创新网络，充分利用全球创新资源，加快构筑支撑高端引领的先发优势，形成关键核心技术攻坚体制和强大合力。像美国的创新就是会集了全世界优秀的人才，营造了浓厚的创新氛围。开放带来进步，封闭只能落后，要在激烈的科技竞争中赢得优势，必须有开放的研发系统。

（十七）我们的中小微企业要知道作为商品的技术只有进入流通环节才会有价值。从前我们总认为，搞研发要经过“基础研究—应用研究—试验发展”的单一路线，转化为产品后，再批量生产推向市场。其实，科研技术本身具有高科技含量、高附加值的特点，在知识经济条件下，这种智力经营活动可以直接对接市场需求，实现商品化，产生经济效益，而不必要自己又做研发又做工厂制造。打个比方，同样是卖东西，可以把种子卖给农户种植，也可以把成熟后的农产品卖给广大消费者，或卖给厂家进行深加工后再次出售，这些都是经营手段。尽管研发项目并不都是营利性的，但总的趋势是，技术的契约化和商品化程度已经在不断提升。所以，研发产业的形成是经济社会发展的必然规律，也是企业提高创新效率的客观要求。北京中关村、深圳南山区、湖北东湖、四川成都等地的不少中小科技企业，它们的想法是先研发出产品，然后上“创业板”“科创板”“新三板”，拿到钱后再扩大规模，但最后却沦为一个普通的产供销工厂，既达不到“创业板”“科创板”“新三板”上市的初衷，也失去了科技创新的能力。技术是商品，是商品就得流通，就得遵循价值交换规律。对科技企业来说，科研能力是核心竞争力，技术研发出来后可以卖给其他企业，赚了钱再开发更新的技术，这才是正确的逻辑。而且还有一点，技术不像黄金、钻石，它是有保鲜期的，会随着时间推移而贬值，新技术出来后，老技术就不值钱了。所以我常跟企业尤其是中小微企业的科研人员说，技术不能藏着掖着，攥着不撒手，要尽快推向市场产生经济效益，靠技术和服务的流动增值也能作出大产业。

（十八）我们的中小微企业要明白创新的生命力在于创造价值。企业尤其是中小微企业在创新时，要紧紧围绕创造价值这个核心进行，着眼于变化和不同，用不同以往的方式来达到增值的目的。以前美国的老福特先生曾经说过，“我不过是把汽车的技术组合在一起而已”，老福特其实作出了令人震惊的发明，但并不是他创造的把生产效率提高五倍的生产线，而是他大才级的创意：每个人都应该拥有一辆汽车。像麦当劳、肯德基、星巴克、家乐福等知名企业，都没有什么特别高的技术，但是通过探索新的商业方法、商业组织，创造了惊人的业绩。我国的淘宝、滴滴打车、美团、饿了么、拼多多等新业态公司的崛起，也是源于创意的成功、商业模式的成功，就是用平台思维做事。在我们身边也有很多商业模式创新的案例，甚至其中许多和技术并不搭界。比如现在有些餐馆的筷子，后半截是传统筷子，前半截是一次性筷子，用过后只换前半截即可。这个看似不起眼的点子，极大地减少了森林砍伐和木材浪费。再如男士的新式三接头皮鞋，外面鞋带是固定的，里面是松紧口，这样就省去了系鞋带的时间，穿起来很方便。企业的竞争不只是技术竞争，更是商业模式的竞争，商业模式是企业赚钱的“秘密武器”。曾有很多中小微企业创业者问：“大家都说，不创新是等死，创新是找死，那用什么样的创新方式更安全呢？”答案是最好去做商业模式创新。因为中国市场很大，卖任何一个东西或搞任何一个商业模式，一旦有市场都可能赚到钱。在企业创新里，像芯片、生物医药、航天、新材料等高科技领域，任何一项创新都不容易突破，做商业模式创新比做高科技安全系数高，难度也小。美国的风投体系比较成熟，支持了很多高科技发展，但中国风险投资这一块还相对弱一些，所以做高科技资金来源是个问题。中小微企业如果确实有高科技，创新方向也正确，可以找大型企业合作，结成“最强盟友”。

（十九）我们的中小微企业要善于统筹运用“微笑曲线”和“武藏曲线”。“微笑曲线”表明，在现代制造业链条中，制造环节处于中低端，提高附加值更多要依靠处在曲线两端的研发设计和销售服务等完成。从世界范围看，发展制造服务业是很多跨国公司的共同选择。比如苹果公司做手机，主要做设计、研发和创新，好多零件都是外包的，但是设计是核心。再如，IBM曾是单纯的硬件制造商，后来转型为提供硬件、网络和软件服务的整体解决方案供应商，在其全球营收体系中，约65%的收入来自IT服务。又如，30年前美国通用电气传统制造产值比重高达85%，服务产值仅占12%，目前“技术+管理+服务”所创造的产值占公司总产值的比重已经达到70%以上。在中国大陆代工盛行的“世界工厂”时代，利润总是朝创新研发和最后的贸易服务两方面走，这对制造业是一个很强烈的刺激。这也是宏碁集团创办人施振荣先生提出“微笑曲线”的一个时代背景，我国台湾那时也有大量代工工厂。但今天来看，随着制造水平的提高、成本的降低，尤其是信息技术的应用，生产制造和加工组装环节的利润率不断提高，也有很多制造企业赚了很多钱。比如格力有近2000亿元的销售收入、260亿元的利润。所以，对“微笑曲线”的理解太过绝对。日本管理界就提出过一个“武藏曲线”，和“微笑曲线”的观点正好相反。武藏是一种中间凸起、两端下沉的日本刀，由这个刀形衍生的理论就是企业主要靠制造过程创造价值，其利润远高于研发和营销，而且有事例和数据支持。到底哪个曲线对呢？还是应该具体问题具体分析，不同国家、不同产业领域可能适用的曲线不同，如果能把两种曲线统筹运用会更好：一方面，要突出价值链中端，用技术新模式深挖工厂降本增效的潜力，带动价值链的底端抬升和整体提升；另一方面，要沿着“微笑曲线”向高附加值两端升级。占领“微笑曲线”两端的意义不仅要从利润的角度来观察，还要考虑防范风险，因为拥有全产业链可以明显降低风险。

我们的中小微企业要实现健康发展，要通过文化建设塑造企业的集体人格

健康的企业文化要具有正义性，所谓正义性就是文化会成为推动企业发展的正向力量。一个在文化上具有正义性，为国家、社会、行业持续贡献正能量的企业，注定能被广泛接受它是企业的集体人格，是全体员工的共同信仰。

（一）我们的中小微企业要坚持不接纳企业文化的职工再有才也不用。一个企业从表面看，看到的是厂房、设备、产品；再往里看，看到的是技术、管理、人才；而最深层次的，则是涌动在干部员工内心的精神文化。企业员工为什么愿意风雨无阻地上班，为什么愿意遵守各种规章制度，为什么愿意勤勤恳恳地奉献付出，为什么愿意为企业创造效益，为什么多年来对企业不离不弃？归根结底就是企业文化在起作用。因为企业在大家心里播下了文化的种子，这粒种子就像一簇火苗，无论人身处顺境还是逆境，内心都能温暖而坚定。对企业来说，最有力量的武器就是凝聚人心的统一的企业文化。广大干部员工如能真正把企业文化镌刻于内心，就会始终洋溢着幸福感和使命感，进而转化为对企业的热爱和忠诚。反之，没有了文化的支撑，大家就会如同一盘散沙，不知为何而做，不知如何相处，只知道干活、吃饭、领工资，没有共同的价值观，企业打不了硬仗，也不会持久。企业文化是集体记忆，应成为团队的自觉遵守和共同信奉。杰斯珀·昆德在《公司精神》一书中说："在将来，建立稳固市场地位的过程将成为塑造公司个性化特征及公司精神与灵魂的事业，最终将成就一个强大的公司。在此过程中，要建立共同的愿景目标以及对公司精神的忠实信仰。在未来的公司内，只有信奉者生存的空间，却没有彷徨犹豫者立足的余地。"这段话说的是，大家因共同愿景、共同事业走到一起，不信奉企业价值观的人不在此列。做企业实际上就是做文化，文化是企业竞争的决赛。联想创始人柳传志就对员工提出四个字的要求：入模、复盘。入模就是要认同联想的文化；复盘就是做完一件事，再检查一次，总结、归纳才能提高。

（二）我们的中小微企业要时刻提防坏文化对企业的侵蚀。在企业里，

文化必须是上下一致的，文化不能随意编造、随意更改，也不能各喊各调、各说各话。像百安居、肯德基、麦当劳、必胜客等，它们的标识、员工的服装甚至货架上产品的摆放方式，在全世界都是一样的，中国的一些职业经理人往往好意做些改动和创新，结果大多数都被炒掉了，就是因为大型企业要捍卫文化的一致性。文化有不同形态，在文化一体化的过程中，尤其要防止坏文化带来的负面影响和渗透力，因为坏文化容易满足人的劣根性，让人感觉很舒服，像上班不打卡、半路出去买菜等行为很容易使人产生惰性，久而久之就会固化为一种习气和作风。美国有一家非常有名的连锁集团，并购了另一家有坏文化的连锁企业，三年之后两家企业都倒闭了，就是因为坏文化把好文化腐蚀了。企业文化建设、形成、固化的过程，就是好文化和坏文化相互博弈、此消彼长的过程，是一个吸收精华、摒弃糟粕、批判发扬、融合再造的过程。"近朱者赤，近墨者黑"，文化建设的最终目的，就是让不同文化群体相互借鉴、相互尊重、相互理解、相互认同，最终融合为一体，成为推动企业发展的凝聚力和聚拢正能量的黏合剂。弘扬好文化，在今天的社会环境下尤其重要。从外部来看，市场经济带来了效率和财富，如果不从精神层面上加强引导，社会和企业就容易出问题。从内部来看，没有良好的企业文化，形不成统一的思想与价值观，企业就会打败仗。所以，企业一定要多进行思想引导和文化教育。

（三）我们的中小微企业要始终坚持企业文化以实用为第一。市场经济中每个企业都是特色生存，都有独特的发展史、产品方向和不同的资源基础，因而每个企业都应该培育独具特色的企业文化。企业文化不是千篇一律的，不同的企业有不同的文化：对制造型企业来说，生产制造是一项严谨科学的工作，生产线上一丝一毫的小问题都会酿成大问题，因此应该强调科学管理；对创新型企业来说，文化氛围要奔着解放思想、激发活力而来，过于刻板教条的管理会禁锢科技人员的想象力和创造力。一个企业尤其是中小微企业对文化的提炼和描述要贴切、准确、具体，应该有非常精准的语言、非常严密的逻辑。企业文化不是越高深越好，它不应过于玄虚，更不能只是作为口号；关键是要切合实际，简单易懂，便于记忆，让员工了然于胸并落实到日常工作和生活中。企业文化的制定，要以实用为第一位，核心是给予人充分的理解、信任和支持，让每一个新进入者都能有个性化的发挥，并实现优势互补和价值再造，在兼容并蓄的集体里，大家亲如兄弟姐妹，相互照顾，相互扶持，为企业的成长尽心尽力、贡献才智，形成上下和睦、内外和谐的良好氛围。企业文化是企业的特质，是企业深处与生俱来的东西，是别人学不会偷不走的。

（四）我们的中小微企业要乐于善于用好用活中国的商道。东方企业文化和西方企业文化是两种不同的文化体系。西方企业文化的兴起是源自经济社会和科学技术的快速发展，更重视定量和模型分析，比较擅长运用统计知识等工具解决复杂的管理问题，以提高组织效率。东方管理思想更重视定性和哲思，强调“天人合一”的宇宙观，强调全局性的运筹帷幄，以及伦理道德价值。这些企业文化的精华对做企业非常有益，甚至能解决现代市场竞争理论所不能解决的问题。这是因为，企业里不仅有定量的问题，还有大量定性的问题，像人的心灵归属、企业的价值追求等，这些问题很难量化。人不是机器，培养好的心态、好的素质、好的人格，解决人内心深处的问题，往往比建设新工厂、安装新机器要难得多。辩证思维也是中国传统文化的重要内容，《道德经》《易经》等都是中国最古老的哲学。中国人潜意识里就带着哲学的辩证思维，老百姓都知道福祸相依、物极必反、否极泰来这些朴素的道理。如果要说明东方文化的缺点，那就是缺少严密的逻辑和系统的归纳。今天，中国已进入现代企业时代，为此，在虚心学习西方管理思想的同时，要树立自己的文化自信，建立自己的新商道。新商道，“新”从何来？主要来源有三个：**一是**中国 5000 年古老而灿烂的文化。要学习古代先贤的智慧，如中国人的价值观是老子《道德经》中的“天之道，利而不害；圣人之道，为而不争”；处理竞争的办法是“以静制动”“以柔克刚”；处世哲学是“恕”，即“己所不欲，勿施于人”和“己欲立而立人，己欲达而达人”；学习方法是“三人之行，必有我师”的对标学习；治理思想是“治大国如烹小鲜”；等等。中国的企业家和员工大部分是受中华传统文化熏陶成长起来的，所以应很好地学习并运用传统文化精华，不断提高经营水平。**二是**结合中国实际，向发达国家的企业家学习，吸取他们的长处，剔除他们的不足之处。**三是**从今天中国鲜活的市场经济、企业实践中概括成功经验。经过改革开放 40 多年的锤炼，中国的企业和企业家已经不输外国。

（五）我们的中小微企业既要坚持以我为主又要善于博采众长。西方学者霍博兄弟写了本书叫《清教徒的礼物》，是一本讲述美国管理文化的史书，书中认为清教徒有政治抱负，勤俭自律又敢于开拓创新，他们为新大陆带去了影响后世的四种价值观：**一是**建造人间天国的坚定信念，美国企业在外太空、互联网、人工智能、新能源发展等方面的超前探索，都与这种对未来的憧憬和乐观有关；**二是**拥有机械天赋、喜欢亲力亲为的技师精神，美国人动手能力比较强，很多家庭车库就是小发明场，这种技师传统让美国的创新异常活跃；**三是**把集体利益置于个体利益之上的道德观念，在美国华盛顿、纽约、波士顿等地，街上到处都是美国国旗，美国虽然是一个移民国家，但国家观念很浓；**四是**善于协调各种财力、物力和人力的组织能力，美国大型企业的外包模式就是例子。上述价值观是清教徒给美国的礼物，也是美国梦的精神力量来源。第二次世界大战后，西方市场经济原则在日本建立起来，麦克阿瑟邀请美国管理专家参与改造日本企业，美国清教徒精神和日本自有的文化成功结合，奠定了日本现代工业的基础，这就证明美日文化是可以兼容的，而且可以创造奇迹。日本企业在创新转型时，也把文化融合作为重要手段。佳能董事长御手洗富士夫当年在佳能危难时刻从美国调回总部，之后应用美式管理关心现金流及股东利益的做法，把公司不赚钱的业务全部砍掉了，追求利润最大化，同时强化日式管理的品质，保留了终身雇用制，两种管理文化很好地融合在一起。但美国和日本的管理文化也有明显不同，例如美国企业崇尚独立、自由、平等、竞争，鼓励个性张扬和创新创造，像谷歌公司的员工可以在办公室自由装饰涂鸦，甚至可以把宠物狗带到公司；日本企业更多是家文化，把企业和员工紧紧拴在一起。任何文化都有其特定的历史沿革和适用土壤，不能简单地说哪种好或不好。对中国来说，既要坚守自己的文化，也要积极学习别人的长处，比如美国的创新精神、日本的精益生产，还包括德国莱茵河式的工匠制造文化等，始终做到以我为主、博采众长。

（六）我们的中小微企业要在企业文化中汲取儒家思想的精华。孔子的思想大部分集中在治国理政、人际关系、组织行为等方面，更多是在讲修己齐家治国平天下的哲理。虽然这些思想无法回答我们今天的所有问题，但其关于人性与价值的思想却具有跨越时空的意义，既可以指引企业尤其是中小微企业走上正确的发展道路，也可以成为管理者内心的一面镜子：**一是**在企业的发展观方面，孔子言“过犹不及”和“己所不欲，勿施于人”，即做企业有四个不能“过头”：①发展不能“过头”，要追求可持续性，实现眼前利益与长远利益的有效平衡；②业务不能“过头”，要集中做好优势业务，把握舍与得的有效平衡；③风险不能“过头”，要考虑承受力，把握抓机遇与防风险之间的有效平衡；④市场不能“过头”，不能“包打天下”，而要“三分天下”，做好规模与控制力的有效平衡。**二是**在企业的目标方面，孔子讲“仁者爱人”“仁者安仁，知者利仁”。企业经营以盈利为核心，但企业不是单纯的经济组织，做企业的根本目的还是要为社会大众服务，所以企业家应有仁者的素质、修养和胸怀，有感恩的心态和爱人的思想，以包容理念和利他精神，努力造福社会。**三是**在选人用人方面，孔子强调“先行其言，而后从之”“举直错诸枉，能使枉者直”“先有司，赦小过，举贤才”。企业选人用人要重业绩，让能者上、庸者下，树立好用人的导向和示范作用，同时要知人善任。孔子把优秀的人定位于“士”，最低要求也要做到“言必信，行必果”，即人要守信用，说到做到。另外，孔子主张用学习的人，“学而不思则罔，思而不学则殆”“君子食无求饱，居无求安，敏于事而慎于言，就有道而正焉，可谓好学也已”，强调的都是要不断学习，学思并重、学行并重。**四是**在企业管理方面，孔子的理想是“大道之行也，天下为公，选贤与能，讲信修睦”。这里的“天下为公”指的是民主管理，选贤与能参与管理。现代公司之所以称为公司，也是指要有民主、规范、透明的管理。此外，孔子要求做事尽善尽美，这应是企业管理者的最高境界；“见贤思齐”，可以作为对标管理的思想基础；“道千乘之过，敬事而信，节用而爱人，使民以时”，应用于企业就是要先进简约；孔子还主张终身学习、建立互动式组织学习。**五是**在核心价值观方面，孔子主张“父父，子子，君君，臣臣”，主张“仁、义、礼、智、信”。这些思想虽在后世的实践中有所改变，但由此发展出的三纲五常，曾维系中国社会上千年，对社会稳定起到了重要的作用。这些都说明，核心价值观是文化纲领，树立良好的核心价值观是企业长治久安的基础，也是企业长远发展的基础。

（七）我们的中小微企业要懂得如何才能实现包容性发展。中国 40 多年改革开放的历程，既是社会价值观日趋多元化的过程，也是不同价值观冲突和协调的过程，还是社会整体包容性越来越强的过程，企业也是如此。从做企业的目标和目的性来看，企业的发展迄今为止经历了三个阶段：**第一阶段**是只考虑投资者利益的阶段，即所做的一切都围绕实现企业利润最大化这个目标开展；**第二阶段**是企业公众化阶段，把投资者、客户和员工的利益都放在企业的目标中一起考虑，努力确保投资者、客户和员工的利益实现有效平衡；**第三阶段**是社会化阶段，不仅要注重投资者、客户和员工利益，还要关注整个社会、自然和资源的可持续性，注重所有利益相关者的诉求。“包容性发展”这个概念最早是亚洲银行提出的，指的是人和自然之间、先进和落后之间、富裕和贫穷之间的包容。从企业经营的角度来看，包容性发展就是做企业要有共生多赢的思想，有利他主义的精神，将自我发展纳入社会进步、集体成就之中，兼顾社会各方利益。始终坚持与社会和谐，严格恪守商业道德，创造优良的产品与服务，自觉接受各方监督，努力打造阳光企业，创造阳光财富；始终坚持与竞争者和谐，在市场竞争中力求双赢、多赢和共赢；始终坚持与员工和谐，让员工与企业共同成长，充分激发和调动员工的积极性，让员工分享企业改革发展红利。在企业里，工作是大家一起干的，企业家需要做得更多的是包容。企业家要知人善任，待人亲和，懂得尊重人、关心人、理解人，给大家温暖感和安全感。在处理利益时，应能先人后己，把集体放在个人之先，能一碗水端平、一视同仁，尤其是要善用表扬，因为做基层干部很辛苦，常有各种委屈，压力也很大，大家一年到头忙忙碌碌，总不能连句表扬的话都没有。

（八）我们的中小微企业要努力成为市场竞争的佼佼者。竞争是市场经济的基本法则。按现代经济学理论，市场经济就是要创造一个完全竞争的市场，在这一市场中，企业足够多，产品足够多，企业通过竞争获得市场，从而促进社会经济的发展和人类社会的进步。作为从计划经济体制下走来的中国企业，竞争意识的确立是不容易的。一开始，大家把“竞争”与“个人英雄主义”、“自我表现”等贬义词联系在一起，对于竞争带来的震荡和冲击更是难以接受，但随着市场经济的来临，大家的观念发生了深刻转变。有个“拔河理论”值得中小微企业认真研究运用，即拔河要求选手有求胜心，有周密的战术安排，能拼尽全力直到最后。这套思路放到企业尤其是中小微企业身上，就是要乐于竞争、科学规划、敢于吃苦，三者缺一不可。竞争是痛苦和欢乐的化合物，只有积极参与竞争才有企业的发展和大家的未来。从企业来讲，真正的关爱员工就是强化管理和培训，练观念、练制度、练管理、练文化，提高他们的工作素质和竞争能力，成为市场竞争中的佼佼者。

（九）我们的中小微企业要乐于善于驶向创新环保的绿海。我国很多企业受小农经济思想影响，同时又教条地学习西方早期竞争理念，脑子里净是“丛林法则”的那套思路，觉得市场竞争就要靠打打杀杀。西方早期崇尚极端的市场竞争，在工业化早期，确实发生过大规模倒闭潮和企业家跳楼的惨剧，也发生过将牛奶倒入海里的资源浪费。但西方的竞争理论后来也有不少改进，并不赞成恶性竞争。西方有反垄断法，也有反不正当竞争法，过分压价、倾销等都是违法的，像国际上搞的“双反”，就是针对倾销和政府补贴。竞争是把双刃剑，适度有序的竞争有利于提高效率、质量和服务，过度无序竞争则会带来一系列问题，短期内会让价格大幅下滑，消费者貌似受益，但从长期来看会导致假冒伪劣产品泛滥，损害消费者利益，还会造成巨大的破坏。事实上，今天的竞争方式正在发生重大改变，竞争不应是无序、混乱和低效的竞争，竞争可以有组织，可以有序、理性。今天的竞争方式正在发生重大改变，竞争并不是无组织的竞争，竞争可以单打、双打，也可以集体对抗，由一个领袖带领的一个团队和另一个领袖带领的另一个团队之间有序、理性地进行，这是从坏竞争演变为好竞争的有效方式。如果这两个团队效益好、技术好，那么它们之间的竞争也必然是高水平的。假如它们所进行的是无序、混乱和低效的竞争，还如何去改善效益、提高质量、推动创新？市场竞争不能单一地、概念化地理解。好的竞争不是不竞争，而是以更先进的方式竞争。一对一的方式是竞争，集团式的竞争也是竞争。但无论哪种方式，都要树立竞合的文化。市场竞争不是比勇斗狠，大家只有以合作的心态拧成一股绳，才能走出“丛林”，驶出你死我活的红海，进入共赢和谐的蓝海，最终驶向创新环保的绿海。

（十）我们的中小微企业要自觉从做工厂转到做市场。党的十八届三中全会提出，让市场在资源配置中起决定性作用，凡是市场和企业能解决的，就放给市场和企业。中小微企业尤其是领袖企业在维护市场健康方面责无旁贷。实践证明，在我国各行各业的发展过程中，凡是有领袖企业带领的行业，发展得就比较好；相反，没有领袖企业、群龙无首的行业，往往发展得很混乱甚至很失败。领袖企业不同于一般企业，它就像雁阵中的头雁，方向感、大局意识、责任意识都要格外突出。领袖企业是行业系统的中坚，不仅要关注自身成长、降低成本、管理工厂，更要推动行业发展，引导政策，稳定市场，要从“做工厂”转到“做市场”。按照传统思路，企业只要做好工厂、控好成本、扩大销量、增加品种就能盈利。但在饱和市场中，如果没有好的行业生态，企业只知冲冲杀杀，图一时之快、一己之私，即便内部管理做得再好，也不会成为赢家。为此，需要认真研究把握好“广义的企业管理 = 外部市场管理 + 内部运行管理”，即企业管理工作不应局限于企业内部，还要提升、拓展到影响企业效益的整个系统中，既推动行业价值体系的重构和产品价格的理性回归，也使企业取得稳定的经济效益。

（十一）我们的中小微企业要牢固树立达人达己的价值观。做企业其实有三重境界：利己、互利、利他。企业的发展以盈利为前提，“利”从何来？利己主义是一种方式，但只图一己之利的企业做不成大事的。市场说到底是一个公共空间，它不属于哪一家企业，企业要在市场中共事，必须坚持共享共赢的理念，从利己过渡到互利，在互利的基础上还要利他，把企业的价值追求提升到维护公共利益的层面，促进行业健康发展，维护社会公平正义，努力增进他人的幸福和利益。企业要有利他精神，同时又要互利，还要利己，这三者不矛盾吗？孔子言：“己欲立而立人，己欲达而达人”，意思是，自己想立得住，也要使别人能立得住，自己想腾达，也要使别人腾达。同理，做企业是一件利己利他的事，常常利他才能达到利己。做企业要赚钱，但赚钱应建立在互利双赢或互利多赢的基础上，这就是达人达己。自己获利也要让别人获利，自己富裕也要让别人富裕，做企业要有这种境界和情怀。中国迈入市场经济的时间还不长，市场文化还不尽成熟，诚信意识没有完全建立起来。市场经济的发展是建立在每一个个体的自制力水平、平等互爱和诚信精神之上的，对中国企业来说，要坚持以正确的思想文化为指引，把包容思想、竞合文化以及孔融让梨的谦恭和境界真正引入竞争中。尤其是我国很多行业正饱受过剩之苦，只有发扬利他精神，互相理解，互相包容，互相帮助，顾系统、顾大局、顾他人，大家才能共渡难关，最终做好自己。

（十二）我们的中小微企业要坚信一流的思想才能塑造一流的企业。古人讲，“君子爱财，取之有道”。一个企业要想快速发展，得到社会的广泛支持，应该把对经济价值的追求和对社会价值的追求有机结合起来。无论是谋划战略、管理创新、推进改革还是团队建设，都要问问道德高地在哪里。既能赚钱又能守“道”，这样的企业才是好企业：**一是**在微观层面，要做好自身的经营、管理、创新、改革等各项工作，创造良好的效益，这是一切的基础；**二是**在中观层面，充分发挥领袖企业的领袖作用，推动行业健康有序发展，搭建一个共生共享共赢的平台，进而提升企业的个体价值；**三是**在宏观层面，把企业成长放在道德高地上进行思考，关心人类福祉、国家命运、社会进步，关心芸芸众生的幸福和苦难，关心效率和公平的相互促进。做企业尤其是中小微企业要坚持道德的至高追求，把责任担当的意识、悲天悯人的情怀融于自身价值追求。企业应有仁者的素质、修养和胸怀，有感恩的心态和爱人的思想，有包容理念和利他精神，只有具备了这样的境界，企业才能有更强的竞争力和生命力。这正应了那句古训：厚德载物。就是说企业不是一个单纯的挣钱机构，而是一个有灵魂、有血有肉的机构。真正的企业家要站得更高，就要有全局观和强烈的责任感，关心国家和民族的命运，关心社会的和谐与稳定，关心年轻一代的成长，关心文化的传承和现代思想的传播，把企业发展与国家战略、社会利益紧密联系在一起，精通经营哲学、文化理念、企业责任等深层次问题，创造先进的思想并以此引领企业健康发展，这是企业家最重要的使命。现在各种论坛很多，在博鳌亚洲论坛、全球财富论坛、达沃斯论坛等一些活动上，西方领袖企业家往往能结合会议主题侃侃而谈，他们站位很高，关心的大都是社会和经济层面的问题，也会谈及哲学和文化。而中国企业家则大都停留在具体操作层面，一般讲做了多少产品，企业在世界排行多少，甚至主要在为企业和产品做宣传，思考深度和广度与前者还有不小的差距。一流的企业需要一流的思想，一流的思想锻造一流的企业。中国的企业尤其是中小微企业如果要做世界一流企业，就要给全行业作出前瞻性指导，发挥引领作用和领袖风范，最后落脚在思想文化这个层面。企业文化、企业哲学、企业精神应该贯穿整个企业，这些深层次的思想至关重要，应该好好地研究。

（十三）我们的中小微企业都要坚持做到但行好事莫问前程。企业品格究竟包括哪些呢？总的来说，有四条：**一是**要保护好环境。在企业品格中，保护环境应放在首位，大多数企业在运行中都会耗费能源和资源，都会对环境产生一定的负荷，但随着企业的增多，能源、资源和环境都会不堪重负。随着绿色发展成为共识，绿色低碳经济正在不断壮大，只有积极行动、参与环保的企业，才会有长久的未来。**二是**要热心做公益。企业是个营利组织，应该拿出一些财富支持公益事业，企业员工也要培养对社会的爱心。这些年企业所做的公益事业多是扶贫，企业还要在自然灾害救助、关心和帮助弱势群体方面竭尽全力。通过这些爱心活动，企业员工也可以提升人生观和价值观，更加珍视工作和热爱企业。**三是**要助员工发展。在企业中最宝贵的是员工，而不是机器和厂房。有品格的企业善待员工，不只是因为竞争力的需要。企业应当成为员工自我价值实现的有效平台，注重员工的全面发展，加强员工的学习培训，开展员工的拓展训练，丰富员工的文化生活，关心员工的身心健康，使员工德、智、体全面发展。**四是**要做世界公民。对于“世界公民”一词有诸多不同解读，企业作为世界公民是套用联合国全球契约组织里的解释，即企业在全球化过程中，应遵守可持续发展等共同原则。在中国企业走出去的过程中，世界公民意识可进一步引申为遵守国际规则，遵守所在国的法律法规，尊重当地的文化习俗，重视企业的环保、安全，重视对当地员工的培训，热心公益事业，弘扬厚德载物、自强不息、达人达己的文化精神等。

（十四）我们的中小微企业要懂得走，出去不能“吃独食”。中国企业要想“走出去”，首先要带着“真、实、亲、诚”的文化，遵守所在国法律法规，尊重当地文化习俗，热心当地公益事业，这样无论走到哪里，都会受到欢迎。在走出去的过程中，如何与发达国家企业相处是个大问题，尤其是在单边主义和贸易保护主义抬头、中美贸易摩擦的大背景下，更需要大智慧。改革开放后，中国经济快速发展，中美贸易摩擦表面上源于贸易不平衡，但深层次则是美国脱实向虚和禁止向中国出口高技术带来的，是逐渐积累起来的问题，另外也反映了美国对中国崛起的不适应。那怎么解决呢？就是要形成全面开放的新格局，用更加开放的姿态、更加开放的市场，进一步扩展发展空间，让国际社会更加适应中国崛起壮大的现实，创造包容开放的国际环境。其实，全球化趋势是不可阻挡的，任何国家、任何企业只有相互交流、开放合作才能成长，否则就会成为孤岛。对中国企业尤其是中小微企业来说，就是要调整思路，在开放共赢中实现融合发展。“独行快，众行远”，做企业不能有“吃独食”的思想：**一是**尊重和积极参与国际分工，既发挥国产装备的性价比优势，又积极采购一些跨国公司的高技术关键设备，以赢得市场、缓解矛盾；**二是**尊重知识产权，严格遵守国际规则，注重知识产权保护；**三是**在市场中秉持竞争中性原则，不打国家旗号；**四是**开辟多元化市场，既深耕东南非、中东、东盟、南美等重点区域市场，又积极拓展美欧日市场，把工厂建到发达国家，同时还要引进跨国公司在国内合资合作。

（十五）我们的中小微企业老总要乐于当好“人梯”和“铺路石”。明代思想家吕坤在其论著《呻吟语》中讲：“深沉厚重是第一等资质，磊落豪雄是第二等资质，聪明才辩是第三等资质。”企业家不是要比别人豪气聪明，而是要有稳重的性格和高尚的人格。企业家首先要做好自己，勤思笃行，品格高洁，有过硬的职业素养和心理素质。企业家要有方向感，有经营智慧，有职业化的态度，把企业的创业、管理和发展作为职业和人生的一种选择、约定与承诺。企业家要始终保持“淡泊明志，宁静致远”的心境，成功之时虚怀若谷，困难之际不妄自菲薄——既有进取心，也有平常心；既有拼劲，也有耐力；既能平静淡定地迎接成功，也能淡定从容地面对失败。企业家要有强大的人格魅力，对待自己严格有加，不懈怠、不停留、不空论、不恋功；对待事业勤勉尽职，认真执着，凡事追求完美；对待部下温和亲切，让大家有安全感、温暖感、幸福感；对待利益，要把集体利益放在个人利益前面；对待问题，要勇于面对，敢于担当，千斤重担一肩挑，就像美国前总统艾森豪威尔讲的那样：“有功劳给部下，有责任自己扛”，见好处就上、见责任就推，这样的领导是得不到大家拥护的。企业家不是精致的利己主义者，对国家、对民族、对社会的责任感是对企业家精神最大的升华。企业家要把自己和企业融为一体，把有限的生命融入企业的成长，带领企业自觉履责，在保障经济平稳运行、积极吸纳就业、加强环境保护等方面发挥积极的作用。企业家要把培育一流企业作为神圣使命、崇高荣誉和毕生追求，带领企业做强做优做大，在国际舞台上冲锋陷阵，不断提高中国企业的国际竞争力。做好中国企业，要靠一代又一代人薪火相传、持续努力。每一代企业家都要乐于、善于当好继往开来的“人梯”和“铺路石”，让年轻一代知道当年的探索和过往的路途，为他们标上路标和指示牌。原国家经贸委副主任陈清泰同志说，企业家不能整天只忙于事务，而要沉下心来做些思考，把做企业的心得体会记录下来，留给后人学习借鉴，不然一代代管理者只能从零做起。真正的企业家是那种对成功充满渴望的人，是那种困难中百折不挠的人，是那种胸中有家国情怀的人，是那种永远面向正前方的人。

让我们一起来看看华为的战略规划和战略执行

我们今天主题是战略，因此，首先要清晰什么是战略。

首先，我们认为，战略是有限资源下的取舍。迈克尔·波特对战略的定义是：以竞争定位为核心，对经营活动进行取舍，建立符合本企业的独特的适配。

在与很多上市公司、准上市公司或者是非上市公司老总的交流中，我们会发现，相当一部分人认为战略是非常务虚的。但事实上，战略既包括务虚的部分，同时也包括一些非常实际的内容。比如，当一个企业的战略包括了未来 5 年乃至 10 年的行动路径，并且对这 5 年乃至 10 年的关键任务作出了规划，甚至能够把当前任务分解到各组织的 KPI 当中去，分解到各高管的 BLM 当中去，且未来战略目标的实现完全取决于这些关键任务能否达成的时候，那么可以认为，这一战略是非常实际的，是非常务实的。

同时，在战略正确的情况下，“精准的战术 + 严格的执行”能够使一个企业的发展达到事半功倍的效果；反之，当战略产生失误，战术越成功，执行越有效，其最终的结果可能会越糟糕。企业不但不能够达成所期望的目标，而且会为客户带来重大的负面影响，更严重者则会全军覆没。

在华为的发展历程中历次的战略制定与调整当中，“活下去”是华为始终坚持的最高目标，但它同时也是华为战略目标的最低标准。因为，只有活下去，企业才有机会寻求更好的发展，如果企业连活着都成为问题，那么所谓的发展都是空谈。

任正非始终强调，没有正确的假设就没有正确的方向；没有正确的方向就没有正确的思想；没有正确的思想就没有正确的结论；没有正确的理论就不会有正确的战略。对战略而言，一定是基于对未来的大胆假设，才能够制定出合理的行动路径以及战略目标。

事实上，华为公司也并非没有出现过战略失误。但是，围绕以客户为中心的服务理念，通过一定的反馈机制，华为所有的动作都能够从客户层面迅速被反馈回来。并且，这种反馈能够直接到达集团层面，有利于高层对战略作出迅速的调整。这是华为始终能够以客户为中心驱动公司运营的一个重要原因。

在华为看来，战略所要解决的是“做正确的事”，而战术解决的一定是“正确地做事”，因此我们始终认为，一定要解决做正确的事，并坚定地沿着这个方向走，才能够达成最终的目标。

但是，我们接触了很多“中小板”“创业板”“新三板”“科创板”等上市公司老总，发现他们在战略方面往往驶入两种思维的误区：**一是**战略是企业业主制定的，没有通过组织或系统的研讨就得出结果；**二是**战略制定出来了，但是不能得到有效执行，很多战略目标无法落地。

比如，深圳有一家“中小板”上市公司，在最辉煌时候，达到了两百亿元的市值。最近几年，由于种种原因，业绩有所下滑，于是从外部聘请了一位非常优秀的 CEO。这位 CEO 来到公司以后，在很多方面存在困惑。比如，在战略落地的过程中，一些管理层的老领导、老员工对他的指令会有折扣地执行。这其实是战略协同的问题，有效的战略协同应该是以公司上下集体研讨并达成共识为基础的集体智慧的结晶。

因此，在制定企业战略的过程中，首先企业家必须要有系统思考，要打开“远视镜”，运用逻辑的力量来思考未来的发展规划，这一点是非常关键的。另外，在战略执行层面，要有推动战略落地的系统方法。虽然战略目标代表了未来，但是战略意味着现在，是现在要做的事情，只有推动了战略的落地，才能实现未来的战略目标。

其实，华为的三次战略转型，其基本节奏为：

第一次转型：起步期，农村包围城市。华为在初创期，遵循的是农村包围城市的发展战略。众所周知，华为一直是一个强销售驱动，或者说是由市场驱动经营的公司。它始终强调的是，一定要做满足客户需求的产品和解决方案，永远以市场需求，以客户需求为导向，不断牵引公司的研发方向。所以，尽管华为在成立初期也卖过很多产品，包括代理交换机业务，等等，并因此赚到了公司的第一桶金，但是自这个时候起，华为就积极地进行了研发，从一些小型交换机开始，慢慢的进入到中型、大型交换机领域。而之所以要从农村做起，这也是当时的环境因素决定的。因为，在华为初涉通信领域的时候，诺基亚、爱立信、摩托罗拉、西门子、富士通等国际巨头几乎垄断了整个通信市场；同时，任何一个产品从研发到占领市场，都会经历一个非常漫长的过程，包括产品的稳定性，一定是经过很多的实验，包括线网实验、产品验证等环节，才会得到很好的证明。因此，站在客户的角度，那时一些追求产品稳定性和品牌公信力的企业也不敢轻易使用一家小公司所研发出来的交换机，在这种大背景之下，弱小的华为只能从农村市场切入。但是，华为有一个特点，就是非常重视服务，重视客户的感受。因此，任何一款产品在开发出来之后，首先要得到客户反馈，并据此进行不断地完善与调整。也正因为如此，华为从农村市场逐渐向城市市场拓展的脚步也十分迅速，在几年之内就占有了非常高的城市通信市场份额。

第二次转型：国际化及全球化。华为在 1998 年左右，启动了第二次战略转型，即差异化的全球竞争战略。国际化战略的形成，是基于这样几个重要的因素：**一是**天花板效应。当时，华为的产品，尤其是交换机产品在国内已经占据了主导的地位，整个行业的国内市场也已经趋于饱和，依托这个产品实现快速增长的天花板已经出现，因此必须形成新的突破，这时，海外市场就成为了最佳的选择。**二是**成熟的产品体系。因为华为的交换机产品经过了国内市场的检验和锤炼，已经非常成熟了，可以直接拿到海外进行销售。**三是**优秀的人才储备。在国内，无论是在客户层面、服务层面还是在产品层面，在共同面对市场的过程当中，一大批优秀的干部已经被培训和训练了出来。当时，华为创造了“铁三角”模式，包括客户经理、解决方案经理、交付专家以及HR经理等人才，完全可以直接走到海外去进行市场的拓展、销售以及产品的服务和维护。**四是**管理体系的提升。不论是在农村包围城市的市场策略当中，还是在整个国际化的进程中，华为引入了很多的咨询公司，包括从IBM引进了IPD/ISC等流程。1995年前后，华为邀请了华夏基石的彭剑锋等六位人大教授为其提炼出《华为基本法》等企业文化方面的内容，对当时公司思想的统一起到了非常重要的作用。管理咨询公司的引入，包括华为自身的消化和吸收能力，使华为的管理系统得到了巨大的提升。应该说，华为的每一次战略转型，都是很多要素的集合，包括人力资源要素、产品和解决方案要素、管理流程要素等。如果在国际化的进程中一味大干快上，但是管理流程却没有跟上，很可能会导致管理的混乱。因此，这几个因素促进了华为二次转型的稳步推进。同时，国际化的过程也是与全球的对手进行竞争的一个非常有效的手段。比如，一些国际巨头在中国市场上与华为形成了竞争，这时，如果华为能够在国际市场上整合资源，并利用这些资源与国际巨头展开国内竞争，不仅可以分散在中国市场的竞争压力，同时也可以增加公司产品和解决方案的竞争力。这其实是华为重大决策的一部分，也是华为国际化的必由之路。并且，当时也是通信行业全球化最好的时机，如果错过，华为的国际化之路会遇到更大的阻力。

第三次转型：由运营商客户向“运营商BG+企业BG+消费者BG”转型，即三个BG业务的分拆。以前，华为的客户只在运营商层面，包括中国电信、中国移动等，在转型之后，华为不仅做运营商企业（运营商BG），而且做了很多的行业客户、企业客户（企业BG），同时也会面向终端的消费者。其中，面向终端的BG主要包括面向手机类产品以及最终面向消费者的一些业务部门（消费者BG）。同时向这三个BG转型，在全球范围内都是很少见的，因为这三种BG的客户属性差异特别大，彼此的关注点，以及整个供应链的流程，包括研发流程、需求的管理流程、营销等流程的差异都非常之大。因此，目前全球没有任何一家公司能把这三个业务板块、三类不同类型的客户群同时做好。而华为在一开始做企业 BG 的时候也并不十分顺畅，也付了一定的“学费”，花钱买教训才积累出了一定的经验。近些年来，华为开始逐渐逾越了障碍，能够按照企业 BG 自身的发展规律发展，并让整个渠道商、代理商都能够获得比较不错的利润空间。目前，公司 BG 业务的增速已经达到了 40%~50%，驱动作用可以说是十分明显的。但是，相比于其他两个 BG，企业 BG 的体量还是最小的。同样，消费者 BG 也经过了非常明显的蜕变。因为华为最初的计划是面向运营商做定制类的手机终端产品，而这类定制产品在当时的市场价格非常之低，利润空间也非常之小。并且，与苹果的精品单机战略迥异的是，它还面临产品型号庞杂多样的问题。但是，消费者 BG 在余承东的带领下，也作出了非常大的变革，使整个产品体系聚焦三大系列，即 MATE 系列、P 系列，以及为应对互联网手机而诞生的荣耀系列。在这个过程中，消费者 BG 也经历过巨大的阵痛，但是华为在业务设计的核心控制点上的考量是，在整个手机终端领域，即使最终我们在硬件上不能盈利，至少还可以从芯片上寻找利润空间。这是华为非常重要的一个思考维度。应该说，华为每次的战略转型其实都面临着外在的环境变化，包括客户的变化、机会的变化以及竞争格局的瞬息万变等。为了应对这些变化，华为能够将全球顶级专家聚集在一起，共同对其进行研讨、检视和识别，最终，这种集体的智慧可以形成统一的攻势，可以想见，其中的投入也是比较惊人的。而在执行力的层面，华为之所以能够为企业界甚至是管理学界所称道，其主要有两个核心因素：**一是**各种管理体系所发挥的重大作用，包括各种流程、领导的执行力、人员的调配、干部培养等方面；**二是**华为自身的企业文化，包括以客户为中心、以奋斗者为本等。企业文化有效的落地执行为华为的高执行力奠定了强有力的基础。

华为的战略规划的核心是 BLM 模型。华为之所以在战略规划领域引入了 IBM 的 BLM 模型，并且在制定公司战略规划的过程中能够一直坚持使用这个模型，是因为这一模型具有非常重要的价值。**一是**在 BLM 模型中，市场是所有规划的起点，而差距是这些规划的结果。具体地说，差距既包括机会的差距，也包括业绩的差距。针对业绩差距，比如说，公司在年初制定了十个亿的销售目标，但是最终仅完成了九个亿，这一个亿就是差距。那么，差距到底是从哪里来的呢？为什么会产生这样的差距？是执行力的原因吗？我们就要寻根溯源，从中寻找到差距的成因。而对于机会的差距来说，比如建立在一定市场机会的基础之上，我们的某一个客户有这样一笔投资预算，但是华为却没有相应的产品和解决方案。在这种情况下，如果华为有能力从无到有地补齐它，并且能够比照客户的节奏进行匹配，那么，华为就能够抓住这样的机会。而从无到有的这个空间，就是华为的机会差距，对它的弥补，需要有新的业务设计相适配。**二是**领导力环节。事实上，领导力并不是组织赋予的权力，而更多的是检视领导者能否带领大家对公司未来发展的战略问题进行识别，能否带领大家不断地解决问题，对事物形成不断深入洞察和剖析，等等，它最终要求领导者有推动整个公司战略转型的能力。**三是**价值观维度。多年以来，华为能够始终坚持聚焦于主航道，专注于FBB固定网络和MBB移动网络领域，而没有涉足于更赚钱的房地产或者金融领域的投资与开发，没有足够的定力是做不到的。在这个足够的定力背后，其实是华为的核心价值观在起作用。在华为看来，如果把精力分散到其他行业，那么传统的主航道就会受到很大冲击。在这方面，国内有很多前车之鉴，不但主业没有得到及时的强化，反而导致了重重的危机。**其战略规划主要包括以下几个方面：一是**市场洞察，主要包括：对宏观趋势的洞察，即注重从宏观的角度，包括怎么看待国家层面的政治、经济、文化、社会等方面的变化与发展趋势，这些趋势将会为行业带来什么样的影响与变化，整个产业未来的技术发展趋势是怎样的，会发生哪些变化，等等；对客户的洞察，即客户在未来五年的发展战略方向是什么，在它的发展战略当中存在哪些痛点，等等；对竞争对手的洞察，即在未来华为的竞争对手会有什么样的发展战略，它的定位是什么；对自身的洞察，建立在对客户与竞争对手的洞察之上，如何更好地发掘自身的优势与弥补内在的不足；对机会的洞察，即在客户领域有什么样的投资机会，它的市场空间有多大，等等。**二是**战略意图。在战略意图领域，即未来想要达到一个怎样的高度。如在未来五年，华为的销售目标要由现在的10个亿元变成20个亿元，那么，这20亿元一定不是空穴来风，它一定来自清晰的战略意图。因此，企业的愿景、战略目标、战略里程碑以及长期的财务指标等，都是在战略意图里需要回答的问题。**三是**创新焦点。未来，整个公司的产品应该怎样组合？哪些是华为现在核心业务？为追求规模和盈利，需要为未来培育哪些业务，并使其在一定的时间内成为主力业务，形成市场份额的提升以及产品竞争力的提升？同时，在一些试点性质的考核指标中，也可以纳入一些对信息业务的考核，即不考虑收入或其他因素，而是围绕着未来需要积极培育的信息业务来进行考核，等等。**四是**业务设计。在客户的选择方面，包括华为到底选择什么样的客户，客户的级别是什么样的，是选择 TOB 的客户还选择 TOC 的客户，还是从 TOB 到 TOC 的客户；在价值主张方面，即客户选择我们的原因是什么，他有哪些期望；在价值获取方面，即用什么样的产品来满足客户的需求；在盈利模式方面，即企业到底通过什么样的方式去赚钱；在业务范围方面，即哪些业务是可以自己做的，哪些必须要通过合作来完成；在战略控制点方面，即企业持续产生利润的核心点有哪些。如果把整个业务设计的方法论比作登山的过程，那么，企业的战略意图就在山顶，目前的差距就是山脚，而企业领导力的体现在中间这一部分，包括市场洞察、业务设计和创新焦点等，其实都是围绕着怎样到达战略意图来展开的。也就是说，基于目前的差距，如何从山脚下达到企业未来的战略意图的山巅。**其战略执行主要包含以下方面：一是**关键任务。梳理出未来的战略里程碑，并将其纳入到未来五年的关键任务当中。其中，每一年的关键任务又都会有所侧重。而所有这些关键任务必须落地到某个部门或者某个人，直接负责这个关键任务的解决。同时，其他部门要做好支撑，这是关键任务中非常重要的一些内容。**二是**正式组织。组织要考量的因素是如何适配的问题，即为实现这些关键任务，公司需要建立什么样的组织，这些组织如何匹配客户关系，等等。为了实现与客户更好的适配，公司每两年到三年都会进行一次组织变革，以更好地适配客户、调动组织积极性。**三是**人才。组织需要更多考虑需要哪些关键人才，以及这些人才需要通过哪些方式来获取。**四是**氛围与文化。思考公司需要打造什么样的氛围和文化等。

华为战略制定的四项基本原则：一是战略是不能被授权的，一把手必须亲自领导、亲自贯彻整个战略制定与执行的全过程；**二是**战略必须以差距为导向，并集中力量解决关键问题（包括业绩差距、机会差距等）；**三是**战略一定要与执行紧密结合，重在结果，如果战略在制定出来以后就束之高阁，没有执行、没有监控、不是闭环的，其价值必然会大打折扣；**四是**战略同时是持续不断、周而复始的组织行为。

华为的战略执行 BEM。BEM，即业务战略执行力模型。在明确了企业战略方向的运营定义之后，企业要据此确定关键成功要素（战略举措）以及战略 KPI，进而形成组织 KPI，最后进入到年度重点工作、重点管理当中，从而形成一个管理者的 PDCA，因此这是一个完整的、对整个组织形成闭环的监控和管理。而在战略制定好之后，战略的执行和闭环也是非常关键的要素。当整个高管团队都作出了基于个人的 PDCA 承诺，包括业绩以及代表战略部分的奖金等，都可以落地到整个战略执行的过程当中。那么，基于整个战略执行的层面，组织的设计逻辑一定是致力于提升整个组织内部信息的共享效率、流通效率以及怎样更好地匹配客户，并且能够嵌入到客户的流程当中去，能够全面地与客户的各种运作相匹配的。这是组织设计的重要原则，唯其如此，整个组织的设计效率才会是最高的。而对于人才来说，其核心包括关键人才从哪里来的问题。比如在前几年，华为希望面向未来的云业务发力的时候，自然就需要有更多的这方面人才的加入。但事实上，云方面的技术人才、专业人才是很稀缺的。那么，这些关键人才应该怎样得来呢？首先，第一个渠道是内部培养。华为把很多可以培养的优秀人才全部选拔到了云业务部和 IT 业务部，进行有针对性的锻炼和培养。同时，肯定也需要一定的外部招聘，包括从 IBM、惠普等世界级云服务公司聘请到一些相关的技术人才，加盟到其人才体系当中。可以说，针对战略的执行，人才是不可或缺的重要因素，但同时，文化与氛围也能够起到决定性的作用。比如华为一直强调的以客户为中心，它实际的意义就在于，企业最终的价值一定是从客户当中来的，所以客户的认可是极其关键的，因此，企业成员一定要把眼睛对着客户，把屁股对着领导。此外，以奋斗者为本，不让雷锋吃亏，坚持自我批判，等等，都是华为核心价值体系中的要素，其中，在自我批判方面，华为有非常卓越的作为。华为会针对社会上各种与客户服务有关的热点现象与华为自身相对标，从中找到华为需要规避的行为。正是通过这种对现象级事物的不断研讨，通过公司高层在价值观层面不断的牵引，员工的心态与行为也会持续发生变化，从而使华为的价值观体系和企业文化在员工心目中不断地加深。

让我们一起来研究格力的管理优秀究竟在哪里

在格力电器股份有限公司的历史上曾有两位董事长，第一任董事长是朱江洪，属于技术派出身，1988 年调到了珠海特区工业发展总公司（格力集团前身），在冠雄塑胶厂任总经理，销售格力牌电扇，之后 1991 年又兼任兄弟企业海利空调厂总经理，不久两个厂子合并，更名为“珠海格力电器股份有限公司”。第二任董事长是董明珠，1900 从销售员做起，1994 年进入公司做经营部部长，不断为公司创造销售奇迹，对公司进行全方位改革，将格力电器的营销管理工作带入正轨。

（一）格力电器股份有限公司的质量管理。在 20 世纪 90 年代，空调是时髦且畅销的商品，只要能生产出来就不愁销路。但是在这样的市场环境下，格力空调厂还是有很大的困境，主要原因就是产品质量太差，有时候客户收到的空调的铜管都是断裂的。从这时起，朱江洪决心停产整顿，从基础做起，建立各类质量管理制度。在那个年代，停产决定遭到了很多人的反对，但是朱江洪仍然认为，企业生产的越多，反而死的更快。为了提升质量，发动员工，挖掘出了四百多条问题，还召开“诸葛亮会议”，组织相关人员，立下军令状，限期解决。在当时，这样的管理制度属于比较先进的管理制度。在格力的历史上对于质量管理有一个特别重要的决定就是在1995年成立的筛选分厂，对于进厂的每一个零部件进行严格检测，在设计、制造、采购等环节大力推行“零缺陷”工程，并且在国内企业中最早建立可靠性实验室。董明珠针对这个事情，几乎每次外出演讲都要提到，筛选分厂独立于其他的部门，平均生产线上每五个人中就有一个人是质检人员，甚至还会实行严格保密，保证质量达标，被誉为格力电器的“海关”。这还不够，公司还用“放蛇行动”进行监督。所谓“放蛇”，就是在生产线上的某个环节故意加入一个有瑕疵的零配件，看下面的质检程序是否能够发现，如果没发现，就要惩罚。筛选分厂不仅具备对外协外购零部件进行各类入厂检验试验的能力，同时对各类零部件进行型式试验、可靠性试验，并在此基础上进行各类试验的研究和创新，对格力的供应商准入、零部件选型及入厂控制发挥了重要作用。此外，筛选分厂对于零部件质量管控的效率至今仍非常显著。以变压器为例，经过筛选分厂的检验检测，变压器故障率从 2004 年的 2000 个 PPM 到今天只有 3 个 PPM。正是因为这样，在 2005 年国家实行“整机保修一年，主要零配件保修三年”的强制性标准时，格力可以选择用更高的标准要求自己，推出“家用空调器整机免费保修六年”的政策，创国内家电行业售后质保先河。正因为此，格力空调才有了可靠性，才可以积累起口碑，格力空调 15 公斤的故事才能够流传起来。没有高品质产品就没有一流的高端市场占有，同样，也就没有一流的品牌。格力电器的质量标准在全面超越国家质量标准的基础上，彻底坚持以消费者和市场需求为导向的企业标准。格力曾说过:“国家、国际标准都是基本门槛，满足消费者需求的标准才是最合适的标准。”在 2012 年，由董明珠发起，公司中高层及智联管理技术人员共同努力提炼总结出以 D-CTFP 质量创新驱动环位核心的 T9 管理体系，提升“服务溢价”（C——顾客需求引领，P——过程系统优化，F——失效机理研究，T——检测技术激发）。提升管理体系，之后首创 PQAM 质量管理模式，格力通过这样科学、系统的质量管理制度不断提升格力的质量管控。截止 2018 年底，格力的质量技术创新与集成应用成果丰硕，自主研发了 1541 项检测技术，研制了 427 类检测设备，形成了 9435 项企业标准，其中 12 项上升为行业标准，20 项上升为国家标准，站在行业前列，推动整个行业升级。

（二）格力电器股份有限公司的财务管理。格力的管理创新还在成本方面有很大的体现，对原材料实行集中采购，充分发挥集团规模优势，提高采购议价能力，有效控制采购成本。有传闻称，正值格力大力推广全员销售时刻，格力员工对于上游厂商建议用公司生产的小家电抵扣货款的方式间接销售公司产品。在整个生产系统，通过开展定期或不定期的对原材料耗用差异专项分析，推进关键物料的成本控制，提高分厂材料利用效率。原来的家电行业的材料损耗一般在 3%~5%，格力电器率先实行了落地反冲模式，物料的损耗降到了 0.3‰。落地反冲模式就是通过空调的需求量，核定它需要多少材料，然后再进行采购，以需定产，能够大大的减少损耗流程，实现成本控制管理。格力电器与经销商建立了“先款后货”的交易模式，控制交易风险，避免因经销商拖欠货款而陷入财务困境，保障了公司持续充沛的现金流。在重大投资方面，公司制定了严格的审批评估流程，既要保证收益，更严格防范了风险。格力电器保持充沛的现金流和强大的财务优势，为公司的转型升级提供了充足保障。

（三）格力电器股份有限公司的人才管理。优秀的人才队伍是企业奋进的源动力，格力最早也曾引进过一位清华博士后，因为和格力的企业文化不配，没有认真从消费者的角度出发去做好研发，就被辞退了。从此，格力开始更加注重人才素质，选择从公司内部培养人才，到目前形成了一整套“选、育、用、留”人才培养体系，“能者上、庸者下”的内部提升机制和优胜劣汰的竞争机制，并且建立了周全的奖励机制，全方位激发员工荣誉感和激情。国内房子的价格不断升高，员工能否认真踏实工作也成为一个越来越严重的问题，华为不得不将自己的总部搬离深圳来到东莞。格力为了留住人才，早在2005年就出资2亿元建立员工生活区，可容纳1万人，2014年开始建设格力康乐园二期员工公寓，还建设有人才公寓、学校等为员工生活提供帮助，未来希望实现“一人一居室”，解决员工的后顾之忧，踏实工作。在《福布斯》发布的“2018年全球最佳雇主”榜单，格力电器入围全球百强，排88位，在其中的中国企业中位列第六。

让我们一起看看阿里巴巴创新事业群的这一年

钉钉、高德地图和天猫精灵，这些产品有什么共同点?

他们都曾属于阿里巴巴的创新业务，也就是如今的创新业务事业群。但这个事业群如今却是外界眼中，阿里巴巴最没存在感的部门之一。

这一方面是因为曾经这些明星产品一直有着很强的独立存在感。它们有自己的招牌人物，有自己的对手，在竞争中各自为政，可能只是在当时的财报中才被人想起隶属于阿里巴巴的创新业务；另一方面则因为这些产品一旦成功便会立刻离开创新业务“独立门户”，而且在事业群一年前进行重组后，至今没有任何一款与此前这些明星产品同等量级的产品，许多产品外界甚至不知道背后开发者是阿里巴巴。

这也使得这一事业群的主理人位置十分微妙——做的好的产品会马上离开自己的事业群；在阿里巴巴体内搞创新又不能随心所欲，时刻需要考虑如何与集团的战略挂钩；面对看起来风马牛不相及的各色产品，还要努力找出彼此之间能协同的地方。

而具体到在一年前创新事业群重组中上任的朱顺炎身上，他还在 2020 年 3 月被安排了阿里健康 CEO 的“兼职”——这初看一片混乱的业务线究竟如何管理？阿里巴巴创新事业群这一年究竟做了什么？这些都令外界好奇。

2020 年 6 月 2 日，阿里巴巴创新事业群重组一周年之际，举办了“云上开放日”，阿里巴巴创新事业群总裁朱顺炎向媒体分享了他的这一年。

朱顺炎：最怕不创新

“这几个月我也是差不多在玩命”，朱顺炎说。

新闻此前报道，阿里巴巴创新事业群目前包含 UC 事业部、书旗事业部、智能营销事业部、X-LAB 事业部、VMate 事业部、人工智能实验室、融媒体发展事业部等业务板块，以及服务于内部创新项目孵化、评估与规划的创新推进办公室。其中，UC 事业部专注于移动互联网业务创新，其生态体内相关业务线包括神马搜索、阿里应用分发等，在海外业务上，除 UC 浏览器外，还有信息流产品 UCNews、第三方安卓应用商店 9Apps、短视频平台 VMate 等产品。

这些产品线朱顺炎都需要直接过问。在当天的分享上表示，创新事业群旗下夸克、唱鸭和 VMate 几个两年内上线的产品都已经达到了千万人级的用户量。

“聚焦用户价值是做创新永恒不变的中心。”朱顺炎提到。阿里创新事业群旗下，不论是提供智能极简搜索体验的夸克，还是聚焦“玩音乐”的唱鸭，在他看来，所实现的用户价值都非常清晰。他认为用户增长的表现证明了这点。

朱顺炎将他领导的团队在创新过程中的策略归为两个关键点：一是要聚焦用户价值，二是要培养“造风者”。

唱鸭 App 界面

如何聚焦用户价值，需要的是深入每个环节的“艰苦细致的研究”。

“到底是我们这个产品做错了，还是我们推广部门选择的目标用户群有问题，导致它的表现不好？找到的用户价值点能不能足够支撑这个产品长远的发展？当中有没有足够的空间？再加上有周围的团队和市场竞争，这个产品到底能不能做大？这个产品最终要去实现怎样的价值？”朱顺炎说，这些问题都是团队在摸索过程中不断自问的问题。

“其实立项的时候是我最痛苦的时候。”朱顺炎表示，面对有限的资源，他也并不否认自己可能曾错过一些创意和机会。不过经过一年的探索，他逐渐总结出了是否为一个产品、一个点子立项的方法论。

那就是看人。

“我现在首要挑的是人，我的组织里花最大工夫挑的也是人，”他说，“我力求让大家告诉我，我们在什么样的人身上去做项目是成功概率高的，即便失败也是值得的？很多时候我在立项中是去回答这个问题。”在他看来的一种情况是，即便现在这个人还不是那么完美，点子也不是那么好，如果失败能给这个人带来更大的促进，他同样认为有投资的价值。

这样的人，朱顺炎称为“造风者”。造风者需要做的，一个是创造事物，也就是把从来不存在的东西创造出来，最好是从 0 到 1；另一个则是创造风口，也就是要开创趋势，牵动一个产业，形成新的社会影响力。后者也尤其重要，就好比是帆船和风的关系，如果只造好了船，没有风，也无法在海洋中行驶。

从产品到产业，其实也是朱顺炎认为创新应该最终达到的目标。这种认识某种程度上也改变了他曾经的很多观念，比如只注重结果：“数据不好的东西，我都觉得不大合理。”但创新要求他把目光放得更加长远，去从中发现更多的趋势和机会，而非只捞取现成的收益。

同样的，到底应该如何衡量成功？朱顺炎觉得成功不应该是工作中的晋升和在体系内达到的地位，而是能够认清事物的本质。“很多时候不是说做的事情有多大，而是你有没有认清事情的本质，最怕的是你从来都没有做过”，他说。

“从我角度来讲，我最怕的是不做创新。”

创建个事业群干什么？

一年前的重组带来的一个最大改变是，对这些“创新”的管理，要以一个事业群的管理方式来进行。以前钉钉有陈航，高德地图曾有俞永福，他们都是各自产品很明确的招牌人物，不需要有一个人统一管理。但现在，这些跨度很大的产品，都要统一由朱顺炎来管理。

为什么要这样？为何要以事业群的规模来做创新？

在领导创新事业群一年后，朱顺炎却认为这个问题本身并不成立。“这个其实不在于规模，而在于我们观察这个组织里有多少创新的事情在发生。”

他表示，实际上在阿里的每个事业部下面，一直都有非常多的新业务在跑，而决策者们思考更多的地方在于，究竟是用一个机制去促进这些新业务更好地成长，还是让它们自生自灭。

创新事业群的设置，明显是遵循了前者，目的在于以一个统一、可持续的机制让创新项目得到更好地成长。朱顺炎也表示，创新机制的设计本身亦是阶段性的产物，它就好比是为一款产品在发展过程中提供的一个驿站，给有才华、有想法的年轻人提供了成长的空间。一要更好地发挥创新事业群的价值，组织建设必不可少。朱顺炎把阿里创新事业群归结为“以使命驱动的创新组织”，并总结出了这样的等式：创新组织 = 业务 + 团队 + 文化。其中，业务是组织的载体，团队是组织的核心，文化是组织的灵魂。

朱顺炎也提出了一个非常有趣的现象：一个人在不同的组织里做不同的业务，表现出来的气质和能力，甚至于将来的人生走向都可能不一样。所以业务会影响团队中的人，如何把这种影响变成积极的，也是一个组织需要去思考的事。好的业务则可以反过来成就一个团队。

文化则更为抽象。当一个团队实现一定成功时，就会开始总结成功经验，进而去沉淀文化，保证组织可以不断演进下去。

“业务是有生命周期的，团队的造风者也会老去，只有文化才能一直坚持下去。”朱顺炎在演讲中说道，“很虚无缥缈的东西有时恰恰最实在，很实的东西反而它消逝得更快。”

一个事实是，很多组织都逃不开活力逐渐丧失的命运，不管是团队如何优秀，业务做得多么好，组织都会慢慢倾向于越来越沉重，创新的能力也会相对减弱。“这是人性、组织性（的问题），而不是以个人意志为转移的。”朱顺炎说，在这种情况下，以使命驱动、文化支撑的组织才有机会走得更远。

看起来，这一年在朱顺炎管理下，创新事业群有了自己从人才到文化的一整套闭环体系。

朱顺炎自己多年战斗在业务前线，他形容自己的理论竟很有原创性：“很多做管理的人不做业务，因此对于业务、团队、文化的影响，其实很难阐述得清楚。”

朱顺炎用了“奇妙”二字来形容自己的感觉，多年的实战经验给他提供了绝好的成长土壤，他调侃自己，“我都可以写一篇鸿篇巨著了”。

试探边界

朱顺炎是湖北人，在武汉前后工作生活过将近 20 年，那里见证过他的创业梦想和少年心气。所以提到 2020 年的疫情，他的感受格外强烈。他表示，危机之下，唯有打破原有生活思维方式的创新，以及更加稳固的组织建设，才能去拥抱不确定性，对抗一切可能出现的危险。

2020 年 6 月 18 日，阿里创新业务事业群重组即将满一周年，也是朱顺炎担任阿里创新事业群总裁一周年的日子。2020 年 3 月，他还获得了一个新的身份：阿里健康董事长兼 CEO，也是阿里大健康的一号位。

朱顺炎一直在测试着自己的边界。

他是一个连续创业者，从毕业第一天起就没有按部就班地上过班，“就是想做一些自己想做的事情，创新的事情”。他曾于 2003 年创办武汉迅彩科技有限公司，做移动通信业务，并在武汉光谷创业街留下过创业明星的手印，那是他创业生涯中最骄傲的事情之一。

2007 年朱顺炎加入 UC 优视创业团队，后出任 UC 高级副总裁，负责 UC 的市场推广及商业化体系搭建。2014 年 6 月，阿里巴巴全资收购 UC，朱顺炎进入阿里，后于 2016 年 6 月出任阿里妈妈事业部总裁，2017 年 12 月出任阿里大 UC 事业群总裁。2019 年 6 月，阿里巴巴集团新一轮组织升级，朱顺炎正式出任阿里巴巴创新业务事业群总裁，回到了创业这个他熟悉的领域。

“创新说起来好听，但很多人不见得愿意去做。”朱顺炎对媒体说道，因为创新业务包含的不确定性更高，市场地位尚不稳固，且不一定能很快见到成效，因而对于在大集团待惯了的许多人来说，并不是一个转岗的首选。

不过朱顺炎跟大家的兴趣点不太一样。据他表示，担任创新事业群总裁是他主动请缨的结果，是他找到逍遥子（张勇的花名），告诉对方自己愿意为做创新的事情而付出努力。他非常清楚，因为创新事业群下面的业务都比较小、比较新，需要有极大的耐心和热情去呵护，也要做好和年轻人一起成长的准备。

“说老实话我很享受这个过程，我觉得某种程度上又让自己回到了年轻的时候。”朱顺炎如此描述自己在阿里创新事业群这一年的感受。他调侃自己现在说话的方式都“高大上了一些”，最开心的是“能参与到这个（创新的）过程并看到它变成现实”。

如今，新的角色带来更大挑战。“如果按照我当年对自己的要求，创业做成了一个产品，大家都夸你非常好、非常棒，也能实现商业变现，还改变了自己的命运，我就觉得挺好，很开心。”朱顺炎说。

“但是以我现在的认知和集团对创新（的要求）来讲，就不够了。”新的要求在于，需要从单一的产品出发，通过战略规划把点连成线，再把线扩成面，换句话说，做一个产品的最终目标在于能带动产业发展。

2020 年 3 月 15 日，阿里健康宣布新一轮组织升级，董事会委任朱顺炎担任首席执行官、执行董事兼董事会主席。阿里的官方表述是，此举是为面向未来的创新加强组织保障和投入，助力加速全社会医疗健康领域的数字化“新基建”。而用朱顺炎的话说，做健康“某种程度上也是创新机制的进一步深化”。

面对看似复杂且关系不大的各种身份，朱顺炎却笑称“在我看来也没有多少角色”。

“反正交给我这么多任务以后，我更多考虑的是怎么去思考，怎么去把这个局面不断拓开，去完成我的使命。”他说担任阿里健康董事长兼 CEO 也给自己的人生带来了新的转折，他依然在不断学习和适应，并相信可以打赢一些仗，把事情做好。

“我觉得大的组织有大的组织的管法，小的业务有小的业务的乐趣，”朱顺炎说，“可能有人会说，‘朱顺炎你忙创新最后也没忙出个啥’，但这就是我希望强调的，创新是长周期，需要铺垫检验，再和公司战略不断迭代，在过程中调试，最后再看我能做成什么事，我的团队能做成什么事。”

让我们一起学学万达集团股份有限公司企业文化体系建设

（一）大连万达集团股份有限公司的思想体系。一是核心理念：“国际万达，百年企业”；**二是**企业使命：“共创财富，公益社会”。

（二）大连万达集团股份有限公司的主要特点。一是敢于创新。敢于创新是万达文化的首要特点，就是敢闯敢试、敢想敢干。**二是**坚守诚信。坚守诚信是万达文化的核心特点。1990 年，万达集团开发的大连民政街小区成为中国东北地区工程质量全优住宅小区；1996 年，万达在全国房地产企业中率先推出保护消费者利益的“三项承诺”；2002 年，万达在沈阳开发太原街万达广场，由于出售的部分商铺经营效益不好，万达从保护消费者利益出发，决定回购沈阳太原街万达广场所有已售商铺，除退回购房款外还补偿相应利息，此举在全国引起极大反响，成为全国诚信文化建设的标志性事件。**三是**带头环保。万达集团所有万达广场和五星级酒店都达到国家星级节能标准，自住房和城乡建设部2009年颁布绿色建筑设计标识和运行标识以来，全国获得这两项认证的商业项目绝大多数是万达旗下的万达广场和五星级酒店，遥遥领先其他企业。**四是**关爱员工。万达视员工为企业的核心资本，发展成果首先惠及员工，使员工在万达长本事、涨工资、长幸福指数。万达每年投入上亿元用于员工培训，并在廊坊投资 7 亿元建立了国内领先的万达学院。万达要求所有基层公司自办员工食堂，免费向员工提供一日三餐。万达实行优秀员工度假制度，每年评出的集团优秀员工，给予报销两人往返机票，免费入住各地万达酒店度假。**五是**注重慈善。万达成立至今，慈善捐助现金超过 60 亿元人民币，九获“中华慈善奖”。万达集团还倡导人人公益的理念，集团所有员工都成为义工，每人每年至少做一次义工。**六是**做到最好。万达有远大愿景，对工作标准要求极高，追求“让一切工作成为精品”。**七是**执行力强。执行力强是万达企业文化的突出特点：说到做到，算到拿到、奖罚分明。万达做项目先算后干，先做规划设计、测算成本后再决定是否投资；项目开发过程实行计划模块化管控，保证项目全程的成本、现金流都在计划管控的范围之内；万达制度奖罚分明，该奖就奖，该罚就罚。**八是**弘扬传统。2005 年集团推荐学《论语》，全集团开展一年的学习、讨论和演讲。万达多次聘请著名礼仪专家到企业讲文明礼仪，提高员工综合素质。万达集团王健林董事长很早就开始进行中国字画收藏，每年举办画展，支持优秀画家发展。

（三）大连万达集团股份有限公司文化的丰富载体。主要有十个载体，称为“十个一”工程：**一是**一个全媒体宣传平台。包括集团官网、月刊杂志、手机报、电梯视频、移动客户端等，已经形成覆盖全面、及时有效的企业文化传播体系。**二是**每年一套内部出版物。包括万达集团年度画册、企业社会责任报告、万达故事、演讲集等。**三是**每年一本董事长推荐图书。先后已推荐读《论语》《大学》《中庸》《弟子规》《执行一定有方法》《追求卓越》《责任胜于能力》《把工作做到极致》《史上最简单的解决问题手册》。**四是**每年一次演讲比赛。围绕董事长推荐书目，开展演讲比赛，每年从 1000 多家基层公司、业务系统层层选拔，最后参加总部决赛。**五是**每年一届员工才艺大赛。包括书法、绘画、篆刻、演唱、乐器、舞蹈等丰富门类，极大丰富员工的业余文化生活。**六是**每年至少做一次义工。集团所有公司都成立义工站，所有员工成为义工，每个员工每年做一次义工。**七是**每年一系列员工运动会。包括足球、篮球、羽毛球、乒乓球、拔河、趣味运动会等丰富的体育比赛活动。**八是**每年一次心灵之旅。访贫问苦，扶危济困，让心灵受到一次洗礼。**九是**每年一次幸福假期。给予优秀员工及其家人报销两人往返机票，任意选择全国万达酒店免费度假。**十是**每年举行一次集团年会。万达企业文化第一品牌，万达人的“春晚”。

让我们一起来用好用活中小微企业的 55 种融资方式

（一）运用内部管理融资。法人或者其他组织在本单位内部通过借款形式向职工筹集资金，用于本单位生产、经营的一种融资形式。按照现代资本结构理论中的“优序理论”，企业融资的首选是企业的内部资金，主要是指企业留存的税后利润，在内部融资不足时，再进行外部融资。内部融资成本相对较低、风险最小、使用灵活自主，以内部融资为主要融资方式的企业可以有效控制财务风险，保持稳健的财务状况。企业内部融资来源主要包括留存收益借款和内部员工集资，其他还可有亲友借款、股东借款等，一般用于创业初期。留存收益是指企业从历年实现的利润中提取或留存于企业的内部积累，它来源于企业的生产经营活动所实现的净利润，包括企业的盈余公积（包括法定公积金、任意公积金）和未分配利润两个部分。

（二）采用应收账款融资。指企业以自己的应收账款转让给银行并申请贷款，银行的贷款额一般为应收账款面值的50%~90%，企业将应收账款转让给银行后，应向买方发出转让通知，并要求其付款至融资银行。此外，为了鼓励客户提前付款而提供一定的现金折扣（付款越早，付款折扣越大），也是一种资金融通方式。

（三）采取应付账款融资。商业信用融资的一种，是生产、批发性企业常使用的融资方式。应付账款是指企业购买货物未付款而形成的对供货方的欠账，即卖方允许买方在购货后的一定时间内支付货款的一种商品交易形式。在规范的商业信用行为中，债权人（供货商）为了控制应付账款期限和额度，往往向债务人（购货商）提出信用政策，包括信用期限和给买方的购货折扣与折扣期，如“2/10,*n*/30”，表示客户若在10天内付款，可享受2%的货款折扣，若10天后付款，则不享受购货折扣优惠，应付账款的商业信用期限最长不超过30天。应付账款融资最大的特点在于易于取得，无须办理筹资手续和支付筹资费用，而且它在一些情况下是不承担资金成本的。缺点在于期限较短，放弃现金折扣的机会成本很高。

（四）用好预收货款融资。商业信用融资的一种。预收货款是指销货企业按照合同或协议约定，在交付货物之前向购货企业预先收取部分或全部货物价款的信用形式。它相当于销货企业向购货企业先借一笔款项，然后再用货物抵偿。购买方企业融资条件：**一是**经营效益好，信誉高；**二是**好的生产计划和足够的产品产量做保证；**三是**动力、原料、燃料等有保证；**四是**供货样品质量与产品一致；**五是**真实的广告宣传；**六是**购销双方应签定合同，从法律上保障购销双方合法权益。

（五）用好用活授信融资。银行对一些经营状况好、信用可靠的企业，授予一定时期内一定金额的信贷额度，企业在有效期与额度范围内可以循环使用。综合授信额度由企业一次性申报有关材料，银行一次性审批。企业可以根据自己的营运情况分期用款，随借随还，企业借款十分方便，同时也节约了融资成本。银行采用这种方式提供贷款，一般是对有工商登记、年检合格、管理有方、信誉可靠、同银行有较长期合作关系的企业。

（六）采取信用担保贷款。目前在全国31个省市中，已有100多个城市建立了中小微企业信用担保机构。这些机构大多实行会员制管理的形式，属于公共服务性、行业自律性、自身非营利性组织。担保基金的来源，一般是由当地政府财政拨款、会员自愿交纳的会员基金、社会募集的资金、商业银行的资金等几部分组成。会员企业向银行借款时，可以由中小微企业担保机构予以担保。另外，中小微企业还可以向专门开展中介服务的担保公司寻求担保服务。当企业提供不出银行所能接受的担保措施时，如抵押、质押或第三方信用保证人等，担保公司即可以解决这些难题。因为与银行相比，担保公司对抵押品的要求更为灵活。当然，担保公司为了保障自己的利益，往往会要求企业提供反担保措施，有时担保公司还会派员到企业监控资金流动情况。

（七）用好企业债券融资。通过发行债券吸收资金。债券融资与股票融资一样，同属于直接融资。需要资金的单位直接到市场上融资，借贷双方存在直接的对应关系。政策支持采用企业债券、项目收益债券、公司债券、中期票据等方式通过债券市场筹措投资资金。中小微企业的债券利率较高，筹资成本大。与商业银行存款利率相比，债券发行者为吸引社会闲散资金，其债券利率通常要高于同期的银行存款利率；与商业银行贷款利率相比，资信度较高的政府债券和大型企业、大金融机构债券的利率一般要低于同期贷款利率，而资信度较低的中小微企业债券的利率则可能要高于同期贷款利率。

（八）用可转换债券融资。衍生工具融资的一种。这种债券可根据一定的条件转换成公司股票，灵活性较大，所以公司能以较低的利率售出，而且，可转换债券一旦转换成股票后，即变成企业的资本金，企业无须偿还。可转换债券是一种混合型证券，是公司普通债券与证券期权的组合体。可转换债券的持有人在一定期限内，可以按照事先规定的价格或者转换比例，自由地选择是否转换为公司普通股。由于可转换债券持有人具有在未来按一定的价格购买股票的权利，因此可转换债券实质上是一种未来的买入期权。可转换债券在正常持有期，属于债权性质；转换成股票后，属于股权性质。可转换债券一般都会有赎回条款，发债公司在可转换债券转换前，可以按一定条件赎回债券。

（九）有价证券抵押贷款。有价证券抵押贷款业务是商业银行对现有的证券交易管理以及存款管理等产品和服务进行整合而开发出的一种新型贷款业务。银行的客户通过该业务可以用自己持有的有价证券或存款作为抵押资产申请贷款，而银行会根据抵押资产的实际市场价值以及客户的需求向客户提供各种形式和额度的借贷。抵押贷款业务为客户提供了在资产收益和流动性之间的平衡工具。可保留国债股票的预期收益，可分批赎回。债券一般为不记名债券。

（十）采取存货质押融资。是中小微企业以原材料、半成品和产成品等存货作为质押向金融机构融资的业务。需要融资的企业（即借方），将其拥有的存货做质物，向资金提供企业（即贷方）出质，同时将质物转交给具有合法保管存货资格的物流企业（中介方）进行保管，以获得贷方贷款，是物流企业参与下的动产质押业务。有融资需求的中小微企业，如果缺乏不动产往往难以获得银行的贷款。而在发达国家，存货质押融资业务已经开展得相当成熟。如美国 70% 的担保来自以应收账款和存货为主的动产担保。存货质押融资是利用企业与上下游真实的贸易行为中的动产为质押从银行等金融机构获得贷款。

（十一）用不动产、动产抵押融资。申请人利用所拥有的合法的不动产、动产作为抵押物，通过金融机构快速解决资金短缺问题的融资服务。融资特点：手续简便，速度快，还款自由。融资条件：房地产抵押贷款、土地使用权抵押贷款、设备抵押融资、动产质押融资、浮动抵押（产品、半成品等）贷款等。合法的可抵押房产，融资额度可在房产评估值的 60% 以内。

（十二）采用经营性物业抵押贷款。是指银行向经营性物业的法人发放的，以其所拥有的物业作为贷款抵押物，还款来源包括但不限于经营性物业的经营收入的贷款。经营性物业是指完成竣工验收并投入商业运营、经营性现金流量较为充裕、综合收益较好、还款来源稳定的商业营业用房和办公用房，包括商业楼宇、星级宾馆酒店、综合商业设施（如商场、商铺）等商业用房。期限一般不超过 8 年，最长可达 15 年。

（十三）用知识产权质押融资。一种相对新型的融资方式，区别于传统的以不动产作为抵押物向金融机构申请贷款的方式，指企业或个人以合法拥有的专利权、商标专用权、著作权中的财产权经评估后作为质押物，向银行申请融资。知识产权质押融资在欧美发达国家已十分普遍，在我国则处于起步试点阶段。主要面向中小微企业，运用知识产权质押贴息、扶持中介服务等手段，降低企业运用知识产权融资的成本，在专业评估机构和银行之间搭建知识产权融资服务平台。

（十四）采取品牌资产融资。品牌资本是代表特定品牌象征的企业资本，是一种超越生产、商品本身和所有有形资产以外的价值。企业利用品牌优势融入资金等资源，往往能带来和创造比有形资本还快的增值效应。品牌是信誉，可提供顾客从不怀疑的承诺；品牌是一种永恒不变的质量象征，为顾客提供着无可替代的价值。一个成功品牌可以连接很多品牌项下的优质产品。这个经典故事可以说明成功的品牌是核心竞争力的象征：可口可乐公司总裁罗伯特·伍德拉夫曾自豪地对世界宣布，即使可口可乐公司在一夜之间化为灰烬，凭着可口可乐的品牌资产，会在很短的时间内重建可乐帝国。

（十五）用经营权担保贷款。根据《物权法》等要求，财产权利出质，必须有法律和行政法规的明确规定，经营权是不能作为质押标的的。2014 年 11 月，《关于创新重点领域投融资机制鼓励社会投资的指导意见》，明确规定："支持开展以排污权、收费权、集体林权、特许经营权、购买服务协议预期收益、集体土地承包经营权等为担保的贷款业务。"出租汽车经营权、出口退税账户、荒地等土地承包经营权等，均应属于国家明确支持的可作为担保贷款的项目。《应收账款出质登记办法》中将"收费权"作为应收账款的种类之一。

（十六）用预期收益质押贷款。2015 年 4 月，《基础设施和公用事业特许经营管理办法》明确规定在境内能源、交通运输、水利、环境保护、市政工程等基础设施和公用事业领域开展特许经营活动，境内外法人或其他组织均可通过公开竞争，参与投资、建设和运营基础设施和公用事业并获得收益。允许以预期收益质押贷款、设立产业基金、成立私募基金、发行各种票据债券的形式，拓宽融资渠道。在特许经营的价格或收费机制方面，政府可根据协议给予必要的财政补贴，并简化规划选址、用地、项目核准等手续。政策性、开发性金融机构可给予差异化信贷支持，贷款期限最长可达30年。近年来，多地开展利用工程供水、供热、发电、污水垃圾处理等预期收益质押贷款，允许利用相关收益作为还款来源。

（十七）用好商业票据融资。商业信用融资的一种。商业票据是指由金融公司或某些企业签发，无条件约定自己或要求他人支付一定金额，可流通转让的有价证券，持有人具有一定权力的凭证，如汇票、本票、支票等。企业商业票据融资的特点：**一是**无担保，所谓无担保，是指无实体财产作抵押担保品，只以发行公司的声誉、实力地位作担保。**二是**期限短，一般地，大中型公司发行的商业票据的期限为1~6个月，大型金融公司发行的则为1~9个月，最短的有以天数计期的商业票据。**三是**见票即付，商业票据有明确的到期日，到期时债务人必须无条件地向债权人或持票人支付确定的金额，不得以任何理由为借口拒绝或延期支付。**四是**商业票据以其面额为发行价格。**五是**利率低，一般低于银行贷款利率，但高于国库券利率。**六是**限制少。商业票据融资方式不像其他融资方式受到较多法律法规限制，而且没有最高限额限制，从而使公司有广泛的资金来源。

（十八）采用票据贴现融资。票据贴现融资，是指票据持有人将商业票据转让给银行，取得扣除贴现利息后的资金。在我国，商业票据主要是指银行承兑汇票和商业承兑汇票。这种融资方式的好处之一是银行不按照企业的资产规模来放款，而是依据市场情况（销售合同）来贷款。企业收到票据至票据到期兑现之日，往往是少则几十天，多则数百天，资金在这段时间处于闲置状态。企业如果能充分利用票据贴现融资，远比申请贷款手续简便，而且融资成本很低。票据贴现只需带上相应的票据到银行办理有关手续即可，一般在3个营业日内就能办妥，对于企业来说，这是“用明天的钱赚后天的钱”，这种融资方式值得中小微企业广泛、积极地利用。

（十九）采用项目包装融资。是根据市场运行规律，经过周密的构思和策划，提供项目进行包装和运作的一种融资模式，它要求项目包装具有创意性、独特性、包装性、科学性和可行性。项目包装中最核心的部分是可行性研究，同时，要有确认项目是否立项及批准部门，支持项目的法律、法规和经济政策，要对自有的项目做好市场预测，对项目前景、财务预测、融资需求、建议融资方式及项目合作方式等做到认真研究确定。

（二十）用活用好买方贷款。如果企业的产品有可靠的销路，但在自身资本金不足、财务管理基础较差、可以提供的担保品或寻求第三方担保比较困难的情况下，银行可以按照销售合同，对其产品的购买方提供贷款支持。卖方可以向买方收取一定比例的预付款，以解决生产过程中的资金困难；或者由买方签发银行承兑汇票，卖方持汇票到银行贴现。

（二十一）采用产权交易融资。是指企业的资产以商品的形式作价交易的一种融资方法。产权交易融资是投资者以产权为交易对象，通过产权交易中心，以获取收益为目标的特殊买卖活动。产权交易的目的是优化股权结构、有利于资源配置、提高资源使用效率。在产权交易中心实现产权交易结算交割，受让方将产权交易价款交产权交易中心，交易双方持产权交易鉴证书，在工商等部门办理变更手续，同时出让方领取产权交易价款。

（二十二）推动企业上市融资。将经营公司的全部资本等额划分，表现为股票形式，经批准后上市流通，公开发行，由投资者直接购买，短时间内可筹集到巨额资金。上市融资本质上是企业所有者通过出售可接收的部分股权换取企业当期急需的发展资金，依靠资本市场这种短期的输血促使企业的“蛋糕”迅速做大。上市融资具有以下优点：**一是**所筹资金具有永久性，无到期日，没有还本压力；**二是**一次筹资金额大；**三是**用款限制相对较松；**四是**提高企业的知名度，为企业带来良好声誉等。当然，相对应的缺点是上市门槛很高，风险也很大。

（二十三）用好买壳上市融资。企业因为拥有的资产暂时未完全达到上市规则要求，可通过收购一家已上市公司在较短时间内达到上市的目的，采用买壳上市的方法融资。买壳上市又称“逆向收购”，是指非上市公司购买一家上市公司一定比例的股权来取得上市的地位，然后注入自己有关业务及资产，实现间接上市的目的。一般而言，买壳上市是民营企业的较好选择。

（二十四）用好增资扩股融资。是指企业通过社会募集股份、发行股票、新股东投资入股或原股东增加投资等方式扩大股本来获得所需资金的一种融资方式。按扩充股权的价格与股权原有账面价格的关系，增资扩股融资可分为溢价扩股融资与平价扩股融资。按资金来源形式的不同，增资扩股融资又可分为内源融资与外源融资的增资扩股。这一融资模式优点在于：增资扩股的资金属于企业自有的资本，不需要还本付息；即使分配红利，也需要根据企业经营状况来决定，所以基本上没有什么财务风险。增资扩股的“资金”既可以是现金，也可以是实物，还可以是场地使用权、无形资产和专利权作价。企业根据经营状况向投资者支付报酬，灵活有弹性，没有固定支付的压力，所以不会导致较大的财务风险。其不足之处在于：一方面是资金成本比较高；另一方面是增资扩股融资容易分散股权，投资者可能要求获得一定的经营管理权，会影响或者完全控制企业的经营。

（二十五）采取杠杆收购融资。杠杆收购融资简称杠杆融资，有时候也称作“杠杆收购贷款”。它是以企业兼并为活动背景的，是指某一企业拟收购其他企业进行结构调整和资产重组时，以被收购企业资产和将来的收益能力做抵押，从银行筹集部分资金用于收购行为的一种财务管理活动。在一般情况下，借入资金占收购资金总额的70%~80%，其余部分为自有资金，通过财务杠杆效应便可成功收购企业或其部分股权。对企业而言，采用杠杆收购这种先进的融资策略，不仅能迅速筹措到资金，而且收购一家企业要比新建一家企业来的快，而且效率也高。这是一种十分灵活的融资方式，采用不同的操作技巧，可以设计不同的财务模式。

（二十六）用好用活信托融资。《信托法》第二条：“信托是指委托人基于对受托人的信任，将其财产权委托给受托人，由受托人按委托人的意愿以自己的名义，为受益人的利益或者特定目的，进行管理或者处分的行为。”信托公司作为受托人向社会投资者发行信托计划产品，为需要资金的企业募集资金，信托公司将其募集资金投入到需要资金的企业，企业再将融入的资金投入到相应的项目中，由其产生的利润（现金流）支付投资者信托本金及其红利（利息）。特点是融资速度快，融资可控性强，融资规模符合中小微企业需求。同时，信托的成本对于中小微企业来讲也处于可以接受的范围。

（二十七）积极采取融资租赁。融资租赁又称设备租赁或现代租赁，是指实质上转移与资产所有权有关的全部或绝大部分风险和报酬的租赁。资产的所有权最终可以转移，也可以不转移。融资租赁是新的金融模式，融资公司和承租人所承担的风险都相对比较低。

（二十八）用活用好金融租赁。指由出租人根据承租人的请求，按双方的事先合同约定，向承租人指定的出卖人，购买承租人指定的固定资产，在出租人拥有该固定资产所有权的前提下，以承租人支付所有租金为条件，将一个时期的该固定资产的占有、使用和收益权让渡给承租人。金融租赁在经济发达国家已经成为设备投资中仅次于银行信贷的第二大融资方式。金融租赁是一种集信贷、贸易、租赁于一体，以租赁物件的所有权与使用权相分离为特征的新型融资方式。设备使用厂家看中某种设备后，即可委托金融租赁公司出资购得，然后再以租赁的形式将设备交付企业使用。当企业在合同期内把租金还清后，最终还将拥有该设备的所有权。通过金融租赁，企业可用少量资金取得所需的先进技术设备，可以边生产、边还租金，对于资金缺乏的企业来说，金融租赁不失为加速投资、扩大生产的好办法；就某些产品积压的企业来说，金融租赁不失为促进销售、拓展市场的好手段。

（二十九）采取股权质押融资。是指公司股东将其持有的公司股权出质给银行或其他金融机构以获取贷款的融资方式。融资方把持有的股权（流通股、限售股或非上市股权）作为质押担保，从金融机构（银行或信托）获得融通资金，以弥补流动资金不足。股票质押融资不是一种标准化产品，在本质上更体现了一种民事合同关系，在具体的融资细节上由当事人双方合意约定。正常情况下，无论股票是否处于限售期，均可作为质押标的。通过股票质押融资取得的资金只能用来弥补流动资金不足，不可移作他用。

（三十）用可交换公司债券融资。2008 年 10 月，中国证监会颁布了《上市公司股东发行可交换公司债券试行规定》，符合条件的上市公司股东即日起可以用无限售条件的股票申请发行可交换公司债券，以缓解“大小非”股东资金困境，减少其抛售股票的动力。《规定》明确发债主体限于上市公司股东，且应当是符合《公司法》、《证券法》和《公司债券发行试点办法》的有限责任公司或者股份公司，公司最近一期末的净资产额不少于 3 亿元人民币。为保持用于交换的股票作为担保物的信用,《规定》还对用于交换的上市公司股票的资质提出了要求，并且明确了用于交换股票的安全保证措施，防范债券的违约风险。

（三十一）积极采用债权融资。债权融资是指企业通过借钱的方式进行融资，债权融资所获得的资金，企业首先要承担资金的利息，另外在借款到期后要向债权人偿还资金的本金。债权融资的特点决定了其用途主要是解决企业营运资金短缺的问题，而不是用于资本项下的开支。具有控制权不受影响、融资成本相对较低和可获取财务杠杆效益等优点。缺点是面临定期的还本付息压力、财务风险较大，资金用途受限等。

（三十二）用活用好股权融资。是指企业的股东愿意让出部分企业所有权，通过企业增资的方式引进新的股东的融资方式。股权融资所获得的资金，企业无须还本付息，但新股东将与老股东同样分享企业的赢利与增长。股权融资的特点决定了其用途的广泛性，既可以充实企业的营运资金，也可以用于企业的投资活动，具有资金使用期限长、无定期偿付的财务压力、财务风险小等优点，但也有面临控制权分散和失去控制权的风险，与债权融资相比，资本成本较高。股权融资基本上分为公募、私募、合资三种模式。

（三十三）积极采取保险融资。保险融资是保险经营的重要环节，是保险人通过一定方式向外融通其资金的活动。它体现保险人主动调节风险和资金二者关系的本质要求，受风险机制的直接制约。保险融资是金融性融资与风险性融资的有机统一体，应具备以下条件：一定量的具有长期性和稳定性的资金积累；健全的保险市场和金融市场；良好的竞争环境；开放型的经济模式；保险机制的合理构造，保险公司能自负盈亏，自担风险，具有独立的资金使用权。

（三十四）用活用好典当融资。典当是以实物为抵押，以实物所有权转移的形式取得临时性贷款的一种融资方式。与银行贷款相比，典当贷款成本高、贷款规模小，但典当也有银行贷款所无法相比的优势。首先，与银行对借款人的资信条件近乎苛刻的要求相比，典当行对客户的信用要求几乎为零，典当行只注重典当物品是否货真价实。一般商业银行只做不动产抵押，而典当行则可以动产与不动产质押二者兼为。其次，到典当行典当物品的起点低，千元、百元的物品都可以当。与银行相反，典当行更注重对个人客户和中小微企业服务。再次，与银行贷款手续繁杂、审批周期长相比，典当贷款手续十分简便，大多立等可取，即使是不动产抵押，也比银行要便捷许多。最后，客户向银行借款时，贷款的用途不能超越银行指定的范围，而典当行则不问贷款的用途，钱使用起来十分自由，周而复始，大大提高了资金使用率。

（三十五）采取投资银行融资。投资银行是主要从事证券发行、承销、交易、企业重组、兼并与收购、投资分析、风险投资及项目融资等业务的非银行金融机构，是资本市场上的主要金融中介。与商业银行相似，投资银行也是沟通互不相识的资金盈余者和资金短缺者的桥梁，它一方面使资金盈余者能够充分利用多余资金来获取收益，另一方面又帮助资金短缺者获得所需资金以求发展，通过投资银行业务，实现了有限资源的有效配置。通过其资金媒介作用，使能获取较高收益的企业通过发行股票和债券等方式来获得资金，同时为资金盈余者提供了获取更高收益的渠道，从而使国家整体的经济效益和福利得到提高，促进了资源的合理配置。

（三十六）用活用好风险投资融资。风险投资是投资银行融资的一种，在中国是一个约定俗成的具有特定内涵的概念，其实把它翻译成创业投资更为妥当。广义的风险投资泛指一切具有高风险、高潜在收益的投资；狭义的风险投资是指以高新技术为基础，生产与经营技术密集型产品的投资。根据美国全美风险投资协会的定义，风险投资是由职业金融家投入到新兴的、迅速发展的、具有巨大竞争潜力的企业中一种权益资本。风险投资是由资金、技术、管理、专业人才和市场机会等要素所共同组成的投资活动。主要特点为：以投资换股权方式，积极参与对新兴企业的投资；协助企业进行经营管理，参与企业的重大决策活动；追求投资的早日回收，而不以控制被投资公司所有权为目的；投资对象一般是高科技、高成长潜力的企业。

（三十七）采取资产证券化融资。通俗而言是指将缺乏流动性，但具有可预期收入的资产，通过在资本市场上发行证券的方式予以出售，以获取融资，以最大化提高资产的流动性。资产证券化在一些国家运用非常普遍。作为一项金融创新，资产证券化的本质是，在对高套利资产提供了新的流动性基础上，将新的风险收益关系体现在资产证券上。它的出现改变了传统的融资模式，融资者不再需要通过自身的信用能力或以自身的资产为抵押，或利用外部担保从银行借入资金，也不再需要通过在资本市场发行股票或债券等筹集资金，只要融资者拥有可证券化的资产，它就可以通过证券化的方式发行证券，筹集资金。与传统的融资方式相比，通过资本市场发行债券筹集资金是资产证券化（ABS）融资方式的显著的特点，它同时也代表着项目融资的新方向，其优势主要表现为融资成本较低、投资风险较低。

（三十八）采用场外交易市场融资。在证券交易所之外的其他交易市场，由证券买卖双方当面议价成交的市场，又称柜台交易或店头交易市场，往往没有固定的场所，其交易主要利用电话进行，交易的证券以不在交易所上市的证券为主。随着信息技术的发展，证券交易的方式逐渐演变为通过网络系统将订单汇集起来，再由电子交易系统处理，场内市场和场外市场的物理界限逐渐模糊。场外交易市场为政府债券、金融债券以及按照有关法规公开发行而又不能或一时不能到证券交易所上市交易的股票提供了流通转让的场所，为这些证券提供了流动性的必要条件，为投资者提供了兑现及投资的机会。场外交易市场是一个开放的市场，投资者可以与证券商当面直接成交，不仅交易时间灵活分散，而且交易手续简单方便，价格又可协商。这种交易方式可以满足部分投资者的需要，因而成为证券交易所的卫星市场。这一市场有效地拓宽企业融资渠道，改善中小微企业融资环境，拓展了资本市场积聚和配置资源的范围，为中小微企业提供了与其风险状况相匹配的融资工具和渠道。

（三十九）用好项目开发贷款。一些高科技中小微企业如果拥有重大价值的科技成果转化项目，初始投入资金数额比较大，企业自有资本难以承受，可以向银行申请项目开发贷款。商业银行对拥有成熟技术及良好市场前景的高新技术产品或专利项目的中小微企业以及利用高新技术成果进行技术改造的中小微企业，将会给予积极的信贷支持，以促进企业加快科技成果转化的速度。对与高等院校、科研机构建立稳定项目开发关系或拥有自己研究部门的高科技中小微企业，银行除了提供流动资金贷款外，也可办理项目开发贷款。

（四十）用好农业定向融资。2014年11月，国务院印发《关于创新重点领域投融资机制鼓励社会投资的指导意见》，明确提出推进农业金融改革，要探索采取信用担保和贴息、业务奖励、风险补偿、费用补贴、投资基金，以及互助信用、农业保险等方式，增强农民合作社、家庭农场和林场、专业大户、农林企业的贷款融资能力和风险抵御能力。农村或为农业服务的中小民营企业、农业合作社等，可积极采取这类方式融通资金。

（四十一）用好旅游景区资产证券化。指将旅游景区中缺乏流动性但具有未来稳定收益现金流的资产汇集起来，形成一个资产包，通过结构性重组将其转变为可以在金融市场上出售和流通的证券。这样的融资过程，其实质是旅游企业及旅游项目的资产证券化，将旅游景区资产的预期现金流转换为可交易的金融证券，通过证券的销售获得现实可用资金。其核心是分离和重组资产中的风险和收益，使其定价和重新配置更为合理和优化。

（四十二）采取异地联合协作贷款。有些中小微企业产品销路很广，或者是为某些大型企业提供配套零部件，或者是企业集团的松散型子公司，在生产协作产品过程中，需要补充生产资金。这种情况可以寻求一家主办银行牵头，对集团公司统一提供贷款，再由集团公司对协作企业提供必要的资金，当地银行配合进行合同监督。也可由牵头银行同异地协作企业的开户银行结合，分头提供贷款。

（四十三）用好补偿贸易融资。补偿贸易融资虽然不是直接解决企业资金需求问题，但也是减少企业当期成本支出，有效实现企业经营发展的金融方式。补偿贸易融资是指国外向国内公司提供机器设备、技术、培训人员等相关服务等作为投资，待该项目生产经营后，国内公司以该项目的产品或以商定的方法予以偿还的一种融资模式。**一是**直接产品补偿：国际补偿贸易融资的基本形式。即以引进的设备和技术所生产出的产品返销给对方，以返销价款偿还引进设备和技术的价款。该种方式要求生产出来的产品在性能和质量方面必须符合对方要求，能够满足国际市场需求标准。**二是**其他产品补偿：企业不是以进口设备和技术直接生产出的产品，而是以双方协定的原材料或其他产品来抵押偿设备和技术的进口价款。**三是**综合补偿：这种实际是上述两种不同融资方式的综合应用。即对引进的设备或技术，部分用产品偿还，部分用货币偿还。偿还的产品可以是直接产品，也可以是间接产品。企业可根据自身资金状况、生产经营能力等因素，与对方商定具体的补偿方式。

（四十四）采用出口创汇贷款。对于生产出口产品的企业，银行可根据出口合同，或进口方提供的信用签证，提供打包贷款。对有现汇账户的企业，可以提供外汇抵押贷款。对有外汇收入来源的企业，可以凭结汇凭证取得人民币贷款。对出口前景看好的企业，还可以商借一定数额的技术改造贷款。

（四十五）用好 BOT 项目融资。BOT，即建设→经营→转让，是私营企业参与基础设施建设、向社会提供公共服务的一种方式。中国一般称为“特许权融资方式”，是指国内外投资人或财团作为项目发起人，从政府获得基础设施项目的建设和运营特许权，然后组建项目公司，承担该项目的投资、融资、建设、经营和维护，并回收成本、偿还债务、赚取利润。在协议规定的特许期限内，许可其融资建设和经营特定的公用基础设施，比如收费公路、发电厂、铁路、废水处理设施和城市地铁等基础设施项目，并准许其通过向用户收取费用或出售产品以清偿贷款，回收投资并赚取利润。政府对这一基础设施有监督权和调控权，特许期满，签约方的私人企业将该基础设施无偿或有偿移交给政府部门。

（四十六）采取 PFI 融资模式。PFI，英文原意为“私人融资活动”，在我国一般译为“民间主动融资”，是英国政府于 1992 年提出的，在一些西方发达国家逐步兴起的一种新的基础设施投资、建设和运营管理模式。PFI 的根本在于政府从私人处购买服务，目前这种方式多用于社会福利性质的建设项目，例如教育或民用建筑物、公共安全设施、医院能源管理或公路照明等。虽然 PFI 来源于 BOT，也涉及项目的“建设→经营→转让”问题，但作为一种独立的融资方式，与 BOT 相比有自身的特点：项目主体单一，项目管理方式开放，可实行全面的代理制，合同期满后项目运营权的处理方式灵活等。

（四十七）用好 TOT 模式融资。TOT，是“移交→经营→移交”的简称，指政府与投资者签订特许经营协议后，把已经投产运行的可收益公共设施项目移交给民间投资者经营，凭借该设施在未来若干年内的收益，一次性地从投资者手中融得一笔资金，用于建设新的基础设施项目；特许经营期满后，投资者再把该设施无偿移交给政府管理。TOT 方式与 BOT 方式是有明显区别的，它不需直接由投资者投资建设基础设施，因此避开了基础设施建设过程中产生的大量风险和矛盾，比较容易使政府与投资者达成一致。TOT 方式主要适用于交通基础设施的建设。

（四十八）用活用好 PPP 融资模式。PPP，即公共部门与私人企业合作模式，是公共基础设施的一种项目融资模式。在该模式下，鼓励私人企业与政府进行合作，参与公共基础设施的建设。从公共事业的需求出发，利用民营资源的产业化优势，通过政府与民营企业双方合作，共同开发、投资建设并维护运营公共事业的合作模式，即政府与民营经济在公共领域的合作伙伴关系。合作各方参与某个项目时，政府并不是把项目的责任全部转移给私人企业，而是由参与合作的各方共同承担责任和融资风险。与 BOT 相比，PPP 模式中，政府对项目中后期建设管理运营过程参与更深，企业对项目前期科研、立项等阶段参与更深。政府和企业都是全程参与，双方合作的时间更长，信息也更对称。

（四十九）用活用好众筹模式。译自 Crowdfunding，即大众筹资或群众筹资，香港译作“群众集资”，台湾译作“群众募资”。由有创造能力但缺乏资金的人发起，对筹资者的故事和回报感兴趣的并有能力的人跟投，由连接发起人和支持者的互联网终端作为平台，具有低门槛、多样性、依靠大众力量、注重创意的特征，是指一种向群众募资，以支持发起的个人或组织的行为，一般而言是透过网络上的平台联结起赞助者与提案者。群众募资被用来支持各种活动，包含灾害重建、民间集资、竞选活动、创业募资、艺术创作、自由软件、设计发明、科学研究以及公共专案等。通过互联网集资，小企业、艺术家或个人可以对公众展示他们的创意。

（五十）用好个人委托贷款。中国建设银行、民生银行、中信实业银行等商业银行相继推出了融资业务品种——个人委托贷款。即由个人委托提供资金，由商业银行根据委托人确定的贷款对象、用途、金额、期限、利率等，代为发放、监督、使用并协助收回的一种贷款。办理个人委托贷款的基本程序是：**一是**由委托人向银行提出放款申请；**二是**银行根据双方的条件和要求进行选择配对，并分别向委托方和借款方推介；**三是**委托人和借款人双方直接见面，就具体事项和细节如借款金额、利率、贷款期限、还款方式等进行洽谈协商并作出决定；**四是**借贷双方谈妥要求条件之后，一起到银行并分别与银行签订委托协议；**五是**银行对借贷人的资信状况及还款能力进行调查并出具调查报告，然后借贷双方签订借款合同并经银行审批后发放贷款。

（五十一）用好自然人担保贷款。2002 年 8 月，中国工商银行率先推出了自然人担保贷款业务，此后工商银行的境内机构对中小微企业办理期限在 3 年以内信贷业务时，可以由自然人提供财产担保并承担代偿责任。自然人担保可采取抵押、权利质押、抵押加保证三种方式，可作抵押的财产包括个人所有的房产、土地使用权和交通运输工具等；可作质押的个人财产包括储蓄存单、凭证式国债和记名式金融债券；抵押加保证则是指在财产抵押的基础上，附加抵押人的连带责任保证。如果借款人未能按期偿还全部贷款本息或发生其他违约事项，银行将会要求担保人履行担保义务。

（五十二）采用民间借款融资。即民间借贷，是社会经济发展过程中相对于国家正规金融行业自发形成的一种民间融资信用形式，在我国有着久远的历史和深厚的传统。民间借贷，是指自然人、法人、其他组织之间及其相互之间进行资金融通的行为。具有下列情形之一，可以视为具备《合同法》第二百一十条关于自然人之间借款合同的生效要件：**一是**以现金支付的，自借款人收到借款时；**二是**以银行转账、网上电子汇款或者通过网络贷款平台等形式支付的，自资金到达借款人账户时；**三是**以票据交付的，自借款人依法取得票据权利时；**四是**出借人将特定资金账户支配权授权给借款人的，自借款人取得对该账户实际支配权时；**五是**出借人以与借款人约定的其他方式提供借款并实际履行完成时。2015 年 8 月最高人民法院颁布的《关于审理民间借贷案件适用法律若干问题的规定》，明确了民间借贷“两线”：第一条线是民事法律应予保护的固定利率，为年利率 24%；第二条线是年利率 36%，超过这个利率水平的借贷合同为无效。

（五十三）采用企业间借贷融资。企业与企业之间的借贷，被纳入民间借贷的范畴。法律所保护的企业间借贷，主要是企业为了生产经营需要所进行的融资。与原来单一向银行获得资金途径相比，扩大了融资的渠道。对于企业与企业之间的借贷，按照中国人民银行 1996 年颁布的《贷款通则》和最高人民法院相关司法解释的规定，一般以违反国家金融监管而被认定为无效。这一制度性规定在司法界被长期遵守，一定程度上对于维护金融秩序、防范金融风险，发挥了重要作用。但是，现实中企业间存在的巨大借贷需求，催生了一系列企业之间的间接借贷运作模式。许多企业尤其是中小微企业在经营过程中存在着周转资金短缺、融资渠道不畅的发展瓶颈，企业通过民间借贷或者相互之间拆借资金，成为融资的重要渠道。为了规避企业之间资金拆借无效的规定，不少企业通过虚假交易、名义联营、企业高管以个人名义借贷等方式进行民间融资，导致企业风险大幅增加，民间借贷市场秩序受到破坏。企业与企业之间的借贷合同是否有效，要看合同是否为生产和经营需要而订。如果作为一个生产经营性企业不搞生产经营，把钱拿去放贷，变成专业放贷人，甚至从银行套取现金再去放贷，这样的合同无效，借贷不被法律保护。企业间借贷归入民间借贷范围管理，且有条件地解禁，提高了资金的利用率和流动性。

（五十四）采取股权投资基金收益。广义的股权投资为涵盖企业首次公开发行前各阶段的权益投资，即对处于种子期、初创期、发展期、扩展期、成熟期和Pre-IPO各个时期企业所进行的投资，相关资本按照投资阶段可划分为创业投资、发展资本、并购基金、夹层资本、重振资本、Pre-IPO资本，以及其他如上市后私募投资、不良债权和不动产投资等（以上所述的概念也有重合的部分）。狭义的PE主要指对已经形成一定规模的，并产生稳定现金流的成熟企业的私募股权投资部分，主要是指创业投资后期的私募股权投资部分，而这其中并购基金和夹层资本在资金规模上占最大的一部分。在中国PE多指后者，以与VC区别。这里着重介绍一下并购基金和夹层资本。**一是**并购基金是专注于对目标企业进行并购的基金，其投资手法是，通过收购目标企业股权，获得对目标企业的控制权，然后对其进行一定的重组改造，持有一定时期后再出售。并购基金与其他类型投资的不同表现在，风险投资主要投资于创业型企业，并购基金选择的对象是成熟企业；其他私募股权投资对企业控制权无兴趣，而并购基金意在获得目标企业的控制权。并购基金经常出现在MBO和MBI中。**二是**夹层资本，是指在风险和回报方面，介于优先债权投资（如债券和贷款）和股本投资之间的一种投资资本形式。对于公司和股票推荐人而言，夹层投资通常提供形式非常灵活的较长期融资，这种融资的稀释程度要小于股市，并能根据特殊需求作出调整。而夹层融资的付款事宜也可以根据公司的现金流状况确定。夹层资本一般偏向于采取可转换公司债券和可转换优先股之类的金融工具。

（五十五）用好创业投资基金收益。创业投资是以支持“新创事业”并为“未上市企业”提供股权资本的投资活动，但并不以经营产品为目的。创业投资主要是以私人股权方式从事资本经营，并以培育和辅导企业创业或再创业，来追求长期资本增值的高风险、高收益的行业。一般而言，创业投资公司会执行以下几项工作：**一是**投资新兴而且快速成长中的科技公司；**二是**协助新兴的科技公司开发新产品、提供技术支持及产品营销管道；**三是**承担投资的高风险并追求高报酬；**四是**以股权的形态投资于这些新兴的科技公司；**五是**经由实际参与经营决策提供具备附加价值的协助；**六是**有较长期的投资规划。创业投资基金主要有以下特点：**一是**基金的主要资助对象是一般投资者或银行不愿提供资金的高科技、产品新、成长快的风险投资企业；**二是**创业投资基金以获取股利与资本利得为目的，而不是以控制被投资公司所有权为目的，创业投资者甘愿承担创业投资的风险，以追求较大的投资回报；**三是**创业投资包含创业投资者的股权参与，其中包括直接购买股票、认股权证、可转换债券等方式；**四是**创业投资者并不直接参与产品的研究与开发、生产与销售等经营活动，而是间接地扶持被投资企业的发展，提供必要的财务监督与咨询，使所投资的公司能够健全经营、价值增值。

让我们一起来研究日本中小微企业的发展之道

日本目前有 400 万家左右的企业，公司人数超过 1000 人的大型企业不到 0.01%，其中有不少是只有不到 10 个人的小微企业。第二次世界大战后，有不少中小微企业也发展壮大成为全世界一流的企业。也有一些小微企业坚持了小而美，走了自己独特的道路，一些不到 10 个人的企业甚至成为全世界知名的企业。许多中小微企业随着日本时代的变化，不断地发展和进化。1990 年到 2018 年，日本的平均经济增长率只有 1% 左右，经济长期低迷，但日本的一些中小微企业丝毫不受外部经济环境影响，长期维持一个稳定的高利润率；一些企业甚至逆势成长，成功实现转型和大发展。

（一）日本的中小微企业普遍坚守传统，努力把自己的主业做到极致，却并不盲目扩大。这一类企业存在于日本传统的饮食行业和工艺品行业比较多。日本NHK有一个持续了六年的节目，叫“プロフェショナル仕事の流儀”，意思是专业人士工作的流仪。“流仪”这个词在日语中有做事的风格和自己独特的坚守的意思。到2018年末，该节目已经介绍了360多位各行各业中闪闪发光的人士，其中有不少节目的主人公是料理行业的人。包括寿司、天妇罗、和果子（日本传统点心）、鳗鱼饭、面包、蛋糕、荞麦面、烤鸡串、鸡尾酒、拉面、西式点心、日本怀石料理等，甚至还有小菜店、小肉店、港口的鱼类批发商店的店主。能让NHK专门为他们做一个长45分钟的专题节目，而且是在黄金时间播放，当然都是业内的佼佼者。但是这些企业都有一个特点，并没有盲目扩张，往往都是几十年只有一家店，几十年如一日，做好一件事情。笔者本人曾经去被称为“天妇罗之神”的店“是山居”吃过饭，只有店主本人和两名徒弟在店里忙碌，也没有开设分店。日本是全世界长寿企业最多的国家，创业超过100年的企业有2万家左右，其中有不少企业都是和“吃喝穿用住”有关联的企业，也就是餐饮业、酱油和醋酿造业、日本清酒酿造业、和服以及各种布料制造业、各种生活用品、各种工艺品和装饰品、温泉设施、传统房建筑业等行业的企业。东京都吉祥寺的商店街有一个卖羊羹（用红豆为原料做的一种点心）的小店，面积只有10平方米左右，本人也多次去购买过。每天开店之前两个小时都有人在门口排队等候，一般开店一个小时就售罄了。每天只煮两大锅的红豆做羊羹，卖完为止。在日本，餐饮行业中类似的店铺很多，一心一意做好东西，但是绝不盲目扩大。这些企业都是家族经营的微型企业，财务资料也不会公开，但是笔者推测这些企业的税前利润率应该在35%以上。因为这些企业的运营完全可控高效，也没有任何浪费。每天客人都是满的，每天准备的商品都会售罄，不会存在任何的库存和浪费。店里的员工也都是各司其职，满负荷工作。由于效益好，员工工资高，员工的流失率也很低，公司不用把时间浪费在招聘员工和培训新员工上面。这些企业不仅赚钱，而且受到顾客和社区的高度尊重。不仅仅是餐饮行业，其他行业也有许多类似的企业。埼玉县有一个叫“十谷工业”（日语：辻谷工業）的公司，只有 6 个员工，资本金只有 300 万日元（折合大约 20 万元人民币），主要产品是铅球、跨栏、接力棒等田径用品。其生产的铅球在亚特兰大奥运会、悉尼奥运会、雅典奥运会被采用，成绩在第一位到第八位的选手都是用该公司的铅球。但是该公司的产品质量也是通过漫长努力得来的。该公司设立于 1959 年，1966 年开始生产铅球，1988 年在汉城（现首尔）奥运会上第一次被奥运会采用，但是没有一个选手使用该公司的产品。该公司以此为教训，进一步研究发现，同样重量的铅球，铅球的重心位置是影响铅球飞行距离的最重要因素。该公司努力打造了重心在最中心的铅球。而且该公司制作铅球用的是普通的机床，不是数控机床。

（二）日本的中小微企业普遍坚持在某一个领域常年耕耘，成为全国的 OnlyOne 企业或者细分领域的 NumberOne 企业。日本的中小微企业中，有一部分常年耕耘某一个细小的领域，在自己的领域成为日本全国知名甚至全世界知名的企业。这样的企业在日本和德国很多，往往被称为“隐形冠军企业”。这些中小型企业大部分都是家族企业，企业的负责人往往一身担负着多种角色往往是“企业家 + 发明家 + 工程师 + 高级技工”。日本全国各地都有这样的企业。东京都的大田区和大阪府的东大阪市是日本全国最知名的小微制造业企业聚集地。大田区目前有 4000 家左右的小微制造业企业。该地区在 20 世纪 80 年代初期有 8000 家左右的小微企业，随着日元升值和经济长期的不景气，许多小微企业被淘汰了。但是有许多企业顽强地生存下来，而且不断有所发展和进化。岗野工业株式会社是大田区小微制造业企业的杰出代表，该公司的负责人岗野雅行是日本全国知名的人物。该公司目前也只有 6 名员工，资本金只有 1000 万日元，每年的销售额为 6 亿 ~8 亿日元。这么小的公司之所以这么有名气，是因为作出了不平凡的事情。岗野本人好像并没有来过中国，但是几乎所有的中国人都曾经受惠于他开发的技术或者产品。该公司是其父亲创立的模具制造公司，岗野雅行在 1972 年成为社长，改公司名字为岗野工业。岗野第一个比较知名的技术创新，是打造出细钢丝编造的麦克风外盖，之前的产品都是薄钢片上打孔做的，新产品比原来的产品集音效果更好，之后成为麦克风的主流。让岗野名扬天下的是下面两个技术杰作：

一个是手机的锂电池的外壳，锂电池外壳使用的不锈钢在进行成壳加工的时候，很容易出现裂缝，加工难度非常大。岗野在技术上成功地解决了这个问题，我们过去用的许多手机中的锂电池，应该都是用的岗野工业生产的电池外壳。另一个知名的技术产品是打针不疼的注射针头，针头的外围直径只有200微米，针孔的直径只有80微米（一微米为10^{-6}米），注射筒一侧的直径为0.35毫米。传统的针管是把一个钢针钻空制成的，但是岗野是用一个不锈钢薄片卷起来的方式制造的。这种方式被一些物理学家认为理论上是不可能实现的。日本一家知名医疗器械公司为了能够开发这种产品，走访了100多家企业，都被告知没办法制造这种针头，最后找到岗野工业，岗野雅行把这个工作接了下来。开发工作是非常困难的，岗野花了五年时间才成功。岗野雅行本人回忆说当时就没有在床上睡过觉，一天到晚都是在琢磨这个事情。岗野雅行1933年出生，本人只有小学文化程度，小时候在自己家里工厂半玩耍半帮忙，从20岁开始正式工作。岗野一直说，别的公司能造的东西不要找他，别人说造不了的东西找他。Hardlock工业株式会社是东大阪市的中小微制造企业的杰出代表，该公司的创业人为若林克彦，1933年出生，大阪工业大学毕业后进入一家阀门生产企业工作，1974年成立Harklock工业株式会社。该公司其实只有一种工业产品，就是创始人研发的不会松动的螺丝螺母，商标名称为“Hardlock”。目前该公司的注册资本金也只有1000万日元，年销售额为20亿日元左右，员工人数为70人左右。公司设立后，产品得到各行各业的认可，销售量不断增大，在日本国内先后设立了4家工厂。这个公司虽然不为大家所知，可是许多中国人也都曾经受益于这家公司，中国高铁的一些部位采用的就是该公司的螺丝螺母。目前该公司的产品在日本、英国、韩国、中国等国家获得了广泛的应用。公司推出产品之后，也有一些韩国和中国企业仿制，但是废品率高，产品的稳定性也不如Hardlock公司生产的好。这是因为，即使专利过期了，但是生产过程中的一些专有技术是需要长期的积累和摸索的，这些并不被中韩的企业所能轻易掌握。

（三）日本的中小微企业普遍重视和同一区域的同行业企业合作谋求共赢。日本的温泉旅馆非常有名，但是日本温泉地的人气度是有所变化的。20世纪50年代和60年代的日本，距离东京比较近的箱根是最有人气的温泉地。

1980年以后，大分县的汤布院温泉，由于位于九州地区的大分县还保留了比较好的田园风光，成为最有人气的温泉。2000年以后，熊本县的黑川温泉在各种人气评比中经常成为日本最有人气的温泉地。熊本县的黑川温泉为什么从一个没人气的温泉地发展成为一个日本全国数一数二有人气的温泉地呢？其背后有温泉地旅馆和牵头人的共同努力。黑川温泉的成功，离不开后藤哲也发挥的巨大作用。后藤自身也在黑川经营温泉旅馆，最开始自己花了三年半时间在山上凿出了一个宽2米、长30米的山洞，里面导入温泉水，打造成了一个山洞温泉，之后他又打造了一个露天温泉。其他温泉旅馆经营者也模仿后藤，打造了许多露天温泉。之后，温泉和大自然浑然一体的风格成为黑川温泉的主体。后藤发挥领导力，召集所有的温泉旅馆多次协商，撤掉了街上200多个看板，重新进行了造林，打造了一个自然丛林的感觉，形成了一个自然舒适的大环境。黑川温泉发行了温泉券，持券可以到各家的温泉去泡汤，街上的街道变成了温泉旅馆的走廊，各个温泉旅馆成了不同的温泉池。黑川温泉的成功就是从各个温泉旅馆单打独斗转变为集团作战的成功，这一点有点像欧洲的一些知名观光城市，让整个城市成为世界遗产或者观光地，而不是某一个观光点。今治毛巾品牌的树立也是一个非常成功的地区小微企业联合作战大获成功的案例。今治是位于爱媛县的一个非常偏僻的地方小城市，从明治时期开始生产毛巾和浴巾，成为和大阪市的泉州齐名的毛巾浴巾生产聚集地，高峰时期有几百家生产毛巾的小微企业，有一些是为欧洲知名品牌进行贴牌生产，有一些是自己的品牌。20世纪80年代以后，中国生产的廉价毛巾大量进口到日本，今治毛巾的产品开始连续下降。这一情况持续到2010年，今治的毛巾浴巾生产量是1990年的五分之一都不到，可以想象今治市的毛巾浴巾生产企业受到的打击之大。今治市毛巾组合（组合相当于日本的协会和行会）在2006年聘请了日本知名的品牌设计师伊藤可士和进行品牌设计。之后各个企业采取统一的“IMABARI”（IMABARI是今治的日语发音）商标，统一了毛巾生产的品质标准，统一的商标上面通过企业编号表明生产毛巾浴巾的具体企业。今治的毛巾企业根据材质和花色及尺寸的不同，可以生产出上万种不同的毛巾浴巾。2006年以后，为了突出品牌价值，在展示的时候统一采用纯白的毛巾浴巾，营造了强烈的视觉感和品牌冲击力。

2006年到2017年，今治毛巾的生产量增加了2倍，但是营业额却增加了5倍以上。

（四）日本的中小微企业普遍乐于善于通过国际布局和竞争战略，获得企业的竞争力和高回报。日本有许多中小微企业，通过国际分工获得了飞速的发展。在1985年日元快速升值以后，日本有许多企业陷入了困境。但是一些企业却主动适应新的形势，成长为大型企业。在微型马达行业，日本有一个全世界知名的企业，叫万宝至马达（MabuchiMotor，日文:馬渕モーターズ）。该公司在过去的几十年，一直是直流微型马达领域市场份额全世界第一的公司。该公司的创始人马渊也是一个发明家，在1947年左右发明了新型的小型马达。该公司在1954年成立，顺利发展，1984年在东京证券交易所主板上市。该公司的成功是“国际分工+技术战略+市场战略”的成功。该公司在1990年左右开始就停止了日本国内生产，全部转到了中国为首的海外工厂生产。目前，该公司的总公司员工只有800多人，在海外有2.3万人左右。1990年左右的时候，该公司在日本总部只有300多人，海外1万人左右。总部员工只负责战略、财务、研发和销售，生产全部在海外，利用海外廉价劳动力和廉价土地等资源，极大地降低了微型马达的价格。但是万宝至马达的成功不仅仅是靠走出日本利用国际分工降低成本获得的，该公司还有出色的技术战略和市场战略。过去的小型马达公司都是根据客户的需要设计和制造微型马达，但是万宝至马达改变了策略，该公司提前设计了各种标准型号的微型马达，把商品目录交给了各个既有客户和潜在客户，客户在设计产品的时候，根据自己的需要、根据合适的型号的马达尺寸去设计产品。为什么客户愿意这样做呢？因为对客户来讲，有两个很大的好处：因为是标准尺寸的微型马达，价格更加便宜而且可以随时交货，这是个双赢的战略。2005年前后，万宝至马达的销售量和利润有所下降。原因有两个，一个是DVD和CD放映机的生产销售量有所下降，使用的微型马达也有所下降；另一个是行业竞争增多，中国企业的价格更加廉价。对此，万宝至马达采取的策略是开拓新的业务领域——汽车领域。一辆汽车往往会使用十多个直流微型马达，而且一辆车的使用寿命往往是15年左右，汽车厂家比起价格更加重视马达的质量和耐久性。现在万宝至在汽车用微型马达领域已经占到了全世界份额的一半左右，通过进入汽车用微型马达领域，万宝至马达的营销额和利润率都有明显的提升。万宝至今天已经不能称为是一个中小微企业，1985 年之前也算是一个中小型企业，但是其发展壮大的过程也是许多日本企业发展壮大的缩影，也就是依靠技术起家→企业规模小的时候去迎合外部大型客户的需要→在一定时候确立自己的技术战略和市场战略→ 20 世纪 80 年代以后进行国际化布局→在市场发生变化的时候进入到新的领域。

（五）日本的中小微企业普遍重视利用新技术把普通传统产品作出新的精彩。1985 年 9 月，广场协议签订，之后日元快速升值。而且，美国长期和日本开展各种贸易谈判，逼迫日本开发各个领域的市场。20 世纪 90 年代中期以后，日本在表面上开放了除大米之外的几乎所有领域。1990 年之后，日本几乎所有的传统行业的总量都在下降，所有传统产品的进口量都在连年增加。但是这并不意味着传统行业的所有企业都在收缩，都没有进化和进步，一些非常古老的产业多有一些新的变化。毛巾是传统而且普通的产品，即使是这样的产品，位于日本岐阜石县的小型企业，竟然作出了新的精彩。该公司叫浅野撚丝株式会社，创立于1967年，是一个为大型纺织公司提供捻线服务的小型公司。岐阜县高峰时期有800家这样的公司，现在减少到20家左右。2003 年，浅野公司员工人数减少到 10 名，公司业务基本消失，面临着破产的危险。2003 年，日本知名化学公司仓敷化学开发了新型的纤维,2006 年使用新型纤维开始了新型毛巾的生产。新型毛巾中使用了中空纤维，吸水性特别强大，一条毛巾销售定价为 1000 日元，是普通毛巾的 2 倍以上，从 2007 年开始销售，目前累计销售量已经达到 500 万条以上。做饭的锅也是传统而且普通的产品，但是也有日本的小型企业把锅作出了新的精彩。爱知 Dobby 公司是土方司马一在1936年创立的企业，最初的名字为土方铸造所，是从事铸造的小公司。1947 年开始生产各种纺织机使用的 Dobby，也就是多臂机。2001 年，创业人的孙子土方邦裕进入公司,2008 年土方邦裕正式接班。这个时代，日本的传统纺织机械行业和铸造业都已经极度衰退。社长和其弟弟两个人开发了新型的锅，命名为Vermicular。该产品的特点是密封性能好，加工蔬菜的时候不需要加水，利用蔬菜中自身的水分就能作出很好的味道。为了开发新产品，兄弟两人尝试制造了 5 万个锅，才完全掌握了新技术。难点有两个：一个是锅是铸造的传统铁锅，铸造的锅上面进行珐琅施工非常难，产品质量不稳定，解决这个问题花了一年左右的时间。另一个是锅和锅盖需要很高的加工精度，因为需要完全密封，才能锁住锅内的水分，解决这个问题花了一年半左右的时间。成功以后，该新产品锅大受欢迎。毛巾和锅都是传统产品，日本的这两家小公司（公司员工人员都是10人左右）都作出了新的精彩，不仅挽救了公司，也增加了雇佣。

（六）日本的中小微企业普遍能适应时代的发展要求，积极发展新的业务。日本在20世纪90年代以后，也诞生了许多飞速发展的中小型企业。这些企业有一个共同特点，那就是所做的业务符合了时代的要求。1990年，日本泡沫经济破灭，日本经济长期低迷，民众的消费能力下降；同时，日本也进行了许多的改革，进行了所谓的规制缓和，也就是撤掉了许多原来的法规，让企业更加自由地竞争。进入90年代，从中小微企业迅速发展成为大型企业的有以下几个业态：**一是**电器量贩店，类似中国的国美和苏宁电器；**二是**廉价服装经营连锁；**三是**旧书店、二手名牌手提包和手表店；**四是**养老设施运营企业。优衣库，目前在全世界都很知名，优衣库公司的柳井正在中国也是具有很高知名度的企业家。柳井正是家族企业的第二代，1949年柳井正的父亲在山口县宇部市成立了一个销售男士服装的小郡商事；1984年6月，小郡商事在广岛开设了第一家优衣库名字的店铺；同年9月，柳井正成为公司的代表取缔兵役社长，正式接班；进入20世纪90年代，优衣库步入发展的快车道。还有一个有趣的案例是销售二手书籍和DVD的“BookOff”。创业人是坂本孝，1990年5月在神奈川相模原市开设了第一家店，之后采取连锁加盟的方式迅速扩张，2005年5月日本全国达到500家店，2003年2月达到700家店，2005年3月，在东京证券交易所一部（也就是主板市场）上市。2018年3月末，全国达到807家店铺，业务也从单纯的旧书扩张到二手体育用品、二手贵金属首饰等领域。旧书店在日本存在上百年了，高峰时期日本全国有上万家旧书店，为什么“BookOff”能够成长为东京证券交易所上市的大型企业？其经营模式是有明显的创新的。传统日本的旧书店店面都是比较暗，店内也比较脏乱。但是“BookOff”书店把旧书店改造成了干净亮丽的店面，书店宽敞明亮，书架整齐，店员年轻热情，店内一天到晚播放着音乐和书店的各种广告；书店收到的旧书都要进行边缘的打磨，封面都擦拭得干净整洁；对在店内长时间看书的顾客也从来不进行制止；全国的店铺采取统一的店面外观装修，店员穿着统一的工作服；另外，采取了现代化的加盟方式，可以快速在全国扩展。

（七）日本的中小微企业普遍重视学习外国先进技术，消化吸收改造后超过外国。日本从明治维新之后，一直走的是学习欧美赶超欧美的道路。日本科技实力赶上欧美国家是20世纪80年代后期和90年代初期的事情。回顾日本发展的道路，就会发现一个非常有意思的现象，那就是日本学习和导入欧美的技术之后，往往可以作出比欧美更完美的产品。这个现象，在许多领域都能看到。比如方便店是日本学习美国的东西，但是现在日本方便商店在20世纪80年代末就成为美国方便商店学习的目标了。日本和7-11公司的美国母公司谈判决定导入方便店这种业态是在1973年，1974年开设了第一家店铺。在20世纪80年代后期，日本的7-11的运营效率和效果就明显好过美国的店铺。1973年左右日本翻译学习了美国的店铺操作手册，发现日本的商业环境和美国有太多不同，日本方面决定走自己独特的道路，之后逐步摸索出了自己的一套操作手册。十年后，美国反过来要翻译学习日本的店铺操作手册。

（八）日本的中小微企业普遍在四个方面走在全球前列致使其更为成功。一是创始人都是技术出身的，而且实质上都是合伙经营的公司。索尼公司的创立人是井深大，原来是日本海军的技术军人；本田汽车的创始人本田宗一郎是从小痴迷机械的技术天才。这两家公司的创始人从公司开始运转的时候都找了经营伙伴，索尼公司是盛田昭夫，本田公司是藤泽武夫。本田宗一郎长期在本田的研究一线，穿着满身油污的作业服和技术人员一起搞研发，公司的财务和销售交给藤泽武夫；索尼的盛田昭夫也是更多的负责了销售。当时的日本，并没有所谓的合伙制的概念，几乎所有的公司都是社长一个人大权独揽，而索尼公司和本田企业成功地组建了两个人的最高经营团队。**二是**都很早开拓了美国市场。索尼公司二战后第一个在美国纽约开设展示商店的日本公司。索尼公司创立的时候公司名称为东京通信工业，为了方便外国人记住公司的名称，改为SONY。而且，索尼公司1970年就在美国纽交所上市，是日本历史上第一家在美国上市的日本企业。本田开始是生产摩托车的公司，20 世纪 60 年代进入汽车生产领域。本田公司很早就开始对美国出口摩托车，改变了美国摩托车市场的格局。**三是**技术上勇于创新。本田公司和索尼公司都是在技术上勇于创新的公司。20 世纪 50 年代的日本半导体技术远远落后于美国。比如，50 年代，在日本国内，索尼公司的晶体管技术就落后于当时的神户工业公司，但是在开发晶体管收音机方面，索尼走在了最前面。70 年代，本田技研在全世界率先开发出了符合美国最新汽车尾气排放标准的发动机。**四是**关键时刻都获得了银行的支持。1954 年本田技研曾经陷入经营危机，但是三菱银行高度评价了本田的技术水平，在担保不够的情况下进行了融资。如果三菱银行不出手，本田技研只能破产。1953 年，索尼公司在购买美国的晶体管技术的时候，三井银行也给予了大力的支持。

（九）日本的中小微企业普遍重视传统产业加上现代化的设计或者运营。日本也有不少传统的行业，在二战后日本生活快速西方化的大背景下，面临着转型或者更加残酷的竞争。有一些企业破产了，但是有一些企业通过企业自身的努力，顽强地进行了转型。温泉旅馆是在日本存在了上千年的古老行业，日本的温泉酒店中，大部分都是代代相传，在自己的温泉地发展，最多就是增加一些住宿设施，星野就走出了完全不同的道路。最近“虹夕诺野”的品牌在中国也越来越有名，“星野屋”的日文发音为“Hoshinoya”，其中文发音翻译成为虹夕诺野，其实在日文中就是星野家的温泉屋的意思。星野家族创业是在日本知名的避暑地长野县的轻井泽，1914 年开业了第一家旅馆，之后一直到 20 世纪 90 年代初期都是家族在经营这家温泉旅馆。现在的社长星野佳路出生于 1960 年,1991 年左右成为第四代社长，开始执掌家业。星野佳路曾经在美国康奈尔大学酒店学习过，和父辈有着不同的经营理念。1990 年以后，日本有不少温泉旅馆陷入经营困难，星野开始进入破产温泉旅馆的再生再建行业，逐渐成为一个依靠品牌和强大的运营能力来赚钱的公司。过去日本的温泉旅馆都是自己持有酒店物业，自己运营，而星野走出了不同的道路。2013 年，星野运营的 REITs 在东京证券交易所上市，星野成了日本传统温泉旅馆行业最知名的品牌。日本传统的伞被称为“和伞”，骨架是竹子，伞面是日本传统的和纸。1945 年以后，传统和伞的市场越来越小，只有传统的茶道活动和日本传统的艺伎会使用和伞。目前，日本只剩余一家专门经营和伞的企业，就是位于京都的“辻倉”(Tsujikura，十仓)，是元俸禄三年（1690）创业的长寿企业。同行业企业都慢慢破产或者转行了，只有这一家企业还在坚持。该企业在2000年以后，为了谋求生路，也进行了产品创新。传统的和伞的颜色和图案都是很漂亮的，利用这一特点，十仓开发出了利用和纸的装饰品和灯罩，现在的企业一直努力转型为和伞和装饰工艺品的企业。中川政七商店也是类似的例子。中川政七商店是位于奈良县从事麻制品生产历史超过200年的家族企业。2000年以后，走上了传统麻纺织品和现代设计相结合的道路，在东京繁华的商业街也开设了自己的专门店。

（十）日本的中小微企业普遍重视做大型企业的稳定的供货商，和大型企业同步成长。日本的许多中小微企业是大型制造业的供货商。比如丰田汽车从事的是新车和新技术的研发、整车设计和组装、品牌的宣传、汽车的销售、汽车发动机的研发和制造等工作。一辆汽车有2万个左右的零部件，丰田自己制造的只有发动机，剩下的零部件是1000家左右的企业在给丰田汽车供货。这些零部件企业和丰田一起成长发达，丰田不断地在开发新的技术和汽车，对零部件企业也不断提出新的要求，不仅仅是技术上的要求，丰田汽车在海外设立工厂的时候，往往也会要求零部件厂家一起到海外设立工厂，进行配套。二战结束以后，丰田从一家年生产5000辆汽车的企业发展成为全球生产600多万辆汽车的企业，也意味着这些汽车零部件企业同步大幅度发展了。丰田汽车成立70多年来，只有2009年受到次贷危机影响出现了赤字，其他年份都是黑字，可以想象其主要的零部件供应企业也应该都是业绩不错的。

第六章

chapter six

我们的各级党政部门助力中小微企业腾飞要用心用力

中小微企业发展的现状，要求各级党政部门必须时刻直面中小微企业面临的痛点、难点问题，始终坚持下大力气、钉钉子精神，做好中小微企业这篇“大”文章，既立足当下，又着眼根本，在救急的同时济长远；始终坚持从小处做起，从中小微企业的经营需求与人民群众的生活需求做起；始终坚持营造好环境，尤其是法治环境，用最优质的的服务让中小微企业插上腾飞的翅膀，让广大中小微企业成为名副其实的吸纳就业的主力军，激励创新、带动投资、促进消费的生力军。

我们的各级党政部门要积极引导中小微企业推进创业兴业激发活力

一是下大力气培育创业主体。整合资源，协同推进，调动各方面的积极性，鼓励和支持创业者打破传统束缚和限制，采取各种合规、有效的方式努力创业。支持留学归国人员、大学生和高校毕业生、科研院所专业技术人才、返乡农民工等各类创业主体进入法律法规未明确禁入的行业和领域。**二是**下大力气促进中小微企业成长壮大。加大对种子期、初创期成长型小微企业支持力度，培育壮大新生小微企业群体；支持潜力大、成长性好，积累了一定资金、技术和管理经验的中小微企业，顺应消费结构变化、产业结构调整带来的发展机遇加快发展。结合当地实际，拿出过硬措施，支持老少边穷地区、少数民族地区中小微企业发展壮大。**三是**下大力气加强创业载体建设。积极创造条件，合理安排必要的场地和设施，充分利用已有的各类园区，打造中小微企业创新创业基地，为创业主体获得生产经营场所提供便利；大力发展新型众创空间，形成线上与线下、孵化与投资相结合的开放式综合服务载体，为中小微企业创业兴业提供低成本、便利化、全要素服务。**四是**下大力气鼓励大型企业提供创业支撑。鼓励大型企业提供新型创业平台，开展各类创新创业孵化活动，形成市场主导、风险投资参与、企业孵化的创新创业生态。鼓励和支持大型企业、行业领军企业发挥技术优势、人才优势和市场优势，为中小微企业提供技术研发、成果转化、营销推广等合作机会，帮助产业链上下游中小微企业创业兴业。**五是**下大力气加强创业服务。积极引导各类服务机构为中小微企业提供创业信息、创业指导、创业培训等专业化服务。探索建立志愿者服务机制，积极引导退休党政干部、科学家、行业专家、企业家成为创业辅导志愿专家，组建高素质辅导师队伍；全面培育以“鼓励创业、勇于创新”为核心的创新创业文化，支持举办各类创业沙龙、创业训练营、创业大赛、创业项目展示推介等活动。

我们的各级党政部门要积极引导中小微企业不断提升创新能力

一是扎扎实实推进中小微企业创新发展。引导支持中小微企业加大研发投入，加强技术改造，引进先进适用技术、工艺和设备，改造传统工艺，优化生产流程。针对细分市场、细分领域，开发差异化的产品和服务，推进技术、产品、管理模式和商业模式创新。加强各类公共技术服务平台建设，为中小微企业技术创新与管理创新提供支持与服务。**二是**扎扎实实推进中小微企业信息化应用。建设和完善中小微企业信息化服务平台，实施“互联网+”中小微企业专项行动，推广适合中小微企业需求的信息化产品和服务，促进互联网和信息技术在企业生产制造、经营管理、市场营销各个环节中的应用，支持中小微企业通过信息化提高效率和效益。**三是**扎扎实实推动中小微企业与大型企业协同创新。鼓励有条件的大型企业搭建信息化服务平台，向中小微企业开放入口、数据信息、计算能力，通过任务众包、生产协作、资源开放等方式，培育产业链，打造创新链，提升价值链，促进大型企业带动产业链上下游中小微企业协同研发、协同制造、协同发展。**四是**扎扎实实构建以企业为主体的创新机制。推动中小微企业开展产学研用合作，引导支持中小微企业与各级各类重点实验室、制造业创新中心、工程研究中心、高校、科研院所、技能大师工作坊等创新资源合作，增强中小微企业创新发展能力。通过合作、转让、许可和投资入股等方式，推动技术成果转化和应用。创新政府支持方式，支持以企业为主体的技术创新。鼓励中小微企业与境外研究机构建立合作伙伴关系，组建产学研跨境创新协同网络。**五是**扎扎实实加强中小微企业知识产权服务。深入实施中小微企业知识产权战略，引导支持中小微企业贯彻落实《企业知识产权管理规范》国家标准和《工业企业知识产权管理指南》，重视和推进服务业知识产权保护，提升中小微企业知识产权创造、运用、保护和管理能力。完善知识产权管理和专业化服务，降低中小微企业知识产权申请、保护、维权成本，推动知识产权转化。

我们的各级党政部门要积极引导中小微企业推动转型升级改善供给

一是用真功夫推动中小微企业提高产品和服务有效供给能力。大力支持中小微企业参与标准制定，不断提升产品和服务质量。鼓励支持中小微企业做强做精核心业务，打造具有竞争力和影响力的精品和服务。支持和引导中小微企业开展个性化定制、柔性化生产。**二是**用真功夫推动中小微企业“专精特新”发展。围绕《中国制造 2025》重点领域，努力培育主营业务突出、竞争力强的“专精特新”中小微企业；打造一批专注于细分市场、细分领域，技术或服务出色、市场占有率高的“单项冠军”。鼓励中小微企业以专业化分工、服务外包、订单生产等方式与大型企业、龙头骨干企业建立稳定的合作关系。**三是**用真功夫推动中小微企业品牌建设。引导支持中小微企业实施品牌战略，增强品牌意识，提升品牌管理能力，实现从产品经营向品牌经营转变。鼓励和扶持中小微企业申报注册国家及本区域著名商标、原产地标志等，加强品牌策划与设计，丰富品牌内涵，不断提高自主品牌产品和服务市场份额。推进区域品牌建设，提高区域中小微企业影响力。**四是**用真功夫推动中小微企业绿色发展。运用法律、经济、技术等手段，促进高污染、高耗能和资源浪费严重的中小微企业落后产能退出。按照绿色、低碳和循环经济发展要求，推动绿色、低碳中小微企业园区建设。鼓励和支持传统行业中小微企业采用先进适用技术实施清洁生产，降低能耗和污染排放，提高资源综合利用率。引导中小微企业走资源集约、环境友好发展道路，不断把生态资源优势转化为产业发展优势。**五是**用真功夫促进产业集群发展。按照“布局合理、产业协同、资源节约、生态环保”的原则，加强规划引导，改善发展环境，推动智慧集群建设，形成一批产业集聚度高、创新能力强、信息化基础好、引导带动作用大的重点产业集群。加强产业集群对外合作交流，发挥产业集群在对外产能合作中的载体作用。**六是**用真功夫推动中小微企业协调发展。建立中小微企业跨区域交流合作机制，鼓励东中西部地区中小微企业利用各自比较优势开展合作，缩小地区间发展差距。推进城乡中小微企业协调发展，推动军民融合发展，促进中小微企业进入武器装备科研、生产和服务领域。鼓励和引导中小微企业承担社会责任，营造和谐发展环境。

我们的各级党政部门要积极引导中小微企业拓展内外市场以开放发展

一是切实营造好公平开放的市场环境。清理和废除妨碍中小微企业参与公平竞争的各种规定，推进实行公平的市场准入制度和公平竞争审查制度，下大力气打破区域垄断，统一市场监管。**二是**切实扩大开放领域。切实推进电力、电信、民航、铁路、石油天然气、邮政、市政公用等行业的竞争性业务开放，推进金融、教育、文化、医疗等领域有序开放，消除各种隐性壁垒，让中小微企业可以随时随地进入这些领域。**三是**切实引导中小微企业开拓市场。支持中小微企业加强市场调研，顺应需求升级要求，创新营销模式，深耕细分市场和细分领域，拓展发展空间。鼓励中小微企业加强工贸结合、农贸结合和内外贸结合，利用电商平台等多种方式开拓市场，提高市场拓展效率。推进连锁经营、特许经营、物流配送等现代流通方式。**四是**切实支持中小微企业“走出去”和“引进来”。加强跨区域合作与协作配套，落实APEC系列中小微企业部长会议所发表的宣言要求。支持中小微企业引进境外资金、技术、人才、管理经验，增强发展能力。积极促进中小微企业拓展对外贸易、投资的广度和深度，融入全球产业链和价值链。

我们的各级党政部门要努力推进职能转变改进服务方式

一是努力转变政府职能。坚持简政放权，放管结合，优化服务。强力推进行政审批、投资审批等制度改革，减少政府对微观事务的管理，缩减政府审批范围。推动建立健全权力清单、责任清单、负面清单管理模式，为中小微企业松绑减负。积极推动商事制度改革，创新管理方式，激发市场活力。**二是**努力降低中小微企业成本。切实发挥减轻中小微企业负担工作机制的作用，下真功夫推进合理降低企业税负，全面实施涉企收费目录清单管理，规范涉企收费行为，减轻中小微企业负担。优化行政审批流程和企业投资项目相关审批程序，推进降低制度性交易成本。推进降低企业融资成本，推动降低企业用能、用地成本等。**三是**努力改进政务服务。构建规范高效的服务机制，完善法律、规划、政策，畅通信息发布渠道，建立健全服务信息系统，逐步实现网上受理、信息共享，着力解决政策服务“最后一公里”问题，营造受理程序简、办事效率高、服务成本低、中小微企业满意的政务服务环境。**四是**努力完善服务体系。提高中小微企业服务体系的服务效率，丰富服务内容，完善服务功能。制定出台中小微企业服务机构和平台的服务规范，加强小微企业创业创新基地、中小微企业公共服务平台等载体能力建设，不断提高服务质量和水平；切实发挥各类中小微企业服务平台网络骨干架构作用，加强互联互通，实现资源优势互补。

我们的各级党政部门要实施好事关中小微企业发展的关键工程与专项行动

一是实施好“互联网 +”小微企业专项行动。深入推进中小微企业信息化进程，鼓励中小微企业在研发设计、生产制造、市场营销、仓储物流、运营管理等环节应用互联网、云计算、大数据、物联网等技术，创新生产方式和营销方式，提高效率，形成发展新优势和新动能；推广中小微企业运用互联网发展的成功案例，不断探索小微企业“互联网 +”应用创新与发展路径；支持中小微企业资源与互联网平台全面对接，提升中小微企业特别是小微企业的快速响应和柔性高效的供给能力。充分利用“互联网 +”，全面推广众创、众包、众扶、众筹等新模式；推进专业空间众创、网络平台众创和大型企业内部众创，推广研发设计、制造运维、知识内容和生活服务众包，推动中小微企业参与线上线下生产流通分工；推动支持社会公共众扶、企业分享众扶和公众互助众扶；规范发展网络借贷、股权众筹和实物众筹；创新互联网和信息技术应用，不断催生新经济、新业态、新模式，培育新增量。充分发挥云平台的作用，面向中小微企业提供在线研发设计、优化控制、设备管理、质量监控与分析等应用服务；鼓励支持大型互联网企业、基础电信企业及信息技术服务商建设面向中小微企业的“双创”服务平台，在研发、生产、管理、营销以及商业模式等方面，为中小微企业特别是小微企业提供高水平、高质量、低成本、低门槛、灵活安全的互联网基础环境、信息技术和解决方案；支持第三方服务机构提供小微企业“互联网 +”评估、诊断等服务，支持建设“创客中国”“中国创翼”等公共服务平台。**二是**实施好“专精特新”中小微企业培育工程。积极引导和支持中小微企业针对专门的客户群体或市场，拥有专项技术或生产工艺，使其产品和服务在产业链某个环节中处于优势地位，利用自身特色和比较优势，为大型企业、大项目和产业链提供优质零部件、元器件、配套产品和配套服务。积极引导中小微企业精细化生产、管理和服务，以美誉度好、性价比高、品质精良的产品和服务在细分市场中占据优势；鼓励中小微企业抓住关键环节，量化标准，强化责任，不断提供优质的产品和服务；支持中小微企业最大限度地发挥员工的优势和潜能，满足日益增长的个性化、定制化需求。积极支持中小微企业针对不同的消费群体，采用独特的工艺、技术、配方或特殊原料进行研制生产，提供特色化、含有地域文化元素的产品和服务，形成具有独特性、独有性、独家生产特点，具有较强影响力和品牌知名度的特色产品、特色服务等。积极支持中小微企业持续投入、持续创新，拥有自主知识产权；引导和支持中小微企业树立新颖化理念，在样式、外观、规格、功能等方面加强个性化、艺术化等创意和设计，提供便捷化、人性化、细致化等产品和服务，以新产品、新服务满足需求，以新发明、新创造引领需求，通过技术、工艺、管理、服务的新颖化不断占据市场先机。**三是**实施好服务能力建设工程。积极支持各地利用闲置厂房、楼宇、各类园区、产业集群、孵化基地等，开展小型微型企业创业创新基地建设；积极培育国家和省市小型微型企业创业创新示范基地，引导基地向平台化、智慧化和生态化方向发展；鼓励大型企业发挥技术、人才和资金等方面的优势，建立面向企业内外的创业创新基地；推动创客空间、创新工场、社会实验室等新型众创空间发展，调动社会力量，不断完善创业创新环境和条件。积极发挥平台网络资源共享、服务协同优势，以中小微企业集聚区或行业为重点，推动平台网络组织带动优质专业服务资源开展专业化、特色化服务，提高服务的及时性和有效性，增强平台网络品牌知名度和社会影响力，探索市场化运营模式，促进平台网络可持续发展。积极支持建立和完善中小微企业公共服务平台，引导平台不断提高集聚服务资源的能力，完善服务功能，推动线上线下服务相结合，服务与需求精准对接。继续对国家中小微企业公共服务示范平台进行动态管理，组织开展经验交流，提高平台的服务能力；鼓励和支持利用互联网和信息技术，加强技术创新、智能制造、质量品牌等公共技术服务平台建设。积极通过政府购买服务以及引入 PPP 模式等，推动公共服务模式创新，探索“政府支持 + 社会投资 + 市场化运营”机制，建立和完善服务支撑和技术应用支持体系。积极推进行业协会、服务联盟、综合性服务机构等整合资源，提高服务的针对性和有效性，提升服务能力和水平，发挥其引导和辐射作用，带动各类服务机构为中小微企业提供优质服务。**四是**实施好产业集群发展能力提升工程。努力改善产业和中小微企业集聚条件，加强节能管理能力和“三废”有效治理；推动产业集群光纤宽带网络和移动通信网络等数字化基础设施建设，鼓励支持在产业集群中建设小型微型企业创业创新基地、创客空间等；鼓励有条件的产业集群建设多层标准厂房，高效开发利用土地。切实加快新一代信息技术在产业集群中的应用，实施“互联网 + 产业集群”行动，通过基础设施、集群管理与服务、生产性服务等的智能化发展，集群主体与内外部创新链、供应链、服务链的互联互通，形成创新、协同、精益、开放、共享的产业生态体系，提升产业集群系统效率和竞争能力；支持开展“智慧集群”建设和试点，总结推广“智慧集群”建设与发展经验。鼓励和支持集群企业与高校、科研机构建立产学研用协同创新网络，采用联合组建产业联盟或研发联盟等新型合作模式，推动共性技术研发和推广应用，引导创新资源向集群集聚；推动建立集群龙头企业与配套企业专业化协作体系，带动集群内中小微企业“专精特新”发展；加强技术创新、智能制造等的公共技术服务平台建设，为集群产业链的延伸完善和中小微企业创业创新提供支撑；强化产业集群知识产权服务机制，鼓励引导企业技术创新、产品创新和商业模式创新。积极支持具有较高市场占有率的特色产业集群制定团体标准，将打造区域品牌作为树立产业集群整体优势和提高知名度的重要手段；加强区域品牌知识产权保护，支持以品牌共享为基础，大力培育地理标志、集体商标、原产地注册、证明标志等集体品牌；鼓励集群企业创建和培育企业品牌，推动区域品牌和企业品牌良性互动。**五是**实施好中小微企业管理能力提升工程。下力气规范企业产权制度、治理结构和管理制度，引导中小微企业树立现代企业经营管理理念，加强财务、质量、安全、用工、风险等基础管理，强化精益管理、现场管理，鼓励中小微企业利用信息化手段提高管理水平，降本增效。激发企业家精神，增强企业内在活力和创造力。积极探索建立中小微企业管理咨询制度，鼓励和支持管理咨询机构和志愿者开展管理诊断、管理咨询服务，帮助中小微企业改善管理；完善管理咨询专家库，为中小微企业开展管理咨询工作提供指导和支撑。鼓励有条件的中小微企业积极开展管理创新，及时总结经验，积极参加全国和地方企业管理现代化创新成果申报活动；加强管理创新实践和创新成果推广，鼓励和引导中小微企业学习和借鉴国内外先进管理经验，提升管理水平；鼓励中小微企业依法规范经营，履行社会责任。深入实施国家中小微企业银河培训工程，组织实施中小微企业经营管理领军人才培训，探索订单培养等新型校企合作人才培养模式；利用互联网手段，组织开展各类专业知识和专业技能培训；搭建人才交流平台，加强人才引进；继续开展政府间合作培训，实施中小微企业国际化人才培训计划。**六是**实施好中小微企业国际化促进专项行动。深化与美国、德国、韩国和欧盟、东盟、APEC、金砖国家等双多边合作，探索合作共赢方式，深化在促进政策、贸易投资、科技创新等领域的交流与合作，促进中小微企业发展。鼓励有条件的中小微企业到境外建立原材料基地、研发设计基地和营销网络，支持中小微企业收购境外先进技术和最新科研成果，并购、参股境外创新型中小微企业，支持中小微企业技术、品牌、营销、服务“走出去”；支持有条件的地方建设中小微企业中外合作区，吸引高端制造企业在园区落地，吸引境外企业在华设立研发机构，促进境外原创技术在中国孵化落地；深化“政银企”合作机制，鼓励开展多种形式的银企对接、跨境撮合等活动，为金融机构和中小微企业提供沟通交流的平台，支持中小微企业国际化发展。积极支持中小微企业服务机构在境外设立分支机构，发挥行业协会和境外中资商会作用，在条件成熟的国家和地区探索设立“中国中小微企业中心”，为境内外中小微企业提供专业化服务；鼓励协会、商会与境外机构加强合作，组织开展企业走访、实习实践、商务对接等合作交流活动。积极支持建立各类中小微企业产品技术展示中心，鼓励中小微企业利用跨境网络交易平台、跨境电商等渠道拓展市场，继续办好中国国际中小微企业博览会、APEC中小微企业技术交流暨展览会，支持中小微企业参加境内外展览展销活动。

我们的各级党政部门要积极为中小微企业发展营造良好环境

近年来，我国营商环境明显改善，但仍存在一些短板和薄弱环节，亟须切实聚焦中小微企业关切，对标国际先进水平，既立足当前又着眼长远，更多采取改革的办法破解企业生产经营中的堵点痛点，强化为中小微企业服务，加快打造市场化、法治化、国际化营商环境。

（一）要着力提升中小微企业投资建设便利度。一是要优化再造投资项目前期审批流程。从办成项目前期“一件事”出发，健全部门协同工作机制，加强中小微企业项目立项与用地、规划等建设条件衔接，推动有条件的地方对项目可行性研究、用地预审、选址、环境影响评价、安全评价、水土保持评价、压覆重要矿产资源评估等事项，实行项目单位编报一套材料，政府部门统一受理、同步评估、同步审批、统一反馈，加快项目落地。优化全国投资项目在线审批监管平台审批流程，实现批复文件等在线打印。**二是**要提升工程建设项目审批效率。全面推行工程建设项目分级分类管理，在确保安全前提下，对中小微企业投资的小型低风险新建、改扩建项目，由政府部门发布统一的中小微企业开工条件，中小微企业取得用地、满足开工条件后作出相关承诺，政府部门直接发放相关证书，项目即可开工。加快推动工程建设项目全流程在线审批，推进工程建设项目审批管理系统与投资审批、规划、消防等管理系统数据实时共享，实现信息一次填报、材料一次上传、相关评审意见和审批结果即时推送。**三是**要深入推进“多规合一”。抓紧统筹各类空间性规划，积极推进各类相关规划数据衔接或整合，为中小微企业投资推动尽快消除规划冲突和“矛盾图斑”。要统一测绘技术标准和规则，在用地、规划、施工、验收、不动产登记等各阶段，实现测绘成果共享互认，避免重复测绘。

（二）要着力简化中小微企业生产经营审批和条件。一是要降低市场准入门槛。围绕工程建设、教育、医疗、体育等领域，集中清理有关部门和地方在市场准入方面对中小微企业资质、资金、股比、人员、场所等设置的不合理条件，列出台账并逐项明确解决措施、责任主体和完成时限。研究对医疗系统中小微企业中诊所设置、诊所执业实行备案管理，扩大医疗服务供给。对于海事劳工证书，推动由政府部门直接受理申请、开展检查和签发，不再要求中小微企业为此接受船检机构检查，且不收取中小微企业办证费用。**二是**要精简优化工业产品生产流通等环节管理措施。加强机动车生产、销售、登记、维修、保险、报废等信息的共享和应用，提升机动车流通透明度。督促地方取消对二手车经销中小微企业登记注册地设置的不合理规定，简化二手车经销中小微企业购入机动车交易登记手续。2020 年底前优化新能源汽车免征车辆购置税的车型目录和享受车船税减免优惠的车型目录发布程序，实现与道路机动车辆生产中小微企业及产品公告“一次申报、一并审查、一批发布”，中小微企业依据产品公告即可享受相关税收减免政策。**三是**要降低小微企业等经营成本。支持地方开展“一照多址”改革，简化中小微企业设立分支机构的登记手续。在确保食品安全前提下，鼓励有条件的地方合理放宽对连锁便利中小微企业制售食品在食品处理区面积等方面的审批要求，探索将食品经营许可（仅销售预包装食品）改为备案，合理制定并公布商户牌匾、照明设施等标准。鼓励引导平台中小微企业适当降低向小微商户收取的平台佣金等服务费用和条码支付、互联网支付等手续费，严禁平台中小微企业滥用市场支配地位收取不公平的高价服务费。在保障劳动者职业健康前提下，对职业病危害一般的中小微企业适当降低职业病危害因素检测频次。在工程建设、政府采购等领域，推行以保险、保函等替代现金缴纳涉企保证金，减轻中小微企业现金流压力。

（三）要着力优化外贸外资中小微企业经营环境。一是要提高进出口通关效率。推行进出口货物“提前申报”，中小微企业提前办理申报手续，海关在货物运抵海关监管作业场所后即办理货物查验、放行手续。优化进口“两步申报”通关模式，中小微企业进行“概要申报”且海关完成风险排查处置后，即允许中小微企业将货物提离。在符合条件的监管作业场所开展进口货物“船边直提”和出口货物“抵港直装”试点。推行查验作业全程监控和留痕，允许有条件的地方实行中小微企业自主选择是否陪同查验，减轻中小微企业负担。严禁口岸为压缩通关时间简单采取单日限流、控制报关等不合理措施。**二是**要拓展国际贸易“单一窗口”功能。加快“单一窗口”功能由口岸通关执法向口岸物流、贸易服务等全链条拓展，实现港口、船代、理货等收费标准线上公开、在线查询。除涉密等特殊情况外，进出口环节涉及的监管证件原则上都应通过“单一窗口”一口受理，由相关部门在后台分别办理并实施监管，推动实现中小微企业在线缴费、自主打印证件。**三是**要减少外贸中小微企业投资经营限制。支持外贸中小微企业出口产品转内销，推行以外贸中小微企业自我声明等方式替代相关国内认证，对已经取得相关国际认证且认证标准不低于国内标准的产品，允许外贸中小微企业作出符合国内标准的书面承诺后直接上市销售，并加强事中事后监管。

（四）要着力降低各方面就业创业的门槛。一是要优化部分行业从业条件。推动取消除道路危险货物运输以外的道路货物运输驾驶员从业资格考试，并将相关考试培训内容纳入相应等级机动车驾驶证培训，驾驶员凭培训结业证书和机动车驾驶证申领道路货物运输驾驶员从业资格证。要改革执业兽医资格考试制度，便利兽医相关专业高校在校生报名参加考试。要加快推动劳动者入职体检结果互认，减轻求职者负担。**二是**要促进人才流动和灵活就业。要实现专业技术人才职称信息跨地区在线核验，鼓励地区间职称互认。引导有需求的中小微企业开展“共享用工”，通过用工余缺调剂提高人力资源配置效率。统一失业保险转移办理流程，简化失业保险申领程序。在保障安全卫生、不损害公共利益等条件下，坚持放管结合，合理设定流动摊贩经营场所，让中小微企业加快发展。**三是**要完善对新业态的包容审慎监管。加快评估已出台的有关新业态中小微企业准入和监管政策，坚决清理各类不合理管理措施。在保证医疗安全和质量前提下，进一步放宽互联网诊疗范围，将符合条件的互联网医疗服务纳入医保报销范围，制定公布全国统一的互联网医疗审批标准，加快创新型医疗器械审评审批并推进临床应用。统一智能网联汽车自动驾驶功能测试标准，推动实现封闭场地测试结果全国通用互认，督促封闭场地向社会公开测试服务项目及收费标准，简化测试通知书申领及异地换发手续，对测试通知书到期但车辆状态未改变的无须重复测试、直接延长期限。降低导航电子地图制作测绘资质申请条件，压减资质延续和信息变更的办理时间。**四是**要增加新业态应用场景等供给。围绕城市治理、公共服务、政务服务等领域，鼓励地方通过搭建供需、对接平台等为中小微企业的新技术、新产品提供更多应用场景。在条件成熟的特定路段及有需求的机场、港口、园区等区域探索开展智能网联汽车示范应用。建立健全政府及公共服务机构数据开放共享规则，推动公共交通、路政管理、医疗卫生、养老等公共服务领域和政府部门数据向中小微企业有序开放。

（五）要着力提升涉中小微企业的服务质量和效率。一是要推进企业开办经营便利化。全面推行中小微企业开办全程网上办，提升中小微企业名称自主申报系统核名智能化水平，在税务、人力资源社会保障、公积金、商业银行等服务领域加快实现电子营业执照、电子印章应用。放宽中小微企业登记经营场所限制。探索推进“一业一证”改革，将一个行业准入涉及的多张许可证整合为一张许可证，实现“一证准营”、跨地互认通用。梳理各类强制登报公告事项，研究推动予以取消或调整为网上免费公告。加快推进政务服务事项跨省通办。**二是**要持续提升纳税服务水平。2020 年底前要基本实现增值税专用发票电子化，主要涉税服务事项基本实现网上办理。简化增值税等税收优惠政策申报程序，原则上不再设置审批环节。强化税务、海关、人民银行等部门数据共享，加快出口退税进度，推行无纸化单证备案。**三是**要切实提高商标注册效率。提高商标网上服务系统数据更新频率，提升系统智能检索功能，推动实现商标图形在线自动比对。要压缩商标异议、驳回复审的审查审理周期，及时反馈审查审理结果。2020 年底前将商标注册平均审查周期压缩至 4 个月以内。**四是**要优化动产担保融资服务。鼓励引导商业银行支持中小微企业以应收账款、生产设备、产品、车辆、船舶、知识产权等动产和权利进行担保融资。推动建立以担保人名称为索引的电子数据库，实现对担保品登记状态信息的在线查询、修改或撤销。

（六）要着力完善优化中小微企业营商环境长效机制。一是要建立健全政策评估制度。研究制定建立健全中小微企业政策评估制度的指导意见，以政策效果评估为重点，建立对重大政策开展事前、事后评估的长效机制，推进政策评估工作制度化、规范化，使政策更加科学精准、务实管用。**二是**要建立常态化政企沟通联系机制。加强与中小微企业和行业协会商会的常态化联系，完善中小微企业服务体系，加快建立营商环境诉求受理和分级办理“一张网”，更多采取“企业点菜”方式推进“放管服”改革。加快推进政务服务热线整合，进一步规范政务服务热线受理、转办、督办、反馈、评价流程，及时回应中小微企业。**三是**要抓好惠企政策兑现。各地要梳理公布惠企政策清单，根据中小微企业所属行业、规模等主动精准推送政策，县级政府出台惠企措施时要公布相关负责人及联系方式，实行政策兑现“落实到人”。鼓励推行惠企政策“免申即享”，通过政府部门信息共享等方式，实现符合条件的中小微企业免予申报、直接享受政策。对确需中小微企业提出申请的惠企政策，要合理设置并公开申请条件，简化申报手续，加快实现一次申报、全程网办、快速兑现。

让我们一起看看重庆市是如何支持中小微企业发展的

近年来，重庆市各级党政部门全面贯彻落实习近平新时代中国特色社会主义思想，按照“放开、减负、解难、引导”总要求，深入实施完善中小微企业扶持机制重点专项改革，加强对中小微企业指导服务，着力激发创业创新活力，有力地促进了中小微企业平稳健康发展：**一是经济总量不断扩大**。近年，重庆民营经济实现增加值同比增长12.1%，高于GDP增速近2%，对重庆GDP增长的贡献率达到近60%，拉动经济增长近7%。**二是企业数量快速增长**。近年，重庆市新设立中小微企业近20万户，每年增长近2万户，其中新设立的中小微工业企业近1万户。**三是就业人员稳定增长**。在市场主体数量较快增长带动下，中小微企业在吸纳社会就业方面发挥了主体作用。近年重庆全市新增中小微企业从业人员近50万人，占重庆全市新增就业人数近7成。

（一）为中小微企业发展营造良好环境。一是不断完善政策体系。健全完善中小微企业扶持机制专项改革部门联席会制度，切实加强市级部门之间的沟通和交流，协同解决中小微企业发展的困难和问题，推进制度创新，集聚了共识，增强了协作，形成了合力。先后出台了中小微企业转贷应急管理办法、小微企业贷款风险补偿办法等，明确对有市场、有回款、有效益但资金周转暂时困难的中小微企业给予贷款贴息，对符合条件的企业技术创新活动进行财政补贴等扶持政策；切实优化新办鼓励类中小微企业财政扶持、在区域性场外市场挂牌奖励等促进中小微企业发展的补充政策。同时，充分运用新闻媒体、官方网站、宣讲解读等方式宣传重庆小微企业扶持政策，汇编分发《近期重庆各相关部门扶持小微企业发展减负政策解读简本》、修订《微型企业创业一单通》等，努力打通政策落实“最后一公里”。**二是**协同相关部门落实各项财税政策。2016年重庆下达各类扶持中小微企业发展资金50多亿元，扶持范围包括微企创业补助，小微企业场地租金补贴、贷款贴息、自主创新引导专项项目和改善生态发展区金融服务等，2016年累计为小微企业（含个体工商户）减免税收40.15亿元。其中，减免小微企业及个体工商户增值税31亿元，减免小微企业营业税3.93亿元，减免小型微利企业所得税3.4亿元；因营改增试点累计减税80亿元，其中直接减税50亿元，间接减税30亿元，试点纳税人减税面超过98%。**三是**落实收费减免政策，重庆市先后出台多批减负政策措施：全面推进降费政策，率先出台实施阶段性降低企业三险费率政策，同时扩大“低费基”社保减负政策的覆盖范围；落实中小微企业参照个体工商户养老保险单位缴费费率12%的政策；对所有依法参保并足额交纳失业保险费不裁员或少裁员的企业给予稳岗补贴。

（二）为中小微企业缓解融资难题。一是建立中小微企业融资工作联席会制度。与20多家银行建立信息共享、业务共推的工作机制，确保经济转轨时期中小微企业发展资金的有效供给。**二是**建立中小微企业转贷应急机制。针对多数中小微企业反映强烈的过桥成本高的突出问题，创新建立了转贷应急机制，为“三有一困”（有市场、有回款、有效益但资金周转暂时困难）企业应急转贷。**三是**支持中小微企业在区域性场外市场挂牌。为改变中小微企业到银行融资的传统模式，进一步拓宽融资渠道，重庆加强研究并出台了引导中小微企业到多层次资本市场融资的扶持政策。采取政府购买服务方式支持企业挂牌孵化板，对挂牌成长板企业给予一次性奖励。**四是**建立中小微企业贷款风险补偿金机制。推动在“政银担”合作模式下，对合作银行与合作担保公司共同确认出现不良，且担保公司按规定追偿180天后确认损失的中小微企业流动资金贷款，贷款本金损失按“政银担”3：2：5共同分担，其中财政承担部分按市、区县两级财政各15%分担。**五是**对有市场、有回款、有效益但资金周转暂时困难的中小微企业给予贷款贴息，把有市场有回款有效益但资金周转暂时困难的中小微企业贷款贴息补助纳入重庆市民营经济发展区县切块专项资金安排范围。**六是**积极对接和争取各类投资基金，加强项目储备。建立科技型、创新型中小微企业项目库，积极对接和争取国家中小微企业发展基金及重庆市产业引导基金。如2016年，首次组织召开了重庆中小微企业股权融资对接会，现场45家企业与产业引导基金达成深度对接意向；落实财政补贴政策，鼓励担保机构为中小微企业进行低费率担保，凡为中小微企业贷款担保收费在2%以下的担保机构，给予一定比例的担保财政补贴；落实担保机构免征营业税政策，组织担保机构申报重庆市级营业税免征项目工作。**七是**大力推动“助保贷”“购置贷”工作。由政府的风险补偿资金、企业缴纳的助保金共同组成“助保金池”为轻资产中小微企业贷款增信。

（三）全面拓展中小微企业集聚发展空间。一是积极打造楼宇产业园。按照“三个一”的标准（一个清晰的产业定位，一个专业的营运团队，一个专业的窗口服务平台），通过市场化运作方式，引导和支持运营机构利用存量工业闲置厂房、科研楼宇、商务楼宇打造一流的楼宇产业园，促进中小微企业集聚发展。通过前期介入、协同开展、策划定位、招商引资，重点指导区县打造一批辐射带动强的集科技创新、设计创意、软件研发、互联网、智能设备产业类为一体的楼宇产业园。**二是**大力发展中小微企业创业基地。积极申报国家小型微型企业创业创新示范基地，积极培育认定市级小企业创业基地，推进条件成熟、运营规范、产值达标的产业基地纳入认定培育范围；按照聚集发展、互进互促的原则，指导帮助小企业创业基地着实完善服务平台功能，引入融资服务、技术培训、市场开拓等服务机构开展业务培训等活动。

（四）不断完善中小微企业服务体系。按照“找得着、用得起、有保障”的工作要求，着力构建“网络平台、窗口平台、服务机构”三位一体的服务体系，已经建成重庆市“1+39+N”中小微企业公共服务平台网络：初步建成了重庆市中小微企业服务云平台（扶企云），已签约入驻管理咨询、人力资源、检验检测等各类服务机构近500家；建成35个区县窗口平台、近20个产业集群（楼宇产业园）窗口平台，共集聚各类服务机构近4000家，服务满意度92%以上；每年新认定市级中小微企业公共服务示范平台近20家。

（五）促进农产品加工中小微企业健康发展。一是积极培育示范。如2016年新增市级农产品加工示范企业40家，市级农产品加工示范企业累计达285户，实现销售收入324.7亿元，上缴税金11.5亿元。**二是**促进对外合作。促成中俄蒙跨境电商综合交易平台项目落地，为中俄蒙商户提供交易、报关、品牌推广、市场拓展、售后等服务。**三是**强化政策引领。重庆市会同市农委开展农产品加工业发展情况调研，代拟《重庆市人民政府关于支持农产品加工业发展政策意见》。**四是**树立行业品牌，支持农产品加工协会与重庆日报在全市范围内连续多年开展“重庆农产品加工业100强及重庆农产品加工成长型企业100户命名”活动。据统计，仅2016年，重庆全市农产品加工企业达2.6万户，从业人员达72万人;农产品加工业实现产值3650亿元，同比增长11%。

（六）推广应用科技成果和信息化。一是实施成果转化计划，促进科技成果转化。按照《重庆市中小微企业科技成果转化项目资金补贴办法（试行）》，采用后补助方式鼓励和支持中小微企业开发、应用、推广新产品、新工艺、新材料。**二是**搭建研发服务平台，推进产学研协同创新。完成中小微企业技术难题专家对接诊断课题研究，建立中小微企业技术难题库，整合利用科研院所、高校和服务机构等资源，协助企业解决生产工艺改进、产品性能验证等难题近100多项。**三是**培育技术研发中心，提升企业研发能力。认真落实《关于鼓励企业加大研发投入推动产业转型升级发展的通知》，鼓励中小微企业建立研发中心。

（七）帮助中小微企业开拓国内外市场。一是积极响应国家“一带一路”发展建设，分别组织企业赴巴基斯坦、柬埔寨，就巴基斯坦重庆产业园、柬埔寨中小微企业产业园开展投资环境考察，促进中小微企业拓展国际市场。**二是**认真开展中新（重庆）战略性互联互通示范项目合作，与新加坡HCS签订《重庆市中小微企业局新加坡人力资本私人有限公司战略合作框架协议》，促进中小微企业“走出去”发展，加强两地中小微企业合作交流。**三是**利用“两岸企业家峰会”平台，推进渝台两地中小微企业间的经贸往来。举办“台湾周”活动，邀请台湾中小微企业来重庆开展投资考察，组织企业赴台湾地区考察学习中小微企业融资服务等工作，为重庆出台小微企业贷款风险补偿管理办法提供宝贵经验。**四是**认真组织企业参展参会，帮助企业开拓国内外市场。

（八）为中小微企业发展提供智力支撑。一是围绕全市中小微企业人才需求，扎实开展各类专题培训。每年安排专项培训资金举办中小微企业高级经营管理人才、创业者等各类培训班近200个，培训企业各类急需人才近10万人次。**二是**搭建平台为企业输送人才。组织企业参加全国中小微企业百日招聘高校毕业生活动，重庆市人社局、市工商局、市教委、市工商联联合举办民营企业暨小微企业招聘周活动，重庆市教委举办大学生就业双选活动“中小微企业专场”。**三是**积极探索新的培训形式。连续多年举办清华大学区县局长培训班，为提升重庆中小微企业主管部门驾驭经济发展的能力找到了新途径。**四是**组织开展非公企业高级职称评定工作。如2016年审核了224人的中小微企业工程技术类高级技术职务申报材料，评审通过174人，有效调动了中小微企业专业技术人才的积极性。

让我们一起研究广东省推进“大众创业、万众创新”的经验

近年来，广东省委、省政府出台一系列政策，深入推进“大众创业、万众创新”，推进创业企业加快发展、创业人才队伍不断壮大、创业创新载体不断完善、创业创新资源加快集聚、创新服务平台不断健全、政策落实力度不断加大，广东省已形成“双创”的良好氛围，也取得显著成效。

（一）推动服务创新，积极引导中小微企业创新差异化发展。一是举办创业创新大赛，奖励创新发展。连续多年举办“创客中国”广东省创业创新大赛暨“创客广东”大赛，激发小微企业和创客创业创新热情，对获奖的参赛企业或团队给予资金的奖励，并授予荣誉；承办工业和信息化部“创客中国”创业创新大赛的总决赛，挖掘一批创新典型项目；承办中国创业创新大赛3个赛区（广东赛区、深圳赛区和港澳台赛区），参赛企业数、团队数和参赛总数逐年增长；联合团省委等省直部门连续多年举办“创青春”广东青年创业创新大赛，整合18个厅局部门的政策资源，对参赛青年选手和参赛项

目进行集中支持，促进大学生等青年主体的创业和就业。通过推进举办创业创新大赛，在不同行业或产业中，引导发掘和培育一批“双创”优秀项目和优秀团队，树立创业创新典型，催生新产品、新技术、新模式和新业态，引导创业企业或团队按照国家鼓励和支持的政策方向差异化发展。**二是**推进体制机制创新，营造良好环境。开展国家和省级小微企业创业创新基地城市示范，以点带面，推进示范城市进一步简政放权、放管结合、优化服务，转变政府职能，增加公共产品和服务供给，在推动商事制度改革、投融资机制改革、科技成果转化机制、涉企收费管理机制、贸易便利化机制等方面有新突破，特别是在推进“五证合一”“一照一号”企业信息公示制度、企业简易注销登记制等方面切实实现创业便利化，激发市场活力。通过城市示范的制度创新，结合城市发展特色和企业发展特点，营造差异化发展环境，避免同质化竞争发展。**三是**开展管理创新服务，促进创新发展。支持开展中小微企业精益生产大赛和降本增效专项行动，每年帮助超过500家企业提质增效，增强核心竞争力，突出企业发展特色和优势，有效规避同质化发展。支持开展中小微企业服务对接日活动，每年举办管理创新论坛暨国际管理师活动日和省中小微企业管理提升暨服务对接活动日，每年举办专业管理咨询师专业技术人员培训和中小微企业实用型系列管理工具实训营。

（二）优化服务环境，积极支持鼓励中小微企业创新发展。一是优化完善中小微企业创业创新政策环境，先后印发了《关于做好推动大众创业万众创新工作的通知》《关于推动大众创业万众创新工作的实施方案》等文件，提出广东小微“双创”工作的总体思路、重点任务及保障措施，全面营造创业创新工作的良好氛围。制定了《广东省小微企业创业创新基地城市示范工作实施方案》，组织开展省级小微创业创新基地城市示范认定工作。印发《关于推进省小微企业创业创新基地城市示范工作的通知》，加强对广东省级小微“双创”基地城市示范的工作指导。出台《小型微型企业创业创新示范基地管理办法》，加强双创基地规范建设，助推提升运营发展及服务能力，优化创业创新载体建设发展环境。**二是**制定完善科技创新发展政策，出台包括《关于加快科技创新的若干政策意见》《关于加快众创空间发展服务实体经济转型升级的实施意见》等，推进科技创新和创新载体建设。先后出台《广东省高新技术企业培育工作实施方案》《广东省企业研究开发费后补助管理实施细则》《关于科技企业孵化器后补助的实施办法》《关于科技企业孵化器天使投资及信贷风险补偿资金实施细则》《关于科技和金融结合促进创业创新的实施方案》等系列政策。**三是**制定提出“互联网＋”创业创新，贯彻落实《国务院关于积极推进“互联网＋”行动的指导意见》，编制了《广东省“互联网＋”行动计划（2015—2020年）》，提出发展“互联网＋创业创新”，重点任务是发展“互联网＋创业”和“互联网＋创新”，主要工作是依托广州、深圳等市的互联网产业优势，建设互联网创新园区和研究院，创建互联网经济创新示范区。

（三）推进商事改革，积极促进中小微企业创业便利化。一是优化市场准入制度。根据广东省推广“一门式”“一网式”政府服务管理的部署，广东省工商局明确了办事依据、申请条件和材料、办理期限和流程、审批标准等内容，并全部在省网上办事大厅公示，为公众提供标准化操作规范。拓展行政审批标准化的应用平台，将工商登记业务工作纳入透明、规范的操作流程，包括优化企业网上登记操作、为申请人提供“网上申请＋双向快递”“商事登记银政直通车服务”等选择，推进全流程网上登记试点，等等。同时，加大网上登记的推广力度，引导鼓励企业群众通过网上办事大厅办理业务、跟进业务进展。**二是**深化商事制度改革，实现“五证合一、一照一码”改革全覆盖。自2016年9月起，广东省全面实施企业“五证合一、一照一码”改革和个体工商户营业执照和税务登记证“两证整合”改革，有效降低市场准入的制度性成本。全力推进全程电子化登记和推广电子营业执照应用，对已在全省推行的“网上审批＋双向快递”商事登记服务模式进行了全新升级，推广全程电子化登记系统一期应用。自2017年3月1日起，广东全面实施企业简易注销登记改革。**三是**畅通信息互联机制，建立广东小微企业名录库。广东省依托国家企业信用信息公示系统，建立了广东的小微企业名录库，实现扶持政策集中公示、申请扶持导航、企业享受扶持信息公示、小微企业查询等功能，向社会公众提供免费查询、免费服务，提高政策知晓度、透明度及政策实施精准度。继续推进小微企业名录系统升级改造，开展小微企业跟踪分析，多维度分析企业发展和经营情况，及时了解小微企业生存状态。继续完善“一张网”的建设，扩大小微企业名录的应用，提升对企业的服务功能。

（四）落实优惠政策以积极减轻创业费用成本负担。一是落实中小微企业增值税各项优惠政策。实行免征增值税优惠政策，对小规模纳税人月销售额不超过3万元的，一律免征增值税。落实重点群体创业就业扣减增值税优惠政策，明确退役军人和重点群体创业就业税收优惠上浮的扣除限额标准为最高限额标准20%，最大限度提高增值税扣减的限额标准。延长部分税收优惠政策的期限，将部分2016年底到期的税收优惠政策延长至2019年底，包括：对金融机构农户小额贷款利息收入免征增值税，并将范围扩大到所有合法合规经营的小额贷款公司；对高校毕业生、就业困难人员、退役军人等重点群体创业就业，按规定扣减增值税；等等。**二是**扩大享受企业所得税优惠的中小微企业范围，明确自2017年1月1日至2019年12月31日，年应纳税所得额低于50万元（含50万元）的小型微利企业享受上述优惠政策。如2017年4月，国务院常务会议确定实施6项减税政策，其中包括扩大享受企业所得税优惠的小型微利企业范围、提高科技型中小微企业研究开发费用税前加计扣除比例等，广东省迅速制定《贯彻落实国务院6项减税政策工作方案》，明确责任分工，全力打造事前加强宣传、事中密切辅导、事后跟踪管理的全方位服务链条，确保相关政策不折不扣落实到位，切实为小微企业发展营造良好政策环境。

（五）加强“双创”培训促创业者能力和素质提升。一是加强创业创新培训，提升创业能力，举办创业者“双创”培训。每年组织举办“广东省中小微企业创业创新研修班”，针对有创业项目的青年创业者、二次创业的中小微企业中高层管理人员，组织开展创业辅导培训，对参加培训的创业者进行创业导师一对一辅导。培育发展创业辅导师队伍，为创业创新提供智力支持。参照工业和信息化部赛飞培训的模式，每年举办广东省中小微企业赛飞创业辅导师培训研修班，培训省级小企业创业基地及中小微企业服务机构的创业服务专业人员。加大“创二代”培育，提升创业企业生存能力，每年组织举办“创二代”企业接班人研修班，课程涵盖企业战略规划、卓越领导力与执行力提升、财务战略与风险控制、金融市场与资本运作、营销管理与思维创新、卓越企业文化和人才战略、标杆企业学习等，着力提高青年企业家的综合素质，提升引领企业发展的能力。**二是**加强“双创”平台和载体建设，为创业发展提供优质土壤，健全完善创业公益性服务平台。近年来，广东省大力推进各地中小微企业服务中心建设，健全完善公益性创业服务平台，建成省、市、县三级的中小微企业服务中心网络体系，为中小微企业提供了大量免费的创业指导和综合服务，包括项目策划、工商代办、人员招聘、场地租赁、市场推广、法律服务、人才培训等，受到广大创业者和中小微企业的好评。加强小微“双创”基地创建工作，着力创建“国家小型微型企业创业创新示范基地”，抓实省级小企业创业基地认定，推进创业孵化基地建设；出台加强创业孵化基地建设的意见，确定创业孵化基地建设“一十百千万”目标，重点在大学生等创业群体集聚的广州市建设省级综合性创业孵化（实训）基地；通过省市共建方式，重点支持创业群体集中、服务平台短缺的地区建设区域性（特色性）创业孵化基地；大力实施孵化器倍增计划，全省国家级孵化器、众创空间等各项指标位居全国第一。

（六）加大支持力度以引导鼓励各类创新创业发展。一是加大对创业载体建设的支持力度。广东省科技厅每年设立孵化育成体系建设专项，每年安排专项资金超过1亿元，对全省孵化器、众创空间建设进行重点扶持，加快推动广东省创业创新载体建设。广东省经济和信息化委员会于2016~2017年安排1.8亿元支持6个省级“双创示范”城市，安排1000万元支持各地小企业创业基地建设和创业创新服务活动的开展。广东省人社厅对创业发展提供多方面的支持，包括对各类创业孵化基地，按孵化成果给予每户3000元的创业孵化补贴；每年评定10家省级示范性创业孵化基地，给予50万元奖补，同时通过省市共建方式，重点支持创业群体集中、服务平台短缺的地区建设26个区域性（特色性）创业孵化基地。**二是**加大对创业人才和创业培训的支持力度。广东省经济和信息化委员会通过公开招投标和购买服务的方式，每年安排超过600万元组织实施全省中小微企业“创业创新专题”，免费为初创企业、创业基地高级管理人员、二次创业青年企业家开展培训，提升创业基地运营管理水平和创业服务辅导能力。广东省人社厅建立多层次创业培训体系，为具有创业要求和培训愿望的城乡各类劳动者提供免费创业培训；每年组织初创企业经营者参加高层次进修培训，实施“扬帆计划”，对粤东西北地区高层次人才、紧缺拔尖人才和博士后分别给予一次性100万元、50万元、20万元和每年12万元资助。**三是**设立创业引导基金及创业带动就业资金。广东省政府出台《关于进一步促进创业带动就业的意见》，设立25亿元创业带动就业专项资金，从弘扬创业精神、降低创业门槛、加大扶持补贴力度、改进补贴发放方式、提升服务能力和水平等方面提出20条政策举措。设立规模5亿元、放大目标50亿元的广东省创业引导基金，引导社会资本参与设立子基金，加大对大学生、返乡创业人员等重点群体的融资支持。

让我们一起了解广西是如何扶持研发公共服务平台建设的

广西认真贯彻国家《中小微企业促进法》，按照促进中小微企业转变发展方式加快结构调整的总体要求，以建立共享机制为核心，以资源系统整合为主线，以全面提高广西中小微企业科技创新能力和增强竞争力为目标，通过财政支持，搭建具有公益性、基础性的中小微企业研发公共服务平台，为中小微企业研发提供检测检验、研发试验、质量认证、新技术推广、技术咨询、成果转让等技术性服务，有效改善科技创新环境，增强中小微企业持续发展能力。其财政支持中小微企业研发公共服务平台建设始终坚持“政府引导、市场化运作、面向产业、服务企业、资源共享、注重实效”的原则：**一是**坚持政府引导与市场驱动相结合原则。坚持财政在支持中小微企业研发公共服务平台建设过程中充分发挥“有形之手”与“无形之手”的综合作用，与市场紧密结合，积极引导各类资金参与平台建设，构筑全社会共同参与平台建设的良好局面。**二是**坚持财政政策与金融政策相结合原则。坚持财政在扶持中小微企业研发公共服务平台建设过程中，与国家的金融政策或者货币信贷政策、产业政策、税收政策相结合，最大限度地提升财政政策在扶持中小微企业研发公共服务平台建设方面的能力。**三是**坚持突出重点与注重实效相结合原则。坚持财政扶持中小微企业研发公共服务平台建设，始终明确培育方向，突出培育重点。重点支持市场有需求，发展有条件、有前景的平台建设；紧密结合广西经济社会发展的实际以及本地区产业、行业和企业的实际需求，同时注重提高扶持的实效性。**四是**坚持资源优势互补原则。坚持财政在扶持中小微企业研发公共服务平台建设过程中，始终充分考虑各类主体、各方资源的实际情况和利益，注意调动各类主体相互间共享自身的优势资源，实现优势互补，以改变过去高校、科研院所、企业之间合作的“单对单”“点对点”模式，为优化资源配置提供基础与可能。

（一）广西财政扶持中小微企业研发公共服务平台建设的目标。通过加大财政支持中小微企业研发公共服务平台建设的力度，在中小微企业集聚的区域和行业建立、充实和完善一批研发平台，满足中小微企业发展需求；积极推进中小微企业研发公共服务平台建设的各项基础工作，重点培育运作规范、支撑力强、业绩突出、信誉良好、公信度高的示范平台；完善政策措施，培育服务品牌，使中小微企业研发公共服务平台的布局更加合理，特色更加突出，功能趋于完善，服务质量及企业满意度稳步提升，对中小微企业持续健康发展的支撑作用明显增强。**一是**切实提高研发基础设施保障能力。财政支持中小微企业研发公共服务平台建设始终坚持以提高自主创新能力为导向，根据全区中小微企业科技创新和可持续发展的需要，合理布局基础设施，创建一批具有较高水平的科研设备设施、产业公共技术平台，使之成为本区中小微企业自主创新的重要载体。**二是**切实提高创新创业的知识服务能力。通过财政支持整合全区及国内外的科学数据、科技文献资源，建设先进的数据基础设施，构筑具有广西特色的、专业化的、面向用户的知识库及其服务系统。针对生物医药、先进制造业、信息产业等产业的中小微企业需求，形成集成若干学科知识的综合性知识库。**三是**切实提高为中小微企业创新创业的专业服务能力。通过财政支持专业技术服务基地和人才队伍建设，形成覆盖面广的技术创新服务体系，为中小微企业技术创新提供设计、信息、研发、试验、检测、新技术推广、技术培训、技术人才等全方位服务，使便捷服务基本覆盖全区中小微科技企业，有效扶助中小微企业创新创业，全面支撑中小微企业成长与发展。**四是**切实提高科技成果转化和创业孵化能力。通过财政支持建设高效、便捷的成果转化和创业孵化体系，探索校产学研利益共享、风险共担的机制，促进技术流动和高效利用，大力提升研发创新、孵化创业和转化辐射功能，优化技术转移与成果转化的环境，逐步形成技术转移和创新创业的集群效应，降低创业者的风险和成本，提高创业成功率。

（二）广西财政扶持中小微企业研发公共服务平台建设的重点。始终坚持把财政扶持中小微企业研发公共服务平台建设的侧重点放在建立科学数据共享系统、科技文献服务系统、研究开发仪器设备共用系统、专业技术服务系统、平台运行管理机构和管理决策支持系统、科技创业孵化服务系统、技术转移服务系统等方面。**一是**支持建立科学数据共享系统。重点支持中小微企业研发公共服务平台整合集成各类分散的科技文献资料、专利信息数据资料等科学数据资源，建设并开放多领域数据中心，建立高效、便捷、开放的科学数据共享服务体系，为中小微企业的研发创新提供数据支撑。**二是**支持建设科技文献服务系统。重点支持中小微企业研发公共服务平台形成涵盖专利、标准、科技期刊等资源的科技文献资源联合保障体系和以网络为基础的整合集成与快速响应服务体系，为全区科技人员提供便捷、高效的科技文献和情报服务，为中小微企业研发创新活动提供重要的文献和信息保障。**三是**支持建立研究开发仪器设备共用系统。重点鼓励企业、高校将闲置的加工设备、实验仪器等纳入中小微企业研发公共服务平台设备共用系统，促进本区各类大型仪器设备资源的开放共享，减少中小微企业仪器设备的重复购买，实现科技资源高效配置，避免资源分散和浪费，提高科技资源为中小微企业创新服务的综合利用效益。**四是**支持建立创业孵化服务系统。重点支持中小微企业研发公共服务平台建立创业孵化服务系统，为中小微企业提供包括政策服务、办公场地租赁、人员培训、提供专业技术平台以及与企业经营相关的人才服务、投融资服务和咨询服务、专业化支撑等在内的综合性企业孵化服务。**五是**支持建立技术转移服务系统。重点支持建设综合性网上技术交易系统，即重点支持中小微企业研发公共服务平台依托技术转移服务机构，构筑集中企业技术攻关项目需求发布、高校和科研院所科研成果供给、委托研发及技术成果交易等功能于一体综合性技术交易平台。

（三）广西财政扶持中小微企业研发公共服务平台建设的措施。认真按照构建公共财政框架的要求，根据中小微企业研发公共服务平台建设需要，不断加大支持的力度。**一是**建立财政扶持增长机制。建立财政扶持中小微企业研发公共服务平台建设稳定增长机制，内容主要包括建立扶持总量增长机制、非均衡性增长机制和带动增长机制。总量增长机制主要是要保证财政扶持资金总量每年有一定量的增长，其增长水平大体与地方 GDP 增长和地方财政支出增长水平一致；非均衡增长机制主要是保证财政资金的扶持方向逐步从有市场背景的经营性竞争性领域退出，集中投向公共性和准公共性服务平台建设的机制；带动增长机制主要是保证财政通过在准公共类服务平台建设方面的扶持，引导和带动社会资金加大对中小微企业公共性服务平台建设的投入。**二是**完善税收激励机制，积极将税收激励科技创新的政策应用于中小微企业研发公共服务平台建设，为中小微企业研发公共服务平台的不断创新发展创造良好的税收环境。注意研究不同行业研发活动的特点，区分一般科技投入和高新技术投入的不同标准，分别给予不同的税收优惠，避免实行普遍优惠而降低税收优惠政策在扶持中小微企业研发公共服务平台建设方面的实效性。**三是**创新财政扶持方式，积极通过创建财政引导性扶持的新方式，积极拓宽融资渠道，广泛吸引民间资本、金融、外资和风险投资机构的参与，充分发挥财政资金的示范作用，形成财政扶持资金为主、多方共同投入的中小微企业研发公共服务平台建设资金筹措模式。建立以政府财政投入为主导，企业投入为主体，银行贷款为支撑，社会集资、引进外资为补充的多元化、多层次、多渠道的全社会中小微企业研发公共服务平台建设的投入和扶持体系。**四是**优化财政资金扶持结构。调整财政扶持的方向，重点支持有色金属、汽车、食品、石化、冶金、机械、电力以及战略性新兴产业的发展，通过财政扶持的吸纳和改向，带动整个广西经济结构的调整；扶持中小微企业科研和技改不局限于以购置技术设备为主的外延扩大的投入，坚持大力引导其着重加大新产品研制的投入，技术的引进、消化、吸收，以及与高新技术开发、引进、消化、吸收相结合的技术改造的投入。**五是**加强财政扶持资金的管理。修改完善财政支持中小微企业研发公共服务平台建设的政策，明确中小微企业研发公共服务平台的含义，财政扶持中小微企业研发公共服务平台建设的范围、条件和扶持资金标准，以及扶持资金使用监督管理办法等，以使财政和有关单位在落实资金计划、项目安排、资金的使用和监管方面有法可依，有章可循；建立健全评价财政扶持效果的指标体系，正确考核评价财政在扶持中小微企业研发公共服务平台建设方面投入的水平，为后续的财政扶持宏观决策服务；强化对财政扶持资金的追踪问效，对财政资金资助的平台建设项目要进行监督和考核，不仅要检查项目资金的投向，保证专款专用，同时建立扶持项目实施情况的反馈机制，对项目从论证、资金拨付使用到效益评估实行全过程的监督，以提高财政扶持资金的使用效益。

让我们一起来了解国家中小微企业发展基金有限公司

2020 年 6 月 22 日，在上海自贸区完成工商注册的国家中小微企业发展基金有限公司正式成立，注册资本 357.5 亿元人民币。国家中小微企业发展基金有限公司由财政部、中国烟草、中国人寿等国家部委、国企牵头，其中财政部认缴出资152.5亿元，持股比例42.66%，为第一大股东。国家中小微企业发展基金有限公司的成立，意味着国家中小微企业发展基金正式作为母基金开展实体运营，并有望引导更多社会资本投入到中小微企业发展中来。国家中小微企业发展基金设有基金理事会，由财政部、工信部、科技部、发改委、工商总局等五部委组成。理事会办公室设在工业和信息化部中小微企业局，负责理事会日常工作，并贯彻三个原则：**一是**基金投向需体现市场化运作与政策目标的有机结合，统筹考虑行业性、区域性等政策要求；**二是**必须实现与各地方政府部门引导基金、市场化基金的联动投资，充分体现国家财政资金的放大效应；**三是**必须研究探索投贷联动机制，为中小微企业提供更加多元化的融资服务方式。未来，国家中小微企业发展基金有限公司会进一步聚焦促进中小微企业发展的政策目标，促进区域协同发展与产业发展相结合，科学规范管理，引导带动更多社会资本支持中小微企业创新发展。

（一）国家中小微企业发展基金的成立对中小微企业来说将是重大利好。事实上，围绕国家中小微企业发展基金有限公司的成立，大量的案头工作已于多年前展开。按照《中小微企业促进法》的要求，早在 2015 年 9 月，国家中小微企业发展基金经国务院常务会议决定设立。2015 年 12 月，国家中小微企业发展基金已陆续发起四支有限合伙制子基金，投资了上百个战略性新兴行业的初创优质企业，其中不乏像天眼查、易签宝、海博思创等行业“领头羊”，四年多来在资本回报与社会价值上都取得良好反馈。2019 年以来，为进一步落实中共中央办公厅、国务院办公厅印发的《关于促进中小微企业健康发展的指导意见》、国务院有关会议批示精神，工业和信息化部与财政部积极推进国家中小微企业发展基金母基金公司筹备设立工作，旨在用市场化手段扩大对中小微企业的股权投资规模，整合政策、技术、资金、市场等资源，对提振市场和投资者信心，助力中小微企业复工复产，维护产业链稳定具有重要意义。2019 年 6 月，工业和信息化部副部长王江平主持召开国家中小微企业发展基金母基金筹建工作座谈会，推动设立国家中小微企业发展基金公司制母基金。同年 11 月，工信部提出要推动国家中小微企业发展基金实体基金运营，做好母基金设立筹备工作。2020 年 5 月 18 日，在国家中小微企业发展基金有限公司发起人大会上，基金总规模超过 350 亿元的消息公布。而一个月后的 6 月 22 日，国家中小微企业发展基金母基金公司正式设立。天眼查数据显示，若将国家中小微企业发展基金有限公司的股东层层向上穿透，则涉及财政部、国务院国有资产监督管理委员会、中国证监会、全国社保基金理事会、中国民用航空局等；省级机构则包括上海市国有资产监督管理委员会、广东省人民政府、上海市财政局、辽宁省国有资产监督管理委员会等；市及区级的有中山市人民政府国有资产监督管理委员会、合肥市人民政府国有资产监督管理委员会、深圳市人民政府国有资产监督管理委员会等。此外，深圳证券交易所、上海证券交易所等，也都在其中。从短期看，中小微企业能借助外力度过疫情带来的挑战；从长期看，此举更能为社会资本给中小微企业提供股权资本支持指明方向。届时，将会有更多类似“天眼查”这样的优质创新中小微企业脱颖而出，为国民经济发展增添活力。

（二）国家中小微企业发展基金将积极扶持中小微企业实现产业经济结构优化。一是既然是“国家基金”，从之前四支子基金的投资标的来看，基本覆盖了全国各个区域的种子期、初创期、成长型中小微企业，涵盖高端装备制造、新能源、新材料和生物医药、节能环保、信息技术等领域，同时也兼顾了欠发达地区的项目投资。可见，它关注的是整个中小微企业群体的经济活力。**二是**技术处于行业领先水平，特别是对产业链有重大示范效应的技术解决方案。以大数据科技企业“天眼查”为例，它以“查公司，查老板，查关系”为切入点，通过挖掘公开数据背后的商业关系，让广大民众受益于国家政府部门公开信息带来的公平、透明的营商环境。天眼查的图数据处理技术、计算机深度学习技术处于国内乃至国际领先水平，具有数十项专利。在 2017 年 3 月获得国家中小微企业发展基金（江苏南通有限合伙）领投的 A 轮 1.3 亿元人民币之前，天眼查处于“酒香巷子深”的状态，虽然在没有任何推广的情况下已积累了百万个用户，但远未实现其应有的商业价值和社会价值。国家中小微企业发展基金看准了天眼查在大数据技术、特别是公开数据集成与可视化处理方面的实力后，果断领投，成就了目前超过两亿个用户、日活千万个量级的天眼查，在应用商店排行榜的商务工具类别上仅次于企业微信、钉钉、Boss 直聘，名列第四。更值得期待的是，融资后短短三年间，天眼查已经实现了从“商业安全工具”到“商业安全平台”的成功升级。基于亿级用户量和千万级日活量都是企业决策制定者、参与者的用户特征，天眼查适时推出企业服务业务，从注册公司、财税代办，到注册商标、法律咨询，为中小微企业生命全过程提供专业细心的服务。在强大品牌力、技术支持能力和服务能力的支撑下，广大中小微企业主顺理成章地将这些日常运营业务委托给天眼查，从而可以把有限的人力、精力、财力专注于自身主营业务，提高自身竞争实力。**三是**和一般基金不同的是，国家中小微企业发展基金除了关注常规的投资逻辑之外，更关注能否通过投资一家企业、一个细分垂直领域来撬动更大规模的产业经济结构优化，带来良好的社会效应。还是以天眼查为例，从“查公司”到“开公司”，从“工具”到“平台”，其共通的底层逻辑是“创造公平、透明的营商环境”，这也是建设诚信社会所必须的底层架构。据悉，在“查公司”板块，天眼查全部采用公开数据，不仅用好了政府部门公开信息，更严格遵守《中华人民共和国国家网络安全法》等划定的红线，在国家法律法规允许、支持的领域内做成事，给全行业、全社会作出了良好示范。实际上，天眼查在 2019 年就获得了央行颁发的企业征信资质，通过天眼查链接商业银行和贷款企业，很好地解决了 100 万家中小微企业贷款难、运营难的问题，被誉为“普惠型浅度尽调工具”。在“开公司”板块，天眼查有效解决了长久以来困扰中小微企业的各类代理服务良莠不齐的问题。通过标准化服务，可以有效节约中小微企业主的决策成本和使用成本，在公司财务、税收、知识产权、法律等以往需要较高投入的部门，得以轻量化、低成本、高质量的运营，有限的人力物力得以更聚焦于核心竞争力，从而更好地生存发展。其实，代理服务业的从业者也多数是中小微企业，天眼查不仅服务于需求侧，也服务于供应侧。平台让以往分散的专业人才高效聚集起来，极大地提高了企业服务行业的整体效率，并通过平台效应实现行业规模化效应。

（三）国家中小微企业发展基金有限公司及其旗下的企业都在主动承担社会责任。2020 年 4 月，工信部中小微企业局表示，开年以来，面对新冠肺炎疫情带来的复杂经济影响，国家中小微企业发展基金坚决贯彻落实党中央、国务院关于统筹推进疫情防控和经济社会发展工作的部署要求，积极响应、主动作为。在做好母基金公司筹建工作的同时，一方面，加强疫情防控，组织被投企业支援抗疫捐款捐物，主动了解掌握疫情下被投企业面临的实际困难，通过线上路演等形式强化被投企业再融资对接，全方位加强被投企业投后服务；另一方面，积极发挥投资带动作用，疫情期间，国家中小微企业发展基金 4 支实体子基金努力克服困难，完成投资决策项目 20 多个，直接投资与带动社会投资金额合计 28.48 亿元，努力破解不愿投、不敢投等难题。作为国家中小微企业发展基金旗下实体子基金投资企业，2020 年 2 月 7 日，天眼查率先向用户发放 1 亿元补贴。“每个企业都有自己的社会价值与责任，天眼查作为国家中小微企业基金旗下的知名企业，在疫情期间，更应该想着能为中小微企业做点什么。”创始人兼董事长柳超表示，“我们发放给全国企业的 1 亿元补贴，不可避免会影响天眼查的财务表现，但国家兴亡，匹夫有责，天眼查虽小，该做的必须做。”从天眼查案例可以看出，国家中小微企业发展基金在投资决策上更具宏观思维、更有远见，往往能见微知著地发现具备长足发展力的初创企业。在业内人士看来，在疫情防控期间，成立国家中小微企业发展基金母基金公司，有利于提振市场和投资者信心，助力中小微企业复工复产，维护产业链稳定。同时，国家中小微企业发展基金有限公司通过投资设立一批子基金，使基金总规模放大到 1000 亿元以上，有利于逐步形成子基金生态体系，对进一步聚焦促进中小微企业发展的政策目标，促进区域协同发展与产业发展相结合，科学规范管理，引导带动更多社会资本支持中小微企业创新发展具有重大意义。

让我们一起看看税务部门是如何助中小微企业“爬坡过坎”的

2020年2月至4月，阿里研究院与西南财经大学中国家庭金融调查与研究中心连续3个月向淘宝、天猫平台上的中小微企业发送线上问卷，调研疫情给平台上的企业经营带来的影响、困难和挑战。调查数据显示，中小微企业感受最明显的政策就是税费减免。税务总局数据显示,2020年1~4月，全国累计新增减税降费9066亿元，为援企稳岗抗疫情提供了实实在在的支持。其中，各地税务部门为中小微企业发展解难题、出实招，创新举措，取得明显成效。

（一）坚持以减税降费促新产品研发。2020年开年以来，四川省税务局不断拓展政策宣传辅导，确保各项政策落实落地。1~4月，全省新增减税降费143亿元，享受普惠性小微企业税收优惠政策纳税人超过100万户。有了减税降费政策的支持，上海梅林(9.620,0.18,1.91%)(600073)正广和(绵阳)有限公司，计划投资70余万元研发新产品。这是一家生产罐头食品的中小微企业。2020年1~4月，享受增值税改革、西部大开发企业所得税优惠，支持和促进重点群体创业就业有关税收政策等，减免税收127万元，月均减税30余万元，减税节约的资金有效解决了企业原材料购进款，让企业在复工复产中不用担心资金短缺问题。同时，针对企业面临因疫情出口销售链中断的问题，当地税务部门开展“一企一策”重点帮扶，在严格落实税费优惠政策的前期下，进一步结合食品类网络销售平台信息和季度税收分析报告、企业营业收入数据，鼓励企业积极由出口转内销，由原来的线下销售转变为“实体+电商”相结合的营销模式，取得了令人满意的效果。1~4月，该企业罐头产量达到6842吨，销售收入1.09亿元。“这真是一场‘及时雨’，帮助我们渡过了难关。”该企业总经理陈功表示。

（二）坚持以纳税之“信”换银行之“贷”。2020年1~5月，山东省税务、银保监部门在依法合规、企业授权的前提下，累计新增授信企业1.89万户，发放贷款164亿元。位于山东烟台莱山区的烟台市黄海汽车贸易有限公司，是一家汽车销售企业，货源90%来自湖北省武汉市的东风标致雪铁龙汽车销售有限责任公司。虽然供给、运输等方面没有问题，但是受疫情影响，企业整体盈利能力下降明显，一季度销售不及预期、回款速度慢等多重因素的叠加，公司资金形势很严峻。据烟台市税务局局长郑舒东介绍，烟台全市试点推行税收专家顾问制度，税务专家顾问团在摸排受疫情影响企业经营情况、存在困难的过程中得知了这一消息，查知该公司信用等级为A级，迅速行动通过以“信”换“贷”的方式帮助其办理贷款业务。烟台莱山区税务部门牵头组织了由区税务局、区财政局以及多家商业银行共同参与的“银税互动”助力企业复工复产座谈会，会上，各方一起帮助企业在推出的共计22种信贷产品中，筛选合适的产品。针对黄海汽贸公司，经过挑选比对，各方最终确定了“商贸企业贷款优惠政策”，通过“山东省银税互动融资服务平台”帮助企业取得贷款1200万元，促成了其与湖北省武汉市的东风标致雪铁龙汽车销售有限责任公司共计1600万元的采购合同。

（三）坚持用大数据畅通产业链。据统计，疫情发生以来，河南省税务部门利用税收大数据优势，已搜集原材料短缺企业信息269户，匹配供应商近3000户。2020年2月21日，河南四达电力设备股份有限公司拥有的国内第一条石墨基柔性接地体自动化生产线恢复了以往节奏，销售收入7000万元。但复工复产前后的两个多月里，四达电力董事长陈四甫每天都忐忑不安。“春节前向客户发出了700多万元的货物，节前为了让大家开心过年，又给职工们足额发放了年终奖及福利，账户上流动资金所剩不多。”依靠税收征管系统检索周边配套企业，当地税务部门立即启动“供需响应机制”，同时对提取的增值税发票有效信息开展在线追踪分析，快速梳理具备供货能力和销售需求的企业名单，并逐户联系，很快确定了河南、四川的几家企业。在税务部门的牵线搭桥下，企业间迅速建立联系，零配件供应、产品销售需求问题基本得以解决。“中小微企业是保证产业链、供应链畅通的重要环节，也是复工复产过程中压力较大的企业群体，税务部门有责任为中小微企业解决复工复产过程中面临的困难。”许昌市税务局局长张涛表示。

（四）坚持用税收赋能智能制造。2020年1~5月，浙江省税务部门（不含宁波）累计办理出口退（免）税701亿元，正常办理退税时间在5个工作日以内，使广大出口企业有了实实在在的获得感。原本专注数字安防设备的浙江宇视科技有限公司，抓住疫情期间国内外对快速非接触测温设备的需求缺口，充分发挥在视频物联领域的技术优势，率先研发投产热影66系统、云疫宝App等防疫测温产品，独占市场近两个月。“24小时退税款就到账了，没想到这么快！”宇视科技财务负责人耿东说，“有了税费优惠的支持，我们更放心将现金投入到创新上去。”从3月起，宇视科技全力供应国外市场，产能扩大和新品研发同步推进，3~5月，宇视收到出口退税、防疫物资留抵退税、软件退税等各类退税3580万元。杭州市税务局局长武建春说，为应对宇视科技多国出口的需求，税务部门安排专人对接，根据企业情况定制推送全税种优惠政策，为企业定制了出口“税务包”。另外，对于更小规模的制造业企业，税务部门还采取了系列灵活举措，确保税收优惠一滴不落地精准落袋。

让我们一起了解山东东营如何“亲”又“清”服务中小微企业

作为山东省“万名干部下基层”工作的组成部分，山东省东营市中小微企业高质量发展服务队一队积极发挥站位高、政策熟、信息多、联系广的优势，用心服务、恪守规矩，推动构建“亲”“清”新型政商关系，优化营商环境，受到一致好评。“入驻半年以来，服务队用实际行动、实在成果为开发区中小微企业发展加油助力。”国家重点石油装备制造基地、东营高新技术产业开发区副主任夏永庭说。

（一）矢志不渝倾注“亲”情怀服务。服务中小微企业高质量发展的着力点在哪里、民营企业有哪些迫切需要解决的困难、怎么才能更好地履行好服务队的职责……带着这些问题，服务队不等不靠，走进企业，深入车间，通过专题调研、座谈交流等方式为企业发展把脉会诊，了解企业迫切需求，梳理形成的服务中小微企业工作清单（77项）目前已完成45项。他们还先后组织举办政策辅导、法律咨询、标准化建设、消防安全等专题培训6场次，组织“一对一”精准服务12次，帮助申报国家级和省市级的企业研发、外贸发展、科技创新资金扶持及重点实验室、成果转化、合作审批等项目17件

（次），协助落实企业银行贷款 500 余万元，协调电力部门解决企业变压器增容问题并避免损失 110 万余元……通过一项项卓有成效的工作为企业纾难解困，为企业高质量发展提供有力保障。

（二）矢志不渝践行“清”担当服务。入驻之初，服务队就组织全体队员以“构建‘亲’‘清’新型政商关系”为主题召开恳谈会，认真学习领会国家相关政策，深入解读“亲”“清”二字内涵，并逐一签订“服务企业廉洁服务承诺书”，制定廉洁服务企业“十不准”和“六条纪律”，切实解决“不怕说不‘亲’，就怕说不‘清’”的顾虑。在“清”的约束下，全体服务队员严格遵守规定，从未发生一起违反政策规定的行为，服务队与所联系的中小微企业之间真正形成了风清气正，只有服务不求回报的良好氛围。“服务队真诚地与我们民营企业交往相处，想我们之所想，急我们之所急，不搞权钱交易、不搞利益交换，令人感动。”山东万海电气集团总公司党支部书记劳玉珍表示。

（三）矢志不渝彰显“新”力量服务。规范有序的政商关系，可以转化成为推动发展的生产力。自从入驻以来，服务队坚持“党建强引领发展强”的工作思路，依靠东营市高新区党工委及派出机关党组织，联合中小微企业党组织共同举办“不忘初心、牢记使命”学习强国知识竞赛、“红歌大合唱”等活动，邀请市委党校教授讲授“不忘初心、牢记使命”专题党课，切实提升中小微企业党建工作水平。同时，服务队深入推进招商引资和招才引智工作，密切对接南京大学环境学院到东营高新区建设环保科技研究院和环保产业园区项目，帮助永利精工完成与宝钢集团的合作项目签约，为万海电气集团企业引进高职院校技工 60 余名……所帮扶的民营企业转型发展实力不断增强。在服务队帮助下，一家中小微企业通过高新技术企业复审并成功在“新三板”挂牌，一家企业完成市级“一企一中心”申报，三家企业实验室被评定为“市级重点实验室”，一家企业被山东省评为““瞪羚”企业”等，成效显著。

让我们一起研究美国是怎样支持中小微企业发展的

美国是全球综合国力最强的国家，美国的中小微企业也是创新的主体，美国政府对于中小微企业的发展有着扶持的组织架构和政策体系、中小微企业的数据采集和监测等有效做法。

（一）美国小企业的扶持组织架构比较清晰。美国共有小企业2500多万家，数量占全部企业的99.7%，雇员占全部企业的48.5%，创造新增就业占全部企业的63%，产出占全部企业的46%。美国一直高度重视小企业的发展，政府和非营利机构都有比较成熟的扶持小企业的体系。政府层面主要是通过小企业局（SBA）来综合协调小企业的相关服务工作。美国小企业局由德怀特·艾森豪威尔总统于1953年创建，1958年被美国国会确定为“永久性联邦机构”。SBA的主要职责和服务措施包含帮助中小微企业创业者获得贷款，帮助中小微企业获得政府补贴，对中小微企业的咨询与管理培训服务，帮助中小微企业获得政府采购合同，促进中小微企业的进出口贸易，等等。SBA总部设在华盛顿，下设10个区域办公室，各区域办公室下设地方办公室，负责直接向小企业提供服务。除了设立专门的小企业管理机构，美国在联邦政府各部门内部也均设立了小企业办公室，主要负责协调小企业相关工作。各地方政府一般也会设立一些专门的小企业服务机构，如芝加哥设立了小企业服务中心（SBC），其功能类似于国内的行政服务中心，为企业提供一站式的办证服务，但是美国的小企业服务中心除了这些行政职能外，还承担了部分服务企业的功能，主要是每周三组织一次小企业培训班，也承担一些一对一的企业诊断咨询。此外，也有一些地区会成立地方经济发展局或招商局，如华盛顿菲尔福克斯郡的经济发展服务办公室，主要负责吸引各类企业到本地投资创业，尤其是开展一些国际合作。美国的非营利机构承担了主要的服务小企业的功能。这类非营利机构主要分为三类：**一是**退休经理人服务团（SCORE），这是一个主要依托小企业局开展工作的组织，小企业局为SCORE提供少量运行经费，并提供免费的办公场地，所有SCORE的工作人员和职业讲师都是退休经理人志愿者，主要为小企业创业者提供培训和诊断服务；**二是**小企业孵化器，主要针对高科技创业者，提供低成本创业空间、帮助制订商业计划书和协助申请政府资金等，一般这类孵化器依托大学，由大学提供免费的场地，运营资金主要来源于学校、各类基金以及政府项目；**三是**学校内部的一些组织，如在各州公立大学内部成立的小企业发展中心（SBDC），主要工作其实和 SCORE 是类似的，但增加了创业教育、创新研发和技术转化的内容，这些机构除了接受学校的支持外也从小企业局及其他政府部门获得一些项目支持。

（二）美国小企业的扶持政策体系较为完善。一是贷款担保支持。第一是 7（a）贷款计划，是联邦政府最主要的小企业贷款计划，为难以通过正常途径取得商业贷款的创业企业和小企业提供融资支持的项目，因其依据美国《小企业法》7（a）条款创设而得名。SBA 不直接借款给小企业，而是由愿意参与该计划的银行等金融机构（全美绝大部分银行都有该项业务的牌照）按照法定的要求和程序对小企业贷款申请进行审核，结合银行自身对风险及回报的要求决定是否予以发放贷款。7（a）贷款计划通过商业贷款机构使小企业可以获得 500 万美元以下，最高 25 年还款期的，用于各种商业活动的企业融资。机构发放贷款后，再向 SBA 申请贷款担保，对符合条件的小企业的贷款，SBA 承诺支付其未能偿还部分的 75%。该计划提供担保的贷款范围很广，覆盖小企业的营运资金、出口贸易、工程承包、固定资产购建、特定条件下的债务再融资等。据介绍，过去 10 年间，该项计划的坏账率一直保持在 1.8%~3%。第二是小额贷款计划，其特点是贷款金额小、期限短，主要支持小企业和特定类别的非营利儿童看护中心，增强最基层的经济能力。小额贷款计划主要基于小企业的个人信用评分系统的信用评分，贷款用途包括补充营运资本、购置存货、日常用品、家具、装置和机械设备等，不能用于偿还现有债务或购置房地产。具体运作上，SBA 以贴现率向小额贷款中介组织（非政府组织）提供资金，然后再由这些中介组织向符合条件的小企业提供不超过 3.5 万美元的贷款，并要求机构同时向贷款企业提供必要的管理和技术上的支持。第三是 CDC/504 贷款计划（现更名为“发展性贷款”），该计划旨在为小企业购建自身扩张或现代化所需的房地产提供固定利率的长期贷款，从而间接支持社区的经济发展。与其他贷款项目类似，SBA 不直接面对广大小企业，而是通过全美 200 多家认证发展公司（CDC，属于非营利私营机构）实施该项计划。CDC 为非营利性公司，其设立是为推动所在社区经济发展，创造和保持所服务社区内的就业。CDC/504 贷款是由三方之间的贷款分配，该贷款企业的所有者注入资金最低为 10%，传统的贷款人（通常是银行）注入资金为50%，和认证发展公司代表美国政府为企业提供剩余的40%。如果借款人违约，银行和金融机构贷款人为还款第一顺位，美国政府为还款第二顺位，以减少风险并鼓励银行和金融公司贷款支持CDC/504贷款项目。一项CDC/504贷款的最大数额为500万美元，然而为小型制造商和能源项目提供的CDC/504贷款可以到550万美元。504贷款在美国享有成功企业"孵化器"的声誉，微软、苹果、联邦快递等等世界知名企业都曾在创业初期借助CDC/504贷款才得以顺利发展壮大。**二是**小企业投资公司（SBIC）计划。其是经由SBA许可后设立的私人风险投资公司（类似"投资基金公司"），SBIC成立之初就定位于由私人部门运营，实行完全的市场化运作。具体做法是首先由发起人向SBA提出申请，经SBA审核认定后给发起人颁发SBIC牌照。SBIC典型的形式是一家期限为10年的有限合伙企业，私人出资人在小企业投资公司中扮演有限合伙人的角色（LP）。SBIC投资资金中，以债权投资（如长期贷款）为主，占比一般超过50%，其次是具有股权性质的债券投资（如认证股权），约占1/3，其余是股权投资。SBIC的私人出资人每提供1美元资本，可通过小企业局在公开资本市场上为小企业投资公司募资提供本金及利息的担保的方式获得约2美元的配套资金，双方共同形成3美元的资金池用于投资创业创新型小企业，担保资金的上限是1.5亿美元。SBA为了保证SBIC计划能够充分实现政府的公共政策目标，要求SBIC必须投资于小企业，并且对小企业具体资质做了一些规定。**三是**小企业培训与咨询服务。小企业培训与咨询项目主要分为两块：一是依托社会志愿者，主要由企业退休高管、咨询管理机构合伙人、小企业主组成；二是依托大学师资，主要是各州的公立大学。服务对象主要分为三类：一般性的小企业，包括准备创业者和初创业者；妇女创业者；退伍军人创业者。多数小企业服务机构都会涉及针对小企业的培训与咨询服务，典型的主要有三大机构：退休经理服务团（SCORE）、妇女创业中心（WBCs）和小企业发展中心（SBDCs）。1964年10月5日，SBA依据《小企业法》开始与教育和其他非营利组织、协会及机构合作，为小企业提供管理和技术援助服务。随后，小企业局局长尤金·P．佛利正式宣布启动退休高管服务企业项目（也常称作"退休经理服务团"），并将其作为一个全国性的志愿者组织。该组织在全美共有364个分支机构，拥有 13000 多个工作人员，随时可以为中小微企业提供创办、拥有和经营等各种企业方面的实际经验，同时，也提供销售、编制经营计划和开业前筹划方面的专家咨询并开办小企业培训班。WBCs 项目最初是根据 1988 年颁布的《妇女企业所有权法》而设立的，《妇女企业所有权法》明确提出可以通过为私人非营利组织提供资金来引导私人非营利组织为中小微企业提供金融、管理和营销方面的服务，但只能服务于妇女这一弱势群体。2006 年，经司法部、商务部等机构批准，WBCs 获得了永久的法律地位。但因为目前妇女创办的企业已经超过男性，所以该项目有时候也可以适用于其他弱势群体创办的企业。SBDCs 最早起源于大学商业发展中心试点项目，1976 年，SBA 首次在大学里设立 SBDCs，并通过该中心为小企业提供咨询和培训服务。1976 年 12 月，第一个 SBDCs 在波莫纳地区的加州州立理工大学正式成立，在这以后的 6 个月里，美国各州更多的大学开始陆续设立 SBDCs。到 1979 年，全美已有 16 个 SBDCs 从小企业局获得资助，并已开始为各地小企业提供管理与技术援助培训服务。1980 年，美国国会通过了《小企业发展中心法案》，尽管大部分 SBDCs 本质上隶属于大学，但是立法明确允许小企业局为其提供资金支持。**四是**美国政府创新类资金政策。第一是小企业创新研究计划（SBIR），1982 年，作为全美最大的一项研发类项目计划，SBIR 被国会批准实施。《小企业发展法》对包括商务部、能源部、教育部、卫生部、国土安全部、国防部、国家科学基金会在内的 11 家相关政府部门的项目管理进行了规定，要求研发经费超过 1 亿美元的部门需拨出研发经费的 2.8% 支持小企业创新技术研发；对于研发经费超过 2000 万美元但不到 1 亿美元的政府部门，法律规定需每年为小企业确定科研项目。SBIR 的实施过程分为三个阶段：第一阶段为期 6 个月，由 11 个部门分别发布项目，援助资金达到 15 万美元，主要是测试项目的科学性和可行性；第二阶段为期不超过两年，当项目达到第一阶段所预想的要求就可以竞争参加第二阶段，这个阶段的项目补助金是 100 万美元；项目的第三阶段是商业化阶段，如果最后政府认证该项目符合公共需求，则联邦资金将被启用，支持项目的继续发展。截至 2014 年 9 月，SBIR 累计支持小企业 15000 家，支持的研究经费达 210 亿美元，累计申请专利项目 50000 项，平均每天产生 7 个专利项目。第二是小企业技术转移计划（STTR），这是另一个创新类资金政策。项目的核心内容是扩大公共部门与私营部门的伙伴关系，其中包括企业和非营利性科研机构的合资机会。每年，研发预算超过10亿美元的联邦机构需将预算的0.3%用于资助小型企业，这些联邦机构制定研发主题并搜集方案。截至目前，已有5个联邦机构参与到这个项目中，其中包括：国防部、能源部、卫生部、宇航局、国家科学基金会。小企业技术转移计划也分为三个阶段，其中第一、第二阶段都与小企业创新研究计划相同，资助第三阶段（即产品商业化）的资金大部分来源于不属于STTR项目的机构，这个阶段的部分技术将被列为政府采购的备选项目。第三是联邦与州（中央与地方）联合计划（FAST），这一个竞争性捐款计划，旨在提高小企业竞争力。它可以提高小企业创新技术的联合性研发及技术的商业化水平，从而有助于保持美国的前沿科技的研究和发展。FAST计划为美国50个州的小企业提供关于小企业创新研究计划和小企业技术转移计划的申请协助（例如产品推广、技术援助）。FAST计划为科技型小企业提供200万美元的资金援助，通常每个申请企业可以得到高达10万美元的援助，资金援助的方面包括小企业的技术研发、大学机构的技术研发、益于小企业创新的技术转移、提案开发和针对小企业的创新研究计划项目申请协助，通过小企业创新研究计划促进创新技术的开发和商业化。

（三）学习借鉴美国中小微企业统计监测的做法。一是美国的统计监测体系。美国的统计工作是由政府各部门和有关业务部门负责的分散型统计管理体制。该体系由两大部分组成，第一部分是统计协调和监督机构，由白宫管理与预算办公室的统计政策委员会及国会的联合经济委员会负责；第二部分是分散在政府各职能部门和其他机构的数据搜集和分析机构，主要包括美国商务部经济分析局、美国商务部普查局、美国劳工部劳工统计局、美国农业部国家农业统计局、美国能源部能源信息管理局、美国教育部国家教育统计中心、美国卫生部国家卫生统计中心、美国司法部司法统计局、美国财政部国内收入局收入统计处等。美国政府在每个财政年度（从每年10月1日到次年9月30日）都会出版一份《联邦政府统计报告》上报国会，里面基本包括了各部门涉及的所有小企业相关数据。美国政府统计是分级负责的，联邦政府统计主要满足联邦的需要。要地方协助调查的，由联邦拨经费；由联邦直接调查的，资料可提供给地方；如资料不能满足地方需求，则由地方自行组织调查，经费由地方负责。联邦统计部门与地方政府统计部门不是上下级关系，而是合作关系。美国统计数据的收集模式：美国在长期的统计发展过程中逐渐形成了以普查为基础、抽样调查为主体、其他手段为补充的统计数据收集模式。美国普查局每 5 年进行一次普查，每年进行一次年度抽样调查，每月还进行月度抽样问卷调查和重点调查，以保证统计信息的及时、客观和有效。各种定期的国情普查提供了普查年度的统计数字，成为标志性数字。对未举行普查的年份的有关数字，就要通过各种经济分析方法（如统计方法、计量分析模型等）进行内插或外推来获得。白宫管理与预算办公室统计政策委员会：为避免相互之间重复计算，美国白宫管理与预算办公室统计政策委员会负责协调工作，成员包括主要统计机构及其他一些相关机构的负责人。该委员会负责制定统计政策纲要，审批各部门统计调查计划，检查统计数字质量，必要时可主持召开统计方法委员会会议，由各方面专家参与讨论，提供协调指导意见。国会联合经济委员会：国会联合经济委员会也分管统计工作，每月公布由白宫经济顾问委员会提供的综合性经济报告；监督政府提供准确的统计数字，如有疑问，可召开听证会；组织研究改进统计方法；支持统计机构争取必要的经费。美国的官方统计机构多达 70 多个，分散在 12 个部和其他机构中。在众多的官方统计机构中，有 6 个部门的工作最为重要。即商务部商务普查局、商务部经济分析局、劳工部劳工统计局、能源部能源信息管理局、农业部农业统计局和卫生部卫生统计中心。这六大机构提供的统计信息在美国官方统计中居于主体地位。其中，普查局进行各种普查和调查，如十年一次的人口与住房普查、五年一次的各产业普查和各种抽样调查等。普查局收集、加工和分析有关社会和经济活动、人口特征、企业的统计资料，它还进行国内商业、贸易、产业服务、工业、运输、建筑业、农业的专门统计研究，也分别按联邦、州、地方政府层次进行研究。普查局是商务部所有机构的统计设计的咨询单位，并为它们进行各种专门调查、制表和统计服务。另外，普查局也为其他联邦政府机构提供有偿服务。经济分析局负责国民经济核算工作，并根据核算结果分析经济的发展状况。经济分析局负责国内生产总值、国民收入、投入产出、国际收支和分地区经济资料的核算，并对国民经济环境变化进行测定。该局还要负责建立经济计划模型以及监测经济运行的先行、滞后和同步指标。劳工统计局负责收集和分析劳动和价格的统计资料。它的任务是收集、加工、分析、发布用于制定就业、失业、劳动力、劳动生产率、价格、工资、家庭支出、劳资关系、劳动安全等国家经济政策的敏感性统计资料。能源信息管理局负责提供美元能源概况、能源的发展趋势、各种燃料和产业的详细信息资料，进行预测以及对拟实施的法规或政策所产生的影响的模拟分析，拟采用政策可能的后果分析。该局统一收集、评价、汇总、分析和发布有关能源、储量、生产、需求、技术等经济统计信息。农业统计局负责有关食品、农业、农村资源及农村社会的经济统计和其他社会科学的研究、分析工作，有关资料的收集、出版工作，农业合作状况和技术援助工作。农业统计局的任务是提供一般用途的全国和各州的农业统计资料，改进农业统计方法，修订统计标准。国家卫生统计中心负责设计、收集、发布健康统计资料，包括疾病、残疾、生育、死亡、婚姻等资料。它在美国健康统计政策和计划中起主导作用，建设了一个包括联邦、州和地方政府的联合机构，用以向州和地方提供统计资料。**二是** SBA 的小企业数据监测。SBA 通过获取小企业运行数据来进行监测分析与预警。SBA 对小企业运行监测数据的获取主要有两种渠道：一方面是通过定期收集整理政府各部门的专项数据作为分析的基础，包括整理申报政府项目的小企业数据；另一方面是通过政府外的其他机构获得小企业数据。此外，SBA 大区负责人也会不间断搜集小企业运营情况。SBA 分成 7 个大区，每个区负责人经常开展活动，了解小企业对政策的意见，倾听小企业心声，7 个负责人可以直接向总统汇报。第一是 SBA 小企业监测数据来源：政府部门，SBA 采取项目支持和数据监控有机结合的手段，通过收集参与 SBA 各种扶持项目的小企业数据来构建小企业监测数据基础，例如各类贷款担保项目在申报材料中要求提供企业的基本数据，在 SBA 所支持的各种培训和咨询项目中，被服务的小企业也需要提交相关数据，SBA 需要时会从不同政府部门（如统计局、劳工部、美国法院行政办公室、经济分析局、证券交易委员会、国税局、人口普查局、统计局等）获取有效数据，进行分析，例如进行小企业生存率分析，数据来源于美国劳工部。此外，SBA 作为小企业的主要扶持单位，为小企业颁发证书以及执照的同时，也拥有自己的数据库，来存储小企业的数据。美国各级政府也要求信息公开，所以美国联邦小企业局对小企业监测的数据来源非常全面。例如美国经济分析局专门针对小企业的两方面比较重要的数据，即餐饮业数量数据、劳工数据，美国经济分析局也会发布“小企业版”数据，小企业版中新上了地图选址功能，输入邮政编码后，会出现家庭收入、教育水平、人口规模、18 岁以上人口数量比例等数据。经济分析局不仅有人口普查（10 年一次），也会有企业普查（ 5 年一次）。经济分析局也会收集各个行业的数据来综合报告国家 GDP 增长的趋势以及发展前景，这些数据中包含小企业的发展情况。国税局对每一个小企业都有税号，并每年向 IRS 报税。根据报税的情况，IRS 会审计以及统计小企业的盈利和发展状况。每一个企业以及每一个员工都会在人口普查局备案。美联储会通过货币以及借贷政策的调整来影响中小微企业的发展。SBA 从政府机构获取小企业数据的来源。第二是小企业监测数据来源于非政府部门。除政府部门外，有大量第三方民间机构（如行业协会、信用评级机构、保险公司、大学等）也在收集小企业相关数据。例如 EPIQ 的企业破产数据，在不同州法院收集的数据；美国自动数据处理公司（ADP）、密歇根大学等机构定期发布中小微企业相关报告和指数，成为美国中小微企业政策的重要风向标。行会协会数据：几乎每个行业都有协会，它们具有大量数据。例如制片方协会网站，每天都会有更新数据。信用评级机构:FICO 等信用评级第三方机构会存在小企业信用分数历史记录，这些历史记录是 SBA 或者银行了解小企业发展的重要数据，它们会根据信用分数来决定为小企业提供贷款的风险系数。同时也是了解以及预测小企业发展的一种手段。此外，从信用报告公司、保险公司、基金公司、非营利组织（例如商业改进局 BBB）也可以获得关于小企业发展相关数据。

让我们一起了解德国是如何促进中小微企业发展的

有人说，德国经济真正的支柱在于其富有活力的中小微企业。德国中小微企业数量占德国企业总数的 95% 以上，就业人数占到全国总数的 70%，公司净产值占到全国总量的近一半。自 20 世纪 90 年代以来，中小微企业的研究开发活动趋于活跃。在其销售产品中，新产品的比重已远超过大型企业。约有 3 万家企业开展不间断的研究活动，10 万家科技型企业经常性地推出创新产品和服务。近年来德国在促进中小微企业创新方面出台了一系列政策，包括推出中小微企业创新计划、欧洲重建基金、中小微企业创新项目计划、东部创新能力计划、创新代金券和“数字德国 2015”计划。

（一）中小微企业创新核心计划实施成效较好。2008 年 7 月，德国政府正式对外公布该计划，将原有的多项资助措施加以整合。中小微企业创新核心计划（ZIM）资助的对象是中小微企业和与之合作的科研机构，有限期为 5 年。该计划平均每年资助 6000 个项目，共收到 19500 份申请，批准项目 13000 份。2011 年德国中小微企业创新核心计划预算总额为 5.45 亿美元，但是德国政府 2009 年出台的第二个“振兴经济一揽子计划”中，为 ZIM 计划大幅增资 9 亿欧元，大大提升了 ZIM 计划资助中小微企业创新的力度，并使更多的企业受益。

（二）欧洲重建基金让较多中小微企业受益。欧洲重建基金（ERP）由德国重建银行负责管理，该基金是二战后美国马歇尔计划的产物，原用于德国重建，现在越来越多地用来支持中小微企业。其中主要支持中小微企业的“ERP 创新计划”现在可以向中小微企业提供总额为 500 万欧元长达 10 年的研发贷款。2009 年管理 ERP 的德国重建银行根据政府的“振兴经济一揽子计划”制订了 72 亿欧元的“特别计划”，向企业提供各类资金支持。在被批准的 2500 笔资金中，94% 由中小微企业获得。由于“特别计划”的推出，德国重建银行 2009 年支持中小微企业的经费总额达到了 238 亿欧元，为历史最高。

（三）中小微企业创新项目计划普惠面较广。中小微企业创新项目计划是德国联邦教研部负责实施的一项支持科技型中小微企业的计划，2007 年启动。到 2010 年年底，该计划一共批准 450 个项目，资助经费 3 亿欧元。该计划在金融经济危机发生后，得到了进一步加强，资助领域在原来 6 个领域的基础上（信息通讯技术、纳米技术、光学技术、生产技术、资源效率和能效技术）增加了公共安全研究领域。在此领域中，联邦教研部资助中小微企业开展与新型公共安全技术、公共安全管理系统、新型公共安全服务有关的科研项目。联邦教研部的资助部分可以达到项目总经费的 50%，总额不超过每年 10 万欧元。

（四）东部创新能力计划起到了特殊作用。为了支持东部地区中小微企业创新，2009 年 1 月德国政府起动了东部创新能力计划。该计划主要是资助独立的公益性工业研究机构开展创新研究，资助的研究类型为两种：第一种是基础性的应用研究，即从基础研究的成果中为中小微企业挖掘工业应用的项目；第二种是以市场为导向的研发项目，每个项目限额为 5 万欧元。每个机构资助额不超过 50 万欧元。2010 年后，该计划也向东部研究机构购买科研设备提供资助，资助限额每个机构不超过 50 万欧元。为了推动 50 人以下，年产值 1000 万欧元以下的小型企业开展创新活动，德国联邦经济部于 2010 年 4 月开始向企业提供创新代金券，小型企业可以使用创新代金券在政府指定的咨询公司支付创新服务费用，这些服务包括开展创新可行性研究、制订创新实施计划或创新项目管理等，但创新代金券所能支付的金额不超过总费用的 50%。为进一步加速信息通信技术战略的实施，德国政府于 2010 年 11 月推出了“数字德国 2015”计划，重点支持中小微企业开发和利用信息通信技术，推动交通、能源、卫生、教育、环境和管理等领域的网络化发展，为此政府还专门设立了“信息通信技术与中小微企业平台”，加强中小微企业与政府的对话和沟通，使资助措施进一步符合中小微企业的要求。

让我们一起了解以色列是如何扶持中小微企业的

为了帮助中小微企业克服在企业创建和发展过程中遇到的各种障碍和困难，以色列政府于 1994 年成立了以色列小企业局（ISEA），2000 年 4 月，以色列小企业局改名为以色列中小微企业局（ISMEA），形成由中小微企业局和地方小企业发展中心（SBDCs）组成的中小微企业管理和服务体系。

（一）以色列的中小微企业局作用发挥较好。以色列中小微企业局是半官方、非营利的自治机构，其成员单位包括政府部门、地方政府、行业协会、公益机构等，工作人员由政府代表、经济组织和公众共同组成，通过以色列工贸部获得财政预算。主要职能是为企业的创建和发展营造有利的环境和提供教育培训服务，具体包括：推动实施政府关于鼓励中小微企业的政策，制定和实施各种支持小企业的办法，在有关中小微企业的领域里对政府部门和行业机构的活动进行协调，开展与中小微企业有关的教育和培训，帮助中小微企业寻找资金来源等。以色列小企业局每年由政府提供经费1000万美元，主要用于包括人员工资、日常活动经费和教育费用等，其中教育培训费用就占了500万美元。中小微企业局负责协调全国中小微企业教育培训工作，提出教育培训要求、内容、计划，提供经费支持，具体事情交给各地中小微企业发展中心的顾问、指导员、教员去办。此外，中小微企业局还开展了广泛的国际性合作，包括加入国际中小微企业组织，举办国际性中小微企业会议和研讨会，促进地区性合作等。目前，中小微企业局已同经济合作与发展组织（OECD）、地中海中小微企业协会（MEDASME）、联合国经济委员会（UN-ECE）和欧盟等展开合作。

（二）以色列的小企业发展中心赢得较好口碑。小企业发展中心是地方自治的非营利机构或中介组织，它们遍布全国各地，主要有地区小企业发展中心、城市小企业发展中心、企业孵化器、专业小企业发展中心等。目前，中小微企业局在全国设有25个小企业发展中心，中小微企业局在地方的活动是通过各地小企业发展中心进行的，中小微企业局对这些中心的责任是帮助和指导，并给予支持，如拨给经费等。小企业发展中心的主要任务是为中小微企业在专业咨询、培训、协助融资、信息指导和商业网络搭建等方面提供“一站式”服务。例如，为中小微企业家举办培训和研讨会，内容包括小企业的建立、运营、财务管理、经营计划、营销等，还提供书面培训资料。另外，由于以色列中小微企业初建的失败率较高，发展中心还负有总结中小微企业成败的经验教训并进行指导的责任。以色列工贸部还通过小企业发展中心为雇员数在5～100人的中小微企业提供最高150小时的专家指导，主要包括财务管理、金融审计、产品控制、营销管理、信息系统和人力资源管理等，以色列工贸部为接受指导的企业承担75%的费用。对雇员数在1~4人的小型企业，则由小企业发展中心提供最高20小时的专家指导。中小微企业局同时为中小微企业举办各种培训活动，并在全国设立了6个地区性培训中心。

（三）以色列的首席科学家办公室（OCS）很受欢迎。在以色列中小微企业科技创新体系中，首席科学家办公室扮演了重要角色。它是以色列工贸部的特设机构，是依据《鼓励工业研究和发展法》创立的。它负责资助企业研发工作的执行，不但负责监管以色列孵化器，还负责执行对外科技合作协议、审批研发项目等，按一套严格的管理程序设立。该机构不但使申请资助的中小微企业有章可循、有所依赖，其良好的运转程序还使工贸部等政府机构从烦琐的事务中解脱出来，集中精力于宏观事务管理。

（四）以色列中小微企业技术创新和风险投资政策较为精准。以色列经济的特点是高科技产业占较大比重，而高科技产业发展与其独树一帜的中小微企业技术创新和风险投资政策密切相关。支持和培育大批高科技中小微企业，再通过政府资金"孵化"，借助风险资本快速成长后"卖掉"或上市，这是以色列发展高科技和推动创新最重要的秘诀。**一是**中小微企业孵化器。以色列中小微企业扶持政策中，最具特色的是高科技中小微企业孵化器。为了支持高科技产业发展，以色列从 1991 年开始设立专门的孵化器。以色列的孵化器是在借鉴美国经验的基础上建立起来的，但根据以色列的情况进行了一些改进。其与美国孵化器最大不同之处在于，以色列采取了政府直接参与企业孵化全过程的做法。以色列国家科技孵化的途径主要有首席科学家办公室、技术孵化器计划和大学科学园。科技企业孵化器主要提供以下服务：合适的研发设施（低使用成本）、研发费用的资助（来自工贸部，占总投入的 85%）、协助获得配套资金的支持（占总投入 15%）、集中的行政管理服务（秘书、财务、法律）、管理支持、专业指导、企业导向、协助商品化、在孵化企业间的整合、共享现有的基础设施等。技术孵化器所涉及的行业包括：电子和通信业 11%；软件业 11%；医药 18%；化学和材料 20%；生物技术 20%；其他 23%。以色列政府规定，在进入孵化的初始阶段企业的股权分配为：创业者持有 50%，公司其他人员持有 10%，政府以外的出资人获得 20%，而政府的孵化器企业可得到 20% 的股权。在两年孵化期内，无论企业是否赢利，创业者和公司其他人员都能得到政府提供的工资。如果创业企业经过两年的孵化后仍不能看到成功的希望，政府将宣布企业解散，创业者无须向政府支付任何费用。如果创业企业获得成功，政府除享有股权外，企业还必须向政府孵化器缴纳其产品销售额 3% 的税金。以色列政府还规定，在创业企业获得成功后的 5 年内的任何时候，创业者本人或其他风险投资者都可以从孵化器企业那里购得政府所持有的股权，并解除向孵化器纳税的义务，只要企业提出购买要求，政府不能以任何理由拒绝。**二是**风险投资。风险投资是以色列高科技中小微企业发展的重要助推器。以色列是全球风险投资最发达的国家之一，被誉为“第二硅谷”。作为最早设立政府引导资金的国家，以色列早在 1992 年就出资 1 亿美元设立国有独资的 YOZMA 政府风险基金，引导国内外风投对该国的“种子期”项目进行投资，吸引的国际资本高达近 50 亿美元。目前，以色列拥有 60 多个风投基金，资金额超过 100 亿美元，是全球风投资金聚集度最高的国家。

第七章

chapter seven

我们的各类服务机构要倾心竭力助力中小微企业腾飞

随着《国务院办公厅关于发展众创空间推进大众创新创业的指导意见》的出台，我国创业氛围日趋良好，创业活力被不断激发，中小微企业的数量呈不断上涨趋势。我们的各类中小微企业服务机构要倾心竭力为中小微企业提供全领域、全链条、一站式的保姆式服务，助力中小微企业实现加快发展、转型发展、科学发展。

我们的各类中小微企业服务机构要着力培育高素质的服务队伍

一是加快中小微企业服务机构能力建设。积极通过采取设立、重组、择优认定等多种方式，在各层级中小微企业服务机构的健全完善中找到定位。积极通过参与制定中小微企业服务机构建设规范和服务能力标准，提升业务指导、专业培训、业绩考评能力水平，进而提高中小微企业服务机构从业人员的专业资质水平，增强服务能力、资源带动能力和创新发展能力。**二是**加快集聚中小微企业服务资源。积极在中小微企业集聚区域和行业建立完善服务平台，为中小微企业提供信息咨询、科技研发、检验检测、技术支持、人才培训、管理咨询、创业辅导、市场开拓、知识产权、法律维权、就业服务、职业开发评价等服务。积极通过股权联合、连锁经营等方式，建立起中小微企业服务机构的协作关系，增强服务能力。建立健全信息登记、信用评价和激励机制，加强对服务市场的指导和监管；引导各类专业服务机构面向中小微企业提供优质服务，推动形成专业化、市场化、社会化信息化的中小微企业服务队伍。**三是**加快提高中小微企业服务机构的协作水平。各类中小微企业服务机构积极通过股权联合、连锁经营等方式，建立协作关系，增强服务能力；积极参与建立中小微企业服务机构联盟或服务协会，形成定期磋商、协同议事机制，加强服务机构间的合作与交流，提高分工协作水平。

我们的各类中小微企业服务机构要加快服务平台建设

一是加快建立健全各类服务平台。各类中小微企业服务机构注重在中小微企业集聚的区域和行业建设、充实和完善服务平台，面向产业，贴近企业，专注短板，集聚资源，集成服务，促进中小微企业加快发展创新发展。**二是**加快推动平台网络建设。以省（自治区、直辖市）为单位，各中小微企业服务机构注重统筹建设由省（自治区、直辖市）服务平台与所辖主要城市和重点产业集群各服务平台间互联互通、资源共享的平台网络；国家中小微企业示范平台要率先联通，在平台网络中发挥示范带动作用，带动各类中小微服务机构创新发展；在省（自治区、直辖市）平台网络建设基础上，坚持公办、民营并举，综合性服务机构和专业性服务机构并重，逐步实现跨区域和全国范围的统筹与协同服务，建立全国性的公共服务平台网络，在更大范围和更高层次上整合资源，提高服务水平和效率。**三是**加快选树中小微企业服务示范平台。各中小微企业服务机构切实加强服务能力建设，健全服务规范，不断开发特色服务产品，为中小微企业提供质优价惠服务。大力宣传通过认定业绩突出、信誉良好、公信度高的国家中小微企业服务示范平台，发挥示范带动作用。

我们的各类中小微企业服务机构要切实加强专业化服务

一是做好信息服务。指导中小微企业加大专业网站建设，积极通过网络发布相关政策法规和行业发展动态，为中小微企业提供产品、技术、资金、融资、培训等信息，以网络为载体开通电子商务、融资咨询、法律咨询、网上培训、视频商务等专业网络服务平台，为中小微企业提供法律、政策、生产经营和管理等方面的信息；加强政策、商务和服务供需信息的采集分析，完善行业信息服务，提高信息的准确性、及时性和有效性；不断拓展信息服务领域和方式，根据差异化需求提供定向信息服务；开展中小微企业生产运营信息的采集分析和监测。**二是**做好投融资服务。建立多层次的中小微企业直接融资体系，大力发展中小微企业证券的场外交易，发展中小微企业债券市场，推动开展多种形式的政银企对接活动，畅通中小微企业融资信息渠道；引导推动民间资本成立中小银行、中小信贷公司、典当行、金融租赁公司等，帮助中小微企业拓宽融资渠道，推动民间资本成立担保公司，帮助中小微企业应对抵押品不足的问题；积极开展投融资咨询、贷款指导、上市辅导、财务管理、信用征集与评价等服务，推广新型融资产品，拓宽创业投资、小额贷款、集合债券、集合票据等多种融资渠道；积极开展融资信用担保、产权交易、股权质押、大型设备租赁、闲置设备调剂以及会计、审计、评估、律师等服务，帮助有条件的中小微企业上市、为企业股权融资、租赁融资和产权转让提供服务，帮助中小微企业提高融资能力。**三是**做好信用服务。指导加强以中小微企业为主体的信用体系建设，引导中小微企业培养信用理念；指导中小微企业设立独立的信用管理部门，制定与企业发展相适应的内部信用管理制度，建立起完善的信用管理体系；指导中小微企业搭建好信息披露平台，将企业的税务、信贷、进出口、经营水平、人才信息等方面的信息集中起来，建立完善好中小微企业的“信用档案”，积极联系市场监管、税务、司法、会计师事务所等部门指导提升企业信用水平；积极通过政府财政出资，采用商业化的运作模式，建立起一套覆盖省、市、县的政策信用担保体系，帮助抵押资产不足的中小微企业缓解融资难的问题；建立公正的信用评价机构，使之独立于政府部门之外，以确保评价过程的科学性和权威性，同时促进大规模资信评价公司的规模扩大和业务拓展；严格进行切实完善多层次中小微企业信用担保体系，提升中小微企业担保机构服务水平。**四是**做好创业服务。创业辅导师、创业培训师资队伍、中小微企业创业基地积极开展创业培训、创业辅导、政务代理、投资融资、管理咨询、市场营销等服务；着力推动初创企业与同行业企业间的交流、互助机制，提高创业成功率。**五是**做好人才与培训服务。大力开展中小微企业人才培训，着力抓好中小微企业培训服务体系建设，积极创新中小微企业人才培训模式；加强人才培训机构的能力建设，加强人才培训机制建设，加强政府在人才培训体系中的扶持，积极推广成熟的创业培训模式，不断开发中小微企业适用的培训产品，发展远程网络培训，扩大培训范围，增加培训品种，创新培训方式，提高培训质量；促进人才交流、测评与推荐，为中小微企业提供人才保障。**六是**做好技术创新和质量服务。积极为中小微企业提供各种科技服务、共性技术开发、推广、咨询、产品设计、设备与产品测试等服务，为中小微企业的新产品研究开发和试制、设备检测、生产工艺改进等创造条件，促进中小微企业提高技术水平和产品技术含量，积极联系各大科研院所、大中专院校及企业技术示范平台或基地向中小微企业开放，推进中小微企业与科研院所及大中专院校合作，促进产学研合作，满足中小微企业对共性技术的需求，培育技术市场，收集、传递中小微企业技术需求并向中小微企业提供新技术、新工艺、新材料、新产品等信息，通过开展技术诊断、技术交流和技术指导，帮助企业解决技术难题；不断增加科技企业孵化器的数量、加大科技企业孵化器的规模、提升科技企业孵化器的专业服务能力；坚持以提升中小微企业技术创新能力和信息化应用水平为重点，下力气推动创新资源向中小微企业集聚，促进产学研合作，破解共性关键技术难题，大力开展工业设计、技术检测、技术咨询等技术服务，加快新技术、新工艺、新材料以及先进质量管理方法的推广应用，为中小微企业提高产品质量、节能减排、创新发展提供技术支撑。**七是**做好管理咨询服务。为中小微企业提供企业战略规划、战略执行与落地体系、企业文化建设与落地、企业文化转型、精益文化建设、企业并购与文化融合、组织架构设计、权责体系设计、集团管控、治理机制构建、流程再造与优化、流程管理体系建设、规章制度梳理与优化、客户服务体系搭建、人力资源规划、薪酬体系优化、多维激励体系设计与优化、绩效管理体系优化、培训体系规划、人才梯队建设、职业生涯规划、学习地图、财务咨询框架搭建、财务战略规划、基于全面预算的战略管理体系、全面风险管理体系搭建、合规管理体系建设、内部控制体系建设、市值管理、投融资规划、投资可行性研究、投资评审、企业IT服务、政务IT服务、数字化转型、信息化规划、品牌战略规划、市场定位与消费者研究、客户服务体系搭建、连锁加盟体系建设、党建工作开展与落地、精益管理、顶层设计、企业转型升级等服务。**八是**做好市场开拓服务。积极为中小微企业提供形象设计、产品设计、技术推广、展览展销、品牌打造和传播等服务；为中小微企业的开拓市场提供对外贸易、技术合作、招商引资、风险投资、市场开拓方面的诊断、咨询和辅导等服务；帮助中小微企业收集国内外市场信息，指导中小微企业网上招商，为企业融资和宣传搭建平台；为中小微企业提供展销展示会、产品交易会、供货会和国内外市场考察有关信息，支持中小微企业“走出去、引进来”。**九是**做好法律服务。积极为中小微企业提供法律顾问服务，积极为中小微企业开展法律知识宣传、法律咨询、法律维权与援助等服务；提供法律文书代写、电话法律咨询、合同审核、律师函发送、案件正式委托、案件全程指导等服务。**十是**做好代理服务。为中小微企业提供工商注册、财税代理、微信营销、微信编辑器、二维码生成器、h5页面制作工具、微商城、公众号数据、小程序、营销推广、邮件群发、市场调查、呼叫中心、400电话、在线客服系统、云通讯、短信平台、网站与App、商城系统、IT外包、UI设计、找设计师、云数据、评论插件、BI工具、人脸识别、进销存软件、聚合支付、人事、代缴社保、招聘、找猎头、招聘兼职、薪资管理、费用报销、背景调查、企业培训、行政办公室租赁、办公室装修、翻译服务、货物托运、会议场地、云打印、线下活动、企业用车、会议管理、视频会议、财法税、注册公司、商标注册、记账报税、专利、电子合同、版权、办公工具、企业邮箱、企业网盘、思维导图、云笔记、OA系统等代理服务。

我们的各类中小微企业服务机构要切实创新服务机制

一是健全服务规范。各类中小微企业服务机构要切实加强内部管理，提高质量意识，建立服务质量保证制度，鼓励开展ISO9001等质量管理体系认证。推动平台网络服务的规范化，服务平台场地内、外有醒目的服务标识；有公开的服务指南，包括：平台简介、重点服务产品、服务流程、办理时限、服务标准、服务价格、监督电话等；有公开的服务承诺和健全的服务客户登记及办理记录等。**二是**建立服务监督评价机制。各类中小微企业服务机构要逐步建立客户回访制度，主动听取被服务中小微企业的意见，不断改进和提高服务水平；完善平台网络服务监督机制，设立监督电话和网络投诉通道，接受中小微企业企业和社会公开监督；建立激励机制，完善服务标准和评价指标，依据服务绩效，择优给予服务奖励。**三是**创新运营模式。各类中小微企业服务机构要通过组织带动优质专业服务资源，创新特色服务，拓展服务领域，扩大服务规模，降低服务成本，实现可持续发展。鼓励专业化服务机构通过提供合理价格的优质服务，开拓中小微企业服务市场。

我们的中小微企业需要优质的政务服务

（一）全国各级政府公共服务平台是这样努力的。一是积极抓好政策宣传工作，通过开设网上政策服务专栏、编发政策指引等方式，广泛宣传国家和地方出台的系列惠企政策。宣讲解读直接关系中小微企业权益的财税支持、金融支持、社保减免、劳动用工等政策，汇集发布各类项目、资金等申报渠道和流程，帮助中小微企业用好用足政策。**二是**积极抓好数字化赋能服务，聚焦线上办公、远程协作等方面，引导数字化服务商提供解决方案、工具包、工业 App 等数字化服务产品；强化智能制造服务，帮助企业加快数字化改造，支持中小微企业设备上云和业务系统向云端迁移，举办“创新中国行”数字化应用推广等活动。**三是**积极抓好创业创新服务，积极举办技术难题揭榜、诊断咨询等活动，举办中小微企业融通对接、双创示范基地“融通创新”主题日等活动，推广“龙头 + 孵化”等融通发展模式，组织企业参加“创客中国”中小微企业创新创业大赛和全国“双创”活动周，推动项目落地和投融资对接；搭建产业链供需对接平台，开展生产要素供需对接服务。**四是**积极抓好“专精特新”企业培育服务，建立完善“专精特新”中小微企业培育库，为入库企业提供技术创新支持、知识产权托管维权、品牌宣传推广等专项服务，促进其成长为专精特新“小巨人”企业、制造业单项冠军企业;开展“专精特新——腾计划”等活动，助力企业借助电子商务升级转型。**五是**积极抓好融资服务，推动金融惠企政策落实，梳理摸排中小微企业融资需求，加强与金融机构联系合作，推动其为中小微企业提供信用贷款以及应收账款、订单、仓单和存货质押融资等金融服务；发挥政府性担保、再担保机构融资增信分险作用，助力中小微企业复工复产；开展优质中小微企业上市培育，促进投融资服务对接，提高中小微企业直接融资比重。**六是**积极抓好市场开拓服务，搭建线上产销对接平台，组织企业开展网上洽谈、在线签约等灵活多样的营销和招商活动；指导企业建立网上直播间、网上会客厅、新媒体营销平台，构建企业与电商平台对接桥梁，助力企业快速拓展销售渠道；支持企业运用招标采购平台和中小微企业自采平台，实现网络化招标采购。**七是**积极抓好其他专业化服务，举办中小微企业线上人才招聘等活动；开展“企业微课”等线上培训活动，邀请知名专家、企业家在线授课，提升中小微企业经营管理水平；加强法律援助和法律咨询公益服务，帮助企业解决受疫情影响造成的合同履行、劳资关系等法律问题；开展志愿服务，建立专家志愿服务团，充分调动社会力量服务中小微企业。

（二）重庆市扎实推进商业价值信用贷款改革。一是创新构建“12345”工作体系，初步建立 1 套中小微企业商业价值评价体系；出台 2 个《关于开展中小微企业商业价值信用贷款改革试点工作的通知》和具体实施方案指导性文件；制定风险补偿、绩效奖励、低息贷款 3 项激励政策；落实数据授权采集、信息安全管理、安全保密责任、平台规范运行 4 项保障措施；建立平台公益化运作、企业贷款申请流程、不良贷款风险追偿、合作银行进入与退出、市区（县）两级联动 5 项运行机制。**二是**推动建立“四个一”机制：**建一个模型，**评价企业商业价值，通过与金融机构的反复磋商，与银行求同存异，形成创新能力、健康经营能力、品牌营销力、社会责任 4 个一级指标、19 个核心二级指标以及 1 张负面清单的评价指标体系。通过数据测试，赋予各项指标不同权重，最终形成量化的评价模型。**建一个标准，**通过在银行存量客户中抽取企业样本来衡量匹配额度，最终银行的授信标准和试点平台匹配标准总体偏离度控制在 25% 左右，单个企业原则上不超过 40%，单户最高授信 420 万元。**建一套机制，**即建立了风险补偿机制和银行绩效奖励机制。其中，风险补偿机制创新之处有两点：补偿速度快，给银行预存风险补偿金，银行有了风险可以马上动用，及时弥补代偿漏洞；补偿资金充足，未使用的风险补偿金可以留存使用，代偿项目追偿本息全部滚存代偿资金池。**建一个平台，**依托重庆市中小微企业发展服务中心搭建平台，承担涉企数据的采集、资金管理、项目推荐和不良贷款清偿等工作，能确保商业价值信用贷款工作安全、高效、稳健开展。重庆市中小微企业商业价值信用贷款改革试点工作启动仅 3 个多月，便为 301 家企业成功授信，授信金额近 5 亿元，实际贷款金额 3 亿元。

（三）湖南省积极强化中小微企业经营管理人员培训。一是抓精准培训，着眼切实帮助中小微企业提高融资能力与水平，持续推动普惠金融精准服务实体经济，先后开展“中小微企业金融知识和融资能力培训班”“中小微企业信用担保机构高管人员专题培训”“股份制改造和建立现代企业制度专题培训班”等专题培训；着眼中小微企业加强管理提高效益，举办了“财务管理与成本控制专题培训班”“中小微企业精益生产管理培训班”“制造业中小微企业管理升级专题培训班”等系列培训；着眼推动各项政策落地落细落实，邀请国内知名政策研究专家、企业家及政策研究人员，对国家和省里出台的最新政策进行全景式解读，举办了“中小微企业促进法培训班”“中小微企业税收优惠政策培训班”等系列专题培训。**二是**抓培训赋能，着眼促进信息化与制造业深度融合，举办“中小微企业‘上云上平台’培训班”“制造业与互联网融合培训班”“工业 App 培育专题培训班”等专题培训；着眼激发创新潜力、集聚创业资源、营造“双创”氛围，开展“中小微企业技术创新与成果转化培训班”“湖南省中小微企业创业创新基地转型升级创新发展培训班”“‘创客中国’中小微企业创业创新大赛辅导”等系列培训；着眼培育主营业务突出、竞争力强、成长性好的专精特新“小巨人”企业，举办“中小微企业‘专精特新’专题培训班”“‘隐形冠军’培育研修班”“中小微企业质量品牌培训班”。**三是**抓领军人才，将企业家培养与实施创新引领开放崛起发展战略、推进制造强省建设、中小微企业高质量发展同步谋划、同步推进，与北京大学、清华大学合作举办“中小微企业领军人才研修班”“中小微企业高级经营管理人才研修班”，开设“工信大讲堂”“中小微企业新年论坛”等系列活动，组织企业家走进大型企业，赴深圳华为、青岛海尔、杭州阿里巴巴等国内知名企业学习对标，引导企业家弘扬工匠精神、专注专长领域、加强企业管理，把产品和服务做精做细。**四是**抓体系建设，在省中小微企业发展专项资金每年切块 2000 万元用于中小微企业经营管理人员培训，征集并发布《湖南省中小微企业经营管理人员培训重点项目》，将支持方式由补机构改为补项目，引导和撬动社会资本投入培训项目；鼓励、支持、引导市场化运作的优质培训机构发展，探索推行“互联网 + 培训”模式，实现线下培训与线上直播相结合，扩大培训覆盖面。自 2018 年开始，面向市场推荐出一批实战型省级精品培训课程和金牌培训讲师，培育一批特色优势突出、培训质量高、市场信誉好的核心培训机构。

（四）江西省下大气力去打造“四最”营商环境。一是坚持高位推动。召开高规格的表彰大会，对非公有制经济发展先进市县（区）、先进非公有制企业、优秀创业者、服务非公有制经济发展先进单位、优秀中国特色社会主义事业建设者进行表彰；开展高规格的座谈走访，省委书记刘奇召开民营企业座谈会，易炼红省长在上任伊始即召开民营企业座谈会；设立高规格的领导协调机构，成立了以省委常委、省政府常务副省长任组长的省促进中小微企业发展工作领导小组。**二是**夯实政策保障。省委、省政府先后出台《关于加强作风建设优化发展环境的意见》《关于支持民营经济健康发展的若干意见》《关于进一步降低实体经济企业成本的补充政策措施》《关于深化行政审批制度改革的意见》《关于创新重点领域投融资机制鼓励社会投资的实施意见》《江西省企业投资项目核准和备案管理办法》《关于推进投资项目审批提质增效改革的实施意见》等文件，着力打造政策最优、成本最低、服务最好、办事最快的“四最”营商环境；省委统战部就构建新型政商关系，省委政法委并省级公检法司部门就营造公平公正法治环境，省非公办就建立省非公有制企业权益司法保护联席会议制度，省财政厅、省税务局就加强民营企业财税支持，省银保监局、省地方金融监管局、人行南昌中心支行就优化小微企业金融服务等出台指导性政策文件。**三是**促进创新成长，着力引领“专精特新”企业差异化发展，对实施“一企一技”成效显著的企业进行专项资金奖补；支持专业化“小巨人”企业、单项冠军企业做精主业；帮助企业加快股改上市步伐，举办全省民营企业建立现代企业制度暨上市集训活动，帮助参训企业加快股份制改造，规范法人治理结构，提升科学管理水平，打通多层次资本市场通道。**四是**优化营商环境，扎实推进“放管服”改革,“赣服通”实现“一次不跑”或“只跑一次”；坚持“非禁即入”，破除隐形门槛，投资兴业热情有效激发；建立各级领导挂点帮扶企业制度，设立省非公有制企业维权服务中心，开发推广企业精准帮扶 App，连续 4 年组织开展“万名干部进万企活动月”帮扶活动；着力推广普惠金融，中小微企业融资需求切实得到有效缓解。

（五）江苏省千方百计打造行业的单项冠军。一是做好顶层设计，省委、省政府把培育“专精特新”和“小巨人”、打造单项冠军作为工业强省建设重点任务，每年分解目标任务，坚持政府引导与企业主体相结合、标杆引领与面上推广相结合、传统产业升级与新兴产业培育相结合、弘扬“工匠精神”与提升质量品质相结合，在全省形成培育专精特新“小巨人”企业的良好氛围。**二是**建立培育库，省级层面的入库企业是在统计部门 2.6 万家规模以上工业企业数据库中，按照“专精特新”标准，量化选出的；市县层面的入库企业主要为各地认定的专精特新“小巨人”企业，对入库企业每年滚动调整，政策和服务资源向入库企业聚焦，省级专精特新“小巨人”企业的认定从入库企业遴选。**三是**构建培育平台，充分利用“互联网 +”，建立专精特新“小巨人”企业申报平台、大数据分析平台、产品展示平台和运行监测平台，涵盖专精特新“小巨人”企业申报、评价、展示、监测等培育全过程，实现了专精特新“小巨人”企业申报无纸化、评选认定定量化、产品推介电商化，同时按月监测专精特新“小巨人”企业发展状况，实时掌握企业运行动态。**四是**认定标杆示范，从产品和企业分别开展标杆认定：一类是“专精特新”产品，专注于特定细分产品市场，技术含量较高，重点是核心基础零部件和关键基础材料产品，以及属于《中国制造 2025》重点领域和江苏省 13 个重点产业集群中的产品。另一类是企业，分为科技“小巨人”企业、“隐形冠军”企业和隐形“小巨人”企业；对认定的产品和企业在《新华日报》上公布名单，并专版报道他们的做法和成效；编纂《江苏“隐形冠军”的成长之路》，制作“专精特新发展”专题片，讲好“单项冠军”成长故事，提高专精特新“小巨人”企业知名度。

（六）河北省搭建跨部门政策信息发布平台。一是构建部门协调机制，定位中小微企业政策服务：完善基础信息，建立政策信息库；深入开展政策需求调研，根据需求对平台功能进行梳理，及时增加企业需要的服务功能；积极对接工业和信息化部，调研衔接国家层面建立的发布平台，向各市县中小微企业主管部门和各窗口平台介绍跨部门政策信息发布平台的基本情况，征求平台建设方面的意见和建议；建立完善考核机制，每季度对各部门发布的政策信息、政策解读和回复咨询情况进行统计排名。**二是**让企业少跑腿，让信息多跑路：“政策发布”栏目及时收集、发布国家和河北省制定的涉企法律、法规、规章、规范性文件等，为企业提供第一时间获取最新政策信息的渠道，解决企业对政策“不知晓”的问题；“政策解读”栏目通过政策起草者和社会机构专家解读、政策问答、在线访谈、媒体专访、答记者问、新闻发布会等形式提供政策权威解读，解决企业对政策“不理解”问题；“申报通知”栏目及时筛选发布各部门的扶持奖补资金、计划帮扶项目、企业认定办理等申报工作的通知，帮助企业熟知申报流程，解决企业对政策“不会用”问题；“咨询问答”栏目提供企业在线问答平台，企业可以提交在政策运用、措施执行中遇到的问题和困难，反映政策诉求，由职能部门和专家为企业答疑解惑，解决政策“不落地”问题；“检索查询”栏目通过不断更新的数据库，为企业提供精准的检索查询服务，解决企业对政策“找不到”问题。

（七）安徽省竭力释放中小微企业的新动能。在全面贯彻落实习近平总书记提出破解民营经济发展六大难题的基础上，增加了提升民营经济核心竞争力、强化组织保障两个板块，做到了其他省份能降的都降，其他省份能给的都给，千方百计解决中小微企业发展中遇到的转型难、融资难、市场开拓难等问题：一方面做加法，真金白银“大方给”。另一方面做减法，企业成本“大力降”，在连续三年出台降成本“20+10+20”政策、累计降低实体企业成本 1,760 亿元的基础上，推广以银行保函替代现金缴纳保证金等，进一步减轻企业税费负担；推动金融机构对中介机构的评估结果互认等，进一步降低企业制度性交易成本；推广“税融通”、无还本续贷、应收账款融资等，进一步缓解民营企业融资难。同时，开展“四送一服”进民企活动，组织 16 个工作组赴全省各地开展政策宣讲和企业帮扶工作，为中小微企业送新发展理念、送支持政策、送创新项目、送生产要素，服务实体经济发展；深入开展清理拖欠民营企业中小微企业账款专项行动，专人专班，建立台账、挂图作战;把中小微企业发展情况纳入“三查三问”和巡视巡察、省委年度综合考核、省政府绩效管理重要内容，作为干部选拔任用的重要依据。

（八）浙江省新昌县扎实推进成批实施智能制造。一是以“工程总承包”方式来破解中小微企业没能力进行智能化技改的难题。中小微企业大多存在缺乏信息化技术基础、信息化人才、懂信息化的经管团队、领导信息化的企业家“四大关键问题”。对此，新昌县借鉴工程总承包“交钥匙”方式，遴选本地行业基础好、技术水平高的省级工业信息工程公司陀曼智造作为总承包商，负责为中小轴承企业量身定制技改路线、软硬件开发、系统集成、运营维护等智能化技改的整体服务，并为企业原有的轴承制造设备专门自主研发并加载了 TM-e 微智造系统，使服务企业省心、省力、省钱地“拎包即用”“坐收渔利”。**二是**以“小批量免费体验”方式破解中小微企业智能化技改顾虑多的难题。为了消除中小微企业因实施智能化技改工程投入大效益低、故障多维护难等顾虑，新昌县政府和陀曼智造每年各出资 500 万元，成立轴承企业推广智能制造的小批量免费体验专项资金，为每家参加改造的轴承企业一定比例的加工设备免费安装陀曼智造自主研发的 TM-e 微智造系统，但最多不超过 80 台，实时采集机床料空、料满、自动运行、手动模式、开关机、刀具、产量、远程控制、报警、节能等设备信息数据，汇聚到云平台后进行清洗、归集和储存，并利用数据库基本算法等大数据技术，以电子看板、手机App、企业管理报表等方式为企业提供数据、经验等知识输出，帮助企业发现、分析并解决问题，最终实现企业提质增效降本和管理提升。通过小规模免费体验，企业用户切身感受到安装TM-e微智造系统后，生产效率、产品质量、设备能耗等均有明显改善，人工成本明显降低，且运行稳定；试行三个月后，许多企业自发付费要求全面改造，形成了“我要改、自觉改”的局面。**三是**以“数字化制造”与分批改造方式破解中小微企业智能化技改投入能力弱、影响订货交付的难题。针对企业家担心投入大、回收慢和因生产线智能化技改停机而影响订单按时交货两大担忧，新昌县充分尊重企业的自主权，把目标锁定在性价比最高的“数字化制造”上，采用只装TM-e微制造系统、暂不换机器的办法。已验收的65家企业智能化技改平均成本仅23万元，一年左右就可以收回投资。同时采用“不停工换机”的方式，对整厂生产设备进行分批次改造，通过实时采集产品产量、设备能耗、设备状态、员工绩效等制造环节数据，低成本实现中小微企业生产管理的网络化、数字化，技改后设备生产效率的提升缓冲了部分生产线的技改停机，许多企业订单交付不仅未受影响甚至大大提前。**四是**以“平台化服务”破解中小微企业智能化技改后续运营服务缺失的难题。针对中小微企业智能化技改后日常生产运营支撑管理、后续服务无法保证的实际，陀曼智造打造了轴承智造企业在线服务平台，创造了中小微轴承智造企业工业互联网平台的大数据“健康管理”模式，第一期已经验收的65家企业5250台设备均已全部接入该平台，打通了企业内部、企业与轴承工业互联网平台数据链，轴承产业数据大脑的维形基本形成，免除了中小微企业建云养云的问题。通过企业大数据与平台服务商大数据的交互，实现了对企业设备、刀具、生产线、企业耗材、耗能、使用人工的健康管理与产品质量全生命周期的可追溯管理，用户对于设备故障发现与处理速度可提高120%以上。同时系统不断迭代创新，从企业最关注的设备OEE、质量合格率、能耗成本等功能起步，逐步从1.0版到2.0版、到3.0版的升级，制造企业智能化改造先易后难稳步推进。1.0版集成最实用的5种应用功能，易实施、见效快；2.0版集成了11种应用功能，基本满足中小轴承企业日常生产管理需求，提质增效明显；3.0 版集成了 20 多种应用功能，满足更多用户及部分企业的个性化需求，可进一步提升轴承制造企业智能化和高质量发展水平。面向制造企业实现生产过程及设备健康管理、企业经营状况健康管理、产品生命周期健康管理，增强了远程服务能力。**五是**以“企、政、供、智、金多方联动”方式破解中小微企业智能化技改推动合力不足的问题。坚持以企业为主体，以帮助企业解决问题、提高质量和效率、获得回报为根本，激发企业的内生动力。坚持统筹协调、务实推进，制订新昌县轴承行业智能制造“百企提升”活动实施方案，强化政策和制度供给。坚持培育供应商（工程承包商和平台服务商）品牌，为中小微企业提供个性化解决问题的服务。坚持把实事求是、切实有效的方法作为智库服务的重点，依托省智能制造专家委员会为企业智能化改造输出技术创新、专题论证、政策研究、评估测试等体系化服务。坚持把金融作为助推智能化技改的重要力量，创新“融资、融物、融服务”的金融新模式，实现金融对智能制造企业的精准把控、持续输血。

（九）浙江省温州市扎实推进小微企业园建设。一是高质量建设小微企业“梦工厂”。围绕产城融合发展，提出“规划设计生态化、配套设施标准化、管理服务智慧化”建设要求，高起点建设 142 个小微企业园，打造企业高质量发展平台；制定“五集五度”标准（即企业集聚、产业集群、要素集约、技术集成、服务集中以及科技高度、投资强度、税收贡献度、两化融合度、员工文化程度），创新实行主导产业企业占园区企业数 70% 以上的入园机制，加速产业链上下游小微企业整合入园；建立“亩均论英雄”评价机制，优先安排高成长型企业、科技型企业等优质企业入园，引“新”进“高”，倒逼企业改造提升或淘汰退出；针对小微企业入园面临的土地和资金等难题，率全国之先推出工业厂房产权分割政策，企业可单独办理所分割的厂房的土地证和房产证；同时制定“四限一摇”（限房价、限转让、限自持、限面积，公开摇号）政策，实现亩均供地价格从 68.9 万元降至 41.2 万元，降幅达到 40.1%，有效实现企业“买得起”；同时，减免小微企业入园费用，按照现行标准的 1/5 收取物业保修金和维修金，让企业“搬得进”；加大财政扶持力度，入园小微企业新购置生产设备最高可按企业购置小微园厂房金额的 2.4% 予以财政补助，助力企业“做得好”。**二是**多元化建设小微企业“综合体”。政府通过国有投资公司以土地作价出资的方式取得土地使用权，建成后出售或出租给入驻企业，有利于提高建设质量、控制厂房价格；采用“限地价、限售价”的方式，对小微企业园土地出让进行竞标，引入民营资本参与小微企业园建设，使园区功能更贴近市场需求、园区规划建设管理更专业化；引导相关产业小微企业设立联合体，联合竞投土地、联合建设小微园，倒逼“低小散”企业整合重组，有效规避安全生产、环保等各类风险。**三是**加速建设小微企业“新家园”。建立小微企业园建设领导小组及办公室，市委、市政府主要领导亲自研究部署、督查落实，累计召开小微企业园推进会、现场会20多次；设立小微企业信保基金，组织开展“银园”专项对接活动，引导金融机构对小微园企业予以单列信贷规模支持；深化“最多跑一次”改革，建立小微企业园审批“绿色通道”，创新代办审批、技术性联合审批、园区节能“捆绑”审批，提升审批效能。如滨海科技文化创意小微园实行“先承诺、后验收”的零审批试点，从立项到开工仅花费50天。

（十）福建省市场监管局扎实推进商事制度改革。一是着力完善、提升和拓展商事制度改革各项措施，切实完善中小微企业名录各项功能，加强中小微企业名录系统数据的更新维护，以建设扶持中小微企业的主要数据平台和服务平台为契机，积极推进政府跨部门信息共享。**二是**扩大中小微企业知识产权质押融资覆盖面，引导商业银行探索和创新知识产权信贷模式，积极拓展专利权、商标权等知识产权质押融资业务；推动知识产权质押贷款贴息政策向民营企业倾斜，鼓励商业保险公司开展知识产权质押贷款保证保险业务。**三是**实施专利导航产业发展创新计划，围绕集成电路、新型显示等福建省战略性新兴产业重点领域开展专利导航，加强高价值专利的培育和产业布局，建设福建省自主知识产权竞争力产业导航大数据中心及若干个具有地方产业特色的分中心，加快产业专利导航成果落地，服务民营经济转型升级高质量发展。**四是**加强知识产权服务平台建设，切实完善“知创中国”与“知创福建”线上线下知识产权公共服务平台服务功能，面向全社会提供知识产权全周期、全链条、全领域服务；推动以中小微企业为主体的福建省装备制造业知识产权联盟成立并有效运营，促进福建装备制造业高质量发展。**五是**

加快构建知识产权大保护格局，充分运用“互联网 +”等信息化手段强化知识产权保护能力，在相关重点领域继续开展“护航”专项执法行动，严厉打击专利侵权和假冒违法行为；围绕重点优势产业申报和筹建产业知识产权保护中心，深入推进知识产权诚信建设工作，探索建立知识产权信用信息等级分类标准。

我们的中小微企业需要优质的金融服务

（一）山东省齐商银行创新“供应链金融 + 产业链金融 + 科技金融”模式。随着供应链思想逐渐被接受以及供应链研究的日趋完善，供应链的管理和实践也得到了很大提升，供应链中的物流、商流、信息流的效率得到了巨大提升。在传统供应链金融业务基础上，齐商银行融合产业链金融技术、科技金融，紧跟经济形势发展，积极响应政府发展“互联网 +”的政策号召，借助互联网工具，结合大数据、云计算等先进技术，着手推进供应链金融业务线下、线上的双发展。在线下业务正常运作的基础上布局互联网金融领域，整合核心企业资金流、物流、信息流和业务流，在 2015 年 10 月上线了针对核心企业与其上下游小微企业的“齐商银行在线供应链平台”，并于 2016 年 10 月完成了平台二期上线，对一期功能进行了优化、提升与完善，同时实现了与电票系统的全面对接，为实现微贷业务的纯线上化操作奠定了基础，开辟了批量化、网络化、高效化服务小微企业的新渠道。借助平台，齐商银行依托核心企业为其供应链上中小微企业量身提供资金支持，结合“应收账款质押”“保兑仓”“厂商银”“网络循环贷”等多款产品，已经形成了与行业龙头企业合作、与电商平台合作、开展动产质押供应链等多种成熟的在线供应链金融服务模式，提高了服务质量与效率，通过批量化业务降低了小微金融成本。齐商银行通过“供应链金融 + 产业链金融 + 科技金融”的模式，减少了小微企业授信难度，解决了小微企业融资无抵押问题，降低了小微企业融资风险、融资成本，提高了小微企业融资效率和绩效，提升了农村金融服务水平，丰富了商业银行的小微企业金融服务。

（二）中国建设银行创新推出“云税贷”金融产品。中国建设银行与国家税务局联合推出“云税贷”产品：实现7×24小时自助全流程线上操作，中小微企业贷款不再受到时间与空间的限制，其高效率、高优惠、高额度的特点，有效解决了小微企业融资慢、融资贵、融资难的问题。**一是**高效率放款。以专业生产灯饰铝配件的企业——广东省佛山市某金属制品有限公司为例，该公司2018年6月扩大生产，购买了多条新生产线。年中接到的订单突然增多，流动资金相对紧张起来，但传统的银行信贷产品无法满足这样的资金需求。基于企业一直诚信纳税，中国建设银行佛山分行向其推荐了“云税贷”，企业通过手机银行操作，仅5分钟便获得了贷款发放，并可随借随还，及时解决了企业资金需求“小、频、急”的问题。**二是**高优惠让利。为切实降低中小微企业融资成本，“云税贷”利息定价低于同业信用贷款产品，同时，中国建设银行将“云税贷”定价不断下调，着力为小微企业减费让利，相比2019年，企业每办理100万元“云税贷”贷款，一年可节约利息费用超1.5万元，切实为小微企业解决融资困难。佛山市南海区某食品有限公司负责人曾表示，作为小本经营的餐饮行业，精细对比后，建行的信用贷款利率最优惠，大大减轻企业经营压力。**三是**高额度支持。“云税贷”最高可获得200万元贷款额度，在同业所有线上产品中额度最高，对企业支持极大。佛山市南海某铝建材有限公司作为当地经营规模较大的行业龙头企业，一直诚信经营、依法纳税，年缴税额超300万元。在急需资金周转时，企业通过税局网站授权获取纳税信息，再通过建行网上银行申请，即刻获得200万元信用额度。近年来，中国建设银行佛山分行不断完善普惠金融服务体系，除了“云税贷”服务网络之外，还先后推出科技金融、小微快贷、住房租赁、劳动者港湾等综合性服务品牌，近三年服务中小微企业4000多家，累积投放贷款近330亿元，全力支持佛山中小微企业发展、服务实体经济，为佛山的城市升级、经济发展与民生建设作出应有贡献。

（三）河南省郑州银行“三大特色定位”发展普惠金融。作为一家厚植河南省、业务发展迅速的城市商业银行，郑州银行致力于打造“商贸物流银行”“中小微企业融资专家”“精品市民银行”三大特色发展定位，牢牢把握区位优势，坚持金融创新之路，以服务商贸物流与小微客户作为业务基石，致力于成为以客户为导向的综合化经营区域精品金融机构。截至2017年，郑州银行已连续七年入选世界银行1000强，连续三年入围前500名。且在2017年英国《银行家》公布的全球1000家大银行榜单中，郑州银行一级资本全球排322位，较上年提升16位。郑州银行的特色定位如下：**一是**打造“商贸物流银行”，确立贸融、物流中小微企业两条核心客户链条，线上线下两种获客模式，形成了以6大行业29个子产品构建的供应链金融产品体系和特色商贸物流产品体系，推出了多种物流卡、特色借记卡。在商贸金融建设方面，郑州银行已组建完成“三部二中心”（公司业务部、交易银行一部、交易银行二部、风险评审中心、业务支持中心）大公司事业部；搭建了云交易、云融资、云物流、云商、云服务“五朵云”科技平台。目前，云交易、云融资、云物流、云商、云服务平台已经上线。郑州银行2018年4月发起成立全国首个商贸物流银行联盟，旨在聚集广泛的金融资源，借助大数据、区块链等新技术，打造“智慧平台”，聚焦解决会员企业的资金流、信息流、物流等痛点难点问题，催生形成新型商业业态。**二是**打造“中小微企业融资专家”。郑州银行利用对地方经济的深入理解和对市场动向的敏锐掌控，不断推出创新的业务和产品。郑州银行已推出五大系列28种小微企业信贷产品，迎合不同小微企业客户的融资需求。2015年末、2016年末、2017年末和2018年3月末，郑州银行小微贷款（即小微型企业客户贷款与个人经营性贷款之和)分别为494.93亿元、590.24亿元、685.29亿元和678.56亿元，分别占郑州银行发放贷款及垫款总额的52.49%、53.13%、53.35%和51.32%,2015年末至2017年末的年复合增长率为17.67%。截至2018年3月31日，郑州银行共有69183家小微客户，其中37919家为小微企业贷款客户。**三是**打造“精品市民银行”。为更好地服务市民百姓，郑州银行要求全省各分支机构围绕市民的衣食住行，不断完善服务体系。通过细分网点功能、创新便民产品等措施，提高服务质量，创新服务模式，以匠心精神打造“精品市民银行”;同时，与郑州市总工会、郑州一卡通联合，发行河南省首张加载交通出行功能的银行卡，此项普惠服务的工会会员卡，已连续5年向全市8161家工会单位120多万工会职工发卡，每周组织用卡体验等普惠活动。如在绿色出行上，工会卡具备“绿城通”优惠功能；在“惠生活”上，在郑州市300多家超市开展购物节专项服务活动；生日祝福、金融普惠对持卡客户金融服务基本免费；

在市民金融管家上，该行发行工会卡专属理财产品，金梧桐工会理财受到会员认可。

（四）湖北省武汉市创新推行“银保贷”模式。一是通过引入第三方评估机构，确定企业知识产权可靠的市场评估价值；**二是**采用“银行＋保险公司＋政府风险补偿”模式，实现风险分担，降低银行风险；**三是**对获得知识产权质押融资并按期偿还贷款本息的企业，由财政资金予以实际支付贷款利息和保费一定比例的补贴，提高企业开展知识产权质押融资贷款积极性，降低企业融资成本。2017 年武汉东湖高新区共有 30 多家企业获得知识产权质押贷款，融资总额 3.4 亿元，财政贴息近 1000 万元，并且未出现一例风险案例。该方式获得银行、保险机构认可，区内 14 家科技支行积极参与。

（五）招商银行天津分行推行 FTE 账户资本金境外价格结汇。2019 年 11 月，招商银行天津分行为便利蜂商贸有限公司开立 FTE 账户并通过 FTE 账户为企业办理 1000 万美元结汇业务，帮助企业节省汇兑成本。便利蜂商贸是天津市首批开立 FT 账户的企业，其经营零售便利店，业务特点是大量高频次向境内多家上游供应商支付采购货款。为充实资本金，增强发展后劲，企业通过境外平台募集资金 1000 万美元并以资本金形式注入境内公司。招商银行天津分行采用境外更加优惠的价格为企业办理结汇，帮助企业节省了汇兑成本。FTE 账户采用境外汇率价格结汇，为企业提供了更多的价格选择空间，降低了企业汇兑成本。

（六）天津市开展全国首单跨境飞机资产交易业务。2019 年 10 月，在天津市东疆海关和滨海外管局支持下，亚太融资租赁（天津）有限公司从新加坡中银航空租赁有限公司购入一架飞机资产，标的飞机为桂林航空于 2017 年以经营性租赁方式从中银租赁引进的一架空客 A320 飞机，飞机资产将由亚太租赁东疆 SPV 月季三号持有，并继续执行与桂林航空的经营性租赁业务。该笔业务是全国首单跨境飞机资产交易业务，弥补了市场上相关业务的空白。该业务是东疆在全国率先落实海关总署《关于综合保税区内开展保税货物租赁和期货保税交割业务的公告（2019 年 158 号公告）》关于“租赁企业发生租赁资产交易且承租企业不发生变化的，承租企业应当凭租赁变更合同等相关资料向海关办理合同备案变更、担保变更等相关手续”的重要创新实践。

（七）北京银行积极为企业融资开辟专门绿色通道。北京某生物科技公司是一家以实验动物、实验动物饲料研发和供应的双高新技术企业，在疫情期间，企业向中国科学院、中国医学科学院等科研机构提供实验动物供应，并接受ICR-hACE2转基因小鼠的预订，为我国战胜新冠肺炎疫情提供动物模型资源支持。北京银行通过绿色通道实行即报即审，一个工作日完成企业贷款审批，发放支小再贷款300万元，解决疫情期间的资金需求。北京某基因科技公司主营病原微生物检测，以二代测序平台为主，进行病原检测产品的开发，为医院提供病原检测服务和产品。在疫情期间，企业为新型冠状病毒研发的检测试剂盒（RT-PCR）可在1~2小时内快速鉴定新型冠状病毒，曾首批捐赠1万人份检测试剂盒驰援武汉。北京银行通过绿色通道实行即报即审，三个工作日完成企业贷款审批，发放支小再贷款500万元，解决企业疫情期间资金需求。

（八）安徽省合肥市创业服务中心积极帮助企业解决资金难题。安徽××通信电子技术有限公司，成立于2010年，国家级高新技术企业。公司成立以来一直致力于产品技术的研发工作，直到2015年才开始有一定的盈利能力，2017年实现销售额2500万元、利税近200万元。公司现有固定资产近1000万元，并有十几项自主知识产权。公司信用状况良好，现有银行贷款200万元，其中150万元是用法人名下房产抵押贷款、50万元是税融通贷款。作为该行业为数不多的集研发、生产、销售、安装一条龙的企业，全国各地政府项目的刚需将给公司带来源源不断的政府项目，公司规划2018年销售额超过8000万元，利润2000万元，但公司面临的现状有：**一是**自成立以来的研发工作几乎耗尽了公司产生的利润；**二是**公司及法人财产全部被抵押无法获得更多的银行贷款。公司的发展遇到巨大的瓶颈，流动资金从哪里来？政府招投标项目的启动资金从哪里来？为帮助企业解决资金难题，安徽省合肥市创业服务中心从五个方面入手开展企业服务：**一是**梳理现状发现原因，通过与企业主要管理人员多次沟通，对企业的财务状况进行详尽的分析，发现被服务公司无法取得资金的主要原因是被服务企业管理人员专业知识缺乏，对金融机构、金融产品的认识过于狭窄，多家银行的拒绝让他们认为已经无法从众多的金融机构中获得企业所需要资金。**二是**通过债权融资解决流动资金问题。通过对企业财务数据的分析，以及目前金融市场上多种金融产品的甄选，该公司 2017 年 150 万元的税收、价值 180 万元的住房及商铺具备一定的融资条件，最终帮助企业获取用信用贷款 100 万元，采用反担保增信融资 300 万元。**三是**通过“项目 + 股权质押”解决项目启动资金问题。通过对该公司的项目进行详细分析，承担项目属政府项目、行业属国家重点发展行业、有自主知识产权，最终将公司技术及产品优势、项目优势整理成文报送某国有投资公司，项目得到了该国有投资公司认可，并达成质押一部分公司股权，以1000万元为基础为该企业提供项目启动资金，并随着项目标的增加提高授信额度，这就从根本上解决了项目资金需求。**四是**通过股权融资解决长期发展问题。该公司规划通过 2~3 年的发展，力争销售额超过 5 亿元以上。按照公司的规划，公司对资金的需求是债权，项目和股权质押融资不能完全满足，特别设计了当该企业的销售额达到8000万元、利润2000万元时，以估值 2 亿元，向产业链上国有企业或上市公司释放 10%股权，融资 2000 万元，后期将以投资该企业的大型企业提供担保，质押60%股权，融资1亿元，从而实现满足 5 亿元销售额的流动资金及项目启动资金。**五是**通过资金链管理确保安全稳健地发展。为该公司进行融资解决当前困境的同时逐步制定、完善该企业的资金链管理规划，规划包含了何时进行何种债权融资、何时进行何种项目融资、何时进行何种股权融资、何时用利率低的融资置换利率高的融资、公司发展不同阶段的备用金的量和取得方式。在资金链规划执行过程中，派专业人员跟踪指导，确保公司安全、稳健发展。

（九）江西省赣州市科技创业服务中心积极帮助企业融资。××××××电力工程建设有限公司，成立于 2014 年 6 月，国家级高新技术企业，专业从事电力技术研发、设备制造、工程服务，公司现拥有员工过百人，产品线覆盖输配电一次及二次设备多个输配电技术与设备专业领域，业务涉及电力、冶金、煤炭等多个行业，为重大工程提供了电力电气设备的优质产品和可靠的技术装备保障。公司主要从事220/380伏、10.5千伏/35千伏高低压成套设备及电力在线监测设备、电力二次系统监控设备等产品研发和生产。企业面临的主要问题有：回款周期长、企业自有资金不足，尤其每年 10 月后资金严重不足；隶属房地产配套企业，属于限贷行业，且无任何固定资产抵押，银行贷款困难；从当地农商行申请到300万元信用贷款，银行和担保机构整体利率年化11.2%，融资成本太高，且担保公司违规操作挪用140万元，法律以及信用风险极高；应收账款过多且分散，催款成本高、难度大；业务战略转移。为此，专门提供了如下服务：**一是**梳理现状找原因。通过与实际控制人多频次、深入交流，对企业的发展战略、经营模式、财务水平、贷款情况、资产分布情况进行详细调研了解并分析，发现该企业并非没有融资可能，而是资金使用与业务开展不匹配：该企业管理人员专业知识缺乏，对金融机构、金融产品的认识过于狭窄，从而导致渠道狭窄、成本高、方式单一、企业资产利用效率不高；对资金的使用缺乏科学规划，财务人员专业素养不高，缺少从业务发展的角度通盘考虑企业资金使用情况的意识。**二是**迅速解决企业急需用钱的困境。客户的需求是在半个月内得到100万~200万元的融资，便迅速分析各金融机构的产品，并结合企业的需求紧急程度，设计选取产品，对接金融机构，一周内为企业成功融资140万元，迅速解决企业紧急资金需求，缓解燃眉之急。**三是**通过置换等方式组合产品，提高额度，降低成本，提高资产利用率。派出专家对该公司现有农商行300万元贷款进行详细分析，发现该笔贷款利率高、额度低，并没有体现国家税收优惠贷款政策的精神，究其因，主要是对政策理解不充分，且当地金融机构违规操作，便根据企业的实际纳税情况，结合政府相关扶持政策，决定为该企业置换成“财园信贷通”等扶持产品，置换后贷款额度增加至500万元。为了尽可能解决企业一年内的资金需求，经过与企业详细沟通，借助供应链金融产品融资800万元，基本上解决企业4000万元项目资金周转问题。**四是**该企业经营状况良好，但没有固定资产，通过信用获取贷款的可能性不大，但如果有固定资产作为抵押，根据当地金融机构的风控政策和标准，获得金融机构贷款的可能性很大。在走访中发现刚好有一家企业固定资产充足，但经营一般，根据这家企业所在地金融机构的风控标准，无法从金融机构获得贷款；鉴于以上情况，便设计以该企业作为贷款主体，以另一家企业的固定资产作为抵押物，成功从当地金融机构融资800万元，从而解决两家企业的融资问题。**五是**根据客户需求，为客户设计2018年资金管理规划，确保资金健康。派驻专业财务专家团队，对企业整体财务和资金状况进行科学的梳理和准确的诊断，提供专业性的指导意见和解决方案。根据客户现有融资、账期以及应收、应付账款情况，对客户 2018 年资金使用进行系统规划设计：对逾期半年账期内的应收款项，组织并组建专业的催收队伍，加大对应收款项的催缴力度，同时对逾期半年以上的应收账款启动法律程序，确保资金回笼；根据下游客户半年回款周期的实际情况，确保业务增长与资金需求、回笼同步，建议企业账户预留 300 万 ~500 万元资金作为备用金；针对下游业务占比分布以及回款及时性，优化下游合作商，减少甚至中断业务分布散、回款周期慢的下游合作商，开拓和增加回款周期短的合作商；针对上游供应商，根据采购量，选取合计采购量超过 50% 的三大供应商作谈判，将付款周期从 1 个月增加到 3 个月，优化整个企业内部资金链。

（十）江苏高创投资发展有限公司积极帮助企业融资。×××新能科技有限公司成立于 2012 年 6 月，是一家从事电动交通电池管理系统、动态储能、静态储能、微电网、新能源动力系统集成等领域的先进技术研发和生产的高新技术企业，主要产品有电动交通电池管理系统、电动交通车载充电机、电动交通电池系统配电盒，并提供电池系统集成、储能应用整体解决方案等服务。××新能与中国科技大学等成立联合研究院，拥有一支研发经验丰富、自主创新能力较强的专业研发队伍。研发人员占团队比例约 70%，其中博士 8 人，硕士 20 多人。公司承担了多个国家和省级科技项目，申请了十多项发明和实用新型专利，获得软件著作权和软件产品 20 多项。公司先后获得“高新技术企业”“×××省软件企业”“×××创新企业”“×××高新区小巨人企业”等称号，并通过了 IATF16949 认证。2018 年 7 月科大国创软件股份有限公司以 6.91 亿元的对价收购××××新能科技有限公司 100% 股权。自该企业入园以来，高创公司就把该企业作为一家重点服务的目标企业，结合企业的团队、产品情况为企业量身打造了服务计划，协助企业申请各类知识产权、申报国家高新技术企业等政府资金项目，其中青创资金累计支持该企业 300 万元，有效缓解了企业流动资金问题。同时高创公司积极帮助企业对接外部资源，与园区孵化培育的上市公司科大国创软件股份有限公司对接，给双方后续的并购打下基础。

我们的中小微企业需要优质的法律服务

（一）河北省秦皇岛市第一公证处创新办证模式。河北省秦皇岛市某公司急需一笔500万元的贷款用于购买生产所需的原材料，向银行申请信用贷款，但银行要在贷款合同公证并赋予强制执行效力后才能发放贷款。河北省秦皇岛第一公证处采用“微信确认+现场签字”的办证模式，即通过微信指导企业和银行对合同条款进行了完善，公证员随即与公司的股东一一取得联系，将告知书、核实内容发送至股东个人微信，股东均确认无误。所有的微信审查完成后，2020年2月25日，相关人员按照约定的时间依次错时来到公证处，对通过微信审查完的相关资料进行现场签字确认。公证处当天出具了公证书，银行随即发放了贷款。通过微信“一对一”审查，既缩短了“面对面”接触时间，又保证了公证质量，高效圆满地完成了此项公证业务，受到了企业与银行的一致好评。

（二）上海仲裁委员会创新四省五地当事人“无接触”庭审。某民营企业与某知名建工国企于2019年1月签订有建设工程材料买卖合同，双方当事人因材料款给付问题产生纠纷，涉案金额为人民币500万元，案件于2019年11月提交由上海仲裁委员会进行仲裁，并原定于2020年2月5日开庭。然而，突如其来的“新冠肺炎疫情”使得包括仲裁庭、双方当事人在内的所有人都被隔离在异地，无法按照计划前往上海，线下开庭被迫取消。作为中小微企业的仲裁申请人，尽快拿到裁决文书并实现资金回笼是其复工复产的关键；作为建工企业的被申请人，也盼望着能够通过仲裁程序定分止争，让双方回到应有的合作轨道。在了解到双方的切实需求后，上海仲裁委员会（以下简称“上仲”）秘书处主动与仲裁庭对接，针对案件的特点进行排摸与整理，并决心通过仲裁信息化技术，尽快解决当事人的燃眉之急。考虑到本案庭审参与人众多，合议庭三名仲裁员加之当事双方的多名代理人分别位于上海、黑龙江、四川、江苏、浙江等四省五地；且有人因被隔离，身边既无电脑又无案卷，如何既解决在线庭审的便利性，又实现仲裁制度的保密性和安全性，成为重点考量的对象。对此，上仲汇同仲裁业务部门与技术人员，采取了以下应对方案：**一是**安排专人与仲裁庭、双方当事人进行“一对一紧贴式”全流程仲裁程序服务与技术保障，通过《网络庭审须知》和《网络庭审技术操作指引》，以简明扼要的文字，将网络庭审的要点与流程、其与现场庭审的区别，以及如何触屏式举证、质证等要素予以明确，最大限度提升网络仲裁的合规性和便捷性。**二是**基于微信覆盖面广、适用频率较高的特点，设计出了“上海仲裁委员会微仲裁”的小程序，双方当事人只要搜索并进入“上海仲裁委员会微仲裁”，即可快速实现注册登录。**三是**运用最新的人脸识别技术，在微信注册中添加了人脸识别模块，只有通过人脸识别并提交相应身份证明文件的当事人才可以继续参与仲裁程序，有效地确保了仲裁程序安全、保密的基本要求。**四是**针对不同参与人所持有设备的不同类型，就网络庭审程序进行了“电脑端+手机端无缝衔接”的针对性设计。在各方的共同努力下，三位仲裁员和双方当事人的代理人分别在各自家中或者办公室参与并顺利完成了整个庭审，三位仲裁员还进行了线上评议。该案件的“无接触”式庭审，切实解决了因疫情原因导致现场开庭无法进行的问题，维护了中小微企业和国有企业的合法权益。

（三）江苏、山西律师事务所积极为中小微企业提供法律服务。江苏盐城经济开发区有近千家韩资企业，某汽车配件公司是其中一家韩国独资企业，其自2014年起，一直承租江苏某置业公司所属厂房。因2019年国内汽车产业下行，该汽车配件公司出现了经营困难，2020年春节后受疫情影响，财务状况更加恶化，出现资金断流情况。此时，江苏某置业公司将其诉至法院，要求支付拖欠的70万元租金并承担19万元滞纳金。收到法院应诉通知后，该汽车配件公司请求江苏汇建律师事务所姜军荣律师协助处理本案。2020年3月4日，法院以互联网开庭方式组织双方调解。姜军荣律师当庭出示了江苏省盐城市人民政府发布的支持中小微企业共渡难关的政策文件，根据其中减免中小微企业房租的意见，提出减免疫情期间2个月租金的建议，同时提供了出租方怠于履责给配件公司造成损失的相关证据，对该汽车配件公司遭受的实际损失数额进行了测算，要求江苏某置业公司减免租金。法庭对姜律师提出的意见和证据予以认定，江苏某置业公司也表示理解，双方当庭达成调解协议：江苏某置业公司同意之前承租期内每年减免1个月租金，疫情期间再减免两个月租金，合计减免7个月租金，同时放弃19万元滞纳金的诉求。该汽车配件公司资金困难问题得到较大缓解。山西某农业开发有限公司在新冠肺炎疫情发生后，资金周转也出现问题，在某农村商业银行办理的贷款难以偿还，复工复产资金短缺问题也十分突出。山西华尧律师事务所主任李选生律师与律所精通相关业务的赵朝良律师、王涛律师组成专业团队，结合农业公司的实际情况，建议利用过桥资金解决公司短期资金困难。经李选生律师团队积极了解各方需求并进行沟通衔接，最终协助农业公司、银行、小额贷款公司三方通过远程视频方式签订了包括《过桥资金使用合作协议书》《小额贷款公司贷款合同》在内的一系列合同，在防范法律风险和保障各方利益的情况下，解决了农业公司的资金困境。

（四）浙江省震天律师事务所帮助企业防范企业合同纠纷。2020年2月18日，浙江震天律师事务所律师胡坚、傅强受绍兴市司法局指派，前往A公司提供企业复工复产法律体检服务。A公司总经理张某主要就疫情期间劳动用工、合同延期交货等两个问题进行了咨询。张某曾于2020年1月底通知员工，要求员工2020年2月8日复工，承诺复工且提供劳动者双倍工资。但受疫情影响，A企业在2月实际处于停工状态，张某不确定是否还需要支付双倍工资。胡坚律师仔细分析通知的内容，询问张某发布通知的本意，最后确认须返工且提供劳动者可享受该待遇，因此建议张某可以无须支付其承诺的双倍工资。胡坚律师依据《劳动合同法》第44条规定，分六种情形进行梳理。据此，张某随即着手准备相关制度文件，向全体员工宣布及安排工资发放事宜。A公司产品的主要客户为国内某上市公司及国外几家大型企业，国内某上市公司的合同为格式合同，就逾期交货问题存在严格的违约条款，而该上市公司早在未复工前就明确要求某公司按时交货，否则就解除合同。胡律师先询问了张某该上市公司的具体情况，得知该公司需要A公司的该批次产品，且由于是上市公司并不想涉诉。所以胡律师大胆推断，该上市公司真实目的并非解除合同，而是以货期作为筹码少付货款。胡律师建议A公司通过绍兴市贸促委开一份不可抗力的证明，及时告知该上市公司并要求延期至具体时间。而国外的客户，虽然也有类似正常交货的要求，但期限相对较远，胡律师建议张某把货物发包给其他工厂做，虽然利润会相对减少，但至少能保证信誉。本案中，浙江震天律师事务所律师针对企业员工工资支付问题，根据《劳动合同法》为企业提供专业、具体的指导意见；针对合同延期交货问题，律师结合目前疫情的情况准确判断要求交货上市公司的真实意图，通过开具不可抗力证明免除延期交货的法律责任。公益律师专业务实的咨询意见，解除了企业经营管理者的疑惑，稳定企业发展预期，帮助企业防范化解疫情期间的法律风险。

（五）福建省三明市开通“12348”公共法律服务热线。 2019年5月，张某入职福建省三明市某公司，双方约定三个月试用期转正后，每个月有销售提成及津贴。受到不确定性因素影响，该公司进行裁员并与张某协商签订了劳动解除合同，双方约定补偿两个月基本工资。随后张某发现公司人事部门对其隐瞒了提成津贴的补偿金，只给公司部分员工发放了此部分补偿金。张某与公司人事部门协商未果，于2020年2月23日拨打三明市“12348”公共法律服务热线向平台咨询如何依法维护权益。在向张某详细了解情况后，三明市“12348”公共法律服务热线平台咨询人员作了如下解答：**一是**关于用人单位支付补偿金的法定义务。《劳动合同法》第46条对用人单位应当向劳动者支付经济补偿的具体情形进行了规定，其中第二款为“用人单位依照本法第三十六条规定向劳动者提出解除劳动合同并与劳动者协商一致解除劳动合同的”。第36条规定，用人单位与劳动者协商一致，可以解除劳动合同。本案中张某与用人单位协商一致解除劳动合同，用人单位应当依法向其支付经济补偿。**二是**关于经济补偿的计算。《劳动合同法》第47条规定，经济补偿按照劳动者在本单位工作的年限，每满一年支付一个月工资的标准向劳动者支付。六个月以上不满一年的，按一年计算；不满六个月的，向劳动者支付半月工资的经济补偿。张某自入职到与单位协商解除合同，工作时间为9个月，用人单位应当支付其一个月工资的补偿金。**三是**关于月工资的计算。《劳动合同法实施条例》第27条规定、劳动合同法第47条规定的经济补偿的月工资按照劳动者应得工资计算，包括计时工资或者计件工资以及奖金、津贴和补贴等货币性收入。劳动者在劳动合同解除或者终止前12个月的平均工资低于当地最低工资标准的，按照当地最低工资标准计算。劳动者工作不满12个月的，按照实际工作的月数计算平均工资。国家统计局《关于工资总额组成的规定》第3条规定，工资总额是指各单位在一定时期内直接支付给本单位全部职工的劳动报酬总额；第 4 条规定，工资总额由下列六个部分组成：计时工资、计件工资、奖金、津贴和补贴、加班加点工资以及特殊情况下支付的工资。根据以上法律规定可知，张某所述的提成和津贴，属于工资的范畴，应当计算至补偿金数额内。**四是**关于维权途径。平台咨询人员建议，张某可依据法律规定与用人单位协商，要求依法支付足额经济补偿；如协商不成，张某可依据本案事实和以上法律规定，依法向有管辖权的劳动仲裁委员会申请仲裁。张某对平台咨询人员耐心细致的解答表示非常满意，并说会再次和公司人事部门协商，同时留意证据的收集，根据协商结果做进一步打算。

（六）重庆市两江公证处为中小微企业提供优质法律服务。重庆某中小微企业根据当地政府部门安排，企业准备复工复产，但在重庆某银行的一笔 1000 万元贷款即将到期，急需向银行申请办理贷款展期手续。由于企业财务负责人短期内无法返渝，无法按银行的相关规定现场签订展期协议，向重庆市两江公证处求助。为此，重庆市两江公证处为企业和银行提供了远程核保签约监督公证服务。办理公证当日，把企业法人及银行工作人员请到了公证处，公证员和技术人员通过公证处的远程核保签约监督系统，连线身在新疆的企业财务负责人及身在成都的担保人，并请到公证处现场的企业法人对财务负责人的身份进行了核验，通过专业的身份核验软件对财务负责人及担保人的身份进行了核实，在身份验证这关键环节上了“双保险”。同时，告知了当事人相关办理流程和注意事项。随后，财务负责人和担保人在银行客户经理的指导下，完成了所有合同的签订、用印流程。在此过程中，公证处的两名公证人员对全流程进行了现场监督，并采用专业软件对上述过程进行同步录音录像，形成视频资料，刻录进光盘作为公证档案留档备查，对整个远程核保签约过程办理保全证据公证。最终，该企业顺利完成了所有贷款展期手续。。

（七）律师为湖南某园林股份有限公司申请股票在全国中小微企业股份转让系统挂牌项目提供非诉法律服务。湖南某市银丰园林景观有限公司（以下简称“银丰有限”）成立于 2009 年 10 月 26 日，2016 年 8 月 23 日以经审计的净资产折股整体变更为湖南银丰园林股份有限公司（以下简称“银丰园林”或“公司”)。银丰园林注册资本为 500 万元，其中股东杨众举持股 60%，股东杨众军持股 29.2%，股东刘庆持股 10.8%；经营范围为园林绿化设计、施工，花卉苗木的栽培、销售，园林信息咨询、亮化工程、景观石设计，园林材料、建材、农畜牧产品的销售；主营业务为香樟、桂花树（八月桂）、丹桂、黄山栾树等绿化苗木的培育、种植及销售；住所为益阳市迎丰镇;法定代表人为杨众军。2015 年公司开始启动新三板挂牌工作，2015 年 6 月中介机构对公司进行了初步尽调，经尽调了解到，公司存在出资、集体土地租赁、同业竞争、资产权属、临时用工等主要法律问题。经整改后公司于 2017 年 1 月 17 日成功挂牌，其争议焦点为：**一是**关于公司资本公积金转增资本的合法合规性问题；**二是**关于公司租赁及使用集体土地的合法合规性问题；**三是**关于公司与关联方之间的同业竞争问题；**四是**关于公司资产权属独立性的问题;**五是**关于公司临时用工的规范性问题。律师的代理思路为：**一是**关于公司资本公积金转增的合法合规性问题。2011 年 8 月 15 日，银丰有限召开股东会并作出决议，同意将银丰有限的注册资本由 200 万元增加至 1070万元，变更后股东杨众举出资 670 万元，股东杨众军出资 296 万元，股东刘庆出资 104 万元。各股东以现金出资 300 万元，以资本公积转增实收资本 570 万元。经核查，由于公司人员对会计准则理解不到位，将公司的苗木予以估值，增值部分直接计入资本公积，故此次资本公积转增注册资本 570 万元出资额存在瑕疵，其中，杨众举瑕疵出资额 370 万元，杨众军瑕疵出资额 150 万元，刘庆瑕疵出资额 50 万元。为了消除 2011 年 8 月资本公积转增注册资本过程中的出资瑕疵问题，律师给公司提供了两种方案：以现金 570 万元置换此次资本公积转增的全部出资；对此次增本公积转增的资本 570 万元做减资处理。方案一不会影响公司的注册资本且操作便捷，但需要大量的资金成本，方案二需要履行法定的减资程序，耗时较长，且会影响公司的注册资本，但不需公司承担大额的经济成本。最终公司根据自身情况选择了方案二，并于 2016 年 1 月 28 日召开股东会决议，同意减少注册资本 570 万元，并按规定通知了债权人，在《潇湘晨报》上发布了减资公告，且由会计师事务所对此次减资情况出具了验资报告，此外，公司全体股东承诺如公司因上述事宜仍被有关行政机关认定为存在出资瑕疵，全体股东愿承担连带赔偿责任。通过上述规范措施，律师认为，银丰有限于2011年8月资本公积转增注册资本的行为虽然存在法律上的出资瑕疵，但是该瑕疵已经由公司及其股东通过减资方式自行纠正，不存在重大潜在的法律风险。**二是**关于公司租赁及使用集体土地的合法合规性问题。首先，关于租赁集体土地的审批流程问题，经核查，律师了解到公司租赁的集体土地分布于黄花仑村、鲜鱼塘村、牛角仑村、邹家桥村、幸福岗村五个村。但公司对租赁集体土地所需履行的程序及应遵守的相关规定缺乏了解，只是简单的与当地的村民签订了土地租赁协议，但双方未约定由公司受让土地承包经营权，双方也未实际办理土地承包经营权证的变更登记手续。根据《农村土地承包法》第三十七条第一款“土地承包经营权采取转包、出租、互换、转让或者其他方式流转，当事人双方应当签订书面合同。采取转让方式流转的，应当经发包方同意；采取转包、出租、互换或者其他方式流转的，应当报发包方备案”，《农村土地承包经营权流转管理办法》第十一条“承包方与受让方达成流转意向后，以转包、出租、互换或者其他方式流转的，承包方应当及时向发包方备案；以转让方式流转的，应当事先向发包方提出转让申请”之规定，公司取得上述出租土地无须经过发包方事先同意，仅需要在发包方处备案，并报告乡（镇）人民政府农村土地承包管理部门，故公司取得集体土地租赁权的程序存在瑕疵。为消除公司租赁集体土地的程序瑕疵，律师建议公司向花仑村、鲜鱼塘村、牛角仑村、邹家桥村、幸福岗村五个村的村委会补办租赁土地的备案手续，并向乡（镇）人民政府农村土地承包管理部门报告。同时建议公司取得了花仑村、鲜鱼塘村、牛角仑村、邹家桥村、幸福岗村五个村的村委会出具的村委会证明，以及迎风桥镇政府出具的证明和双溪口乡政府出具的证明，证明公司租赁的集体土地均在相应村委会处办理了备案，且已报告了乡（镇）人民政府农村土地承包管理部门。**二是**关于公司是否存在占用基本农田，违反《土地管理法》《基本农田保护条例》等法律法规规定的问题。根据《土地管理法》第三十六条：“非农业建设必须节约使用土地，可以利用荒地的，不得占用耕地；可以利用劣地的，不得占用好地。……禁止占用基本农田发展林果业和挖塘养鱼”，《基本农田保护条例》第十七条“……禁止任何单位和个人占用基本农田发展林果业和挖塘养鱼”之规定，基本农田不能用于发展林业，违规占用基本农田将会受到相应的处罚。由于公司对相关规定缺乏了解，故未取得关于租赁土地所属性质的证明材料。为保障公司合法权益，避免因此发生纠纷，律师建议公司取得租赁土地所属的黄花仑村、鲜鱼塘村、牛角仑村、邹家桥村、幸福岗村村民委员会出具的村委会证明，证明出租土地不属于基本农田性质，未划入基本农田保护区，且地力较弱，属于中低产土地，经合法流转后，用于种植苗木不影响土地质量，不会对土地造成伤害，不存在违反国家法律规定的情形；取得了各村所在的镇人民政府和区国土资源局出具的证明，证明出租土地仅为一般农田，其地力较弱，属于中低产土地，未划入基本农田保护区，经合法流转后，用于种植林木不影响土地质量，不会对土地造成伤害，出租土地四周均无基本农田毗邻，该土地用于种植林木符合迎风桥镇土地利用总体规划，出租土地为村民自留地，既非基本农田也非一般农田，自留地作为农村集体经济的必要补充，是为了让农户发展副业，改善生活条件，因此可以用来种植林木，不存在违反国家法律规定的情形。通过上述补足措施律师认为，公司租赁的集体土地为一般农田或自留地，不存在占用基本农田的情形。公司租赁前述一般农田和自留地用于苗木培育和种植，在为村民创收的同时，因地制宜，对低效土地充分利用和整理，促进了土地集约利用，符合国家土地使用政策和地方政府的产业发展政策，不存在违反《土地管理法》第三十六条、《基本农田保护条例》及其他相关法律、行政法规规定的情况，也不存在因违反上述规定而遭受行政处罚的可能。**三是**关于公司与关联方之间的同业竞争问题。经过法律尽职调查，我们了解到公司的关联方某市景程园林景观有限公司与公司存在同业竞争的可能性，鉴于此我律师建议股东杨众举通过减资的方式退出某市景程园林景观有限公司，并辞去监事职务，离职后银丰园林与某市景程园林景观有限公司便不存在关联关系，即不存在同业竞争。关联方湖南青商世纪实业有限公司、湖南万林林业发展有限公司、某市资阳区银丰苗木种植基地（普通合伙）、某市资阳区绿韵苗木经营部（普通合伙）登记的经营范围中均与公司存在相似业务，但并未实际经营，为避免同业竞争的可能性，律师建议公司注销了上述关联方。**四是**关于公司资产权属独立性的问题。经调查律师了解到，公司生产经营过程中的林地使用权共计86.3亩均登记在股东杨众举个人名下，而非公司名下，且股东与公司之间亦未签订相关使用协议，公司的资产独立性存在瑕疵。鉴于此律师建议将86.3亩林地使用权从股东杨众举名下过户至公司名下，以保证公司资产的独立性。**五是**关于公司临时用工的规范性问题。经调查律师了解到，由于公司业务的特殊性，公司存在临时用工的情形，但公司未直接同村民签订劳动合同，存在因临时用工被劳动主管部门处罚或被劳动者索赔的风险。鉴于此律师建议公司取得了某市资阳区劳动监察局出具的《关于湖南银丰园林股份有限公司用工情况的说明》："湖南银丰园林股份有限公司在集中用工季节，吸纳当地农闲村民就近打工，符合当地村民的劳动习惯，有利于村民增加收入，村民能够按时足额领取报酬。经核查，我局暂未发现该公司违反社会保障法律法规的投诉举报。且该公司行为未因违反劳动和社会保障方面法律、法规及规范性文件而受到行政处罚，将来也不会因季节性临时用工而受到行政处罚。"同时针对临时用工问题，律师建议公司的共同实际控制人杨众举、杨众军作出书面承诺，承诺二人将督促公司尽量规范公司的劳动用工形式，如果公司因临时用工问题受到劳动主管部门罚款，或有关当事人要求公司赔偿，二人作为公司的共同实际控制人，将无条件承担公司该等罚款或公司因此遭受的经济损失。同时，公司出具声明，针对公司以前在劳务用工方面存在的不规范之处，公司将根据国家在劳务用工方面的政策规定进一步规范和完善公司用工行为，以符合国家相关法律法规的要求。

（八）律师为欧盟对原产自中国的热轧卷板反补贴调查提供法律服务。2016年5月13日，依据欧洲钢铁协会申请，欧盟委员会作为调查机关发起了针对原产自中国的热轧卷板钢铁产品进行反补贴调查。该案共九家中国被调查产品生产商参与了抽样调查程序，最终四家中国企业被确认为强制应诉企业:中国本溪钢铁（集团）公司、河北钢铁集团、江苏沙钢集团、首钢集团。四家强制应诉企业在调查期内向欧盟出口量占中国总出口量的68%。Dentons中国重庆办公室与Dentons欧洲布鲁塞尔办公室跨区域合作组成律师服务团队代理了四大强制应诉企业之一，中国最大的民营钢铁企业江苏沙钢集团。该案调查期内，沙钢集团出口至欧盟的被调查产品销售额大约为4.5亿美元，在欧盟市场具有较大市场份额。针对被调查产品热轧卷板，欧盟委员会已于2016年2月发起了针对中国的反倾销调查，故在反补贴调查发起时，反倾销调查还在进行当中。反倾销调查于 2016 年 10 月作出初步裁决，2017 年 6 月 4 日作出最终裁决。在反倾销调查进行过程中，欧盟委员会进一步发起反补贴调查，反倾销和反补贴几乎同时进行，可见欧盟并不想给被调查产品留“活路”。特别地，此次调查正值对中国“市场经济国家”（欧美国内法中的概念，并非 WTO 规则概念）地位认可的敏感时期。根据《中国加入世界贸易组织议定书》（以下称简称入世议定书）第 15 条，WTO 成员方可以依据国内法对中国产品的反倾销调查中使用“替代国”方法，且无论如何应在加入之日 15 年后（即 2016 年 12 月 11 日）终止。因此，无论欧美国家是否承认中国为一个市场经济体，以替代方法计算正常价值和倾销幅度的做法，均应自 2016年12月11日起停止使用。因此，本案调查时，“中国入世议定书第 15 条”正是国内外关注的焦点。然而，各方面信号均显示，欧美等 WTO 成员企图“耍赖”，在 2016 年 12 月 11 日之后延续反倾销“替代国”做法；后来的应诉过程也表明，欧盟想借助此次反补贴调查机会收集资料作为否认中国市场经济地位的相关证据。江苏沙钢集团特委托北京大成（重庆）律师事务所代理中国出口商全面配合欧盟委员会的反补贴调查，以期获得不征收或少征收反补贴进口附加关税的结果，维持中国出口渠道。大成律师服务团队深知所处的敏感时期以及自己代表的不仅仅是一家普通的中国企业，背后还有整个中国钢铁行业甚至是整个中国经济状况在 WTO 的呈现，在应对调查过程中，承受了来自各方的巨大压力。本案于 2016 年 5 月 13 日正式发起立案，律师代理沙钢集团应诉，代理中国出口商全面配合欧盟委员会的反补贴调查，以期获得不征收或少征收反补贴进口附加关税的结果，打破贸易壁垒，维持中国出口商在目标国家继续出口的渠道。**其争议焦点为：**欧盟国内产业主张中国政府对原材料的补贴传递到下游产业，因此政府低价提供原材料项目是主要的补贴项目。另外，申请方也指控中国出口商从低价提供电力、西部地区税收优惠、土地使用税减免、高新技术企业所得税优惠、进口原材料和设备的关税和增值税减免、驰名商标和中国著名商标的一次性奖励、中小微企业开拓国际市场基金、银行特别是国有银行贷款利率优惠等补贴项目中受益。上述主张中提到的各类补贴项目均是整个案件调查的重点内容。**律师的代理思路为：**律师服务团队运用各自的专业与勤恳，积极地配合了整个调查，在两个星期内提交了抽样问卷并被确认为强制应诉企业参与应诉。经过一个多月的准备，于2016年8月正式提交了原始的调查问卷，并在其后两个月内先后收到三次补充问卷，均完全配合答复并提交了补充问卷。2016年10月31日至11月11日之间积极配合了现场核查，在核查之后多次提交律师抗辩和评论以维护企业利益。准备和提交调查问卷是整个案件的核心工作，所有法律的规定都被转化为具体的问题和数据，在代理客户回答相关问题的时候必须对包括《WTO补贴与反补贴措施协定》和《欧盟反补贴基础条例》非常熟悉，这样才能够有效保护客户利益。反倾销反补贴律师同时需要具备深厚的财务背景，最终反倾销和反补贴税率的计算都是基于财务数据的分析。在问卷回复准备期间，有效的法律策略需要熟练驾驭财务数据来加以贯彻，但最根本的还是对法律及判例的深刻理解。沙钢集团虽然是以集团名义整体应诉，但具体涉案的企业包括三家被调查产品生产公司、一家中间原材料生产公司、两家原材料采购公司、一家境内贸易公司、三家境外贸易公司、一家境内财务公司以及沙钢集团公司（以上所有公司的母公司）本身，以上十二家公司作为独立的法律主体参与到整个调查，分别回复了调查问卷并提供了相应的证据。原始的调查问卷主要分为5部分：**一是**公司的基本情况，包括公司营业信息、股东会、董事会情况，内部结构信息和外部关联公司信息；**二是**涉案产品信息；**三是**公司的整体财务数据，包括销售额、产能产量、生产成本、库存商品、劳工信息、固定资产投资等；**四是**对欧盟的销售数据；**五是**政府补贴信息。此部分是本案调查的重点，具体包括以下内容：（1）政府计划和项目，如中央政府的五年计划等；（2）政府低价提供产品和服务项目；（3）政府对电力、煤气等燃料动力供应的补贴；（4）政府低价提供原材料（如煤、焦炭等）；（5）政府提供土地使用权；（6）银行贷款利率的补贴，特别是国有银行发放的贷款利率；（7）政府提供给企业出口信贷计划；（8）政府提供的税收优惠，如税收减免等；（9）其他任何形式的政府补助。律师先后于2016年8月提交了原始的问卷回复、2016年10月先后三次在调查机关拒绝延期的基础上及时提供了补充问卷回复。原始问卷及补充问卷回复中我们提供了应诉主体针对每一部分的明细数据，以及大量的证据原件及英文翻译件以佐证，包括：所有公司的基础资料（营业执照、验资报告、公司章程、股东会和董事会决议等）；所有公司持有的超过100多块土地转让合同、土地权属证书、付款证明；所有公司的近100份贷款合同；调查期内所有公司的电力和燃料动力超过100份采购发票和付款证明;所有公司2012年至2015年的增值税和企业所得税纳税资料；所有公司收到的政府补助文件；所有公司2012年至2015年的审计报告。为了进一步佐证我方的主张，律师甚至提供了相关的中国国内法及翻译件，如与税收、土地使用权相关的法律。自身在应对反补贴调查的同时，律师也配合了中国政府在该案的应诉，向中国政府提供了企业调查问卷回复，以及对应的证据材料：关联企业清单、政府补贴项目清单、土地信息、银行贷款清单、原材料采购信息、电力采购价格明细等。在正式现场核查之前，调查机关已经向中国企业提出了无理要求：向银行出具函件许可，调查机关自行前往银行调取其所有的银行存贷信息。此要求不仅无理，且与案件调查本身无关，与案件有关的银行贷款信息我方均已经按照欧盟反补贴调查相关规定真实、完整地提交，如果满足其这一要求，可能会泄露很多与案件无关的企业信息甚至整个中国钢铁行业信息，后果不堪设想。虽然律师代理应对调查的原则是“配合”调查，但律师在考虑了各方面因素特别是中国入世15年的敏感时期这一因素之后，认为不能无条件配合，配合应止于案件本身。在与客户充分沟通之后，最终正式拒绝了这一无理要求。同时，中国所有应诉企业均拒绝了这一要求，杜绝了可能存在的风险。2016年10月31日至11月11日，欧盟委员会对沙钢集团进行了长达整整两个星期的现场核查，仅仅是补贴调查（未与倾销调查一起）现场核查如此之久已属罕见，内容包括前期提交的所有数据资料的真实性、完整性的核实，以及现场提出的进一步要求。此次核查内容也非常广，除了调查问卷提交的所有内容，甚至调查了沙钢集团海外投资的情况现场调查机关要求我方提供调查期之前收到的政府补贴数据，理由是存在之前收到的政府补贴但分摊到调查期内的收益未填报的可能性。代理律师当场提出该要求不合理，我们应当相信独立的第三方审计师出具的审计报告，如果调查期内的审计报告未显示分摊至当期的收益，我方不应当自行分摊，并提出了相关WTO案例供参考。在调查机关的一再坚持下，律师按照要求提供了所有公司近十年的补贴数据和资料，并提出了具体的分摊建议以最大限度维护企业利益。核查现场遇到的另一困难是企业持有的土地使用权问题。由于沙钢集团内作为独立法律主体的关联公司众多，历史久远，中间经历众多变更，涉案企业最初的土地转让情况难以追溯，代理律师在核查前后均多次前往当地国土部门了解情况，获取信息和资料，最大限度的还原历史，避免被认定为不配合的企业。根据欧盟委员会2017年2月的公告，本案无临时反补贴措施，案件调查继续。但欧盟委员会2017年3月6日的发给我方的正式邮件给了我方致命一击:欧盟委员会决定不接受沙钢集团的应诉，理由有两点：**一是**贷款银行未参与到本案的调查，即此前沙钢集团及其他所有应诉中国企业均拒绝了允许调查机关前往银行调取所有银行信息的要求。**二是**沙钢集团未填报调查期之前收到的政府补贴，这部分补贴存在分摊收益至调查期内的可能，即现场核查时调查机关提出的要求。针对该邮件，如果我方不提出异议，将会导致整个应诉的失败，沙钢集团最终将以不配合的企业身份在该案件中获得一个惩罚性的最高税率，这是企业和律师均不希望看到的，故代理律师迅速地针对该邮件中两项理由在事实基础上提出了专业的抗辩并最终被接受。2017年4月28日，欧盟委员会发布终裁披露，代理律师认真研究终裁披露的内容和计算方法之后，提出了专业的评论和抗辩，特别是针对贷款基准利率问题，欧盟委员会非常武断地用极端例外的信托融资利率认定为中国企业一般的融资成本，极大地扭曲了相关项目的补贴率水平。而且在有关不同贷款期限的利率问题上，适用相对差而不是绝对差，进一步在扭曲的基础上扩大了扭曲程度。虽然针对前者的抗辩最终未被接受，但欧盟委员会接受了就后者的评论并相应修正了计算方法，进一步降低了沙钢集团的税率。纵观整个调查过程，可以发现由于此次调查正值中国入世15年、入世议定书第15条即将失效的敏感时期，欧盟明显想借助此次调查机会收集资料作为否认中国市场经济地位的证据，并且在调查过程中多次向应诉企业发难，如拒绝所有延期申请，要求应诉企业向银行出具函件许可调查机关调取所有的银行存贷信息，进行了长达半个月的现场核查，要求核查沙钢集团近十年的财务信息等。代理律师巧妙地配合了调查的每个阶段，并对欧盟委员会各阶段的报告提出多次抗辩和评论，特别是对终裁披露的评论直接达到了降低沙钢集团税率的效果。**案件的最终结果为:**经过一年多的努力应对调查，该案于2017年6月9日正式终裁，大成服务团队代理的沙钢集团获该案最低税率4.6%，同时该税率也是欧盟钢铁案件调查历史上的最低反补贴税率。该案其他涉案中国企业的调查结果分别为：河钢7.8%；本钢28.1%；首钢31.5%；其他配合应诉企业17.1%；其他不配合应诉企业35.9%。

（九）律师为河北某科技股份有限公司新三板挂牌前避免同业竞争提供法律服务。河北明尚德玻璃科技股份有限公司（简称明尚德公司）成立于2010年7月29日，法定代表人高某亮，住所地为河北省沧州市河间市新区，注册资本2500万元，28位股东中，高某亮持股40.086%，高某明持股40%，二人合计持股80.086%。公司长期从事玻璃技术综合利用研究和开发，以及工艺玻璃制品生产销售。2012年通过全球公认的质量和安全服务机构INTERTEK公司的WCA认证，是雀巢、星巴克、百思买、沃尔玛、乐扣乐扣、布朗博士、旭硝子等世界知名企业的长期供应商，产品远销欧美日韩等发达国家。为了拓宽融资渠道，推动公司规范化发展，拟向全国中小微企业股转让系统有限责任公司（简称“新三板”）申请，实现股权挂牌。河间市瑞亮玻璃制品有限公司（简称瑞亮公司）成立于2003年7月，法定代表人高某海，注册资本260万元，其中高某海出资160万元，占注册资本的61.54%；高某亮、高某明各自出资50万元，各占注册资本的19.23%。登记经营范围为玻璃制品生产、加工、销售。河北明亮玻璃制品有限公司（简称明亮公司）成立于2003年11月，系中外合资企业，总投资20万美元，其中中方瑞亮公司出资15万美元，乙方CCC国际有限公司（注册于英属维尔京群岛，为美国人比尔·克普尼克设立的独资公司）出资5万美元。法定代表人高某海。该公司从事玻璃工艺品生产和销售。三个公司均由高某海、高某亮、高某明实际控制，高某亮、高某明系亲生兄弟，高某海与二人系父子关系，三个公司属于被实际控制人共同控制的关联公司。因此主办券商提出由于三公司经营范围都属于玻璃制品制造和销售，所从事的业务相同或近似，几方疑似构成竞争关系，由此应当明确其中是否存在同业竞争问题，特委托河北衡泰律师事务所对此问题给予法律论证并提出工作方案，以便在挂牌前规范公司管理，避免影响挂牌进度以及后续IPO计划实施。**其争议的焦点为：**在具有同业竞争的公司之间，尤其是具有控制与被控制关系的两家公司之间，控股股东或实际控制人可以任意转移业务与商业机会，这样很容易损害被控制公司的利益。所以，为维护上市公司本身和以中小股东为主的广大投资者的利益，很多国家的资本市场对同业竞争都实行严格的禁止。我国《公司法》第149条第1款第5项规定:“未经股东会或者股东大会同意，董事、高级管理人员不得利用职务便利为自己或者他人谋取属于公司的商业机会，自营或者为他人经营与所任职公司同类的业务。”对同业竞争实行禁止制度。同时，与证券发行相关的法律法规也都把发行人与控股股东、实际控制人及其控制的其他企业之间不存在同业竞争是企业上市或者挂牌的基本条件之一。“新三板”挂牌条件和要求中对同业竞争问题并未做明确规定，基本参照上市公司条件。就此问题，企业经营人员和经办机构部分人员提出三公司之间不存在实际的同业竞争问题，判定关联公司是否存在同业竞争，不仅局限于从经营范围上作出判断，而应遵循“实质重于形式”的原则，从业务的性质、业务的客户对象、产品或劳务的可替代性、市场差别等方面进行判断：**一是**从产品制造方式看，日用玻璃制品从制造方式上主要分为机制玻璃制品和人工吹制玻璃制品。从外观上比较，机制产品造型单一，款式较少，产品较笨重，产品的流线性较差，杯挺与底部结合处过渡生硬，牢固性差，但产品尺寸规格的一致性较好；人工吹制产品辅以各种装饰，造型变化多，色彩及款式丰富，产品较轻盈，产品流线性好，明显流露出美感，产品自身设计能够紧跟市场消费的时尚潮流，能够给消费者较多的选择，能够最大限度满足个性化消费主张。明尚德公司研发生产的属于耐高温、高强度人工吹制的高端玻璃制品，瑞亮公司生产的是机制低端玻璃产品，瑞亮公司自出资设立明亮公司以后，几乎将公司全部资产、业务转移至明亮公司，生产规模几近完全萎缩，基本没有产品生产。**二是**明尚德公司是雀巢、星巴克、百思买、沃尔玛、乐扣乐扣、布朗博士、旭硝子等世界知名企业的长期供应商，大部分产值来源于对欧洲、美国贸易；明亮公司面对的是国内中低端市场。综上，主办券商倾向认为三公司没有同业竞争关系。而律师则认为产品或劳务的可替代性、市场差别须结合生产工艺、市场竞争、主营业务是否突出等情况进行深入的分析，进而提出应对目前挂牌企业潜在同业竞争的风险进行评估，并根据风险评估情况采取消除潜在同业竞争的措施。由此形成的焦点问题是：**一是**三公司之间潜在同业竞争的风险程度多大；**二是**如何消除潜在同业竞争的风险。**律师的代理思路为：一是**关于三公司之间潜在同业竞争的风险分析。律师提出，确定关联公司之间是否存在同业竞争问题，存在“同业不竞争”情形，必须采取审慎态度予以论证明确，由此与其他经办机构人员深入收集、研究了关联公司的公司章程、股权结构、以往会议文件等材料，以及关联公司的财务报告及主营业务构成等相关数据，并实地询问实际控制人相关问题，走访生产或销售部门，对关联公司实际业务范围、业务性质、客户对象、与各自产品的可替代性等情况进行深入调查，对明尚德公司实际控制人对避免同业竞争是否曾经作出承诺以及承诺的履行情况做了必要的核查工作。通过如上工作，律师认为，高某海等父子3人实际控制的三个关联公司潜在同业竞争的风险较大，理由为:（1）日用玻璃制品从制造方式上存在机制玻璃制品和人工吹制玻璃制品的重大差异，但玻璃产品的前期设备和工艺是相同的，都经过原料预加工、配合料制备、熔制、成形等工艺环节，需要的机器设备大致相同，企业完全可以根据市场需要情况对两种产品生产随时作出调整，而且机制玻璃包括机压玻璃和机吹玻璃，随着机器设备升级和工艺水平的提高，机吹玻璃利用玻璃液的可塑性，用高压气体将玻璃液吹制成形，可以做到与人工吹制产品相媲美，产品细分差别越来越小;（2）报告期内明尚德公司境外销售的占比较大，但受国际国内经济形势的影响，人民币对美元、欧元等主要货币的汇率经常出现一定幅度的波动，汇率的波动会对公司境外销售及盈利造成一定的影响，明尚德公司根据以上变化，曾经多次调整产品结构，面向国内中低端市场，生产大众化机制产品，关联公司之间实际出现业务竞争及利益冲突问题;（3）从历史沿革来看，三公司均从家庭作坊发展而来，缺乏现代化公司管理制度基础，实际控制人为父子关系，属于紧密的共同实际控制人，居于绝对控股地位，对公司的经营决策、人事安排和利润分配等重大事项具有绝对权力，虽然就同业竞争问题作出专门书面承诺，但缺乏有效监督机制，面对未来的市场变化，很可能随时决定调整产品结构和市场指向，进而发生损害公司及中小股东的利益的风险。由于以上考察结果和理由，律师提出关联公司存在着潜在同业竞争的巨大风险，为了公司规范化发展，需要在挂牌前予以规范消除。**二是**关于如何消除潜在同业竞争的风险问题。结合实际情况，律师建议，突出明尚德公司主体地位，整合企业生产，形成合力，打造明尚德金色品牌；瑞亮公司作为合资企业，没有实际的生产和市场，已经没有存在的必要，考虑清算后注销；明亮公司作为独立公司，具有独立的品牌和市场声誉，拥有自己名下的土地资产，土地租赁等重大合同尚在履行工程中，建议由明尚德公司收购，消除同业竞争问题，化解潜在同业竞争风险。**该案件的结果为：**主办券商与公司实际控制人采纳律师意见，共同制定工作方案，完成如下工作：**一是**明尚德公司与瑞亮公司和 CCC 国际有限公司分别订立股权转让协议，以公允对价，瑞亮公司和 CCC 国际有限公司将各自所持明亮公司所有股权出让给明尚德公司，经过商务部门批准，瑞亮公司和 CCC 国际有限公司终止合资合同，明亮公司由合资企业变更为内资企业，并成为明尚德公司全资子公司。**二是**依照生产工艺和产品分类，明尚德公司与子公司明亮公司整合生产因素，完善资产权属登记，确定各自的产品结构和未来发展方向，完善公司治理结构，建立完善的议事决策机制和财务管理制度。**三是**瑞亮公司多年来除参与明亮公司管理外，基本没有自身业务，由公司股东会决议，依照法律法规的程序规定，通过股东自行清算，注销公司登记。**四是**敦促公司控股股东高某亮、高某明为避免可能发生的同业竞争，分别出具避免同业竞争承诺函，承诺其本人及本人控制的公司将不直接或间接从事或参与任何在商业上对公司及其下属子公司构成竞争的业务及活动；将不直接或间接开展对公司有竞争或可能构成竞争的业务、活动或拥有与公司存在同业竞争关系的任何经济实体、机构、经济组织的权益，或以其他任何形式取得该经济实体、机构、经济组织的控制权。全国中小微企业股转让系统有限责任公司经审查，于 2015 年 10 月 20 日出具《关于同意河北明尚德玻璃科技股份有限公司股票在全国中小微企业股份转让系统挂牌的函》(股转系统〔2015〕6911 号)，同意明尚德公司在“新三板”挂牌。

（十）律师积极为中小微企业买卖合同签订优化法律服务。某工程公司与某配套公司系常年合作伙伴，某工程公司为供货方，为某配套公司提供各类工程用零件。双方交易数额相对较小，批次较多，平时交易也并未签订正规的买卖合同，仅通过传真方式进行订购供货，通常在货款累计到一定数额后，进行滚动式结算。后因某配套公司结算货款后，长时间未向某工程公司支付货款，该期结算完成，某配套公司又多批次采购某工程公司的零件，仍不支付贷款，双方遂产生纠纷，某工程公司最终决定委托君赛律师事务所向法院提起诉讼。在研究材料的过程中，律师发现了类似的中小微企业在买卖交易过程中存在非常多的风险，一一列举如下：**一是**双方未签订正规买卖合同，没有对交货、付款日期及违约责任进行约定，一旦其中一方长时间不支付货款，想要追究其违约责任是比较困难的。**二是**双方的订购供货单通过传真的方式进行互动，传真件尽管现在为法律所认可，但是其证明力仅相当于复印件，在诉讼中无法形成有效的证据链，其证明力是非常低的，若对方对其效力不予认可，且有充分理由的话，足以影响到法官对于该传真件的态度。**三是**双方在货物交付的时候，没有明确的交付凭证。供货方的发货方式为联系厂商进行发货，厂商通过物流公司进行运输，所有的物流公司运输凭证都交由厂商保管，厂商并未对此类凭证进行长期保管，造成供货方在对交付货物时间进行举证的时候十分困难。**四是**企业账目混乱，采购方的货款经常直接转账进入供货方股东的账户内，造成法人在财产上的独立能力缺失，以至于如果供货方企业对外负担债务的时候，股东可能要承担连带责任。另外，供货方还代第三方进行收款，诉讼中，采购方欲将此款项算作偿还供货方的货款，抵消拖欠的货款，使供货方在货款与违约责任的计算上产生了许多阻碍。针对以上几点风险，律师在诉讼中给出了如下的解决方案：**一是**没有约定的违约责任，只能采用法定的违约责任，即违约金按照同期贷款的罚息利率进行计算，违约金的起算时间为催告偿还货款的时间。因此，对于没有约定付款时间，一旦一方长时间不支付货款，应当及时进行催告。**二是**双方在订购供货的时候，不应只通过传真的方式订立合同，而是应当通过电子邮件、邮寄等方式进行确认，保证形成完整的证据链或者有足够证明力的证据原件。**三是**若供货方委托厂商发货，应当要求厂商及时交付发货凭证，并进行长期保管。**四是**明确企业法人与股东个人账户之间的界限，防止财产混同；若要第三人代收款项，则应当由第三人向支付款项的一方出具书面的付款指示，防止账目混乱。

我们的中小微企业需要优质创业服务

（一）为 ×××××× 汽车电子有限公司提供优质创业孵化服务。 ×××××× 汽车电子有限公司创始人 ×××，2008 年在英国诺丁汉大学获经济管理学硕士学位。在学习期间他感受到了国内特别是芜湖良好的创业氛围，于 2014 年初毅然回国创业发展。在创业中心帮助下，××× 建立了汽车传感器研发团队，在 2014 年 9 月成立 ×××××× 汽车电子有限公司，入驻 ××× 创业服务中心孵化。公司在成立初期，面临重重困难，既有技术方面的不足，又有资金方面的短缺。××× 创业服务中心主动上门辅导，想方设法为企业提供帮助，解决困难。在了解到中国在传感器方面最具科研实力的当属中科院上海微系统所后，带领企业多次赴沪，帮助与中科院微系统所成功对接，促成双方的技术合作，弥补自身技术上的不足；同时共建汽车电子系统研发联合实验室，着力完成在双方共同关注的汽车电子领域内，传感器、电子模块以及国家部委或地方政府的汽车电子系统项目，实现汽车电子产品的产业化。同时，××× 创业服务中心帮助企业与 ××× 光电技术研究所和 ××× 汽车产业技术研究院等建立合作关系，进行技术交流及产品的合作开发等，进一步提升企业技术创新能力；当了解到公司需建设高端研发生产车间但苦于资金不足后，××× 创业服务中心斥资近 100 万元专为该公司量身定制建设了 GMP 净化技术共享服务平台和面积 1100 平方米、净化等级十万级（个别区域万级）的净化车间；为解决企业创业初期资金问题，××× 创业中心帮助企业争取到政府的大力扶持，××× 经开区为企业全额支付五年的场地租用费，大大减少了企业的创业成本，让企业把有限的资金全部用于企业的研发生产，助力企业快速发展。2015 年，××× 创业服务中心与北京大学创业训练营联合开展创业培训，通过开展创业马拉松、商业模式优化定位、营销实战等课程快速提升创业者综合能力，让其快速成长一名合格的 CEO，×××××× 汽车常务副总经理 ××× 成为第一批学员。学习归来的 ××× 对此次培训非常认可，不但在企业发展上有了新认识，更重要的是结识了众多志同道合的合作伙伴。在 ××× 创业服务中心的孵化培育下，公司在 2015 年实现年度销售收入 540 万元，2016 年突破 1200 万元，并被成功认定为国家高新技术企业，同年获批 ×××××× 市高层次科技人才团队，获 1000 万元政策支持。在产品销售上，公司实施“一点两翼”的战略布局，与国内各大主机厂建立商务合作，如众泰汽车、北汽新能源、北汽越野、比亚迪、奇瑞、上汽通用、潍柴等；在国际市场领域，积极拓展第三方售后市场，例如美普盛、UCI 等公司。主打产品分为两大类，即汽车电子传感器和电子控制模块。目前已建成具备年产 100 万套汽车电子产品的生产场地，2017 年实现销售收入 1860 万元，解决就业 40 余人，实现了良好的经济效益和社会效益。

（二）为 ×××××× 节能技术有限公司提供优质创业孵化服务。 ×××××× 节能技术有限公司 2014 年入驻 ××× 创业服务公司孵化，致力于高耗能工业领域节能环保技术开发、服务。公司创始人 ×××，早期为美的公司管理人员，在美的期间积攒了较多的社会经验和资源，学习了大量节能改造方面的知识，然而亲身创业才发现创业并非易事，辗转多地后最终选择芜湖，选择入驻 ××× 创业服务公司发展。公司入驻 ××× 创业服务公司之初，因资金薄弱，场地无法装修。××× 创业服务公司得知企业困难后，将毕业企业遗留的装修完备的用房调拨给该公司使用，大大减少了企业初期的建设成本。同时，××× 创业服务公司多次为公司对接专利主管部门、代理机构，帮助企业成功申报 28 项专利，并对接银行、风投机构、天使资金等，使企业成功获得投资人投资近 2000 万元，解决了资金短缺的重大难题，进而解决了技术人员短缺、产量无法扩大的问题。2016 年，在 ××× 科技类创业项目评选中荣获优秀等级，并在 2017 年实现销售收入 2600 万元，先后在安徽、山东、河南、江苏、辽宁等地以合同能源管理模式实施多个项目，均获得成功，为高耗能企业节能环保作出突出贡献。企业入园以来，××× 创业服务公司多次为企业对接银行、高校资源，并安排创业导师进行一对一辅导。在中心的帮助下，该公司成功入选安徽省“2017 年度全省工业领域节能环保产业‘五个一百’推介目录”，该目录安徽省仅有 25 家企业入选，芜湖市仅有 2 家。成功被认定为安徽省节能服务优秀企业，获批政府奖励资金 50 万元。

（三）为 ×××××× 汽车科技有限公司提供优质创业孵化服务。

××××××汽车科技有限公司2014年入驻×××创业服务中心孵化，是一家以从事新能源汽车设计为主的科技型企业。企业创始人×××为×××工业大学硕士毕业，曾在奇瑞公司工作4年。2013年，×××开始了自己创业历程。他最先成立了×××公司，主营汽车外形设计，然而因势单力薄，在市场上无法生存，公司成立短短几个月就不能继续运行。在得知×××创业服务中心专为创业者、小微企业提供孵化服务后，他毅然来到了×××创业服务中心，并注册成立××××××汽车科技有限公司。成立初期公司仅有3人，可谓一穷二白。×××创业服务中心针对该企业情况，仔细研究，在技术上帮助公司与芜湖市汽车产业技术研究院、×××汽车有限公司等对接，使其技术提升并获得业务订单；在资金上帮助与×××证券、×××投资人对接，使其成功获得天使投资300万元，解决了企业的资金需求；同时×××创业服务中心帮助对接×××工程大学，开展产学研技术合作以及人才培养储备方面的合作。公司在×××创业服务中心的支持下，在技术、市场、资金、人才等方面均实现较好的补强后，开始迅速地发展。2015年，公司项目在芜湖市科技类创业项目评选中获得良好等级。2017年实现销售收入1800万元，解决就业40余人。目前，公司正筹划建立芜湖市新能源汽车产业技术研究院，主攻新能源汽车设计、三电系统、智能控制模块开发等，积极为地方首位产业发展作出贡献。

（四）为××××××汽车部件有限公司提供优质创业服务。××××××汽车部件有限公司是一家专业从事真空制动伺服系统、车用传感器等汽车零部件研发生产的科技型企业。企业在创业初期，面临生产场地缺乏、知识产权空白、资金缺乏、市场订单较少等各类发展问题。为解决企业的短期资金短缺问题，×××创业服务公司积极协助企业申请2015年芜湖市孵化种子资金并获得10万元资金支持；为促进企业的长远发展，×××创业服务公司将×××汽车真空制动系统该项目推荐至芜湖市天使投资基金，×××信投集团作为芜湖市天使投资基金管理人，对企业的基本情况、管理团队、主要产品、财务情况、企业发展规划、市场环境及潜在风险等方面进行尽职调查，认为企业符合芜湖市产业发展规划，作为初创期科技型企业，其拥有自主知识产权、科技含量较高、创新能力较强。在申报×××天使投资基金投资决策委员会决策通过后，给予投资企业133万元的资金扶持。2016年11月，××××××汽车部件有限公司天使投资基金项目签约，标志着芜湖市乃至安徽省首笔天使投资基金正式落地，多元化的资金投入实现了企业较快发展。国资背景的进入为企业争取订单带来增信背书，通过“资金+服务”模式，企业发展逐步走向正轨并进入快车道。2017年，公司获得安徽省2017年高层次科技人才团队项目C类300万元支持；同年11月，获得省高新技术企业培育证书；2018年7月，获得国家高新技术企业认定。目前××××××汽车公司管理团队健全，申请自主知识产权5项，获得ISO/TS16949：2009质量体系认证，产品成功供应福田汽车、江陵底盘、义和车桥、长江汽车、海马汽车、万安科技、万向系统、东南机电等汽车整车及配套厂家。

（五）为××××××汽配有限责任公司提供优质创业服务。 ××××××汽配有限责任公司成立于2012年2月，注册资本150万元，是一家从事汽车内外饰件模具开发、注塑喷涂的汽车零部件企业，目前公司的产品主要有汽车门把手、中控面板、音响面板等汽车零件。企业于2012年注册成立并入驻×××创业服务中心。企业在入驻×××创业服务中心初期，面临场地、管理、资金、技术、质量、人才等诸多问题，×××创业服务中心对该项目进行了评估考核，该项目符合芜湖市汽车零部件主导产业政策，市场前景较好，根据企业的实际情况，×××创业服务中心为企业量身订制了创业辅导计划。在场地设施方面，×××创业服务中心为企业提供租赁费用低于市场价的场地，减少了企业创业成本；在企业管理方面，×××创业服务中心协助企业按ISO9000质量管理体系的要求制定产品生产质量管理制度，经过辅导，2012年12月，×××汽配成功获得ISO9001：2008质量管理体系认证和ISO/TS16949：2009质量体系认证，顺利通过国内汽车零部件企业的质量考核，成为优质供应商；在人才培养方面，×××创业服务中心协助企业开展人才招聘和人才培训等工作，从2012年到2017年，×××创业服务中心开展专场招聘会9次，协助企业招聘管理、技术、生产等各类人才。2012年，×××汽配入驻××创业服务中心当年的产值仅有147万元，经过五年的发展，现有员工60人，2016年产值已达2000多万元，税收80

多万元。2017年7月，企业从×××创业服务中心园区毕业，在×××经济开发区购置23亩土地建立厂房，并计划三年内实现年销售收入5000万元。

（六）为××××××传媒有限公司提供优质创业服务。××××××传媒有限公司成立于2013年3月，是一家专注于智慧文化旅游宣传平台建设的新媒体公司，主要服务于文化旅游企业。×××传媒2013年入驻×××创业服务公司，×××创业服务公司对企业深入考察调研后，发现该企业的产品及市场前景具有一定优势，企业也有相当好的发展前景，于是根据企业实际情况，为其量身订制了创业辅导计划，根据企业要求，为企业派驻创业导师，指导企业创业，帮助企业制定完善的公司管理制度。定期组织企业参加×××商学院开展的《大客户销售与服务策略》《HR专业知识提升》《企业内控与风险管理》等系统性的管理培训班，通过系统培训，企业管理销售方面的专业知识能力得到了明显提升。公司拥有一个专业的技术研发团队，在产品及系统研发上有不断的创新和成效，为此，×××创业服务公司多次和知识产权代理机构对接联系，帮助企业挖掘技术创新点，申请知识产权保护。目前，企业已申请《智慧旅游手机端信息服务系统》《联播网实时信息采集系统》等8项软件著作权。2017年，×××创业服务公司积极组织企业参加中国创新创业大赛和芜湖市创业大赛等创业赛事，并为企业提供商业计划书、PPT制作等辅导培训服务，最终在各项赛事中均获得了优异的成绩。经过×××创业服务公司三年的孵化培育，公司不断成长壮大，目前已成功打造覆盖×××省所有地市商场、超市的“×××文化旅游客源地智慧视窗联播网”；覆盖芜湖市市级机关单位、机场、车站、景区、酒店、商业中心的“×××文化旅游智慧视窗联播网”，打造出拥有近20万个粉丝量的“××××××旅游微信公众平台”。

（七）为××××××物流有限公司提供优质创业服务。××××××物流有限公司是共生物流平台孵化的小型物流企业，公司创办之初，在财务、资金、资源、运营方案等方面存在诸多问题，企业生存较为困难。在×××企业咨询公司的全面赋能下，×××物流获得了运营方案、项目对接、创业培训等一系列创业服务，让×××物流拥有了与大型物流企业同等的资源和竞争力，自身经营能力得到显著提升，业务规模逐步增加，实现了稳定盈利。比如在项目对接方面，共生物流平台帮助宏 ××× 流成功对接了恒安纸业、新兴铸管、悠派等多个大项目。其中，在恒安纸业项目上，平台通过智能匹配，车辆运行效率提升 15%，竞价调车降本 5%，人力共享降本 3%，创造了更多盈利空间；在新兴铸管项目上，××× 企业咨询公司成功帮助 ××× 物流获得了安徽、浙江等 12 条线路的运营权，线路数量位居各物流供应商前列。

（八）为 ×××××× 科技有限公司提供优质创业服务。××××××科技有限公司创建于 2014 年 7 月，是一家专业从事高温合金、耐热、耐磨、耐腐蚀合金材料及其熔模精密铸件、合金锭、棒、板、带、丝、管件等制品的技术咨询、产品开发和生产加工的高科技企业。近年来，×××××× 科技有限公司在 ×××××× 企业服务公司的服务和帮助下迅速发展，在资质认证上通过了国家标准质量管理体系、国家高新技术企业等资质认定；在技术实力上申请发明专利 9 项，获得发明专利授权 1 项和实用新型专利授权 11 项；在融资支持上通过各类项目申报服务为企业获得政策扶持资金近 1000 万元;在企业规模上，华成金研销售收入从 2015 年的 26.5 万元增加到 2017 年的 826.4 万元，净资产由 2015 年的 936.1 万元增长到 2017 年的 1832.7 万元，同时 ×××××× 科技有限公司还获得 2017 年第六届中国创新创业大赛“优秀奖”。×××××× 企业服务公司提供的服务主要有：**一是**政策宣传服务。×××××× 企业服务公司两次安排专人对企业进行免费惠企政策培训和财税政策培训，培训内容涉及财务管理、专精特新、安徽省高层次人才团队、国家高新技术企业认定和研究开发费用加计扣除等，并帮助企业深入分析了国家、省、市及园区各部门相关惠企政策和财税政策，指导企业合法合规享受惠企政策和财税政策。**二是**人才引进服务。×××××× 企业服务公司依托对自身当地人才熟悉的优势，积极帮助 ×××××× 科技有限公司引进财务主管和生产部主管等中层管理人才。**三是**技术转移和产学研对接服务。针对 ×××××× 科技有限公司新产品开发技术瓶颈，×××××× 企业服务公司从技术转移和产学研对接两个方面帮助企业攻关。一方面，从同行业企业、高校和科研院所寻找符合其需求且可转让的专利或技术成果，帮助 ×××××× 科技有限公司引进了“涡轮导向器”和“涡轮机转子”专利技术；另一方面，帮助华成金研对接了 ××× 工业大学材料科学与工程学院，促成了 ×××××× 科技有限公司与 ××× 工业大学“推制厚壁合金弯头用高强芯棒的研制与开发”项目合作。**四是**企业融资及项目申报代理服务。近年来，×××××× 企业服务公司协助了 ×××××× 科技有限公司申请了安徽省高层次人才团队项目（获得股权形式资金支持 900 万元）、创新型省份建设配套政策兑现（获得资金支持26.85万元）、国家高新技术企业（获得政府奖励资金 20 万元，享受高新技术 15% 的所得税税率优惠）、第六届中国创新创业大赛（获得政府奖励资金 15 万元）和安徽省军民结合高技术产业发展专项资金等各类项目。

（九）为中小微企业提供一站式全链条创业服务。×××××× 企业咨询管理服务有限公司为响应国家“大众创业、万众创新”的号召，创建了中小微创业企业的孵化园——×××××× 创业园，占地约 80 亩，厂房约 16000 平方米，创业辅导及综合办公区约 1000 平方米。通过对 ×××××× 创业园区企业近十年的创业服务工作，×××××× 企业咨询管理服务有限公司总结摸索出一套从“创业申请—入园孵化—创业辅导—孵化出园”一站式全链条适合中小微企业的创业服务。**一是**费用减免，入园企业得实惠。入驻创业园区门槛低，入园后统一管理，园区 24 小时服务，遇到问题及时沟通解决，水、电到户，证照代办等一站式服务从而减轻初创企业的日常工作负担。×××××× 创业园主要吸纳制造加工、物流、再生资源利用等中小微初创企业入园孵化，对进园孵化的中小微创业企业的场地租赁费、水、电费采取：第一年补贴 50%，第二年补贴 30%，第三年补贴 15% 的创业帮扶政策，减轻了中小微创业者创业初期的资金压力。**二是**加强创业培训，提升入园企业管理能力。入驻创业园的中小微企业户大部分都没有经营、人员、财务等方面的管理经验，针对园区企业共性需求，×××××× 企业咨询管理服务有限公司整合国家级公共服务平台的资源优势，优先对企业园区的中小微企业进行人才推荐，联合其他服务机构开展了“如何做个好老板”“管理培训”“财务知识培训”“消防安全培训”等公益培训活动；针对一部分中小微创业者的个性需求开展了一对一的“营销技能培训”“人力资源培训”。通过一系列培训活动引导入园企业制定有效的激励机制，提高员工积极性、制定产品宣传方案、营销方案等，对入驻的创业者起到极大帮助，让企业在创业过程中少走弯路，降低创业风险。**三是**拓宽融资渠道，促进入园企业发展。资金困难是大部分企业都存在的问题，尤其在中小微创业企业上更为突出，这些初创企业既没有什么固定资产也缺乏社会资源，一旦出现资金链断开，就可能是致命的打击。针对这种情况 ×××××× 企业咨询管理服务有限公司：**一是**组织合作单位徽商业银行、通商银行、邮储银行等金融机构经常性开展银企对接会，推荐适合中小微创业者的金融产品，帮助创业者及时了解各种金融服务产品；**二是**推荐符合条件的中小微创业企业享受小额贴息贷款，目前已有 13 家小微创业者获得小额贴息贷款支持；**三是**和银行搭建融资平台，对一部分发展前景好、市场需求大的创业户，×××××× 企业咨询管理服务有限公司通过融资平台提供无抵押循环贷款每户最高 500 万元；**四是**成立工会组织，入园企业无后顾之忧。为保障园区企业和职工的合法权益，成立了“×××××× 创业园工会联合会”，每年都与创业园企业签订工资集体合同，保障了园区职工就业的稳定，促进企业生产经营的正常化发展。

（十）为大学生创业提供优质创业服务。××× 同学 2014 年 2 月进入 ××× 创业促进中心开始学习，现在作为 ××× 创业促进中心促进会咨询研究部负责人一直深爱学习，在伯乐商学院的平台上先自己学了工商管理班后又加入了新资本董事长班，不仅自己学还带着高管团队学习。企业要实现转型，首先就要转变思想，从过去的简单加工转变为全职能运作，就必须从市场营销体系的建立和研发设计体系的建立入手，也就是企业的运营向上游转移。所以在 ××× 创业促进中心学习期间，××× 同学以提升管理经验、解决企业问题的态度，认真学习，跟老师讨教，每次课程都有所收获，落地转训也都有所成就。学习后整个组织能力得到提升，并且在 2017 年 6 月在 ××× 创业促进中心的引荐下认识了企业再造专家 ××× 老师，投入了精力学习 ××× 老师关于企业改造整个体系，目前取得了非常好的成果，目前其所办的企业已经是在当地知名的集团公司。××× 同学自 2013 年起连续五年共计安排了 8 位高管到 ××× 创业促进中心参加学习，几位高管也将所学知识带入工作岗位中并产生绩效。2018 年 1 月，其创建的企业“老乡鸡”与国内知名私募股权投资基金“加华伟业”达成合作，引入 2 亿元资本，老乡鸡

集团董事长 ××× 与加华伟业董事长 ××× 就资本股权投资进行签约。此次双方强强联手，加华伟业将为老乡鸡注入 2 亿元资金，占股 4.9%，助力老乡鸡品牌扩张、提档升级，同时按照“稳扎安徽、飞向华东、冲向全国”的战略目标，把老乡鸡打造成为国内中式快餐第一品牌。老乡鸡计划用两年到三年的时间，使老乡鸡的直营店突破 1600 家，其中，安徽为 600 家，江苏、湖北分别是 500 家。老乡鸡将全面优化企业供应链，同时投资 5000 万元用于信息化系统升级，为未来布局全国做好准备。老乡鸡全产业链的优势、全天候提供服务的模式，以及行业领先的地位是加华伟业“相中”的主要原因。×××同学于 2015 年 4 月入学 ××× 创业促进中心，成为高级工商管理总裁 13 班的同学。课堂上 ××× 同学认真学习企业经营管理理念与方法，基于先进思想的引领与实际行动的践行，课堂外 ××× 同学真正做到了知行合一。随着农牧业产业化的快速推进，××× 特色农畜产品流通受到限制，局限在产地范围内，无法进入更大市场参与市场竞争与有效有序流通，导致生产与销售脱节、需求与销售脱节，在一定程度上出现了增产不增收的现象，严重制约了农牧业发展，局部县市农牧业深加工更造成重复投资、叠加污染。针对农牧业出现的瓶颈，2020 年 3 月 ××× 同学邀请国家农林与科技部门领导、相关产业帮扶平台等，开展《全国创新创业农业科技园区》首轮安徽省农业农场主科技创业创新培训，从理论高度到市场应用实践，进行现场经验授课、送技术到田间、送观念到地头、送理念到人心，并以 ××× 百梦网农产品电子商务平台为载体，推进农牧业电商人才队伍建设，孵化电商技术用户深入田间农舍，培育电商服务组织，促进了全省农业可持续发展。

我们的中小微企业需要优质创新服务

（一）为 ×××××× 机电科技有限公司提供优质创新服务。××××××机电科技有限公司是专业从事粉体成球及自动一体化设备研发与制造的企业，主要产品是成球机，公司研制各种类型大型成球机，主要应用于石油支撑剂、耐火材料、非金属矿、磁性材料、冶金球团等行业粉体成球，市场前景非常看好。公司成立之初在装备制造方面有一定的技术积累，然而随着行业内自动一体化设备技术的投入使用，企业产品的行业竞争力大大削弱，企业负责人担忧市场份额被竞争对手抢走。×××××× 企业管理服务公司在走访企业时，了解了该情况，详细了解企业在自动一体化设备软件控制技术的需求，通过自身掌握的信息，联系园区内另外一家经营工业自动化设计的在孵企业 ×××××× 电子有限公司为其开发工业自动化控制软件。同时联络 ××× 学院两位教授为企业研发新产品进行技术指导，初步帮助企业完备了机、电、控制方面等各种技术优势资源。通过一段时间的努力，企业已成熟掌握计算机配料系统与成球制粒工段控制系统及料车行走控制组合定位技术实现互锁、可以快速地为用户提供方案设计、工程报价、制造、安装图纸和材料清单，在粉体成球行业已具有一定影响力。目前，企业已获得 6 项专利，其中发明专利 3 项，×××××× 企业管理服务公司推荐企业申报的“成球机电一体化设备及自动化控制”项目获科技部火炬中心 2013 年度科技型中小微企业技术创新基金项目立项支持，项目获国家无偿资助资金 70 万元，企业 2015 年度已实现销售收入 800 万元。2017 年获得高新技术企业称号。

（二）为 ×××××× 自动化科技有限公司提供优质创新服务。 ×××××× 自动化科技有限公司创立于 2014 年，同年入驻 ×××××× 创业服务中心进行孵化，主要产品为汽车零部件、空压机零部件、电机 / 柴油机驱动空压机组、低压双螺杆空压机组、各种助力机械手等，现已逐步发展成为集家电和汽车零部件、自动化生产线、智能装备研发、制造、技术服务为一体的的民营科技企业。2016 年获得“安徽省民营科技型企业”称号。×××××× 创业服务中心在多次走访企业中，主动与企业负责人对接，及时了解企业的发展规划和落实步骤，探讨企业发展规划，得知负责人立志把企业逐步发展成为集家电和汽车零部件、自动化生产线、智能装备研发、制造、技术服务为一体的国家级高新技术企业的想法后，主动为其联系 ×××××× 科技中介服务机构，提供质量认证和知识产权代理服务。2015 年获得 ISO90001 质量管理体系认证，2017 获得 ISO14000/18000 体系认证。2018 年通过 ISO9000/14000/18000 体系认证。×××××× 创业服务中心指导企业专门成立研发中心加大对新产品、新技术、新工艺的研究开发力度，加强科研成果的保护和转化工作。2017 年成功研发新产品 5 项，实施新产品开发计划项目 9 项；获得授权专利 14 项，其中发明专利 3 项，实用新型 9 项，外观设计 2 项。×××××× 创业服务中心积极组织企业参加各类创业大赛，展示企业、打磨参赛项目、听取专业评审意见，助力企业快速发展。2016 年参赛项目获得 ××× 市第三届创新创业大赛获得三等奖、2017 年参加芜湖市第三届创新创业大赛获得三等奖，参赛项目被纳入长三角青年创业项目库，也入选为安徽省“高新技术企业”培育企业名单，2017 年 12 月获批为市级“专精特新”中小微企业称号；2018 年获得第三届“中国创翼”创业创新大赛 ×××××× 赛区二等奖、入选安徽省科技型中小微企业（第二批）。随着公司技术创新发展，产品陆续投向市场，2018 年新品柴油机电动混合空压机组、专用水泥低压螺杆式空压机组，车载空压机等并申请 2 项发明专利及 10 项实用新型，预计销售额在 1000 万元左右。

（三）为 ×××××× 光电科技有限公司提供优质创新服务。 ×××××× 光电科技有限公司是 ××× 企业咨询管理有限公司于 2012 年引进的中小型科技企业。公司主营光电仪器研发、真空设备、通讯仪器、光纤配件的销售等，以预制成型焊料、同轴封装 TO 管帽、光电转换器外壳、各类光窗口为核心业务，产品主要用于微电子、光电子、大功率 LED、微波器件、陶瓷封装领域，特别是在军用、航空等高可靠性封装中。在中国科学技术大学、南京航空航天大学、微尺度物质国家实验室合作的基础平台上，开发出完全拥有自主知识产权的光电窗口封装技术，是一家致力于系统解决微电子封装、红外窗口、光开关预制成型焊料，技术研究与产品开发的高科技企业。2017 年度获得“高新技术企业”称号。引进中国科学技术大学 ××× 博士团队，共同开发光通信微电子封装项目，仅 2016 年度公司就获得一个发明专利和七个实用新型专利，2017 年营业额 620 万元。对于这家科技技术含量高的入孵企业，××× 企业咨询管理有限公司优先服务到位、贴心指导到位、资金兑现到位。想企业所想，提供最好的厂房和场地用于企业生产、办公；及时解读宣传相关科技政策、金融贷款政策，提供申报高新技术企业指导。解企业所需，组织参加知识产权知识培训，帮助申请知识产权资助，及时申报、兑现房租减免资金，2017 年兑现房租补贴 7.9 万元。×××

企业咨询管理有限公司帮助企业积极与相关部门对接，指导申报 ××× 市博士后科研工作站。

（四）为 ×××××× 金属股份有限公司提供优质创新服务。着眼提升 ×××××× 金属股份有限公司的效益，×××××× 企业服务公司重点围绕以下几个方面提供创新服务：**一是**有的放矢抓培训。×××××× 企业服务公司积极帮助 ×××××× 金属股份有限公司强力推进转型升级和管理提升，进一步加强人才培训和开发的力度，制订了详细的人才培训计划，从政策项目咨询、生产技术管理、企业文化建设等方面进行有的放矢培训服务，先后举办了“两化”融合、知识产权贯标、工业设计、“专精特新”以及投融资等多项培训，提升了员工的素质和技术潜能，壮大了专业化人才队伍。**二是**深度对接抓产学研，针对 ×××××× 金属股份有限公司现有铝板铸轧技术短板问题，×××××× 企业服务公司积极协助引荐安徽省金属学会和 ××× 工业大学签订了“安徽省创新驱动，助力工程对接项目”三方协议书，不定期组织研发团队成员进行技术交流和培训及疑难问题攻克，同时在智能转型、绿色发展、流程自动化等方面进行智能改造，实现了国内首创采用铝板铸轧专利配方技术。目前，×××××× 金属股份有限公司已申请专利 4 项，其中授权发明专利 1 项，使企业项目整体技术和项目得到显著提升。**三是**强力推进企业品牌文化建设。企业文化是企业品牌发展的灵魂，为解决传统生产企业在文化建设方面缺少系统化创新和特色的问题，×××××× 企业服务公司深入 ×××××× 金属股份有限公司进行全面调研，紧紧围绕企业发展目标和发展战略，制定相应的企业文化发展措施：精炼 ×××××× 金属股份有限公司八字文化理念为“以德经商，以诚待人”；建立企业文化各部门制度体系；健全完善员工践行企业文化考核激励机制，让企业文化渗透到产业链全过程，为塑造百年企业打下了坚实基础。

（五）为 ×××××× 模具工业股份有限公司提供优质服务。×××××× 模具工业股份有限公司是一家专业从事数控折弯模具、刃具、折弯工作台及剪板机刀片研发、制造的高新技术企业，成立于2002年，位于 ×××××× 区工业园，注册资本 1200 万元。整体规模行业居全国前三，安徽省内第一。现有的普通折弯下模在折弯时，最常见的钣金制品折弯模具结构在折弯时，易产生擦伤。虽然在此基础上进行了改进，把折弯块的部分改为滚轴结构，但是仍不能彻底解决擦痕问题，还会使得钣金零件两边最小折弯尺寸大于（等于）0.7V，需折弯后进行剪切工序才能满足工件的短边折弯要求，工件的折弯精度和生产效率都大大降低。为解决上述问题，2017年，×××××× 企业管理咨询有限公司受 ×××××× 模具工业股份有限公司委托设计“高耐磨转动翻板式无压痕折弯模具”。×××××× 企业管理咨询有限公司技术人员通过对现有技术进行整合分析，提出过将下模体设计成两个对称的圆弧槽，圆弧槽内安装左右转动翻板，左右转动翻板与下模体采用拉簧限位固定，将工件平放在左右转动翻板上，上模具从左右转动翻板之间的位置下压，此时左右转动翻板都以各自的轴为轴心随着上模具的下压而发生转动，当折到所要求的角度时，上模具停止下压，这整个下压过程中，左右转动翻板的表面始终与工件折痕两侧的面相接触，对工件表面无损伤，并且折痕为一条直线，在折弯结束后，右转动翻板能自动回复到原始状态，且可靠稳定。×××××× 企业管理咨询有限公司通过为联盟模具开发设计了此项技术，有效解决了钣金制品折弯模具结构在折弯时产生的折痕，并申请3项专利技术（一种折弯机上模液压夹紧装置：201710605599.5、一种折弯侧向快速定位装置及装设有该装置的折弯机、201710816960.9；一种轻便无伤痕折弯模具、201710749001.X），“高耐磨转动翻板式无压痕折弯模具”获省级新产品1项。

（六）为 ×××××× 矿山机械设备有限公司提供创新服务。 ×××××× 矿山机械设备有限公司2011年生产以来，追求高科技、高质量、高水平，对提高自主创新能力，推动企业技术进步非常重视，但信息不畅，创新能力不强，技术力量明显不足。××× 科技企业服务中心从多个方面进行沟通和协调，为 ×××××× 矿山机械设备有限公司提供了多项创新服务：**一是**促进产学研无缝对接。通过 ××× 科技企业服务中心协调，促成 ×××××× 矿山机械设备有限公司与 ××× 理工大学、××× 工业大学签订《产学研合作协议》、并联合申报了 ××× 省自主创新专项资金项目“采掘装备用高效耐磨本安型截齿关键技术研发及产业化项目”，获得300万元资金支持。**二是**为 ×××××× 矿山机械设备有限公司成功申报了“××× 省矿山钻采掘专用切割设备工程技术研究中心”。**三是**帮助企业提高销售服务。与市县有关部门联系，广泛宣传 ×××××× 矿山机械设备有限公司产品，帮助 ×××××× 矿山机械设备有限公司编制投标书，为公司业务员、销售员提供文传服务，并帮助 ×××××× 矿山机械设备有限公司销售各种型号截齿 10 万只，增加销售额 4500 万元。**四是**牵头开展技术服务。××× 科技企业服务中心通过组织高等院校的教授等与公司技术人员联合开展科技攻关，申请专利 36 项，其中授权发明专利 3 项。**五是**帮助 ×××××× 矿山机械设备有限公司申报 U135、U94、U84 截齿为省级高新技术产品，为其申报的“矿用高效耐磨截齿关键技术及其生产工艺”获 2017 年 ××× 省科学技术三等奖。通过 ××× 科技企业服务中心多年不懈的“贴心”服务，使企业插上科技的翅膀，公司研发生产的系列截齿被认定为高新技术产品，重点新产品和“××× 名牌产品”，产品覆盖全国 100 多家大型煤炭企业，产量、产值均居亚洲同类企业单位之首，公司被认定为国家高新技术企业、省创新型试点企业、省两化融合示范企业和省专精特新中小微企业，并成功在省股权托管中心专精特新版挂牌。

（七）为中小微企业提供大数据方面的创新服务。×××××× 大数据服务有限公司为 ×××××× 科技有限公司提供 IaaS 计算资源服务，它由 CPU、内存、镜像、网络、云硬盘组成，可随时获取、弹性可扩展，同时结合企业级专业防御系统，以及分布式存储的数据多副本保存等能力，为用户打造一个高效、可靠、安全的计算环境，确保服务持久稳定运行。×××××× 大数据服务有限公司不仅提供了云服务器环境配置基础服务，还提供增值加速方案 BBR，优化了云系统内核，相比未优化之前，优化后的速度提高了 6~10 倍。云线路方面也进行了优化，表现在减少了数据包在网络中的传输时间（TTL 值减少），网络传输间隔时间缩短，ping 值更小，网络传输所经的基站更优，大大提高了网络的稳定性，让客户快速有效获取航班动态数据。在旅客关闭舱门后，航空公司和机场还没有给出具体的起飞时间，飞友 App 就能给出预计起飞时间，这对旅客的心理无疑是一种巨大的安抚。×××××× 科技有限公司最核心的技能是航班动态的数据分析，表现在每一秒近百个航班的数据更新，依靠数百台云服务器源源不断地为 ×××

总部的数据团队提供全球各地的航班动态原始数据，算法加Iaas计算资源服务平台的软硬结合，提供了“基站”优化更新网络。这背后是云计算和大数据的平台技术支撑，为 ×××××× 科技有限公司 App 的算法及时性、有效性、精准度提供了切实的保障，更好地助力 ×××××× 科技有限公司在航班业务在全球加速。×××××× 大数据服务有限公司为中国科学技术大学提供了基于云平台的人事调查平台系统开发和托管服务，包括 PC 端和手机端的开发和托管。主要功能包括会员系统、题库管理、企业会员、调查表管理、个人会员和系统静态页面管理等模块。×××××× 大数据服务有限公司基于云平台进行人事调查平台系统的开发，并融合中国科学技术大学人员测评的模型、算法到人事调查平台系统中。×××××× 大数据服务有限公司云平台具有弹性资源伸缩、高可用、故障自动迁移、负载均衡等特性，同时针对人事调查平台系统所在的云平台进行云主机状态监控、云硬盘状态监控和带宽监控，分析 CPU 利用率、内存利用率、云硬盘利用率的趋势图、使用率、备份信息以及 IO 速率、IO 次数趋势图、发送与接收的流速趋势图，保障中国科学技术大学人事调查平台系统的高可用性。×××××× 大数据服务有限公司通过在云平台上运用 Hadoop、Spark 等大数据技术手段，针对使用平台人员的历史数据进行脱敏性加工处理，生成数据报表供管理员查看分析，并在平台上基于历史评测数据分析后有针对性的推出个性化的测试试题，优化评测效果。该系统上线后主要是服务企业用户，解决用人单位对应聘人员综合素质、能力以及是否适应相应岗位拿捏不准的难题，帮助企业更轻松、快捷的找到适合自己的人员。

（八）为 ×××××× 稀土电缆有限公司提供创新服务。×××××× 稀土电缆有限公司是锌铝稀土合金镀层钢丝、钢绞线及高强度预应力钢丝、钢绞线专业生产企业，属高能耗企业，用电成本居高不下，特别是《安徽省电力需求侧管理办法实施细则（试行）》实施以来，企业一直在寻求技术破解企业的环保、成本难题。××× 企业管理咨询有限公司按国家《电力需求侧管理平台建设技术规范（试行）》设计 ×××××× 稀土电缆有限公司的电能在线监测系统，2016 年 10 月至 2019 年 9 月自行投资 123.5 万元，设置 145 个监测点，为 ×××××× 稀土电缆有限公司建设电力需求侧管理电能管理系统，免费指导、培训 ×××××× 稀土电缆有限公司熟练运用电能在线监测系统管理电能。该服务项目实施后，××× 企业管理咨询有限公司为 ×××××× 稀土电缆有限公司建设电力需求侧管理平台，及时传送电能数据至安徽省电力需求侧管理平台，为 ×××××× 稀土电缆有限公司提供电力效能持续改善与优化服务，实现电能管理“可视化、数字化、网络化”。×××××× 稀土电缆有限公司电力需求侧管理项目是 ××× 企业管理咨询有限公司提供的中小微企业公共服务的典范，自行投资建设电力需求侧管理电能管理系统，即满足了服务对象的电能管理方面的技术需求，又帮助服务对象顶住了环保资金压力。

（九）为 ××× 科技股份有限公司提供优质创新服务。××× 科技股份有限公司位于山东，是粗苯、甲苯、二甲苯、纯苯、重质苯、轻油（苯）等有机化合物的专业生产厂家。生产过程中焦炉粉尘量大，炉前环境比较恶劣，不符合环保要求。××× 企业服务有限公司采用水封槽及车载 U 形管解决除尘风量小、移动产尘点粉尘收集的难点，车载 U 形管可随推焦车移动。通长的大型水封槽作为除尘干管，并将水封槽设计为气道和水道独立的形式。水封槽气道作为通风管道，而水道可以有效对除尘管道粉尘进行液封，还为车载 U 形管的移动带来便利。以 ××× 企业服务有限公司环保的专利产品侧进式除尘器为依托，采用了具有离线 / 在线清灰、离线检修功能的脉冲布袋除尘器，新建一套除尘系统对炉前进行集中收尘。采用高效低阻的长袋脉冲除尘器作为净化设备，运用计算机气流模拟技术，对该工程进行气流分布模拟，再通过气流分布模型进行验证，最终设计出气流分布均匀、阻力小的通道结构，有利于降低系统阻力，有效延长滤袋寿命。方案实施后焦炉炉前环境明显改善，粉尘捕集率在 95% 以上，完全满足焦炉粉尘控制要求。

（十）为 ×××××× 生物科技股份有限公司提供优质创新服务。×××××× 生物科技股份有限公司是一家生产销售功能性食品添加剂和生物降解新材料的“新三板”挂牌的化工企业。高能耗和高排放是化工行业的共性难题，同样成为 ×××××× 生物科技股份有限公司可持续发展中面临的主要挑战。××× 创新服务中心应 ×××××× 生物科技股份有限公司要求，调研其生产工艺、能源消耗、污染排放的情况。通过调研，××× 创新服务中心项目组发现：化学反应产生的大量余热余压没有利用，同时尾气中含有一定量未反应的原料，即造成能源资源浪费，又造成环境污染。××× 创新服务中心组织技术人员对 ×××××× 生物科技股份有限公司开展清洁生产和节能减排的系列技术服务，为 ×××××× 生物科技股份有限公司提供了一整套先进的余热余压综合利用技术解决方案。方案涉及顺酐高压蒸汽热交换系统、顺酐高压蒸汽余热背压发电系统、低压蒸汽储存传输系统、顺酐废气催化燃烧及燃烧热综合利用系统、顺酐与 D·L- 苹果酸及 PBS 耦合生产连接系统。方案在工程化实施过程中，××× 创新服务中心委派工程技术人员前往 ×××××× 生物科技股份有限公司进行技术指导，保障工程顺利实施。在工程验收阶段，××× 创新服务中心组织技术人员对工程的节能减排效果进行了检测评估。在工程试运行阶段，××× 创新服务中心组织节能和清洁生产技术人员对 ×××××× 生物科技股份有限公司相关人员进行安全、健康、环保、节能等知识培训。同时，××× 创新服务中心开展“苹果酸盐新产品合成工艺技术”的研发，并将技术成果转让给 ×××××× 生物科技股份有限公司。该技术投产后实现年销售额 6000 万元、利税 1800 万元。通过以上技术服务，解决了 ×××××× 生物科技股份有限公司清洁生产、节能减排的技术难题，产生了良好的经济效益和环境效益。

我们的中小微企业需要优质财税服务

（一）为 ××× 副食品批发有限公司提供优质财税服务。××× 副食品批发有限公司，年应纳增值税销售额 150 万元，会计核算制度也比较健全，符合作为一般纳税人的条件，适用 17% 的增值税率，但该企业准予从销项税额中抵扣的进项税额较少，只占销项税额的 10%。在这种情况下，企业应纳增值税额为 22.95 万元。××× 副食品批发有限公司请求 ××× 财务咨询管理有限公司提供服务。××× 财务咨询管理有限公司了解情况后，派出专人指导 ××× 副食品批发有限公司，将企业分设为两个批发企业，各自作为独立核算单位，那么，一分为二后的两个单位年应税销售额分别为 80 万元和 70 万元，这样一来，其符合小规模纳税人的条件，可适用 3% 的征收率。在这种情况下，只要分别缴增值税2.4万元和2.1万元。显然，划小核算单位后，作为小规模纳税人，可较一般纳税人减轻税负18.45万元。

（二）为×××软件研发有限公司提供财税服务。×××软件研发有限公司为增值税一般纳税人，2012年3月研发一款嵌入式软件M，要与计算机硬件一起对外销售，每台含软件计算机对外销售价格为1.5万元（其中该软件价格为1万元），该月对外销售100台，当期软件可抵扣进项税为5万元，计算机硬件可抵扣进项税为6万元。作为×××软件研发有限公司的服务企业——×××有限公司安排人员对×××软件研发有限公司的财务人员开展了专题培训，重点讲解了财政部、国家税务总局《关于资源综合利用及其他产品增值税政策的通知》（财税〔2008〕156号）中规定：对增值税一般纳税人随同计算机硬件、机器设备一并销售嵌入式软件产品，如果适用该通知规定按照组成计税价格计算确定计算机硬件、机器设备的，应当分别核算嵌入式软件产品与计算机硬件、机器设备部分的成本；凡未分别核算或者核算不清的，不得享受该通知规定的增值税政策。同时，指导×××软件研发有限公司按税法规定软硬件分别核算且计算机硬件按照组成计税价格核定可享受即征即退税额9万元。

（三）为×××乳品厂提供优质财税服务。×××乳品厂采用全程生产模式，内部设有牧场和乳品加工两个部门，牧场生产鲜奶（本年鲜奶市场价格为30000万元），此鲜奶经乳品厂加工部门加工成A奶产品后出售，2012年销售收入达60000万元。饲养奶牛所消耗的饲料大部分向农民收购，共计收购草料6000万元，另外从生产、经营饲料单位购进精饲料7000万元。此外，牧场购入辅助生产用品200万元。作为×××乳品厂的财税顾问企业，×××财务咨询有限公司帮其进行了纳税筹划：**方案一**为仍采用全程生产模式，依据税法可知，该厂为工业生产企业，不属于农业生产者，其最终产品A不享受农业生产者自产自销的免税待遇，但该企业向农民收购草料可按收购的13%扣除进项税额，购精饲料和辅助生产用品价格的17%抵扣进项税，该企业2012年应纳增值税=60000×17%−6000×13%−7000×17%−200×17%=8196（万元）。**方案二**为将牧场和乳品加工部门分开独立核算，分立为两个独立法人，分别办理工商登记和税务登记，牧场和乳品厂之间按正常的企业间购销关系结算，这样一方面，作为牧场，由于其自产自销未经加工的农产品鲜牛奶，符合农业生产者自销农业产品的条件，可享受免税，自然进项税也不能抵扣，销售给乳品加工厂的鲜牛奶价格按正常的成本利润率核定；另一方面，作为乳品加工厂，其购进牧场的鲜牛奶，可作为农产品收购处理，按 13% 抵扣进项税，该企业 2012 年应纳增值税 =60000×17%-30000×13%=6300（万元）。方案二比方案一少纳增值税 1896 万元（8196-6300），××× 乳品厂很快就选择了方案二。

（四）为 ××× 科技有限公司提供优质财税服务。××× 科技有限公司是一中型生产性企业，下设食堂、宿舍、幼儿园等众多非独立核算的部门。2012 年 1 月初，该企业购进生产用材料一批，价值为 702 万元（含税）准备用上述材料转给下属的非独立部门使用。截至 2012 年 6 月上述非独立部门核算部门累计共领用价值为 468 万元（含税）的材料，余下的 234 万元（含税）材料该企业的非独立部门不再使用，准备对外销售。但已超过 180 天的抵扣期限，导致无法抵扣进项税。税法规定，增值税一般纳税人取得 2010 年 1 月 1 日以后开具增值税专用发票、公路内河货物运输业统一发票，应在开具之日起 180 日内到税务机关办理认证，并在认证通过的次月起申报期内，向主管税务机关申报抵扣进项税额。为此，其财务顾问企业——××× 财务咨询管理有限公司，建议 ××× 科技有限公司对购买准备用于集体福利或者个人消费的材料，可先抵扣进项税。然后在改变用途时，再将进项税转出。从而避免因该材料显示使用完而超过抵扣期限给 ××× 科技有限公司带来的不必要的损失。在 ××× 财务咨询管理有限公司的指导下，××× 科技有限公司于 2012 年 1 月在购买材料时先认证抵扣进项税，而用集体福利和个消费时，再将进项税转出。2012 年 1 月可抵扣的进项税 =[702/（1+17%）]×17%=102（万元）。2012 年 1 ~ 6 月用非独立部门领用材料时，累计转出进项税 =[468/（1+17%）]×17%=68（万元）。××× 科技有限公司实际抵扣进项税 =102-68=34（万元）。该方案用进项税先抵后转出的方法比原来企业的做法少纳税 34 万元。

（五）为 ××× 科技有限公司提供优质财税服务。××× 科技有限公司是一家电脑生产企业，2012 年生产的 A 品牌电脑是全部委托分布在全国 30

多个中小微企业的代理商销售的。该企业采取薄利多销的策略，在与各代理商签订销售合同时就明确规定A品牌的电脑每台不含税价格为4500元，代理手续费为每台200元。一直以来，×××科技有限公司采用的是收取手续费代销方法。即假设2012年该企业发出A品牌的电脑15000台，至12月底结账时，收到代销单位的代销清单合计销售15000台，则该企业应按销售清单确认收入并计算增值税的销项税额=4500×15000×17%=1147.5（万元）。在×××企业咨询公司的指导下，×××科技有限公司采用了另一种方法，即视同买断，则该企业与代理商签订代销协议时，企业以销售加工每台4500元扣减代销手续费200元，即以每台4300元的价格作为合同代销价，代理商仍以每台4500元的价格销售。假设销售数量仍为15000台，则×××科技有限公司确认收入并计算增值税的销项税额=（4500-200）×15000×17%=1096.5（万元）。采用买断方式代销这批电脑，对委托方来说，由于将手续费在销售额中扣除，增值税的计税依据减少，从而节约增值税支出510000元（11475000-10965000）。

（六）为×××房地产开发有限公司提供优质财税服务。×××房地产开发有限公司将其所属的一栋饭店出租，该饭店房产原值为600万元，职工×××经过竞标以年租金80万元获得6年承租权，按双方事先约定，×××在财务上独立核算，享有独立的生产经营权，则每年×××房地产开发有限公司应按租金收入5%的比率缴纳营业税4万元（80×5%），房产税9.6万元（80×12%），城建税和教育费附加0.4万元[4×（3%+7%）]，合计14万元。经×××房地产开发有限公司的财务顾问开展税收筹划，×××房地产开发有限公司要求×××不办理独立营业执照，只办理分支机构税务登记，改上缴租金为上缴利润，仍以×××名义对外经营。这样筹划的依据为：税法对特定经营行为纳税义务人的界定，是以当事人是否领取营业执照为标准。如果承包者或承租者未领取任何类型的营业执照，则企业向其提供各种资产所收取的各种名目的价款，均属于企业内部分配行为。×××房地产开发有限公司每年只需按房产原值缴纳房产税5.04万元[600×（1-30%）×1.2%]，节税8.96万元（14-5.04）。

（七）为×××人力资源服务有限公司提供财税服务。既办理职业介绍服务，又开办职业技能培训业务，本有两项业务共取得收入30万元，这两项业务的收入各占一半，其中对外办理职业介绍服务属于营业税服务业税目征税范围，适用税率5%，开办职业技能培训业务属于营业税文化体育业税目的征税范围，适用税率为3%。税法规定，纳税人兼有不同税目的应当缴纳营业税的劳务、转让无形资产或者销售不动产，应当分别核算不同税目的营业额、转让额、销售额；未分别核算核算营业额的，从高适用税率。×××人力资源服务有限公司的财务顾问很快给出了两个方案：方案一为不分别核算，按5%从高计征营业税，应纳营业税=30×5%=1.5（万元）；方案二为分别核算，职业介绍服务按服务业5%的税率征税，职业技能培训业务按文化体育业3%的税率征税，应纳营业税=15×5%+15×3%=1.2（万元）。方案二与方案一相比，×××人力资源服务有限公司少缴营业税0.3万元（1.5-1.2），×××人力资源服务有限公司很快选择了方案二。

（八）为×××厨卫有限公司提供优质财税服务。×××厨卫有限公司将进口刀具、料理机、煮蛋器等组成厨房套装销售。每套消费品由下列产品组成：一套进口刀具200元、一个料理机200元、一个煮蛋器80元；一组金属汤勺20元、一个不锈钢碗10元、一个不锈钢托盘10元。假设进口刀具消费税税率为20%，其余厨房用品消费税税率为8%，上述价格均不含税。税法规定，纳税人兼营不同税率的应税消费品，应当分别核算不同税率应税消费品的销售额、销售数量。未分别核算销售额、销售数量，或者将不同税率的应税消费品组成成套消费品销售的，从高适用税率。一直以来，×××厨卫有限公司将产品包装后再销售给商家，导致其应纳消费税=（200+200+80+20+10+10）×20%=104（元）。在×××财务咨询有限公司的指导下，×××厨卫有限公司将上述产品先分别销售给商家，再由商家包装后对外销售（注：实际操作中，只是换了个包装地点，并将产品分别开具发票，账务上分别核算销售收入即可），应纳消费税=200×20%+（200+80+20+10+10）×8%=40+25.6=65.6（元），这样一来每套厨房套装节税额为38.4（104-65.6）元。

（九）为×××电子科技有限公司提供优质财税服务。×××电子科技有限公司2013年12月购入价值为450万无（不含增值税价）的电子设备，残值率5%，估计可以使用3~5年，按税法规定，最低可以采用3年折旧，按照直线折旧法计提折旧。假设该企业处于盈利期间，从2014年起，5年内每年末扣除折旧前的利润为1000万元，且没有企业所得税纳税调整项目。假设折现率为10%。其财务顾问公司——×××企业管理服务有限公司为其提供了两套方案：**方案一**，按5年计提折旧这5年每年折旧额=450×（1-5%）/5=85.5（万元）;这5年每年应纳企业所得税=（1000-85.5）×25%=228.625（万元）;这5年企业所得税支出折合到2013年初的现值为:228.625×（P/A,10%,5）=228.625×3.7908=866.67165（万元）。**方案二**，按3年计提折旧前3年每年折旧额=450×（1-5%）/3=142.5（万元）;前3年每年应纳企业所得税=（1000-142.5）×25%=214.375（万元）;后2年每年应纳企业所得税=1000×25%=250（万元）;这3年企业所得税支出折合到2013年年初的现值为:214.375×（P/A,10%,3）+250×[（P/A,10%,5）-（P/A,10%,3）]=214.375×2.4869+250×（3.7908-2.4869）=859.10419（万元）。方案二比方案一企业所得税支出现值共少7.56746万元（866.67165-859.10419万）。对比之后，×××电子科技有限公司选择了方案二。

（十）为×××精工有限公司职工提供优质财税服务。×××精工有限公司职工×××，2016年1~12月每月应从公司取得工资8800元，减除个人负担的社会保险费300元后，李某每月实际取得工资8500元，×××精工有限公司未为×××缴纳住房公积金，×××个人也未缴纳住房公积金。×××上一年度月平均工资也是8800元，其工作地所在设区城市上一年度职工月平均工资为1500元（假设例中个人负担的社会保险费300元在税法规定的标准和范围内）。在×××精工有限公司聘请的财务公司筹划前，×××每月应纳个人所得税=（8500-3500）×20%-555=445（元），全年应纳个人所得税=445×12=5340（元）。×××每月实际所得（不考虑社会保险个人账户部分，下同）为8500-445=8055（元），全年所得为8055×12=96660（元）。×××精工有限公司聘请的财务公司给出的筹划方案是，其他条件不变，×××精工有限公司聘请的财务公司将原来发给李某工资中按李某上一年度月平均工资12%的部分以住房公积金形式缴入×××住房公积金账户，×××个人也按同样的金额缴入住房公积金账户。经过筹划，××× 精工有限公司聘请的财务公司为 ××× 缴纳的住房公积金为 8800×12%=1056（元），个人缴纳的住房公积金也是 1056 元，××× 实际当月工资、薪金所得 8800-300-1056=7444（元），××× 每月应纳个人所得税 =（7444-3500）×10%-105=289.4（元），全年应纳个人所得税 =289.4×12=3472.8（元）。××× 每月实际所得为 8800-300-289.4=8210.6（元），全年所得为 8210.6×12=98527.2（元）。筹划后的结果是 ××× 在筹划后比筹划前全年多得了 98527.2-96660=1867.2（元）。

我们的中小微企业需要优质信息服务

（一）为 ×××××× 新能源科技有限公司提供优质信息服务。 ×××××× 新能源科技有限公司成立于 2009 年，从成立伊始，公司就坚持走高新技术路线，坚持不断引进和吸收国内外先进技术，并加以研发改进，已取得多项专利，并获得高新技术产品 9 项。同时与国内多所高校签订协议，强强联手，合作共建研发中心。×××××× 新能源科技有限公司被科技部认定为国家高新技术企业，5 项产品被 ××× 省科技厅认定为高新技术产品，成功中标“国家商务部家电下乡”及国家发改委、财政部、工信部联合开展的“节能惠民工程”。××× 科技创新中心依托中国科协企业创新服务中心的专利信息资源库，向中小微企业免费推广国外已过专利保护期的专利信息资源，针对 ×××××× 新能源科技有限公司产品信息，××× 科技创新中心及时将可利用的国外专利资金交给 ×××××× 新能源科技有限公司技术人员，引导其在专利资料的基础之上，结合自身产品进行了改进和二次开发，形成了多个自主创新点。在现有技术中，平板太阳能集热器都是按一定角度固定于一般建筑的屋顶，虽相较于真空管太阳能集热器在集热效率上有了明显提高，但在整个白天的光照中，只有特定时间段的阳光能笔直的照射在集热器面板上，其他时段都是以斜射的方式照射，影响太阳辐照度，太阳能热水器所吸收的光能偏低，如果使太阳光始终垂直照射于集热器面板上，就会使太阳能热水器的效率提高数倍以上。××× 科技创新中心事先已经在中科协企业信息服务平台上进行了检索，锁定了申请号为 US2000058726 的美国专利，该专利公开了一种易于安装的屋顶屏幕系统的改进方案。该方案公开了一种安装屋顶屏幕的安装组件，与 ×××××× 新能源科技有限公司的立项非常吻合。根据这个国外专利的启发，××× 科技创新中心给出的技术方案是：在集热器上设置安装架，安装架用于固定集热器的位置；安装架包括安装底座、转动组件、控制组件；转动组件设置在安装底座上，安装底座通过转动组件与集热器活动连接，控制组件设置在安装底座和集热器上，通过安装架实现集热器对太阳光入射的随动。针对现有平板太阳能的版芯不是真空，虽大多采用隔热材料填充，却依然隔热效果不佳，致使在外界低温的状态下，集热器散热快、温度低，因此导热介无法进行有效的自主热交换作用以保证水箱内的水温，甚至可能由于导热介质温度过低致使水箱内较高温度的使用水源发生温度降低的现象，影响人们的正常使用。××× 科技创新中心事先在中科协企业信息服务平台上进行了检索，锁定了申请号为JP20000112147的日本专利，该专利公开了一种为提高太阳光能利用率太阳能电池板的改进方案。该方案公开了一种能够同时将太阳光能转化为热能和电能的太阳能电池板，与 ×××××× 新能源科技有限公司的立项非常吻合。根据这个国外专利的启发，×××××× 新能源科技有限公司给出的技术方案是：在太阳能热水器上设置连接装置和控制装置，集热器与水箱通过连接装置连接，控制装置与连接装置数据连接；连接组件设置太阳能电池，控制装置设置压缩机和传感器，压缩机通过太阳能电池提供动力，控制组件控制压缩机以实现所述平板太阳能热水器的加热循环，传感器分别设置在集热器和水箱上，通过控制装置和连接装置实现对集热器和水箱连接关系的有效控制。

（二）为 ××× 博士的技术转化提供优质信息服务。××× 博士从事机械设计制造及其自动化专业，一直研究搅拌摩擦焊接技术，特别是超薄型板材搅拌摩擦连接设备该项技术已申请英国的专利并进入审查阶段拥有相关的发明专利 15 项。××× 博士于 2015 年注册 ××× 企业咨询管理有限公司的众智网平台成为专家会员，发布了自己的技术成果“搅拌摩擦连接组合数控装备”，并希望能够市场化转化，××× 企业咨询管理有限公司立即组织专门队伍对其进行信息服务：**一是**抓成果评价、作价评估。××× 企业咨询管理

有限公司依据 ××× 省地方标准“科技成果评价技术规范”对其成果进行评价，利用众智网的科技成果评价系统从团队构成、团队的经验能力，技术的先进性、成熟度、技术优势、技术的可重复性和市场转化性、市场规模、竞争力及风险因素给予评价。同时线下组织技术专家、投资机构、该技术的应用方对该项技术现场交流、调研、评价，最终认为该项成果创新度高、可转化性强，为其出具了一份科学、客观、公正的科技成果评价报告。**二是**抓资金引入，成果转化。综合评价后 ××× 企业咨询管理有限公司认为该项成果技术创新度高，具有可转化性并已具备产业化相关条件，应尽快进行落地转化。××× 企业咨询管理有限公司接受 ××× 博士委托，通过多渠道、多层次和多维度的有针对性的推广该成果，通过评估知识产权作价入股，引进相关资本方和资源方并在多轮沟通和积极撮合下，最终由香港投资方、相关自然人、中科院创新工程院共同投资依托该成果成立了 ×××××× 机电技术有限公司。**三是**抓技术创新、持续服务。在 ×××××× 机电技术有限公司成立运行后，××× 企业咨询管理有限公司帮助企业入住孵化器，利用平台资源帮助企业提供一系列的服务。尤其积极规划其知识产权申请，帮助招聘管理团队、提供市场资源等，多方助力其发展。同时根据国家的创新政策结合企业的创新活动帮助引导企业取得政府的资金支持、支持企业更好的创新发展。目前，××× 博士及其团队运营的 ×××××× 机电技术有限公司在 ××× 高新区运营良好，××× 博士多次表示，通过一次简单的平台专家入驻、成果发布，就促成了多年创新成果转化落地，平台的服务体系和服务模式极大的促成了科技成果的转化效率。通过 ××× 企业咨询管理有限公司帮助，×××××× 机电技术有限公司于2016年获得国家专项资金支持200万，2017 年实现销售收入近 500 万元，未来市场发展前景一片大好。

（三）为 ×××××× 链条科技有限公司提供信息服务。××××××链条科技有限公司产品存在摩托车后驱动链条初期易伸长且不耐磨损，且生产过程中制造工艺耗能高、设备自动化程度低等难题。××× 企业服务中心技术经纪人针对企业技术难题进行了深入技术分析和技术挖掘，通过技术转移云平台帮助企业精确匹配到材料热处理、机械制造、自动化等方面专家，并组织专家组赴现场实地考察，出具相关调研报告，对项目的研发做了详尽的介绍和规划；同时 ××× 企业服务中心针对企业难题进行了后续服务和跟踪，如协助企业进行项目改造成本分析，自动化改造 3D 虚拟仿真模拟测试，工厂改造政策申报规划，项目技术合同实时跟踪等，切实有效帮助企业解决技术难题。**一是**抓技术挖掘，专家匹配。××× 企业服务中心通过省“五送一服”活动和智库网企业需求发布收集到 ×××××× 链条科技有限公司技术需求，××× 企业服务中心技术经纪人随后对企业需求进行了深入的技术分析和挖掘，主要包括：(1) 技术需求分析：针对 ×××××× 链条科技有限公司，分析企业技术领域、主要经营产品及研发概况，通过知网、万方、维普等科技网站查阅大量文献资料，包括技术发展现状、生产工艺、技术趋势、技术前沿等，详尽分析企业技术需求的真实性和可行性，及时了解把握企业下一步技术需求。(2) 技术需求挖掘：××× 企业服务中心技术经纪人将技术分析资料整合推送给企业，引导企业结合自身现状，深层次挖掘自身技术需求。在技术经纪人的指导下，×××××× 链条科技有限公司详细描述产品易伸长、不耐磨、热处理耗能高、工艺自动化水平低等问题，并将技术需求用准确、清晰、量化的文字表达出来。智库网随后通过后台专家数据库建模，精确匹配相关专家，通过智库网视频会议系统，企业和专家在线沟通，专家在线对企业的项目难点进行测试和评估，确定匹配到理想合适的专家。**二是**抓专家调研，解决方案。××× 企业服务中心技术经纪人安排相关专家组前往企业实地考察和评估，专家组通过考察项目环境、与企业负责人、相关技术人员会谈，收集到第一手详尽资料，并进行深入详细的讨论和研究；最后专家组根据调研情况，有针对性的对项目的解决方案做了详尽的介绍和规划。例如针对企业链条容易伸长、不耐磨的问题，专家组提出对链条进行工艺调质处理并添加一种或几种耐磨材料，并建议企业做链条耐寒实验测试，打开北方寒冷国家的市场；针对目前产品商标打印依旧停留在高速冲床模具上冲压打印阶段，专家组提出在链条成品上直接采用激光自动化打印商标，实现降本增效；针对产品装袋工序劳动强度大，不良零件和产品难剔除的难题，专家组提出视觉识别自动化生产线改造方案，实现产线自动化生产，在线识别并剔除不良品。**三是**抓技术服务，项目跟踪。××× 企业服务中心技术经纪人针对 ×××××× 链条科技有限公司的实际情况，提供一系列的后续服务。例如新产品开发、工艺自动化改造过程中的成本核算，包括设备成本、操作成本、维护成本、人工成本（机器换人）、效率提升以及多长时间企业能够回本等，全方位帮助企业进行经济成本核算；针对企业自动化改造项目进行3D模拟仿真测试，使自动化改造过程图象化、可视化，减小企业顾虑；此外，公司还帮助企业申请技术改造中政府政策资金补助，降低企业改造成本。

（四）为 ×××××× 食品科技有限公司提供优质信息服务。×××××× 食品科技有限公司位于 ××× 经济技术开发区，成立于2013年，由 ×××××× 干果连锁投资人出资设立。×××××× 食品科技有限公司创立之初，对政策信息不熟悉、企业档案管理混乱、管理人员经验不足，制约了企业进一步发展。自2015年与 ×××××× 科技有限公司合作以来，×××××× 科技有限公司为 ×××××× 食品科技有限公司提供信息服务、技术及培训服务十余次，为企业创立、发展提供了必要支持，帮助企业充分开发和有效利用信息资源，加强新产品开发，改善企业营销，企业管理水平显著提升。**一是**抓项目咨询服务。×××××× 科技有限公司为 ×××××× 食品科技有限公司编制了《年产30000吨干果生产线建设项目可行性研究报告》、《×××××× 食品科技有限公司农产品冷链物流（二期）项目可行性研究报告》和《××× 省现代物流业发展实施方案》，并获相关单位审批通过，同时，×××××× 科技有限公司还为 ×××××× 食品科技有限公司提供了招标代理服务。**二是**抓造价审核服务。×××××× 科技有限公司受 ×××××× 食品科技有限公司委托，对其办公楼、公租房、食堂、仓库及冷库工程造价进行审核，核减金额1688万元，为 ×××××× 食品科技有限公司节约了大量投资成本。

（五）“××× 数据”为中小微企业提供优质信息服务。××× 企业服务中心充分运用互联网大数据以及人工智能、5G、云计算等新兴技术，创新推出了“××× 消费”“××× 就业”“××× 云超市”“××× 农荟”等一批“××× 数据”平台，激活实体经济新动能，在复工复产中催生新业态，在危机中探寻新商机：在微信里搜索“××× 就业”小程序，手机上就会呈现出“××× 就业”企业端与求职端两个端口，点开求职端，急聘企业、急聘职位、最新岗位等一目了然。“公司使用‘××× 就业’平台不到一个月，就招到了 2200 多人，现在每天仍然可收到不少职位申请。” ××× 科技股份有限公司人力资源部副总经理 ××× 介绍。××× 建工集团从 3 月底开始使用“××× 就业”，截至目前，已经通过该平台招聘到 1400 多名农民工。新冠肺炎疫情发生后，省、市人才市场暂停开放，线下招聘会全面暂停，重点疫区员工又无法按时返岗，一时间，不少重点企业人力资源阶段性短缺的困难非常明显，复工复产举步维艰。“××× 省创新推出‘××× 就业’这一官方就业信息平台，既为省内用工需求量大的企业或劳动密集型企业及时提供岗位发布平台，又为求职者提供就业快捷服务。”××× 企业服务中心负责人介绍。疫情之下，“××× 就业”小程序上线仅 48 小时，便创下了覆盖 82 万人微信朋友圈的纪录。据统计，截至2020年5月24日，已有1659家企业在“×××就业”平台共发布岗位 3463 个，可招聘人数 10.1 万人，8 万名求职者在平台注册，5.6 万名求职者通过平台提交简历，5.4 万名求职者通过平台电话求职，平台累计访问量达 1124 万人次。

（六）为 ×××××× 农业科技有限公司提供信息服务。×××××× 农业科技有限公司是一家以生产、加工、销售 ××× 省优质农特产品为主营业务的服务型企业。企业依据农业科技发展规划，适应农业市场化、信息化、规划化、标准化发展的需要，倾力打造 ××× 省“绿色农产品”品牌企业。作为新兴的互联网平台创业公司，×××××× 农业科技有限公司在公司发展初期对公司产品定位、公司市场竞争对手情况、目标市场未来发展趋势方向等关系到公司重大发展战略决策的市场竞争情报相关信息不够了解。为此 ××× 中小微企业竞争情报信息服务有限公司平台分别于 2018 年 5 月和 6 月共两次，对 ×××××× 农业科技有限公司开展了信息服务活动。2018 年 5 月 12 日，××× 中小微企业竞争情报信息服务有限公司组织专家团队以对接洽谈的形式对 ×××××× 农业科技有限公司生鲜产品电子商务方向开展了专家服务。专家团队在听取企业代表的详细介绍及征询建议后，通过情报库数据资源，运用 SWOT 战略、核心能力分析等专业竞争情报分析手段，从整个生鲜产品电子商务行业的概念、特征、现状、问题、对策等方面着手，为该企业免费提供了详细、具体的竞争情报分析。分析由点及面，从全国生鲜产品电子商务着手，以数据为依托，向该企业详细讲解了现今国内生鲜产品电子商务的概况，最后以该企业为落脚点，详细分析了该企业与行内竞争对手的优劣势。专家团队在经过与 ×××××× 农业科技有限公司的洽谈及作了一系列竞争情报分析后，对该企业下一步的发展方向提供了详细的建议，并鼓励该企业积极参与由工信部按年度举办的“创客中国”创新创业大赛，依托大赛展示企业自身实力，同时争取获得政府及企业的资金支持。2018 年 6 月 1 日，××× 中小微企业竞争情报信息服务有限公司再次组织专家团队对 ×××××× 农业科技有限公司开展了管理咨询服务与创新创业大赛赛前辅导服务。在交流过程中，×××××× 农业科技有限公司就生产经营过程中存在的问题与 ××× 中小微企业竞争情报信息服务有限公司派出的专家团队进行交流，专家团队对企业提出的疑问进行“一对一”的辅导与解答。之后由专家团队对 ×××××× 农业科技有限公司进行了双创大赛赛前辅导，辅导由产品市场分析、市场竞争力及竞争优劣势着手，从企业实际出发，分析企业行业历史、企业产品市场概况、市场需求、规模及增长趋势，以预测行业前景。通过对比市场销售，针对进入该行业的技术壁垒、贸易壁垒、政策限制等方面进行了全方位分析。企业在经过完整、系列的分析辅导后，表示受益良多，在对 ××× 中小微企业竞争情报信息服务有限公司表示感谢的同时对专家团队的专业水平深表赞叹。通过两次信息服务活动，双方建立了充分信任的联系交流渠道，在 ××× 中小微企业竞争情报信息服务有限公司专家后期一系列的指导和帮助下，×××××× 农业科技有限公司对目标行业市场发展趋势有了充分的了解，明确了公司未来战略目标和发展方向。

（七）××× 图书馆为中小微企业提供信息服务。一是常规服务。××× 图书馆在充分做好企业信息需求调研的基础上，为中小微企业用户提供了丰富多样的信息服务：通过电话、咨询台、网络等途径，及时解答企业用户的各种信息获取问题；通过代检代查、馆际互借服务，为用户提供各种类型的科技文献资料；通过课题跟踪、信息推送服务，为企业用户的生产、科研、经营管理活动主动提供长期性、专业化、针对性强的动态信息服务；通过电子剪报服务，针对用户感兴趣的话题，进行定向媒体报道的搜集，形成专题剪报提供用户查阅；通过学科导航服务，按照企业用户的学科属性，将网络、文献的相关资源进行优化整合，结合学科馆员服务机制，由相应的学科馆员利用专业知识背景，为企业用户提供专业信息服务；通过企业培训，利用图书馆的设备优势、馆员的知识优势为企业提供信息素养学习的机会，帮助企业用户培养信息检索人才；通过远程访问服务，使图书馆打破物理限制，将馆藏资源与服务最大化放给用户。**二是**特色服务。××× 图书馆积极与高校图书馆合作，开通科技查新服务，许多中小微企业在申请科研立项、成果鉴定及申报地方或国家各种创新资金奖励时，纷纷到 ××× 图书馆寻求科技查新支持，极大满足了 ××× 区内中小微企业的科技创新需要；××× 图书馆还积极与地方各级政府部门、科技中介机构、科研机构、各类信息服务平台，与全国范围内多家信息咨询公司、教育机构、各类型图书情报机构等构建了良好的协同服务关系：在区内，××× 图书馆与科技局、投促局、开发区商会、低碳中心、科技集团等合作，通过为企业提供信息咨询、编辑出版内部刊物、举办企业信息素养培训等协同服务方式，充分发挥了自身企业信息服务优势，而与 ××× 电视台的合作，则使 ××× 图书馆的视频点播服务通过电视网络得以实现。与区内各系统达成的协同服务，使 ××× 图书馆的企业信息服务触角得到无限延伸，最大限度满足了包括中小微企业在内的企业信息需求。除了区内协同外，××× 图书馆在区外与全国多家公共图书馆利用网络技术实现的协同服务平台，以实时咨询的方式为中小微企业提供信息服务。

（八）×××××× 网传媒有限公司为轻工行业中小微企业提供优质信息服务。×××××× 传媒有限公司成立于 1996 年，在 ××× 照明学会指导下，于当年创建了照明行业首个互联网信息服务平台。目前，×××××× 传媒有限公司已打造成为包含 ××× 照明网、××× 手机网、××× 英才网、××× 网小程序、微信公众号、微博、头条号、网易号、搜狐号、澎湃号、抖音等近 20 多个平台组成的新型媒体平台，为照明行业各类中小微企业提供全行业资讯、政策解读、专业论坛、学术交流、新媒体运营、广告及展览服务、活动策划、教育培训、人才招聘等信息服务，已与全国上百家主流媒体、知名媒介机构达成了深度战略合作，与多个城市的政府部门、学会等专业组织建立了长效的合作机制。目前 ×××××× 传媒有限公司拥有上千家活跃的产业链会员，服务照明企业超过5000家，固定受众群体超过100万人，年均点击量上千万人次，影响遍及20多个国家和地区。××××××传媒有限公司服务于全国照明企业，而照明企业则以中小微企业居多，民营为主。许多中小微照明企业都依附于大型企业，为大型照明企业配套服务，因此在技术发展和产品发展方面更多地表现为被动适应，再加上缺乏创新人才和资金，使中小微企业自身经济实力和技术实力薄弱、创新管理模式陈旧。××××××网传媒有限公司则可以快速传递政策、技术、设计、市场等信息，解决中小微企业寻找信息能力较弱的问题，加上××××××传媒有限公司健全的人才培训和企业培训经验和基础，可以为企业提供系统的服务。当前，××××××传媒有限公司正不断提高服务能力和组织带动社会服务资源能力，在解决中小微企业共性需求、畅通信息渠道、改善经营管理、提高发展质量、增强市场竞争力、实现创新发展等方面发挥好支撑和示范带动作用。

（九）科技期刊新媒体线上平台为中小微企业提供信息服务。一是官方网站提供。各科技期刊普遍建设了网站，有80%的编辑部建设的杂志网站开通了在线采编、协同审稿系统，同时积极开发多种板块，采编行业信息、发布最新动态、建立专家库、提供交流平台，在信息服务上下足工夫。**二是**微信公众平台提供。科技期刊在应用微信公众平台时，不仅发布期刊刊载的论文、本期刊的相关信息等内容，还从内容的原创性、热点的时效性、设计的时尚性等方面强化提升以提高文章阅读量、转发率。**三是**直播平台、App等提供。依托微信公众平台，直播行业展会、交流会等内容，积极开发科技期刊自己的App，打破类似微信公众号等平台的束缚，让传播方式更加灵活，信息服务更加及时。**四是**学术交流活动提供。坚持以科技期刊为基础，行业学会、理事会牵头，编辑部主办，灵活采取综合性学术会议、行业展会、专题研讨会、专家座谈会等多种形式开展学术交流会议，促进行业信息交流。**五是**智库提供。科技期刊依靠智库优势，深入挖掘行业资源，为中小微企业提供定制行业调研报告、前沿科技资讯咨询等服务，以帮助中小微企业精准定位。

（十）情报机构为中小微企业提供信息服务。一是欧洲企业网（EEN），是一个资源集中化的大信息平台，也有非欧盟区的企业、机构注册，世界性的信息网络给欧盟区中小微企业更多机会、资源进行合作或商业往来。EEN提供的合作及需求信息已经过审核和分类，极大地增多了中小微企业寻求发展的突破口。**二是**因中小微企业可能缺少自行建立情报部门的能力，但加强情报搜集分析是必不可少的，一些中小微企业通过寻求专业情报机构来研究国内外行业情报，或建立专门的小组来整理分析情报内容。美国IBM公司自行设置了全球性的竞争情报机构来提升企业在同行间的竞争力，并针对市场上主要的竞争对手设置了分析专家以确保中小微企业管理、决策等运作高效准确。**三是**青岛海尔股份有限公司的海尔产品已顺利入驻美国排名前十大的连锁集团，并获得“最佳供货商”“免检供货商资格”等荣誉并成长为在美国主流渠道销售产品的本土化品牌。青岛海尔股份有限公司的成功源自建立情报部门的同时领导也高度重视和持续跟进技术发展，积极培养情报人才、技术研发人才，并建立了一套完整的信息评价指标体系。**四是**湖南省信息研究所作为EEN华中地区站点之一，其每天在EEN平台上上传×××条公司需求，接到×××条反馈信息，其坚持以信息服务机构作为跳板，使企业之间的发展合作的更好，同时也最大化了信息服务机构在情报服务上的优势。

我们的中小微企业需要优质知识产权服务

（一）为××××××汽车股份有限公司提供知识产权服务。×××企业咨询管理有限公司积极为××××××汽车股份有限公司提供有关知识产权的多种服务，如专利申请、专利驳回复审、专利检索咨询、无效宣告、行政诉讼、专利技术转让、侵权诉讼、专利年费登记；商标注册、异议、驳回复审、续展、侵权诉讼、转让、马德里注册；专利侵权分析、专利新型分析等服务。以专利侵权分析为例，2017年，×××企业咨询管理有限公司为××××××汽车股份有限公司某款车型做侵权分析，针对该车型，×××企业咨询管理有限公司相对应的组织相关的知识产权专家、外观设计专利方面专家、经验丰富的专利代理人等相关专业人员利用自行开发的知识产权检索系统、知识产权分析系统等服务软件进行论证分析，从专利和法律两个方面，对该款车型进行分析，给出最终论证意见，并根据相关专家的论证意见为 ×××××× 汽车股份有限公司提供采取相应法律手段的分析意见。通过上述分析论证，安汇公司提出了该公司某款车型的侵权风险分析，使得 ×××××× 汽车股份有限公司避免了汽车上市后可能出现的侵权风险，及时针对可能存在的外观侵权风险作出规避，减少侵权带来的损失，目前该款车型已成功登陆市场，销售至全国各地，市场反馈良好，为企业的发展带来了巨大的经济效益，提升了品牌影响力。

（二）为 ×××××× 科技有限公司提供提供知识产权服务。其中，在专利申请服务上，××× 企业管理服务有限公司为 ×××××× 科技有限公司提供的服务包括三个方面：**一是**在专利申报初期，通过自行开发的知识产权检索系统、知识产权分析系统等软件对 ×××××× 科技有限公司提供的专利交底材料进行专利检索分析，研究相关专利申请的技术是否公开了交底材料的技术方案，减少重复申请和无技术创新性的专利申请；**二是**在专利材料撰写过程中，专利代理人与发明人充分的沟通，通过知识产权协同管理系统、专利个性化服务系统、专利案件综合服务系统等服务软件，梳理核心技术内容，保障了专利代理人对专利申请技术上的全面理解，并与发明人沟通相关技术内容的表达方式，减少技术术语上的纰漏；**三是**在专利审查过程中，通过专利案卷在线管理系统、专利案件数据管理系统、知识产权在线控制系统等服务软件，详细了解专利案件的进展情况，针对审查意见，据理力争，尽量的保障申请人和发明人的利益，代理人详细研究审查意见通知书中审查员指出的缺陷，整理针对审查意见的意见陈述书，并与发明人一起讨论研究审查意见通知书，最终确定意见陈述，从而答复审查意见，这种方式可以尽可能的在技术上反驳审查员的审查意见，从而保证申请人发明人的权利，最大化的提高专利的保护范围。通过上述专利申请服务，×××××× 科技有限公司在 ××× 企业管理服务有限公司申请的专利在授权率和质量上均很高。如 2015 年，由 ××× 企业管理服务有限公司代理的 ××× 车用低合金车轮钢及其车轮制备方法的授权专利于 2016 年获得第四届 ××× 省专利金奖，并于 2016 年获国家知识产权局中国专利优秀奖。该项专利提升了企业对产品核心技术的掌控，有效提升了产品关键技术的保护，为新产品更早的占领市场，提高市场占有率提供了保证。

（三）为 ×××××× 科技有限公司提供知识产权服务。×××××× 科技有限公司法人代表 ××× 的专利权被无效请求人向国家知识产权局专利复审委员会提出无效宣告请求，请求将商某的专利权宣告无效，××× 委托 ××× 企业服务公司代理上述专利权无效活动。××× 企业服务公司组织相关领域专利代理人认真研究无效请求的相关材料，代为答辩并参加庭审等活动。经庭审、答辩等代理环节，国家知识产权局复审委员会发出维持专利有效的决定。××× 企业服务公司成功维护了客户的专利权，保证了商某的知识产权权益。2017 年，无效请求人不服国家知识产权局专利复审委员会第 ××× 号审查决定、第 ××× 号审查决定，并分别提出了行政诉讼。×××××× 科技有限公司作为上述行政诉讼的第三人，委托 ××× 企业服务公司对上述行政诉讼事项进行代理。××× 企业服务公司指派经验丰富的专利代理人组成诉讼服务团队提供处理诉讼的相关服务，包括代为答辩、参加庭审等活动，并参加行政诉讼过程中的技术交流、讨论等相关活动。在整个行政诉讼过程中，××× 企业服务公司依据相关专业知识进行答辩，陈述相关事实。最终，无效请求人败诉，维持了专利复审委员会关于专利权有效的决定。

（四）为 ×××××× 光电技术有限公司提供知识产权服务。×××××× 光电技术有限公司是一家专业研发、生产智能（识别）色选设备的科技型企业，获得了国家高新技术企业、××× 市企业技术中心等称号，主导产品荣获 ××× 市品牌产品、××× 省名牌产品及全国色选机十佳名优产品等称号。×××××× 光电技术有限公司为建立知识产权管理和保护制度，实施知识产权战略，进一步提升自主创新和知识产权保护能力，委托 ××× 企业咨询管理服务有限公司为其提供知识产权一站式服务。首先，××× 企业咨询管理服务有限公司经调研了解 ×××××× 光电技术有限公司的基本情况及存在知识产权问题；其次，通过培训提升企业全体人员的知识产权意识；最后，针对 ×××××× 光电技术有限公司存在问题量身定制《知识产权管理办法》《知识产权奖惩办法》《技术研发项目及技术成果申报办法》《职务成果知识产权归属管理办法》《专利管理办法》《商业秘密管理办法》

《员工保密守则》《商标管理办法》《著作权管理办法》等知识产权管理制度，提高了员工创新积极性，提升了 ×××××× 光电技术有限公司知识产权保护能力。近年来 ×××××× 光电技术有限公司共申请专利 67 项，其中发明专利 43 项、实用新型 19 项，提升了产品竞争优势，实现了销售收入快速增长。

（五）为 ×××××× 棉麻股份有限公司提供知识产权服务。×××××× 棉麻股份有限公司是一家以棉业为中心的研、产、供、销、物流一体化综合性企业，主导产品工艺先进、质量优良，曾先后获得 ××× 省名牌产品、全国供销系统百强企业、××× 省农业产业化龙头企业等荣誉，年均收入超两亿元，支付各项税费达 2000 多万元，于 2014 年委托 ××× 企业服务咨询有限公司为其申报国家高新技术企业。经 ××× 企业服务咨询有限公司服务团队实地调研后，发现 ×××××× 棉麻股份有限公司虽然体量很大，发展迅速，开展了很多研发活动，但存在知识产权积累匮乏、知识产权创造意识不足、近三年财务成长性较差以及研发费用核算管理方式需要调整等诸多问题，与高企认定要求存在较大差距。在 ××× 企业服务咨询有限公司服务团队帮助下，通过一系列的技术提炼、知识产权挖掘、布局、创造、运作等服务，×××××× 棉麻股份有限公司在正式高企申报前成功获得 1 项发明专利和 8 项实用新型专利，且公司的各项研发管理制度也得到了规范和完善。经过近一年的培育，×××××× 棉麻股份有限公司成功通过了国家高新技术企业认定，××× 企业服务咨询有限公司服务团队的辛勤付出也得到了 ×××××× 棉麻股份有限公司的高度认可。

（六）为 ×××××× 超彩包装有限公司提供知识产权服务。×××××× 超彩包装有限公司创办于 2008 年 12 月，公司占地面积 8000 平方米，厂房 5200 平方米，其中 800 平方米为无尘车间，员工总数 143 人，其中高管团队 21 人。×××××× 超彩包装有限公司多年来主导生产卷筒不干胶商标印刷，选用日本、中国台湾及国内知名品牌设备，以美国艾利产品为辅料，由于这种特殊复合材料的需求不断扩大，使得不干胶印刷已逐渐演变成一个独立的印刷领域，也是标签印刷的发展趋势，已广泛应用于国内外。×××××× 超彩包装有限公司是该地区唯一一家艾利品牌总经销商，专业生产商超耗材，热敏不干胶、食品标签、饮料标签、医药标签、矿泉水标签、日化标签、电子电器工业标签、条码标签、自动标贴等。××× 企业创新服务中心与 ×××××× 超彩包装有限公司接触后，发现其知识产权的申请与保护均未构件完整有序的体系，虽然公司领导也较为重视，但并未有相关专业人员对其知识产权的申请与保护提出相应规划，存在问题较多。××× 企业创新服务中心对 ×××××× 超彩包装有限公司深入研究后，针对 ×××××× 超彩包装有限公司存在的知识产权问题，平台对问题逐一分析，对症下药，提出了以下建议：**一是**从专利方面。对 ×××××× 超彩包装有限公司正在使用的科技发明创作进行梳理，及时申请进行保护，为往后的使用及维权做准备。面对 ×××××× 超彩包装有限公司专利较少的问题，平台派驻专利代理人等专业知识产权工作人员，配合天龙公司技术人员，成功挖掘多项专利。**二是**从高企方面。×××××× 超彩包装有限公司准备申请高新技术企业，而高企则需要申报单位获得一定数量的有效专利，此为硬性标准。为 ×××××× 超彩包装有限公司申请高新技术企业的获得提供了有力的保障。截至目前 ×××××× 超彩包装有限公司已为 ×××××× 超彩包装有限公司共申请了 13 个专利，其中 3 个发明专利，9 个实用新型专利，打破了企业在知识产权上的空白。

（七）×××××× 知识产权服务有限公司积极为中小微企业提供知识产权服务。×××××× 节能股份有限公司是以研发、生产和销售建筑节能、计量设备为主，拥有多项自主知识产权的高新技术企业。在其顾问公司 ×××××× 知识产权服务有限公司的指导下，×××××× 节能股份有限公司连续进行专利质押融资，2017 年以 7 项专利单独进行质押融资，在 ××× 银行融资额度达 600 万元。×××××× 知识产权服务有限公司作为 ××× 省专业的知识产权投融资服务机构，承担着知识产权质押融资及科技成果转化过程中的知识产权资产评估工作，尤其是其对知识产权质押融资工作尤为擅长，为企业提供包括但不限于银企对接、技术评估、企业考察、贷后审查等全流程工作；帮助企业对接知识产权质押融资相关工作也能引起企业对技术研发的重视程度，创造出更多更好具有技术含量的高附加值产品，为企业创造更多利润。×××××× 知识产权服务有限公司认为，知识产权质押融资要做的核心工作不是为大企业“锦上添花”，而是要千方百计为中小微企业“雪中送炭”，积极帮助企业跟金融机构对接，帮助企业了解专利权的用途，帮助银行筛选优质的拥有自主核心知识产权的科技型中小微企业、科技型企业，使更多符合要求的企业成为银行的优质客户。为此，××××××知识产权服务有限公司现在已经组建了一支12人的知识产权资产评估和融资的服务团队，深入市县收集资料、考察企业、做银企对接、办质押登记……努力将专业服务本土化落地扎根。2019年，××××××知识产权服务有限公司全年帮助×××省140家企业完成了知识产权质押融资工作，总融资额度达15亿元。

（八）××××××有限公司积极为中小微企业提供知识产权服务。××××××知识产权服务咨询有限公司隶属于×××网，×××网是一个威客、众包服务网站，属于2006年成立的××××××网络有限公司。2014年2月，××××××知识产权服务咨询有限公司开始运营。公司总部位于重庆，全国线下布局五大区，设有五个区域服务中心，15个城市分部，拥有原国知局专家背景指导下的高水准服务团队超过千人，服务客户覆盖全国各地及海外，以北上广深、长三角、珠三角等经济发达地区为主。累计为超过28万家企业主和客户提供知识产权专业解决方案，客户中既有清华大学、CCTV、海尔等传统知名机构，也有摩拜单车这样的新兴行业领导者。在“互联网+知识产权”的创新模式驱动下，××××××知识产权服务咨询有限公司伴随客户一起成长，目前累计为客户提供商标、专利、版权等服务超过158万件。××××××知识产权服务咨询有限公司借×××网多年的平台客户和数据积累，在知识产权专业发展迅猛。旗下运营平台包括知识产权综合服务平台、人才服务平台、数据工具平台。在业务板块方面，主要有知识产权基础业务，包括商标注册、专利申请、版权登记、软件著作权登记等；知识产权延伸业务，包括交易、案件，电商维权、贯标、情报分析等。在产品策略方面，××××××知识产权服务咨询有限公司分行业推出知识产权产品优惠套餐，在商标注册业务上，除其他友商都有的“普通、担保、加急”外，还推出商标“设计+版权+注册”套餐，以及针对基础量较大的行业，推出行业套餐折扣活动，如“互联网+”套餐、“服装”套餐、“食品”套餐，将商标注册、版权登记及外观专利叠加销售，既便利客户选择，又增加了销售服务的连带性。在网页设计方面，产品呈现更清晰。除商标注册基础业务外，另设“初审障碍化解、异议他人商标、商标信息变更”的业务板块，不是将各项业务简单罗列，而是按一定逻辑汇总排序，减少顾客在浏览和搜索所需服务时的障碍，提供的服务项目一目了然。

（九）××× 知识产权局积极为中小微企业提供优质服务。××× 知识产权局按照“知识产权贯标—优势企业培育—示范企业培育”的工作思路，分别与 ××× 国资委、××× 中小微企业局、××× 教育厅、中国科学院 ××× 分院等部门成立了 ××× 省知识产权贯标工作领导小组，共同推进全省知识产权贯标工作：完善中小微企业遴选、贯标辅导机构备案考核、专业认证与验收并行、验收程序标准化等工作机制，已形成“政府推动、企业（高校、科研机构）实施、中介支持、验收认证双轨并行”的贯标工作格局；制定《××× 省知识产权优势、示范企业培育工作总体方案》，明确指导思想、培育目标、主要工作、支持政策、组织管理及督导检查等内容，通过政策引导和支持，使知识产权在企业技术研发、生产经营、战略布局等方面发挥应有的重要作用；会同 ××× 银监局、××× 中小微企业局等单位，加强质押融资培训宣传，加大政策引导，开展融资需求征集与推送，建立信息服务平台，知识产权质押融资服务体系进一步完善；联合中央、省（自治区、直辖市）相关部门，开展多场知识产权金融服务对接活动，加强银企及中介等各方合作，推进知识产权与金融有机结合。2015 年以来，连续数年 ××× 省企业专利质押融资登记数量居全国前列。2018 年，全省专利权质押贷款合同登记 505 项，同比增长 10.74%；质押贷款总额 28.78 亿元，同比增长 22.10%。中小微科技企业专利质押融资占到总合同金额的 90% 以上，一批轻资产企业通过专利融资获得企业首笔贷款。全省已有 20 多家金融机构开展知识产权质押贷款业务。2019 年 1~6 月，××× 省专利权质押合同登记 234 件，同比增长 33.9%，数量位列全国第五。质押专利权 387 件，质押贷款总金额 12.89 亿元，较上年同期分别增长 18.7%、33.8%。

（十）××× 企业咨询有限公司积极为中小微企业提供知识产权维权服务。一是提升中小微企业知识产权维权知识和意识。××× 企业咨询有限公司组建专门队伍，积极深入园区、企业开展维权大讲堂活动，邀请省内外专家为企业负责人及知识产权工作人员讲授知识产权及维权知识，提高企业对知识产权维权重要性的认识。**二是**指导中小微企业建立和完善知识产权维权制度。这些制度主要包括：设立专门的知识产权维权的部门，明确知识产权保护的职责，对专利的申请、商标注册、计算机软件登记、科技成果登记、保密、技术资料的加密归档、处理知识产权的侵权、纠纷等要有专人负责，提高知识产权保护的效率；建立和完善知识产权内部管理制度，包括知识产权管理制度、保密制度、成果归档制度、劳动合同制度等。**三是**指导中小微企业加强知识产权机构和人才建设，指导中小微企业在充实企业知识产权人才力量的基础上，不断提供企业知识产权人才的素质能力，将企业人员维权援助能力培养纳入企业知识产权管理人员培训的范畴。**四是**积极联系相关行业协会、商会及各类工商组织建立行业知识产权维权联盟，在行业内建立诚信机制，实行侵权盗版黑名单制度，在企业信用系统中，记录企业的知识产权侵权违法行为，构建诚信体系，加强行业知识产权维权与救济协调服务。

我们的中小微企业需要优质质量检测服务

（一）为 ×××××× 印务有限公司提供优质质量检测服务。2018 年，×××××× 印务有限公司生产食品复合包装袋，其产品出现气味异常、盛装食品串味的现象，该公司技术人员对其产生的异味一直无法找到原因，寻求 ××× 质量检测有限公司提供解决方案。××× 质量检测有限公司得知情况后及时赶赴生产现场，分析原因，探寻最佳工艺方案，提出改进意见，并对生产过程及时跟踪检验，最终获得满意效果。通过技术分析和生产工艺的摸排，产生异味的来源主要有印刷、复合、溶剂配方。针对这几个原因，××× 质量检测有限公司指导 ×××××× 印务有限公司采取以下应对方法：**一是**采用正规厂家无苯油墨印刷，降低印刷速度，提高印刷过程干燥温度，采用强排式排风，降低车间的湿度（采用除湿机），延长复合烘道，提高烘道温度，适当降低复合速度；**二是**分区固化（不同批次、不同品种分开隔离），盛装溶剂的容器、印刷机械、复合机械严格控制，不同印刷品种安排不同时间印刷，防止交叉污染；**三是**选择合适的印刷溶剂，对比不同溶剂配方（气相色谱仪分析），剔除难挥发、易残留的芳香烃溶剂，最终选择最优的溶剂配比；**四是**确定最优技术方案。此后 ×××××× 印务有限公司生产的产品质量一直比较稳定，多次抽检合格，获得客户的好评。

（二）为 ×××××× 塑料包装有限公司提供质量检测服务。2018 年 3 月，×××××× 塑料包装有限公司生产食品包装膜，其产品在客户自动包装机使用时出现卡、跑偏的现象。××× 企业咨询有限公司了解情况后非常重视，和企业一起研究解决方案，并在生产工艺改进过程中同步跟踪检验，最终解决了技术难题，获得满意效果。包装膜出现卡、跑偏的现象主要原因是复合膜的厚度不均匀、不平整造成产品摩擦系数过大或不匀。问题出现在材料膜厚度均匀性不佳、印刷和复合时不平整。针对这种情况，××× 企业咨询有限公司组织技术人员开展研究探讨：**一是**分析原材料 BOPP、CPP 膜复合面的电晕强度，检验其摩擦系数，最终确定 BOPP、CPP 膜的摩擦系数在 0.2 ~ 0.3 的最适合，检测原料膜（BOPP 膜、CPP 膜）厚度极限偏差和平均偏差，选择符合要求的原料膜；**二是**对复合胶水进行筛选，选择合适的施胶量，依据产品使用用途选择合适强度的胶水，并在实验室进行小试，最终确定适宜的复合胶水和施胶量，保证了产品厚度均匀性和平整性；**三是**延长复合烘道，严格掌控施胶量和胶水浓度，复合烘道温度调整为 80℃，熟化温度调整为 60℃，熟化时间调整为 14 小时，同时注意排风，确保复合牢度和平整性。通过工艺调整，×××××× 塑料包装有限公司终于解决了产品容易分层的问题，×××××× 塑料包装有限公司对 ××× 企业咨询有限公司的技术能力非常认可，对服务方式非常满意。

（三）为 ×××××× 航空装备科技有限公司提供测试服务。××× 载荷测试有限公司购进了全球最先进的设备，其设备采用了高精度负荷传感器、位移传感器，高精度放大器等测量元气件，分辨率高，克服了人眼的读数误差，测量精度高。在为 ×××××× 航空装备科技有限公司提供专业服务过程中，其对系统的设计进行了优化：**一是**可靠性设计，在硬件设计时考虑各种元器件电磁干扰对测试精度的影响并采取一定措施有效规避，在软件方面设置过载预测与异常检测程序防止误操作损坏样品，在加载方式上通过逼真模拟弹簧工作状态真实测量弹簧在这一状态下的内部应力等。**二是**强化系统功能，采用了可靠性较高的工控计算机进行控制，实现了检测过程的自动化，由于自动化程度高、可靠性好，不但排除了原有检测过程中人为因素的影响，使检测结果更加准确，而且大大降低了工人的劳动强度，节约了作业时间，提高了生产效率。××× 载荷测试有限公司所购买设备及推进的最优设计投入应用以来，设备运行正常，维护、检修工作量少，大大降低了维护检修费用；同时，其友好的人机界面，使得整个系统更形象直观，易于操作，保证了现场运行的安全可靠性。

（四）为 ×××××× 电子科技有限责任公司提供认证服务。 ×××××× 电子科技有限责任公司是一家专注于电容器设计开发与生产的民营高新技术企业，专业生产各类薄膜电容器和 PP、PE 金属化材料，主要生产 CBB65 系列电容器、CBB61 系列电容器、MFO 脉冲特种电容器和低压并联电容器等。由于 ×××××× 电子科技有限责任公司受多方面因素限制，其电容器产品难以申请 CQC 认证，便委托 ××× 科技有限公司帮助解决认证问题。××× 科技有限公司技术人员通过现场了解，为该公司产品认证编制了认证计划：**一是**给企业相关人员培训、讲解 CQC 认证规则及认证产品体系建立要求；**二是**帮助企业按照认证机构认证规则要求，编制质量手册、程序文件及现场作业文件和各种运行记录，建立认证产品质量体系；**三是**按照认证规则及产品标准要求，制作认证样品，并联系认证机构及检测单位，申请产品认证及产品试验工作。经过四个多月努力，×××××× 电子科技有限责任公司通过了 CQC 上海分中心的现场审核，并顺利拿到 CQC 认证证书，为 ×××××× 电子科技有限责任公司市场开拓提供了有力支持。

（五）为 ×××××× 食品有限公司提供优质检测服务。 ×××××× 食品有限公司位于 ×××××× 高新技术开发区，是一家专业生产冷冻类蛋糕、西式糕点、休闲饼干食品及相关产业为一体的综合性企业，专业为高端酒店、烘焙店、咖啡厅等企业做后台加工。××× 检测有限公司作为 ××× 市一家较为优秀的食品检测机构，一直致力于为 ××× 市食品企业提供先进的质量安全技术支持。×××××× 食品有限公司为多家知名企业提供糕点代工，为把控产品品质，××× 检测有限公司为其提供了一系列产品品质保障和提升服务：**一是**抓检测。连续多年，××× 检测有限公司持续

为 ×××××× 食品有限公司的每批产品提供出厂检验，保证其在交货前确保产品的出厂检验和卫生指标合格。为缩短 ×××××× 食品有限公司向其委托方交货期限，经公司领导和技术部门讨论决定，给予 ×××××× 食品有限公司最快的检验期限，即按照检验操作的最短时间，收到样品后 5 天出具检验报告。在检验过程中，为降低企业成本，××× 检测有限公司为 ×××××× 食品有限公司制定合理高效的检测方案，在保证合理检测费用支出的基础上，通过检测对产品质量进行把控。在提供检验服务的基础上，××× 检测有限公司还随时向 ×××××× 食品有限公司反馈食品检验过程中发现的异常情况，并帮助其查找问题发生的原因，提出解决方案和建议，帮助其及时改进，以提升产品质量。为此，××× 检测有限公司特意邀请了省内外多名食品行业专家、教授组成顾问团，帮助企业解决生产过程中产生的各种质量安全问题。**二是**抓培训。为提高企业自有实验室检验水平，××× 检测有限公司持续为 ×××××× 食品有限公司品控和化验人员提供技术培训，由各检测组资深检验人员手把手教学，在技术和经验方面给予很大程度的教学，帮助该公司多名检验员掌握糕点中微生物、酸价、过氧化值等参数的检测技术，以便企业能够对其产品在生产过程中各环节进行基础的检验检测分析，让企业将专业的检验检测技术带回家。××× 检测有限公司技术人员多次受邀到厂，对其实际操作进行指导，××× 检测有限公司长期接受 ×××××× 食品有限公司品控人员在技术和操作方面遇到的疑难咨询，帮助企业培养技术成熟的技术人员。**三是**抓分析。为帮助企业查找生产流程存在的风险，分析危害并找到关键点进行控制。××× 检测有限公司特意为企业提供了大数据分析服务，由于 ×××××× 食品有限公司长期在 ××× 检测有限公司进行产品质量检验检测分析，在 2018 年 6 月，××× 检测有限公司收集整理了该企业在拓维送检的全部产品共计 92 个品种的每项参数的检出值，并通过图表分析得出各类产品的各项参数检出值的合理区间，发现产品质量的波动异常。为查找出导致异常的原因，××× 检测有限公司特邀请行业内专家前往厂家进行风险查找和分析，结合大量行业专业知识，为企业提供整改方案，帮助企业找出问题并整改到位。通过 ××× 检测有限公司的大数据分析，该企业对产品的要求不再停留在仅结果合格即可，通过结果追溯生产过程各环节，进行风险分析，提高产品质量，降低了食品质量问题发生的概率，进而提高了企业效益。

（六）为 ×××××× 食品有限公司提供检测和技术服务。2018 年 3 月，×××××× 食品有限公司创始人 ××× 邀请 ××× 质量检测有限公司为 ×××××× 优食品有限公司的生产经营提供检验检测、技术咨询服务。为此，××× 质量检测有限公司自其厂区设计，到获证，再到产品研发各环节通过提供专业的技术指导帮助企业一步步走向正式启动生产，××× 质量检测有限公司至今仍在为 ×××××× 食品有限公司提供质量安全技术服务，包含产品质量检测服务、检验员培训、生产过程风险控制：**一是**抓食品生产许可证申请咨询。接到 ×××××× 食品有限公司的服务需求后，××× 质量检测有限公司派遣技术人员通过现场勘察和充分沟通后，为 ×××××× 食品有限公司绘制厂区平面布局图，并提供过程指导，确保厂区按照审查细则的要求设计；帮助 ×××××× 食品有限公司编制质量控制手册、组织结构图、工艺流程图等技术材料；在 ×××××× 食品有限公司对检验检测仪器设备采购遇到困难时，××× 质量检测有限公司联系合作稳定可靠的供应商，拟定采购清单，帮助 ×××××× 食品有限公司顺利建起了自己的化验室。在 ×××××× 食品有限公司准备上报食品生产许可前，××× 质量检测有限公司特邀请有经验丰富的专家老师对其各项准备工作进行预审，查找不足并整改到位后，×××××× 食品有限公司在正式的评审中顺利通过。**二是**抓检验检测。在 ×××××× 食品有限公司产品研发、生产过程中，××× 质量检测有限公司一直不断为企业提供检验检测服务，在检验过程中，××× 质量检测有限公司在出具检出数值以外，还帮助企业分析各项指标的最佳区间，指导其通过调整生产工艺达到成品的最佳状态，最终生产出符合市场需求、品质稳定的产品。×××××× 食品有限公司自 2018 年获证后，××× 质量检测有限公司参与了其 30 余个单品的研发、产品定型、生产线设计、终端产品品质跟踪监测及品质风险防控。**三是**抓检测培训和技术咨询。在 ×××××× 食品有限公司化验室建立之初，××× 质量检测有限公司不仅帮助其设计实验室布局、采购检测设备，还帮助企业顺利通过化验室仪器设备的计量校准工作，最后企业将检验人员和品控人员送往 ×××

质量检测有限公司接受了专业的、系统的检验检测和质量控制培训。现在××××××食品有限公司的检验人员可独立并熟练的进行微生物、水分、酸价、过氧化值等基础的出厂检验项目。×××质量检测有限公司技术人员随时响应××××××食品有限公司的技术咨询服务，为其解答在生产以及检验检测过程中遇到的各类疑难问题。为帮助企业健康发展，×××质量检测有限公司特邀请×××工业大学食品学院教授到××××××食品有限公司现场指导，帮助企业规范管理、规避风险。×××质量检测有限公司一直致力帮助并影响食品生产企业规范生产、关注食品质量安全，并利用自身技术能力及资源，为食品生产企业解决各类生产经营过程中遇到的疑难问题，××××××食品有限公司在成立之初，因×××质量检测有限公司的服务口碑选择×××质量检测有限公司，×××质量检测有限公司也将继续为××××××食品有限公司的产品质量安全保驾护航。

（七）××××××掌上标准馆为中小微企业提供标准服务。××××××新能源工程技术有限公司有托管标准500多条，工作人员查新后发现，其中近70条标准已被新标准替代，仅2020年失效的就有近20条。按照××××××新能源工程技术有限公司半年查新一次的频率，仍无法确保500多条标准的有效性。事实上，在××××××科技城，类似××××××新能源工程技术有限公司这样面临着“数据”更新难题的企业不在少数。不过他们现在都已不再担心“数据”的变化问题，原来在托管之后，标准状态实时更新，随时提醒作废替代情况，确保了企业所用标准的有效性，避免了企业产品因达不到最新技术标准要求造成的质量损失。××××××新能源工程技术有限公司这样的众多中小微企业之所以能够解决标准变化的后顾之忧，是因为××××××掌上标准馆将标准服务送至×××科技城中小微企业厂门口，于是企业技术人员足不出厂，就能随时掌握行业最新标准信息。这样的标准“网上”上门服务，正是××××××掌上标准馆所搭建的质监一体化服务信息平台，打造一站式服务线上平台的缩影。“我们利用互联网手段，整合质量技术资源，打造具有‘一键报检’、专家在线问诊、‘掌上标准馆’、网上课堂等线上服务功能质量技术监督一体化服务平台。”××××××掌上标准馆相关负责人说道。据悉，×××

科技城的线上服务还包括一键报检实现与检验机构实时信息对接。通过××××××掌上标准馆的牵线搭桥，×××科技城与×××省大型仪器共享服务平台合作，共享×××地区高校、科研院所、检验检测机构、大企业等单位的科学仪器资源，通过线上申请、线下服务的方式，为中小微企业提供最快捷的检验检测服务，缩短企业技术研发时间。

（八）××××××质量服务站为中小微企业提供优质质量检测服务。2014年，随着入驻园区中小微企业数量及质量服务需求不断增加，××××××质量服务站正式成立。在××××××一院五所的技术支持下，××××××质量服务站积极为中小微企业提供全生命周期的计量、标准、检验检测、认证认可等基础性质量服务："服务站由中高职院校、责任部门等提供技术和培训支持，园区选聘质量服务专员，做到6个'统筹'，即为中小微企业统筹计量、标准、检验检测、认证认可等质量技术基础工作，以及质量品牌建设、质量文化建设工作。建立起了党委政府—××××××质量服务站—中小微企业的质量服务传导模式，为中小微企业提供全生命周期质量技术支持，营造了一个低成本、便利化、开放式、全要素的创新创业环境。"××××××质量服务站负责人说道。据统计，××××××质量服务站定期组织专门工作人员上门为中小微企业提供专业服务，为中小微企业节约成本1000多万元；免费为中小微企业提供质量和技术检测服务，累计为170多家中小微企业提供质量和技术检测服务服务800多次，为企业节约成本1375万元；创新推出中小微企业"5551质量管理"模式，免费为企业提供认证服务，累计帮助74家企业通过认证，为企业减免346万元。

（九）××××××质量监督局为中小微企业提供"双首席"服务。2014年，××××××质监局先后印发开始在城区119家企业试点"首席质量官"和"首席服务员"工作，对首席质量官，明确其主要职责为负责组织制定企业质量发展战略、年度质量工作计划和质量安全保障措施，建立并实施先进质量管理体系和管理方法，组织实施质量改进、质量攻关、质量分析等活动，实施质量成本管理，加强质量统计分析，开展质量教育培训，建立企业质量文化等；对首席服务员，明确其工作职责则主要为宣传质量技术监督法律、法规和有关政策，了解掌握企业基本情况、促进企业与质监部门之间的沟通与协调，协调质监系统各部门为企业提供质量管理、品牌争创、市场准入、检验检测等方面的服务，了解掌握企业的经营情况，履行法律赋予质监部门的监督和管理职权。同时，狠抓了3项管理：**一是**对“首席质量官”和“首席服务员”定岗定责，实行“看板管理”，要求所有开展“首席质量官”和“首席服务员”活动的企业，将“首席质量官”和“首席服务员”个人照片、职责职权、公开承诺等内容，按照“统一格式、统一标准、统一内容”的要求，制作公示牌，在企业显著位置上墙公示；**二是**对工作内容定量定性，实行台账管理；**三是**对问题解决定时定人，实行清单管理。自开展“首席质量官”和“首席服务员”活动以来，××××××质监局共举办各类免费培训班21期，培训2520人次，290名质监首席服务员共收集企业意见和建议328条，帮助企业解决质量管理、检验检测、标准查询等7个方面问题796个，无偿为企业提供质量、计量、标准化、特种设备、生产许可等服务265项。

（十）×××省质量检测服务机构积极开展“双零”活动。自2017年开始，×××省质量检测服务机构持续开展以“服务零距离、质量零缺陷”（简称“双零”活动）为主题的质量技术服务中小微企业活动，明确用3~5年的时间，推动万家中小微企业提升质量管理水平，培育千个以上名牌企业和产品，打造百个以上知名品牌标杆企业和产品，促“标准化+”效应切实凸显。2019年，全省质量检测服务机构共服务中小微企业17843家次，其中计量服务3630家次，标准服务6456家次，检验检测服务2725家次，产品认证服务3279家次，质量咨询培训和宣传服务7523家次。2020年，将继续扎实开展“双零”活动列入省重点工作，作为“质量提升行动年”的主要内容，努力打造“隐形冠军”““瞪羚”企业”和“小巨人”企业。

我们的中小微企业需要优质的信用服务

（一）“园易融”为园区中小微企业提供优质信用服务。××××××工品汇信息科技有限公司坐落在×××工业园区，是一家专业工业产品一站式采购的服务商，在线销售几十万种商品，受到新冠肺炎疫情影响，公司出现了资金流危机。面对突如其来的疫情，××××××工品汇信息科技有限公司出现的资金流问题并非个案。如何弥补资金缺口，成为企业生存的难题，也是 ××× 工业园区面临的首要任务。2020 年 3 月 17 日，××× 工业园区正式推出园区一站式综合金融服务平台（简称“园易融”平台），为园区中小微企业提供“债权 + 股权线上 + 线下”的一站式综合金融服务：服务领域从“科技金融”全面拓展到了“普惠金融”，服务对象覆盖了全园区工商注册企业，服务供给从以银行为主的机构拓展到了股权机构、保险、担保、金融租赁等 8 个金融领域。企业获取“园易融”平台上的金融服务可全流程线上办理，不需要填写纸质材料。线上提交融资需求后，经过园区金融机构审核、授信，并由园区企业发展服务中心审核通过后，即可发放贷款。“×××××× 工品汇信息科技有限公司是‘园易融’平台的首批‘体验客户’。该公司出现了资金流危机后，园区企服中心及时、全面地了解企业需求后，帮助该公司与金融机构进行需求对接。通过‘园易融’平台的‘扎根贷’政策性金融服务，该公司顺利获得了贷款。”××× 工业园区有关负责人表示，“‘园易融’平台的上线很好地为企业拓宽资金需求侧畅通了企业融资专属通道，平台 60 多款金融产品，企业可‘货比三家’后择优选择。”截至目前，“园易融”已上架政策性及机构自营产品 60 余款，受理融资需求近 300 笔，100% 受理对接。2020 年以来，“园易融”平台上的金融创新产品已为 120 家次中小微企业解决融资需求 11 亿元。支撑“园易融”高效运转、快速对接的背后是 ××× 工业园区公共信用信息共享平台。近年来，××× 工业园区围绕“以一个平台管信用”的目标，扎实开展信用信息归集共享工作。2019 年，在《××× 工业园区公共信用信息归集和使用管理办法（试行）》运行结束后，××× 工业园区及时印发了《××× 工业园区公共信用信息管理办法》，提出公共信用信息归集实行目录管理、清单管理，包含了“数据”“行为”“应用”三个清单，动态调整，并通过信用信息共享平台，实现信用信息数据对接共享和应用，推动信用监管走向精准化、协同化、长效化。截至目前，该平台累计归集了 13 万多家企业、覆盖园区所有自然人共计约 780 万条信用信息，归集“双公示”信息 5 万余条，可提供园区法人和自然人的信用审查、信用统计、联合监管等多项功能。信息共享为企业化解了燃眉之急，也让园区信用建设尝到了甜头。

（二）“××× 信用通”为中小微企业提供优质信用服务。2020 年 3 月，×××××× 生物科技有限公司法定代表人 ××× 正在为 950 万元的资金缺口急得焦头烂额。该公司坐落于 ××× 经济开发区 ××× 食品产业园，在恢复生产后，定单总量同比激增，急需增加投入购买原材料。同月 8 日，×××××× 生物科技有限公司法定代表人 ××× 了解到“××× 信用通”的相关信息，抱着试试看的心态在“××× 信用通”平台发布了 950 万元的融资需求信息，向 ××× 农商银行发出了贷款申请。××× 农商银行第一时间响应，运用“××× 信用通”的信用档案查询平台企查查、金控征信等 8 个信息共享数据平台，从 32 个指标对企业迅速完成信用画像，进一步简化程序、快速审批，运用人民银行支农再贷款政策，仅在一个工作日就完成了向企业发放贷款 900 万元，利率比运用其他资金发放的涉农贷款利率降低约 3%，可为企业节约财务成本 27 万元。××× 农商银行所运用的“××× 信用通”平台，是人民银行 ××× 分行、××× 发展和改革委员会等多家省级部门，以 ××× 省重要金融基础设施为定位发起建立的，旨在协同相关政府部门、各市（州）政府、金融机构、征信机构以及其他合作方，推动金融业务和金融科技的高度融合，使平台成为多维度信用信息共享、全品类基础征信产品集成、全金融业务场景覆盖、融资需求高效对接、信用体系建设可持续推进、金融产品创新孵化的重要载体，构建以信用为核心的金融服务生态圈。目前“××× 信用通”平台已实现全省所有市（州）和 1.8 万余家银行机构网点全面接入，可共享企业基础信息、不动产、公积金、电力、银联支付、法院判决、纳税信息等超过10亿条数据，已上线800余款小微企业信贷产品，完成不动产抵押贷、专利贷、银税互动等特色应用场景开发。

（三）“××× 信用”为中小微企业提供优质信用服务。×××××× 经济技术开发区通过“××× 信用”供应链金融平台，有效整合企业信用信息资源，大大减缓了政府和中小微企业现金支出压力，降低了带息负债；将政府、中小微企业的优质信用进行了拓展传导，有效解决了中小微企业融资难题。×××××× 高新技术开发区依托“××× 信用”供应链金融平台，紧抓中小微企业大数据“获取—分析—运用”的链条这一重点，从国家、省、市政府部门和多家具有征信资质的第三方机构获取园区企业的各类信息，扎实推进政务、社会与互联网多源数据大融合，并借鉴微信、支付宝个人用户画像功能，构建了一套完整的“百分制”评价模型。各类中小微企业按照自身评分，申请相应合创券额度，实现双创扶持资金从“大水漫灌”向“精准滴灌”的转变，财政资金使用效益得到大幅度提高。“金融服务是园区中小微企业发展的生命线。解决企业的融资难、融资贵的问题，就需要良好的金融服务。信用服务对于构建健康高效的金融服务至关重要。作为园区企业发展的新动能，信用服务可以帮助评判企业的风险、规避风险，促进企业投资。同时了解企业的信用信息、经济状况，也便于强化园区的监管。有了一个良好的信用体系作支撑，营商环境会得到很大的改善。”中国并购公会信用管理专业委员会常务副主任 ××× 深有感触。

（四）“信易贷”为中小微企业提供优质信用服务。位于 ×××××× 工业园的 ×××××× 科技有限公司是知识价值信用贷款改革的受益企业之一。×××××× 科技有限公司是一家国家级高新技术企业和科技型企业。在该公司的创业初期阶段就获得了 590 万元知识价值信用贷款，为公司健康快速发展奠定了基础。2019 年，该公司又获得了 300 万元科技型企业知识价值信用贷款，让企业得以在疫情之下顺利复工复产。科技型企业具有轻资产、重创新的特征，在传统以重资产为基础、以财务指标为关键的商业价值信用评价体系下，很难从银行获得贷款。通过一套科学的评价体系将企业的知识价值转化为信贷资源，这源于 ××× 高新技术开发区的创新探索。2017 年，××× 高新技术开发区创新性地提出并应用知识价值信用评价体系，以知识产权、研发投入、科技人才、创新产品、创新企业 5 个指标，对科技型企业进行信用评价，生成信用等级和推荐授信额度。银行再根据推荐授信额度，向科技型企业提供贷款。知识价值信用贷款体系借鉴市场上目前较为成熟的个人信用贷款原理，基于对 ××× 区域内样本企业的资产状况、融资需求与还款信用的调查分析，依靠“大数据”等技术，建立了对创新要素和经营管理要素双轨评估的知识价值信用评价体系。该体系主要特点有：**一是**自动评价企业信用，依靠大数据应用和专利软件化评估，构建以评估知识产权、研发投入为核心，同时评估上下游创新要素（人才团队、创新产品、创新服务等）的科技型企业知识价值信用评价体系；通过加权与加分两种评价办法，由软件系统自动生成科技型企业知识价值的A、B、C、D、E五个特定信用等级，分别对应500万元、400万元、300万元、160万元和80万元的特定授信额度。**二是**整合共享信息数据，通过建立科技型企业库，将分散的“数据孤岛”进行优化整合，实现了知识价值信用评价体系所需的各项数据“一库尽网”。**三是**持续完善评价体系，根据管理部门、企业、银行等各方反馈信息，对评价体系进行动态调整和持续优化；比对验证各方反馈的数据信息，将企业填报虚假数据情况纳入科技信用记录，取消对不良信用企业的政府科技创新关联项目和资金支持，确保信用评价体系的时效性和准确性。据了解，科技型企业知识价值信用贷款改革使中小微企业融资成本较传统商业贷款降低50%，有效缓解了民营科技中小微企业“融资难”“融资贵”。2019年10月，参与改革的合作银行已累计向1960家科技型中小微企业发放贷款58.97亿元。

（五）“信用+”为中小微企业提供优质信用服务。2020年4月，一场“信用+产业园”签约仪式在××××××科技创新园举行。签约仪式上，×××公共信用中心与××××××工业和信息化局签署“信用+产业园”合作协议，×××公共信用中心将向×××工信局提供试点园区内的企业信用信息、企业信用画像结果，打造“信用+助企融资”新模式。据了解，“企业信用画像”数据来源于×××公共信用信息系统，于2015年在××××××进行试点。随着公共信用信息归集的不断丰富，×××市于2019年全面梳理74家信源单位的2000余项数据，重新构建了企业信用画像指标体系，包括合规、履约、经营、荣誉、风险5个一级指标、14个二级指标、104个评分项。新的企业信用画像指标体系能够更准确全面地评价企业信用状况，目前已应用于×××自贸区开展跨部门协同监管平台、市场监管局年报抽查和企业公示信息抽查以及“深信贷”产品。早在2018年8月，×××省政府官方网站发布《深化中国（×××）自由贸易试验区制度创新实施意见》明确提出，运用大数据技术，从行政处罚、不良行为和贡献三个方面形成“企业信用画像”，按照信用风险等级划分为A、B、C、D四个等级。利用“企业信用画像”智能化开展“双随机、一公开”抽查。如今，在×××新区，依托“智慧海关（检验检疫）”平台建立进出口商品溯源体系，采集商品从生产、贸易、流通直至消费者的全链条信息，海关运用大数据分析对进出口商品实施精准监管，企业借助溯源体系开拓市场、提升商品信誉度，消费者通过“扫码”等方式获取商品质量安全信息，多方联动推动商品质量安全监管创新。在 ××× 新区，企业智能服务平台共汇集了各部门准入、许可、资质、奖惩、处罚、信用等数据 59 万余条。从行政处罚、不良行为、贡献表彰、政府评价等方面形成企业画像，企业智能服务平台将企业信用划分为 A、B、C、D 四个等级，为各监管部门提供查询、预警和分析功能。

（六）“信用 + 承诺”让中小微企业获益良多。审批程序多、主体多、时间长，工程建设项目一直是行政审批制度改革中难啃的“硬骨头”。2017 年，×××××× 新区在全国率先实质性开展企业投资项目“信用承诺制”改革试点，建立“政府定标准、企业作承诺、过程强监管、信用有褒惩”的新型投资建设项目管理机制，将原来每一环节每一事项逐一审批的方式，改革为统一的“定标准 + 作承诺”方式，推动试点项目变“先批后建”为“先建后验”，变“部门审批把关”为“企业信用约束”，重心从“事前审批”转向“事中事后服务监管”，推动重大投资项目尽快落地开工，达产达效。一大批工程建设项目受益于“信用 + 承诺”绿色直通车审批模式，顺利提前开工，他们一致认为,“信用承诺制”就是用主体单位的信用换取时间，避免了交叉等待时间，良好的信用成了企业的通行证，让开工时间大大缩短。在江北新区数字政府建设快速发展之下，如今已实现高频事项“最多跑一次”，越来越多事项列入不见面审批清单，审批时间压缩再压缩，办事流程精简再精简，让广大中小微企业再也不被“办事慢、办事难”困扰。

（七）“信易租”为中小微企业提供优质信用服务。2020 年初，突如其来的新冠肺炎疫情让不少中小微企业措手不及，几个月的停工停产，仅房屋租金、员工工资等基本的运营成本就压得企业喘不过气来。为支持中小微企业积极应对疫情影响，×××××× 区印发了工业经济领域“信易租”试点方案，对辖区内中小微企业根据纳税贡献、社会责任等进行信用评价、给予联合激励，最高可享受房租减免 30% 的优惠。“信易租”实施细则规定，凡规模以上工业企业和签订了亿元以上招商引资合同书的工业企业均可享受该政策。符合条件的企业，根据其信用记录分别评定为 3A 级、2A 级和 A 级，被评定为 3A 级的企业可享受优先申请人才公寓、押金免除、租金优惠 30%、延长租赁期、优先推荐享受其他优惠政策和信用红名单记录等一系列激励政策，2A 级和 A 级企业也可分别享受相关政策，租金减免力度为 20% 和 10%。在 ×××××× 高新技术开发区创业大厦一楼大厅，以“信用越好，租赁就越容易，企业可以享受到更多的租赁优惠”为宣传标语的“信易租”的展板矗立在最显著的位置，引来不少企业驻足了解。×××××× 高新技术开发区以 ××× 创业大厦为“信易租”试点楼宇，通过与信用服务机构建立信用信息共享机制，运用大数据分析进行动态监管，建立“信易租”激励机制，打造可视化信用标杆楼宇：**一是**对入驻企业进行信息收集建档；**二是**采用 11315 企业征信系统，以此为企业建立信用档案，进行信用评价。

（八）美国信用服务机构积极为中小微企业提供高质量信用服务。美国信用服务机构主要是以商业性征信公司为主体，由民间资本投资建立和经营。它们独立于政府和金融机构，根据市场经济法规，为社会提供有偿商业信用服务。政府只负责对其进行依法监管，属于市场主导型运作模式。当前美国信用服务行业高度集中，建立了成熟完善的信用体系：**一是**在企业征信方面，美国标准普尔公司、穆迪投资服务公司和惠誉国际信用评级有限公司的客户已遍布全世界，主要从事国家、银行、大型上市企业等方面的信用评级，同样具有全球影响力的邓白氏公司主要从事企业资信调查评级；**二是**在个人征信方面，全联公司、艾克飞公司等主要从事消费者信用评级。美国信用服务机构的主要业务包括数据采集、数据处理、产品形成和产品应用四个环节，其中，数据处理和产品形成是关键环节。鉴于信用服务机构业务的开展，美国颁布了《公平信用报告法》《信息自由法》《平等信用机会法》《信用修复机构法》等 16 项法律法规。在美国，根据有关规定，调用个人信用资料需要得到被调用人的同意或者司法部门的授权，以防止滥用个人信用资料。另外，美国非常注重信用管理教育，一些大学开设了信用管理课程，如国家信用管理协会针对各大中型企业的信用管理经理开设信用管理研究生课程，这与信用管理经理人员的执照考试密切相关。美国也非常重视在职培训，建立了若干信用培训机构，许多大型信用管理公司和专业协会也开设了信用管理函授课程。

（九）欧洲信用服务机构积极为中小微企业提供优质信用服务。欧洲大多数国家的信用服务机构是由政府部门组织和经营的，遵循政府主导的模式。如欧洲各国中央银行，不仅负责公共信用信息登记制度的建设，还负责监管全国信用服务市场的运行。它们设立了专业的监管机构，负责信用服务机构的数据保护和监督。中央银行建设的公共征信系统，为银行、央行和银行监管机构提供关于整个银行系统的企业和个人负债信息。商业银行等金融机构都被强制接入公共征信系统，强制使用固定频率，随时提交信息，企业和个人的相关信用信息数据被转移到中央银行。此外，所有参与机构之间的信息共享也是强制性的。另外，联邦政府和州政府均设立了个人数据保护监督局，以监测和指导政府机构和信用服务机构提供个人资料。欧洲的征信立法是基于对数据和隐私的保护，因此欧洲个人数据保护比美国更为严格。欧洲也有一些民间信用服务机构，如德国的厦华公司、意大利的科瑞福公司等开展个人征信业务，与政府主导的信用服务机构一样，大部分都是提供信用报告制作和分发、信用评分、信用风险管理等常见产品，信用申请、投资监测、欺诈预防、身份识别等逐渐成为机构提供的共同服务。

（十）日本信用服务机构积极为中小微企业提供优质信用服务。日本行业协会对日本经济影响巨大，故日本的征信体系采用会员制模式，且由行业协会为主建立信用信息中心，为协会会员提供个人和企业的信用信息交换平台，通过内部信用信息共享机制实现收集和利用的目的。当前日本各行业协会共同出资建立了个人信用信息中心，为会员单位提供各类信息查询服务。由于日本的隐私保护机制较为完善，个人信用信息只能由行业协会单位使用，导致了日本个人信用信息的披露程度较低。当前日本信用服务机构已有相当规模，如全国银行个人信用信息中心系统、邮购系统的CIC、消费金融系统的全国信用信息联合会和跨越各行业系统的横向个人征信机构CCB、株式会社等。随着日本征信行业的发展，日本信用服务机构所提供的服务产品也逐渐多样化。早期的服务产品主要是简单的企业信用调查，而后提供了更深入、更高附加值的征信产品。另外，日本向来十分重视人才培养，培养信用管理人才也不例外，与美国一样，日本在一些大学开设了信用管理课程，同时也培训在职人员。

我们的中小微企业需要优质的市场营销服务

（一）为 ×××××× 有限公司提供市场营销服务。与大多数传统企业一样，×××××× 有限公司最初只是将电商作为新的销售渠道，为让消费者更容易接触到 ×××××× 有限公司的产品，提升公司的知名度和影响力，××× 企业管理咨询有限公司为其提供了如下市场营销服务：**一是**帮助 ×××××× 有限公司建立起一套产品创新的流程。具体来说，就是以消费者的需求和市场为起点，规划和研发产品。如开发一款坚果产品，即对消费者的需求和用户场景进行分类：第一类为纯粹用来解馋和打发时间，第二类为用来充饥，第三类为用来补充营养，第四类为用于逢年过节送礼。当消费需求或场景得到确定后，再来看用什么样的产品可以满足消费需求。对消费者的洞察，派出精干人员召集消费者对产品进行讨论、进行问卷调查、到门店进行考察等；或者是销售数据，通过门店和电商平台的数据进行系统的分析，寻找哪些产品有开发的机会。**二是**指导 ×××××× 有限公司对线上线下商品的包装和形态作区分，促仓库各自独立起来。截至目前，×××××× 有限公司在临安、北京、广州、成都、西安和沈阳等地均设有分仓，50% 的订单能实现次日达，85% 的订单可实现隔日达。**三是**指导 ×××××× 有限公司构建立体化的全渠道销售通路，秉承“客户在哪里，我们就在哪里”的商业原则，搭建出一个能让消费者随时、随地、随意购买的渠道。

（二）为 ×××××× 乳业有限公司提供市场营销服务。×××××× 乳业有限公司曾以优质的奶源、严谨的生产和质量控制创造了企业的辉煌，随着市场竞争的加剧、竞争对手的增加，×××××× 乳业有限公司依然坚持的以大型零售卖场传统经营理念和方法已经跟不上时代发展的要求，被挤出乳业第一军团。针对 ×××××× 乳业有限公司的现状，×××××× 咨询服务有限公司为其提供了如下指导服务：**一是**确定战略市场。×××××× 咨询服务有限公司专家组选取 ×××××× 乳业有限公司拥有的代表性市场，经深入调查和分析，提出了“双金三角”的市场战略：一方面是家乡金三角市场，作为 ×××××× 乳业有限公司的根据地，必须利用已有的品牌力精耕细作，建设成为全国学习的样板市场；另一方面是人口金三角市场，山东、河南、安徽三省的保守人口总数达到2.6亿人，占全国总人口的20%，且农村市场占据很大的比例，具有相当的相似性，是 ×××××× 乳业有限公司十分重要的战略市场。**二是**强化品牌建设。×××××× 咨询服务有限公司提炼出 ×××××× 乳业有限公司产品品质上的突出优势，指导其坚持以“引领健康新生活”作为企业的愿景，由此详细规划出 ×××××× 乳业有限公司五年内的战略目标及详细发展路径。**三是**销售管理整合。×××××× 咨询服务有限公司积极同 ×××××× 乳业有限公司高层沟通，指导其将原有的22个销售公司整合为9个区域公司，并提出在巩固现有城市销售终端的情况下，有效开发县级及以下农村销售终端，构建立体终端销售网络的设想。**四是**狠抓市场推广。×××××× 咨询服务有限公司帮助 ×××××× 乳业有限公司构坚持以“无抗奶源”为核心卖点设计了整体推广方案及具体线下活动及线上的各项推广活动；同时，构建了健康宝宝俱乐部、营销教育中心和“我的宝贝”电商服务平台，对 ×××××× 乳业有限公司消费者进行维护，保证 ×××××× 乳业有限公司消费群的稳定和壮大。经过市场营销服务，×××××× 乳业有限公司经营收入连续三年同比增长超过50%，三年时间新增终端销售网点1.5万多家，到2018年品牌价值超过300亿元。

（三）为 ×××××× 文具制造有限公司提供市场营销服务。 ×××××× 文具制造有限公司在 ××× 成立，到2010年底，公司销售收入连续五年增长40%，公司拥有国内外27个省级配送中心、1800多个区域核心合作伙伴和30000余家零售样板店。2011年开始，公司业绩逐年下降，经 ××× 企业管理咨询有限公司深入调查与研究，发现 ×××××× 文具制造有限公司主要在品牌方面出现了问题：**一是**原有的“书写创意”品牌定位、表述和呈现存在显著局限性和不适用；**二是**产品品牌组合整体呈现“书写强、其他弱，学生强、办公弱”的不完善格局，并由于责任不明确、规划不系统、管理不健全等形成识别混乱问题；**三是**品牌传播过于贴近产品与终端，缺乏高低配合、虚实联动，品牌形象更多局限于学生群体，缺乏社会公众影响。为此，××× 企业管理咨询有限公司从三个方面加以指导：**一是**抓品牌定位，提炼了以“真诚、品质、创意、乐趣”四大基因为核心的 ××××××

文具制造有限公司品牌定位和相关品牌口号，并最终形成相关视觉识别系统。**二是**抓品牌架构，指导其确定采用“整体统一、局部多样”的伞形品牌架构模式，在业务品牌上增加背书和独立品牌，在产品品牌上明晰、丰富、规范品牌形式。根据确定原则，完成了 ×××××× 文具制造有限公司、业务、产品三级品牌品牌体系的架构的梳理和视觉呈现。并针对品牌标识在产品、传播、终端、物料、环境等方面的规范应用制定了详细规则和手册。同时还对 ×××××× 文具制造有限公司引进品牌标识和形象的性质和使用进行了规范。**三是**抓品牌传播，制定了“上下联动、内外结合、常专相辅”的总体传播策略，以改变 ×××××× 文具制造有限公司品牌影响与自身实力和发展要求不对称、不平衡的情况，并规划采取“活动领军、事件造势、媒介辅助”的传播形式策略：围绕“品质、创意、乐趣”三大品牌核心价值建立 ×××××× 文具制造有限公司综合文具供应商“新形象”；通过对辅类产品组合的传播促销，强化“品质、创意、乐趣”核心价值与 ×××××× 文具制造有限公司“综合文具供应商”形象；通过公益帮扶创业活动，树立 ×××××× 文具制造有限公司有爱心、负责任、有能力、有创意的零售服务商形象；通过系列主题文化征活动，塑造 ×××××× 文具制造有限公司“帮助人人实现创意梦想”的社会形象。基于三级品牌架构梳理的影响下，×××××× 文具制造有限公司在 2012 年开始大力拓展零售业务领域，开创了以年轻消费者为目标人群的 ×××××× 文具制造有限公司生活馆直营大店模式，并于2016年启动 ×××××× 文具制造有限公司生活馆2.0项目;2015 年 1 月 27 日，助力 ×××××× 文具制造有限公司在上海证券交易所主板 A 股挂牌，成就文具行业第一品牌；2018 年高考之际，在美国纽约时代广场上，中国国民品牌 ×××××× 文具制造有限公司文具亮相纳斯达克巨屏，向世界讲述中国品牌故事。

（四）为 ×××××× 日化集团有限公司提供市场营销服务。 ×××××× 日化集团有限公司创建于 1994 年，主营家居民生离不开的日化产品，产品范围涵盖衣物洗涤、衣物护理、洗洁精、个人护理、口腔清洁、家居清洁、纸品、消杀等八大类一百多个品种，其综合实力曾雄居中国洗涤行业前三强。近年来，因市场营销方面出现了些问题，导致经营业绩持续下降。为此，××× 企业管理服务咨询有限公司派出专家组深入企业开展望闻问切工作，发现了不少问题：**一是**其一直以销售拉动型发展，这种单品类的发展思维在当前多品牌、多品类的发展方向下必须调整；**二是**其所处的市场环境已经发生了巨大的变化，与行业巨头开始了正面交锋，且呈腹背受敌之势，必须进行更精细的战略战术安排；**三是**仍不控制终端，头重脚轻，业务规模的扩张将进一步导致总部策略的盲目。同时，给出了问题解决方案：**一是**抓系统"骨架"，指导 ×××××× 日化集团有限公司搭建与战略目标发展相匹配的组织架构，力求扁平高效，重心下移，更好地满足多品类发展需要；**二是**抓系统"肌体"，指导 ×××××× 日化集团有限公司规范经销商组织和运作，加强业务操作规范，建立经销商三大评估系统，明确营销管理模式，建立销售队伍操作规范，培育经销商与指导 ×××××× 日化集团有限公司共同发展；**三是**抓系统"心脏"，指导 ×××××× 日化集团有限公司通过设计科学合理有效的薪酬与绩效管理体系，充分调动销售团队的积极性，更好地服务于经销商和市场；**四是**抓系统"软组织"，指导 ×××××× 日化集团有限公司通过对基本运作流程的系统化梳理，不同层级不同岗位人员都将清晰理解各自的使命，各自的权限，各自承担的责任；**五是**抓系统"神经网络"，指导 ×××××× 日化集团有限公司建立良好的信息通道及有效的沟通机制，保证经销商一体化系统的有效运行。在随后半年内，×××××× 日化集团有限公司开始对营销系统的组织进行了积极变革；在随后一年内，分层级分批次对各级销售人员、各区域经销商进行体系化培训，大大提升了集团营销队伍及渠道伙伴的市场作战能力。2012 年开始，×××××× 日化集团有限公司每年实现营业收入都在百亿元以上，品牌影响力日益全国化。

（五）为 ×××××× 医药集团有限公司提供市场营销服务。×××××× 医药集团有限公司创建于 1972 年，是国家甾体激素类药物、计划生育药物定点生产厂家，国家火炬计划重点高新技术企业，全国守合同重信用企业，××× 省优秀创新型单位，是原料药和制剂综合生产厂家。随着时代的发展，×××××× 医药集团有限公司主营业务收入逐渐下降，品牌影响力日益萎缩。受 ×××××× 医药集团有限公司董事会委托，××× 企业管理服务咨询有限公司派出专家组通过内部访谈、问卷调查、资料研究、座谈讨论等方式，从财务表现、营销能力、研发能力、生产能力、管理基础等方面，对 ×××××× 医药集团有限公司开展了较为全面的诊断：**一是**盈利能力在不断下降，净利润率处于低位，面临较高的偿债风险和资金风险。**二是**销售队伍人均创利能力较低。**三是**具有较好的追随和应用能力，尚不具备开发能力，产品研发方向缺乏战略性规划，没能与公司营销的资源与能力很好匹配，公司研发在投入和人员配备上不能适应公司的发展。**四是**生产系统的制度和流程跟不上市场环境变化，供应链各环节协调能力较弱；管理框架中的考核激励体系不完善，制度精细化和规范化不足，人治现象比较严重。同时，给出了问题解决方案：**一是**明晰战略定位，指导 ×××××× 医药集团有限公司坚持原料药国际化，国内制剂以特色产品为战略重点，聚焦在麻醉科和妇科两大治疗领域，并重点观察皮肤科、呼吸科及神经科的甾体类药物的机会；**二是**抓好产品梳理，指导 ×××××× 医药集团有限公司确定了未来五年的研发方向和重点，并进行详细设计；**三是**细化业务规划，指导 ×××××× 医药集团有限公司坚持以核心治疗领域的产品组合为优势，以原料药国际业务为优势，真正构建自身的核心竞争力和业务发展策略；**四是**推进战略实施，指导 ×××××× 医药集团有限公司引入会议体系和绩效跟踪系统两个管理工具作为战略实施的支撑。

（六）为 ×××××× 食品科技有限公司提供市场营销服务。 ×××××× 食品科技有限公司总部位于长沙市国家级隆平高科技园区内，是一家专业从事果汁饮料与液态奶的科技型加工制造企业，是湖南省内最早从事乳制品加工企业之一。经过四年发展，公司下设 2 分厂 9 部 1 中心（市级技术中心）1 室（省级畜产品研究室），取得了 3 项国家发明专利，2 项省级科研成果，从业人员近 300 人。2014 年，×××××× 食品科技有限公司组建了由销售总监带队、营销及技术部门高管组成的升级团队，参加了由 ××× 企业服务公司举办的为期 12 天的封闭式管理升级学习训练。在 ××× 企业服务公司专家组的精心策划和悉心指导下，×××××× 食品科技有限公司根据流程、结合公司的各项具体数据，对实际情况进行了一级分析和二级分析，提出了较为科学的市场营销改进措施：**一是**抓客户定义、渠道终端，将目标客户定义为各地有餐饮、宴席通道的代理商，对代理商的要求明确为做酒水饮料及食品的代理，能通过批发市场，老客户介绍、同行介绍、当地酒管办等方式找客户资料，拥有业务人员和配送车辆，有宴席和餐饮营销经验的优先。**二是**抓专业协助、个性需求，明确其需针对未开发区域的潜在小客户给予区域独家代理权及提供市场前期运作、后期维护的专业协助，要求其产品的口感、外观满足 VIP 客户的个性化需求以解决地域差别；对于非定制产品，如果逾期仍卖不动，可免费退货。**三是**抓精确传播、营销实效，主要包括售前，免费品尝推广；货到派业务员协助铺货；在当地有影响力的超市做推广；客户考察时，提供优质服务，如来公司考察则免费提供食宿；对客户定期进行满意度调查和分析。**四是**抓产品定义、购买价值，在健康营养方面，注重强调采用纯天然杧果原浆调配而成，含有丰富维生素 A 与维生素 C，及杧果特有的杧果甙、杧果酮酸、异杧果醇酸等三醋酸和多酚类化合物，既有助身体健康，又可美容；在满足感方面，强调既满足消费者的健康营养需求、包装设计的个性消费。同时，还强调采用手榴弹形状的玻璃瓶，差异化的包装形式，满足了个性需求，是普通饮料三倍的毛利空间，可以实现团队的价值及利润提升。**五是**抓产品形象、企业形象，积极通过公司官网、阿里巴巴网店、各种垂直行业网站开设的网店、产品画册、企业产品 PPT、企业宣传视频、专业的商标设计、知识产权的开发和保护、行业杂志推广产品形象、企业形象。**六是**抓营销程序、营销说辞，对 ×××××× 食品科技有限公司营销部人员的对外客户拜访、产品推介、合同订立等方面制定了较为详尽的程序、说辞，实现标准化工作流程的概念。如在与客户初次见面的时候，推荐采用:“××× 总，您好！我是 ×××××× 食品科技有限公司区域经理，今天来拜访您的主要目的是想听下您对我们产品的看法……”**七是**抓关联购买、高效执行，一方面要求 ×××××× 食品科技有限公司除在保持优势产品销售的同时，及时根据业内行情发展增加产品种类，在市场上形成多品类的销售态势，覆盖流通餐饮渠道，弥补其他企业不足；另一方面明确专门高管负责抓营销方案的实施，在营销方案推进的三个月内，每半个月对营销实施的实际效果进行统计，及时掌握项目实施的进展情况，发现不足及时更正，要求财务部门配合统计，核算绩效 KPI，将激励奖励金发给相关人员。通过改进市场营销，×××××× 食品科技有限公司实现销售收入同比增长72.5%，环比增长142.4%，三月内累计实现销售收入1018万元的可喜成绩。

（七）为 ×××××× 装饰工程有限公司提供市场营销服务。×××××× 装饰工程有限公司是一家负责家居设计、装修的企业，员工人数约100人。一直以来，因为市场营销较为滞后，企业的经营业绩提升较慢。为此，××× 企业服务有限公司专门为 ×××××× 装饰工程有限公司打造矩阵横向组织，促 ×××××× 装饰工程有限公司实现了全员营销，其团队沟通、协作、快速服务客户，企业所拿项目成倍增加，主营业务收入每年保持53%的速度增长。××× 企业服务有限公司专门为 ×××××× 装饰工程有限公司打造矩阵横向组织的做法是：**一是**将 ×××××× 装饰工程有限公司行政流程组织（纵向组织）中各部门的员工依照一定的规则打散分解到各横向组织，符合人数均等、实力均等、男女比例均等、一二线均等、新老员工均等的平衡要求，以便实行小组的公平竞争；**二是**每个队当选队长、副队长，中层以上的管理人员不参与竞选，队长与副队长任期不超过1年，半年竞争中排名垫底的队长、副队长下台，重新竞选；**三是**每个队承诺自己一年的销售目标，这个目标总额必须超过公司的基础目标，销售业绩的达成不仅仅是业务人员的事情，而是团队共同要创造的结果；**四是**建立奖励规则，例如非业务人员做到销售如何提成，非业务人员的销售个人排名如何特别奖励等；**五是**推进横向组织的建设定制，如要求每天早上进行团队目标与检视会议（10分钟）、采用积分式管理进行个人与小组的奖励、强调团队承诺文化、定期组织各种方式的团队竞争等。

（八）为 ×××××× 摩托车制造有限公司提供市场销售服务。1998年，在通过对国际摩托车市场的全面考察后，×××××× 摩托车制造有限公司发现越南几乎人手一辆摩托车，摩托车的消费市场巨大。然而当时的越南市场，日本摩托车一手遮天，本田、铃木、川崎、雅马哈四大品牌占据了越南98%的市场，剩下的2%为俄罗斯生产的摩托车。×××××× 摩托车制造有限公司委托 ××× 企业咨询服务管理有限公司为其开展市场营销服务。××× 企业咨询服务管理有限公司派出专家组进行深入调研后发现，同样是

100 毫升排量的弯梁车，日本生产的售价是 2100 美元，×××××× 摩托车制造有限公司生产的批发价是 700 美元，代理商零售是 1200~1300 美元。日本车品质好，但价格高，×××××× 摩托车制造有限公司首先打的是价格牌，但总靠低价不可能有长久的竞争力，要在越南市场上同本田、铃木、川崎、雅马哈等去拼，必须打出 ×××××× 摩托车制造有限公司自己的品牌。但怎样才能吸引越南消费者的目光呢？ ××× 企业咨询服务管理有限公司策划了绝招：**一是**开展飞越红河活动，让 ×××××× 摩托车制造有限公司的摩托车手驾驶摩托车在越南河内飞越红河，邀请 10 万位观众前来观看，邀请越南的顶级歌星、影星进行现场表演，付给越南中央电视台 30 万美元作为广告费，在越南各大媒体做推介飞越红河活动，让 ×××××× 摩托车制造有限公司的摩托车走进越南千家万户；**二是**开展足球交流活动，邀请越南的头号球星黎玄到 ×××××× 摩托车制造有限公司俱乐部踢球，既让越南所有的媒体报道黎玄的在 ×××××× 摩托车制造有限公司俱乐部进球的事，也让越南全国人民知道并认识 ×××××× 摩托车制造有限公司。一夜之间，×××××× 摩托车制造有限公司生产的摩托车深入人心，后经过 3 年的拼杀，×××××× 摩托车制造有限公司生产的摩托车在越南市场的份额上升到了 70%，而日本摩托车则下降到了 30%。

（九）为 ×××××× 西铁城制造有限公司提供市场营销服务。瑞士手表雄踞世界 100 多年，各国都难以动摇其霸主地位。后来，日本研制出了性能良好的“西铁城”手表，向钟表王国——瑞士发起了冲击，最终，“西铁城”手表跻身于世界名牌手表的行列。但在开始时，“西铁城”手表并不受人赏识，无法打破瑞士手表一统天下的局面。为此，其专门委托 ××× 企业服务会社研究市场营销对策。××× 企业服务会社经过全面深入研究，提出市场营销方案为，即通过新闻媒体发出一条消息：某年某月某日将有一架飞机在某地抛下一批手表，谁捡到即归谁。这条消息在社会上引起了很大的轰动。有人惊喜，有人好奇，也有人怀疑。但人们的心理就是这样，越是令人惊奇、怀疑的东西，就越要探个究竟，所以人群像潮水般地涌向指定地点。时候到了，只见一架直升飞机飞临人群的上空，盘旋片刻后，在百米高空向人群旁的空地上洒下一片“表雨”。期待已久的人们纷纷奔上去捡表。抛下的表是如此之多，使大家都有所收获。他们在惊喜之余还发现“西铁城”手表在空中丢下后，居然还在“嘀达嘀达”地走动，于是，在场上发出了一次又一次的惊呼声：“这种表真是精良耐用，名不虚传。”接着，电视台又播放了这次抛表的实况录像，使得“西铁城”很快深入人心。此举，巧妙地将广告、破坏性当众试验和实物奖励三种办法结合在一起，使“西铁城”名震整个世界钟表业。

（十）×××××× 企业服务有限公司为中小微企业提供渠道营销服务。作为专门服务机构，×××××× 企业服务有限公司紧密结合中小微企业特点，提供渠道营销服务：**一是**适应性营销，如指导 ×××××× 资讯有限公司结合 IT 产业发展现状积极做好适应性营销：提供具有可扩展性的 IT 产品、提供完整良好的售后服务、简单和透明的 IT 安全性。**二是**体验营销，如指导 ×××××× 新力数码科技有限公司在 ××× 地区开 4S 店开展体验销售，在 4S 店，除了产生购买以外，更多的带来了用户体验。**三是**渐进式营销，如指导 ×××××× 软件技术有限公司先行实施一些财务系统、进销存系统，等这些模块发挥一定作用后，然后再循序渐进，引进整体的解决方案。**四是**定制化营销，如指导 ×××××× 泰德科技发展有限公司对市场进行细分、对领域进行细分，依据个人、企业、单位等需求，制定个性化的解决方案。**五是**忠诚度营销，如指导 ×××××× 同舟电子有限公司坚定不移地走渠道分销的路子，在选择产品或品牌时，在看重该产品、品牌在全国市场销量总排名的同时，更看重该产品、品牌的控盘能力，因为只有切实有效保证了渠道合作伙伴的利益、利润，才可以进一步提高渠道忠诚度。**六是**“敲门”营销，如指导 ×××××× 全程科技有限公司切实让其通往 SMB 市场的“门”是渠道，通过渠道体系的建设，得以充分发挥其专业经验，通过对渠道体系的培训和技术传递获得更多的市场机会。**七是**口碑营销，如指导 ×××××× 软件科技有限公司利用“二八定律”，借助企业积累起来的用户数据库，通过分析用户的企业规模、用户的职位级别、用户对软件产品的需求级别，从海量级的 SMB 用户资源中“淘”出了自己的“A 类客户”，并重点进行服务资源配给及感情投资，避免了公司资源的分散及浪费，还让公司从服务中收获了具有放大效应或多重回报价值的订单，最终还在高质量的 SMB 用户群中得到了品牌传播的效果。**八是**方案营销，如指导 ×××××× 灵动科技有限公司不要基于自己熟悉的产品去制定泛化的解决方案，而是设定明确的方向——做专业的数据中心解决方案，得以形成了一系列专业化程度很高的解决方案。**九是**隐形营销，如指导 ×××××× 睿智科技有限公司在日常的服务过程中，将一些经典的事故处理案例整理融合，让用户通过亲身体会去了解这些收费服务的重要性，最终不仅提升了用户对收费服务的认可度，还完成了这些服务的有价销售。**十是**加法营销，如指导 ×××××× 汇群科技有限公司从老客户身上找方向，坚持采取软硬捆绑的销售模式，结果不仅获得了很好的利润，还加深了与用户之间的关系，并由此转型为一个以服务为核心的企业。

后　记

中小微企业稳，则就业稳、经济稳、国家稳、民族稳。中小微企业被喻为市场经济的毛细血管，畅通市场经济运行，必须让量大面广的中小微企业缓过来、转起来、飞起来。忧企业之所忧，急企业之所急，着力帮助中小微企业渡过各种难关，助力中小微企业插上腾飞的翅膀是统筹推进经济社会高质量发展的至关重要一环。

我们的政府出台的产业政策要从“扶持”的选择性产业政策向“改善”企业经营环境的普惠性产业政策转变，从有利于模仿吸收的松散型知识产权保护体系向有利于激发创新的严苛型知识产权保护体系转变，加快国家技术创新中心、智能制造示范项目等建设，加快先进制造技术、标准、工业软件向中小微企业推广应用，加快公共检验检测平台等科技基础设施建设，加快职业教育体系的改革。

我们的社会要发挥中小微企业和政府之间的桥梁作用，及时向国家和各级政府反映中小微企业诉求，推动相关政策的制定、修订，并根据政策的执行情况开展政策执行效果的研究和评估；要积极依托互联网时代技术，创新中小微企业服务体系建设，推动中小微企业积极融入社会服务体系运营之中；要在积极为中小微企业提供传统服务的同时，创新中小微企业服务供给。

我们的企业要积极主动融入新工业革命，以技术驱动企业转型升级，促进自身产品、市场和经营模式的升级，重构企业发展观、组织形态和经营模式，以产业转型助推企业转型，积极“走出去”以实现企业市场的转型和扩张；要积极调整和优化企业资源配置，着重提升其抗风险能力、创新能力、市场竞争力和动态发展能力，以组织创新驱动企业的转型；要积极在广阔的市场空间中寻找自身的市场定位和发展空间，提升产品和服务质量，满足不断变化的市场需求，始终维护良好的市场形象，以注重协同创新促进群体和产业转型，尤其要在为大型企业生产和销售提供配套服务的同时，强化集群发展，形成企业发展与区域发展的良性互动。

政策给力，各方合力，企业努力，在各种挑战面前，有着灵活坚韧基因的中小微企业必定能以极强的灵活性和敏锐的市场嗅觉，应时调整，危中寻机，越是艰难越向前，顺利实现“破壳出世”，顺利实现“快速成长”，顺利实现“羽翼丰满”，顺利实现“展翅腾飞”，在国际国内两个市场“风口”，不断描画出绚丽多彩的创业风景画。